民族文化研究叢書 138

일제 강점기 설화·동화집 연구

–우리 옛이야기의 정체성 찾기

이 책은 高麗大學校 民族文化硏究院이 새로운 民族文化의 창달과 國學振興을 위하여 제정한 『芝薰國學硏究造成費』와 『民族文化硏究叢書刊行計劃』에 의하여 出版되었습니다.

民族文化研究叢書 138

일제 강점기 설화·동화집 연구

-우리 옛이야기의 정체성 찾기

권혁래 지음

高麗大學校
民族文化研究院

머리말

17~18세기 역사소설을 주로 연구하던 필자가 20세기 전반기에 출간된 설화집, 동화집에 관심을 갖게 된 것은 순전히 건국대 동화와 번역 연구소 덕분이다. 2002년도부터 3년 간 연구소 전임연구원으로 근무하면서 김정란, 박혜숙 교수님 등께 배우고, 또 매월 세계전래동화 연구회의 세미나에 참석하여 공부하면서 필자는 전래동화에 흥미를 느끼게 되었다. 당시 오타케 기요미(大竹聖美) 선생님의 논문을 통해 우리나라 최초의 전래동화집인 『조선동화집』(조선총독부, 1924)의 존재에 대해 알게 되면서, 2003년도에 『조선동화집』에 대한 논문을 발표하고 이어 그 책을 번역·출간하게 되었다. 그뒤로 기회가 닿을 때마다 틈틈이 전래동화, 설화에 대해 공부하면서 논문을 발표해왔다.

처음 목표는 3대 전래동화집을 발굴하고 논문 한 편씩 써보는 것이었다. 지금부터 10여 년 전쯤만 하더라도 고전소설이나 구비문학, 아동문학, 일본문학 연구자들 중에 일제 강점기 하에 출간된 설화집과 동화집에 대해 관심을 갖는 사람은 별로 없었다. 지금은 이 분야가 주목 받고 있지만 당시에는 연구의 사각지대였다. 조선 민속학의 태두 손진태의 『조선민담집』에 대한 첫 논문이 2013년도에 와서야 발표되었던 점도 이러한 사정을 잘 보여준다. 2005년도에 연세대 진영복 교수님의 도움으로 일본 와세대 대학에 소장되어 있던 박영만의 『조선전래동화집』(1940)을 찾아냈다. 박영만은 우리나라 전래동화계의 페로(C. Perrault)요, 그림(Grimm) 형제와 같은 존재였다. 그의 동화는 독특하고 재미있었다. 그래서 감격이 더욱 컸다. 이듬해 『화계 박영만의 조선전래동화집』이라는 책을 출간하였고, 고인의 유족도 만나뵐 수 있었다.

2006년도에 춘천교대 김환희 교수님을 통해 다카하시 도루(高橋亨)의 『조선물어집』(1910)의 존재를 알게 되었다. 이 책을 가지고 프로젝트를 준비하다가 성사되지 않으면서 먼저 필자가 논문을 발표하게 되었다. 『조선물어집』을 통해 일본인 관학자들의 조선 설화에 대한 연구시각을 좀 더 깊이 알게 되었다. 2008년, 마침내 3대 동화집의 마지막 권인 심의린의 『조선동화대집』(1926)의 복사본을 찾으면서 이듬해 논문을 발표하였다. 이 책을 소개해준 분도 김환희 교수님이었다. 2008년 겨울과 2009년도 봄에 걸쳐 김경희, 필자, 신원기, 최인학, 네 사람이 거의 같은 시기에 심의린의 『조선동화대집』에 관한 논문과 책을 발표하였다. 그간 일제 강점기 설화·동화집에 대한 관심이 얼마나 커졌는지를 잘 보여주는 작은 사건이었다. 그 뒤로 특정 주제로 몇 편 연구논문을 발표하였고, 최근 손진태의 『조선민담집』(1930)에 대한 논문을 발표했다. 이로써 필자가 할 수 있는 일제강점기 주요 설화·동화집에 대한 통시적 연구를 일단락 지었다. 이 연구 테마가 고려대 민족문화연구원의 芝薰인문저술지원 대상으로 선정되어 그동안 써온 10여 편의 글을 묶고 다듬어 단행본으로 출간하게 되었다. 그간 발표한 논문 원문의 출처는 뒤의 참고문헌난에 밝혔다. 출간을 준비하면서 그동안 썼던 글들을 보니 미흡한 점들이 많이 눈에 띄었다. 최근에 발표된 몇몇 연구를 인용하고 필자의 견해가 바뀐 내용도 서술하면서 전체적으로 수정·보완하였다. 혹 앞으로 필자의 글을 인용하실 분들이 계시다면, 이 책의 글로 대신해주실 것을 부탁드린다.

조선의 설화는 오랫동안 구비 전승되다가 19세기 말 이래 가린, 게일, 다카하시 도루 등의 외국인 연구자들에 의해 문자로 정착되기 시작하였다. 1910년 일본이 대한제국을 강제 병합한 후 조선총독부 학무국은 식민지 교과서 편찬을 염두에 두고 1912-3년에 걸쳐 조선의 민요, 속담, 전설, 동화를 전국적으로 조사하여 보고서를 작성하였다.

다나카 우메키치(田中梅吉)는 1916년부터 1921년까지 '조선총독부 임시교과용 도서 편집사무 촉탁'으로 근무하면서 채집한 조선의 설화 자료를 동화로 가공하여 조선총독부에 제출하였고, 1924년 조선총독부 학무국 편집과에서는 이를 『조선동화집』이라는 제목으로 출판하였다. 다카하시의 『조선물어집』과 함께 『조선동화집』은 꽤 오랫동안 이 땅의 민속학계, 교육계와 문학계에서 영향력을 발휘하였다. 실증주의 학문이란 게 대단히 객관적이고 엄밀한 학문을 추구하는 것 같지만, 실상 그 연구자, 또는 연구를 주관하는 권력의 주관적이고 선험적인 의도 및 목적에 의해 결과물이 조작될 수 있다는 것을 우리는 조선총독부가 주관했던 각종 식민지 민속자료 조사 결과를 통해 알고 있다. 심의린, 손진태, 박영만 등은 조선인으로서 조선인의 심성을 바로 알고 연구하기 위해서 설화를 채집하고 동화를 썼다. 그들은 거의 혼자 힘으로 이 일을 하였는데, 손진태는 1920년부터 1930년까지 자신이 채록한 조선의 민간설화 154편을 『조선민담집』에 수록하였다. 박영만은 1920년대 중반 이후 10여 년 넘게 홀로 심산궁곡을 다니며 설화 자료를 조사하고 이를 동화로 다듬었다. 박영만은 전래동화를 "수천백 년 동안 우리 할아버지 할머니들이 말씀하시고 들으시고 생각하신 흙의 철학이고, 흙의 시고, 거룩한 꽃"이라 하였다. 그 꽃 75편이 『조선전래동화집』에 기록되어 있다.

필자가 그동안 연구해온 테마는 '20세기 전반기 우리나라의 설화동화집이 어떻게 출판되었고 전개되었는가?' 하는 것이다. 필자는 이 책에서 다카하시 도루의 『조선물어집』(1910)부터 박영만의 『조선전래동화집』(1940)까지 일제 강점기에 출간된 주요 설화집, 동화집에 대해 통시적 관점에서 글을 썼다. 중세 서사가 어떠한 양상으로 근대 공간에서 수용되었는가 하는 점에 흥미가 있어 이 테마를 시작하였고, 힘을 다해 조사분석하며 연구를 해왔다. 연구를 진행하면서 이 주제가 '우리 옛이야기의 정체성 찾기'의 문제로 이어진다는 것을 알게 되었다. 일정한 성과를 거두기도 했겠지만 힘에 벅찬 주제라 역부족을 느꼈다. 유감스럽게도 필자의 연구에는 틈이 많다. 다루지 못한 텍스트도 적지 않고, 분석의 관점과 방법도 날카롭지 못하다. 학계 여러분들의 고견과 절정을 부탁드린다.

일찍이 근대전환기 문학을 연구하셨고 새로운 연구주제를 주신 설성경 선생님께 감사드린다. 2002년경, 은사이신 설성경 선생님의 회갑 기념논문집을 준비하면서 〈춘향전〉의 아동용 출판물을 연구한 것이 계기가 되어 '근현대 시기 고전문학의 수용과 계승'이라는 주제를 잡게 되었고, 일제 강점기 설화·동화집 연구에까지 오게 되었다. 책을 출간할 수 있도록 기회를 주신 고려대 민족문화연구원 최용철 원장님, 실무를 맡아 수고해 주신 백진우 연구협력부장님, 박상현 선생님께 감사드린다.

2013년 8월 저자

차 례

머리말 ··· 5

제1장 근대 초기 설화고전소설집 『조선물어집』(1910)의 성격과 문학사적 의의 · 13

Ⅰ. 머리말 ··· 13
Ⅱ. 다카하시 도루(高橋亨)의 『조선물어집』 편찬 경위와 의도 · 16
Ⅲ. 수록 작품의 유형과 특징 ··· 21
Ⅳ. 『조선물어집』의 문학사적 의의 ··· 33
Ⅴ. 맺음말 ··· 38
〖부록〗 『조선물어집』 수록 작품의 제목 및 내용 ··· 42

제2장 다카하시(高橋) 본 〈춘향전〉의 특징과 의의 · 45

Ⅰ. 머리말 ··· 45
Ⅱ. 다카하시 본 〈춘향전〉의 구성적 특징 ··· 47
Ⅲ. 다카하시 본 〈춘향전〉에 나타난 개작 양상 ··· 51
Ⅳ. 다카하시 본 〈춘향전〉의 전승사적 의의 ··· 63
Ⅴ. 맺음말 ··· 69
〖부록〗 다카하시 본 〈춘향전〉 번역 ··· 72

제3장 조선총독부 편 『조선동화집』(1924)의 성격과 의의 · 89

Ⅰ. 머리말 ··· 89
Ⅱ. 『조선동화집』의 발간 경위 및 서지사항 ··· 91
Ⅲ. 『조선동화집』의 내용과 특징 ··· 95
Ⅳ. 1920년대 전래동화의 양상과 『조선동화집』의 위치 ··· 112
Ⅴ. 맺음말 ··· 120

제4장 『조선동화집』의 인물 형상과 이데올로기 · 123

Ⅰ. 구전설화의 문자화, 동화의 탄생 ····· 123
Ⅱ. 다나카 우메키치(田中梅吉)의 동화관과 『조선동화집』 ····· 127
Ⅲ. 『조선동화집』의 인물 형상과 식민지 이데올로기 ····· 130
Ⅳ. 맺음말 ····· 140

제5장 1920년대 민담의 동화화와 심의린의 『조선동화대집』(1926) · 143

Ⅰ. 『조선동화대집』의 발견 ····· 143
Ⅱ. 『조선동화대집』의 편찬 목적과 경위 ····· 146
Ⅲ. 수록 작품의 유형과 성격 ····· 151
Ⅳ. 민담의 동화화 방식과 심의린 동화의 특징 ····· 164
Ⅴ. 『조선동화대집』의 문학사적 의의 ····· 174

제6장 1920년대 민간설화의 집성, 손진태 『조선민담집』(1930)의 성격과 분류체계 · 179

Ⅰ. 머리말 ····· 179
Ⅱ. 1920년대 손진태의 학문과정과 설화 채록 ····· 182
Ⅲ. 『조선민담집』의 수록 작품과 분류 체계 ····· 191
Ⅳ. 수록 작품의 재분류와 성격 ····· 195
Ⅴ. 맺음말 ····· 203

제7장 동화작가 박영만의 발견과 『조선전래동화집』(1940)의 세계 · 207

Ⅰ. 머리말 ····· 207
Ⅱ. 박영만의 저작활동과 생애 ····· 208
Ⅲ. 저술동기 및 방법 ····· 215
Ⅳ. 『조선전래동화집』의 작품세계 및 특징 ····· 218
Ⅴ. 『조선전래동화집』의 문학사적 의의 ····· 231
Ⅵ. 맺음말 ····· 234

제8장 일제하 〈흥부전〉의 전래동화화 작업에 대한 고찰 · 237

Ⅰ. 머리말 ······ 237
Ⅱ. 『조선동화집』 수록 〈놀부와 흥부〉(1)의 양상과 의미 ······ 240
Ⅲ. 『조선전래동화집』 수록 〈놀부와 흥부〉(2)의 양상과 의미 · 251
Ⅳ. 〈흥부전〉의 전래동화로 다시쓰기의 전략 ······ 257
Ⅴ. 맺음말 ······ 264

제9장 옛이야기 형제담의 양상과 의미 · 267

Ⅰ. 머리말 ······ 267
Ⅱ. 자료집의 성격과 형제담의 존재 형태 ······ 269
Ⅲ. 형제담의 유형과 성격 ······ 275
Ⅳ. 형제의 공존 방식: 형제우애와 욕심 다스리기, 소통 ······ 289
Ⅴ. 맺음말 ······ 293

제10장 호랑이·토끼 서사의 양상과 문학교육 · 297

Ⅰ. 머리말 ······ 297
Ⅱ. 일제 강점기 설화 및 동화집 소재 - 호랑이 · 토끼 서사의 양상 · 300
Ⅲ. 호랑이 · 토끼 서사의 문화적 특질과 문학교육 ······ 313
Ⅳ. 맺음말 ······ 318

제11장 전래동화의 애니메이션 시나리오 각색 · 321

■ 잠보의 모험 - '머리 셋 달린 괴물과 사냥꾼' 편 ······ 322

참고문헌 ······ 345

찾아보기 ······ 358

第1장
근대 초기 설화고전소설집 『조선물어집』(1910)의 성격과 문학사적 의의

Ⅰ. 머리말

우리 문학사에서 1910년대는 조선조의 야담, 설화, 소설 작품들이 새롭게 활판본으로 출간되면서 번역·소개·개작이 이루어지던, 근대적 의미에서 '고전문학'이 집성·인식되기 시작한 시기이다. 1910년대 이래 1930년대에 이르기까지 활발하게 출간된 활자본 고전소설, 신작구소설, 일부 신소설, 야담, 전래동화 작품들은 고전문학 형성·전승사에서 매우 중요한 의미를 지닌다. 특히 다카하시 도루(高橋亨)의 『朝鮮の物語集附俚諺』(이하 '조선물어집'[1]으로 약칭함)은 다른 설화·동화집이나 활자본 고전소설 작품들에 앞서 가장 이른 시기에 활자화된 설화·고전소설집이라는 점에서 주목할 만하다.

다카하시 도루(高橋亨)가 1910년 9월 5일 경성의 일한서방(日韓書房)에서 간행한 이 작품집에는 일본어로 기록한 설화 24편과 고전소설 4편을 비롯하여, 모두 28편의 서사 작품과 547개의 속담이 수집되

1) 이렇게 약칭하는 것은 필자가 이 연구에서 속담을 제외한, 설화 및 고전소설 작품만을 연구대상으로 하였기 때문이다.

어 있다. 『조선물어집』은 무엇보다 〈선녀의 날개옷仙女の羽衣〉, 〈(혹부리영감(瘤取)〉, 〈말하는 남생이(解語龜)〉, 〈도깨비 방망이(鬼失金銀棒)〉, 〈거울을 처음 본 사람들(韓樣松山鏡)〉, 〈사람과 호랑이의 다툼(人と虎との争ひ)〉을 비롯하여 우리나라의 대표적 구전설화 10여 편이 최초로 활자화된 문헌이라는 점에서 자료적 가치가 크다. 이 책에 기록된 구전설화들은 일제 시대는 물론이고 해방 이후에도 한국 대표설화로 소개되고 전승되면서 한국 구비문학 교육사와 구전설화 연구에 큰 영향을 미쳐 왔다.[2] 또한 〈춘향전〉을 비롯하여 〈흥부전〉, 〈장화홍련전〉, 〈재생연〉, 네 편의 고전소설 작품 또한 최초로 활자화된 텍스트이며, 일본어로는 대부분 최초로 번역된 것으로서 우리 고전소설의 번역사에서 빠트리면 안 될 중요한 작품이다.[3]

그런데 『조선물어집』은 한국에서 근 100년 간 거의 관심을 받지 못하다가, 2003년도에 이르러 연구가 이뤄지기 시작하였다. 연구의 선편을 연 최인학은 『조선물어집』에 수록된 일곱 편의 설화를 번역하고 대략적으로 소개하였다.[4] 조희웅은 일제 강점기 하에서 일본어로 쓰인 조선 설화집들을 개괄하면서 『조선물어집』 수록 작품들의 유형을 간략히 분류한 뒤, 성격과 후대 영향 관계에 대해 추정하였다.[5] 필자는 『조선물어집』에 수록된 〈춘향전〉을 대상으로 구성적 특징, 개작 양상, 이본사적 의의를 고찰하였다.[6] 김환희는 『조선물어집』 수록 작품을 비롯하여 일본인들이 소개한 나무꾼 승천형 〈나무꾼과 선녀〉 설화

---

2) 이에 대해서는 본 장의 Ⅳ절에 상술하였다.

3) 권혁래, 「다카하시 본 〈춘향전〉의 특징과 의의」, 『고소설연구』 24집, 한국고소설학회, 2007, 365쪽.

4) 최인학, 『옛날이야기꾸러미』, 집문당, 2003.

5) 조희웅, 「일본어로 쓰여진 한국설화/한국설화론(1)」, 『어문학논총』 24집, 국민대학교 어문학연구소, 2005, 19쪽.

6) 권혁래, 앞의 글.

의 문제점을 제기하며 설화 전승과정에 대해 고찰하였다.[7] 이시준·장경남·김광식은 『조선물어집』 원문을 영인하고 해제를 덧붙여 연구자료집으로 출판하였다.[8]

이에 비교하면, 일본학자들은 『조선물어집』이 출간될 당시부터 관심을 기울인 것 같다. 식민지 시기 일본인들이 펴낸 조선 설화집들에는 『조선물어집』 수록 작품들이 지속적으로 포함되어 있다. 일제 강점기의 대표적인 일본 신화학자인 다카키 토시오(高木敏雄)는 「日韓共通の民間說話」란 논문에서 『조선물어집』에 수록된 설화들을 비중 있게 다루고 있다.[9] 최근에는 니시오카 켄지(西岡健治)가 「高橋仏焉/高橋亨の〈春香伝〉について」에서 다카하시 본 〈춘향전〉의 구성 및 형성, 특징 등을 세세하게 분석하였다.[10]

일본에 비해 한국에서 『조선물어집』에 대한 연구가 영성했던 것은 무엇보다 이 작품집이 일본어로 기록되어 있어 작품에 대한 접근이 쉽지 않았다는 점에 기인한 것으로 보인다. 그리고 시기적으로 한일 병합이 된 시기에 일본어로 기록된 작품이라 선입견이 있을 수 있고, 자료적 가치를 선뜻 인정하기가 쉽지 않았던 사정도 없지 않아 있었을 것이다. 하지만 최근의 연구가 시사하듯 『조선물어집』 수록 작품들은

---

7) 김환희, 「〈나무꾼과 선녀〉와 일본 〈날개옷〉 설화의 비교연구가 안고 있는 문제점과 가능성」, 『열상고전문학』 26집, 열상고전연구회, 2007.

8) 다카하시 도루 저, 이시준·장경남·김광식 공편, 『조선이야기집과 속담』(숭실대 동아시아언어문화연구소 식민지시기 일본어 조선설화집자료총서 2권), 제이앤씨, 2002.

9) 高木敏雄, 「日韓共通の民間說話」, 『日本神話傳說の硏究』, 岡書院, 1931. 그는 특히 〈瘤取〉, 〈解語龜〉, 〈鬼失金銀棒〉, 〈興夫傳〉, 〈韓樣松山鏡〉, 〈仙女の羽衣〉 등을 일본 및 중국의 유사설화와 비교하며 한중일 설화의 보편성과 개성을 고찰하였다.

10) 西岡健治, 「高橋仏焉/高橋亨の<春香傳>について」, 『福岡県立大學 人間社會學部 紀要』 14권 제1호, 2005.
(http://www.fukuoka-pu.ac.jp/kiyou/kiyo14_1/1401_nishioka.pdf)

대부분 우리 나라 최초의 활자본 자료들이며, 후대에 적지 않은 영향을 미쳤다는 점에서 이제부터라도 본격적으로 연구할 필요성이 있다. 이러한 점에서 필자는 『조선물어집』의 대략적인 면모와 특징을 소개하고, 문학사적 의의에 대해 시론을 펴고자 한다.

먼저 『조선물어집』의 편찬자 다카하시 도루의 약력, 편찬 경위와 의도를 살핀 다음, 『조선물어집』 수록 작품의 내용과 특성에 대해 분석할 것이다. 그리고 근대 초기 설화고전소설집으로서 갖는 문학사적 의의를 몇 가지 면에서 평가하고, 이 작품집에 대해 필자가 갖고 있는 문제의식을 제시할 것이다.

II. 다카하시 도루(高橋亨)의 『조선물어집』 편찬 경위와 의도

『조선물어집』의 편찬자 다카하시 도루는 1878년 12월, 일본 니가타현(新潟県)에서 출생하였다.[11] 그는 1902년 동경제대 한문과를 졸업하고, 1903년 대한제국 정부의 초빙으로 조선에 건너와 한성중학교(지금의 경기고등학교)의 교사가 된다. 다카하시는 1909년 『한어문전(韓語文典)』을 출판하고, 1910년 9월에는 한성중학교에서 교사 생활을 하면서 수집한 설화와 속담을 모아 『조선물어집』을 출간한다. 이때가 한일 병합 직후였다.

---

11) 다카하시의 생애와 논저에 대해서는 『朝鮮學報』 제14집(高橋先生頌壽記念號)(1959.10), 제 48집(高橋亨先生記念號)(1968.7)에 실린 「高橋亨先生年譜略」을 바탕으로 서술하였다. 또한 川瀬 貴也의 「植民地期朝鮮における朝鮮仏教観－高橋亨を中心に」(http://homepage1.nifty.com/tkawase/osigoto/takahashitoru.htm)와 『조선의 유학』(高橋亨 지음, 조남호 역, 소나무, 1999, 5~7쪽)의 내용을 참고하였다.

그 뒤로 그는 조선총독부의 종교조사 촉탁, 조선도서조사 촉탁을 역임하며, 조선의 고서, 금석문, 종교, 유학 등을 연구하게 되었고, 1926년에는 경성제국대학 교수에 임명되어, 법문학부 조선어학문학 제1강좌를 담당, 문학사와 사상사를 강의하였다. 1940년 그는 경성제대 교수직을 사직하고 혜화전문학교(惠化專門學校:동국대학교의 전신) 교장으로 취임하였다. 1944년에는, 그가 1930년에 설립한 명륜학원(明倫學院) 내 명륜연성소(明倫錬成所;성균관대학교의 전신) 소장을 지낸다.

해방 후 본국으로 귀국한 다카하시는 일본 천리대학(天理大學) 조선학과 교수로 취임하여 조선학회(朝鮮學會)를 조직, 『조선학보(朝鮮學報)』를 창간하면서 한국학 연구활동을 계속하였다. 천리대학 교수를 끝으로 은퇴한 다카하시는 1967년 9월, 90세의 나이로 운명하였다.

이상에서 본 바와 같이, 다카하시는 1903년 조선과 인연을 맺은 이래 그의 생애 전반에 걸쳐 조선의 문학, 불교, 유교, 역사, 고문서 등 조선의 문화 전반을 심도 있게 연구하였다. 문학 분야만 한정하여 보아도, 다카하시는 설화, 속담, 민요, 가사 등에 관하여 20여 편의 연구논저를 발표하며 조선문학 연구의 선편을 잡았다. 뿐만 아니라 그는 중등·고등 교육기관을 설립·운영하고 강의도 하면서, 교육 면에서도 심대한 영향력을 미쳤다.

이처럼 다카하시는 조선학 연구 분야에서 선구적 위치를 차지하였지만, 그의 연구 성과에 대해 국내 학계에서는 비판적 시각이 우세하다. 조선 유학사를 연구해온 조남호는 다카하시에 대하여, "노골적으로 조선과 조선인을 멸시하는 등, 악질적인 식민지 관료이자 교수였다. 그럼에도 그가 근대적인 의미에서 조선의 유학을 연구한 최초의 학자라는 점은 무시할 수 없다."[12]라고 하였다. 이러한 발언은 일차적으로 조선의 문화·역사에 대한 다카하시의 연구성과를 인정한 것이지만, 그럼에도 불구하고 식민사관에 입각하여 전개된 그의 연구[13]에 대하여 오늘날의 연구자들이 공과(功過)를 엄밀하게 재평가해야 함을 언급한 것이라고 할 수 있다.

다음으로 『조선물어집』의 편찬 경위에 대해 살펴보기로 하자.

> ① 다카하시 군은 우리 동경제대 문과대학 한문학과 출신으로 오랫동안 경성에 살았고, 그곳의 고등학교 학감으로 수많은 한인 자제들을 교육하여 한국어도 능통하고 그 나라 사정에 익숙하다. 담당하는 학교의 자제들은 조선 각지에서 모인 사람들이기 때문에 널리 각 지역의 설화와 속담을 수월하게 조사할 수 있었다. 그리하여 이것을 가지고 몇 년 동안 채방모집(採訪募集)한 것이 상당한 분량이 되어 이렇게 책으로 묶게 되었다.[14]
>
> ② 한국과 일본은 같은 나라이기 때문에 옛 전설에는 동형(同型)이 많다. 하지만 정교(政教)가 분리되고 시간이 흐름에 따라 각각 변화하게 되면서 각각의 국민성을 나타내게 되었다. 지금 이 책에 관해 한두가지 예를 든다면, 귀신에게 혹을 떼어주는 이야기는 『宇治拾遺物語』[15]의 전설과 동일하지만, '선녀의 날개옷' 전설[羽衣傳說]과 같은 것은

12) 조남호, 앞의 책, 7쪽.

13) 이러한 예는 『朝鮮の俚諺集附物語』(日韓書房, 1914) 서문의 다음과 같은 진술에서도 확인된다. "조선사회 연구는 여러 방면의 연구를 종합하여 이루어져야 할 성질의 것이지만, 우선 내가 지금까지 연구해 온 조선의 사상과 신앙 즉, 철학 및 종교의 측면에서 보면 조선 사회 내면에 넘치는 특성을 대략 여섯 개의 항목으로 헤아릴 수 있을 것이다. 1.사상의 고착성, 2.사상의 無創見, 3.무사태평, 4.문약, 5당파심, 6.형식주의가 그것이다. 모두 이 나라의 지질과 지리, 혹은 사회조직에 뿌리내려 성립된 것이다."(自序, 2면) 이와 같이 조선 사회의 속성을 부정 일변도로 평가한 것이 그 예이다.

14) 萩野由之 「序」, 『조선물어집』, 2쪽. 번다함을 피하기 위해 원문은 제시하지 않았다. 이하에서도 필자 번역문만 인용하기로 한다.

> 한국과 일본의 국민성이 같고 다름을 나타낸다. 곧 우리는 이것을 바닷가를 배경으로 하고 있지만, 그들은 산간을 배경으로 하고 있다. 또 그들은 천녀(天女)의 승천(昇天)을 추적하여 구름 속에까지 들어가는 것에 반해, 우리는 그에 상응할 만한 집착이 없는 담백함에서 국민성을 엿볼 수 있다.[16]

위 인용문들은 일본의 역사학자이자 국문학자인 하기노 요시유키(萩野由之: 1860-1924)가 쓴 『조선물어집』 서문 중의 일부분이다. 우리는 이 서문 ①을 통하여 『조선물어집』의 편찬과정, 곧 다카하시가 일차적으로 자신이 가르치는 조선인 학생들을 통해 조선 각지의 설화와 속담을 수집하였고, 자신 또한 기회가 될 때마다 설화 각 편을 수집하여 『조선물어집』을 편찬하게 되었음을 알 수 있다.

②에서 하기노는 설화를 통하여 한 나라의 국민성을 파악할 수 있다며, 〈선녀의 날개옷〉 설화를 예로 들어 한일 양국 국민성이 어떻게 차이가 나는지를 간략히 언급하였다. 나아가 그는 『조선물어집』을 통해 "읽는 사람들이 민정(民情)을 잘 알고, 나라의 풍속을 분별할 수 있는 방편으로 삼도록"[17] 하겠다고 말하였다. 일본인들이 『조선물어집』에 실린 설화와 속담을 통하여 조선인들의 심성과 풍속을 잘 파악함으로써 그들의 조선 경영을 위한 자료로 삼으려는 의도를 드러낸 것이라고 할 수 있다.

한편 다카하시 도루는 『조선물어집』의 편찬 경위에 대해서 자서(自序)에서 다음과 같이 밝혔다.

---

15) 13세기 초에 성립된 일본의 설화집으로 불교적 색채가 짙다.
16) 위의 책, 같은 곳.
17) 위의 책, 3쪽.

③ 물어(物語)는 사회생활의 정수를 축약한 것으로, 혹은 아주 오랜 옛날에, 혹은 시대를 내려와 중세에, 또는 가까운 과거의 사람들 손에 의해 만들어져서, 좋게 사회의 흥미를 자극해서 입에서 입으로 전해지며 오랜 시간 전해져 내려온 것이다.[18]

④ 사회관찰자는 있는 그대로의 생활 가운데 움직이지 않는 풍속 관습의 특색을 인식하지 않으면 안 된다. 하지만 풍속 관습을 연구하는 것만으로는 불충분하다. 더하여 그 풍속과 관습을 일관하는 정신을 살펴 알아내고, 그 사회를 통제하는 이상으로 귀납하여야 비로소 사회연구가 잘 완결되었다고 할 수 있다. 이 사회정신과 이상을 완전하게 발견하여 큰 그물을 제공한다면, 위정자, 사회정책자의 경영과 시설에도 큰 공헌을 할 것이다. 즉 민중의 마음의 근원을 짐작하고, 여기에 인간의 심성을 교육할 새로운 방안을 제시해야 한다. 나는 손님으로 이 나라에 몇 년 동안 머물면서 이와 같은 목적을 가지고 조선의 이야기와 속담을 수집하여 이 책을 완성하였다.[19]

다카하시가 말하는 물어(物語)란 무엇일까? ③에서 물어란 "좋게 사회의 흥미를 자극해서 입에서 입으로 전해지며 오랜 동안 전해져 내려온 것"이라고 하였다. 그 중에서도 입에서 입으로 전해진 것임을 중시한다면, 이 물어는 다름 아닌 구비전승 설화를 지적한 것임을 알 수 있다. 실제로 『조선물어집』에는 〈선녀의 날개옷〉, 〈혹부리 영감〉 등 19편의 구전설화가 수록되어 있다. 하지만 그렇다고 수록작품 모두가 구전설화는 아니다. 그 중에는 다섯 편의 문헌설화와 네 편의 고전소설이 있기 때문이다. 이 작품들은 원천이 문헌에 있고, 문헌에 바탕하여 다시쓰기한 것이므로 앞의 19편의 구전설화와는 채록 경로가 다르다.

---

18) 高橋亨, 自序, 『조선물어집』, 3쪽.
19) 위의 책, 3-4쪽.

④에서 다카하시는 『조선물어집』 편찬 의도를 직접적으로 드러내고 있다. 그는 문학·문화 연구자인 자신의 정체성을 궁극적으로 '사회관찰자'로 인식하고 있다. 그리하여 그는 조선의 물어를 통해 조선인의 풍속과 관습에 내재되어 있는 정신을 파악하고, 민중들의 마음을 움직이는 근원을 짐작하여 궁극적으로 위정자 또는 사회정책자들이 조선 경영을 할 때 공헌하고자 하는 의도를 드러내었다. 서문을 쓴 하기노와 같은 궤의 인식이라고 할 수 있다. 이러한 자기 인식은 다카하시가 『조선물어집』을 선집하고 작품들을 평가하는 과정에서 의식적이든 무의식적이든 식민사관에 입각한 편향성이 개입될 가능성이 있음을 의미한다. 하지만 그럼에도 불구하고 다카하시가 사회관찰자의 의도 때문에라도 작품 자체의 원형을 함부로 훼손하지는 않았을 것이라는 추론 또한 가능하다. 따라서 『조선물어집』 작품의 면면과 주석 하나하나를 좀 더 엄밀하게 분석할 필요가 있다.

III. 수록 작품의 유형과 특징

1. 유형 분류

『조선물어집』 수록 작품들의 성격을 파악하기 위해서는 유형 분류 작업이 필요하다. 일차적으로 원작의 출처 및 갈래에 따라 분류하면 다음과 같다

(가) 문헌설화류

〈부귀영달도 운이 있다[20](富貴有命·榮達有運)〉, 〈독부(毒婦)〉, 〈신

20) 한글 번역 제목을 원제 앞에 달았다.

호(神虎)〉, 〈요마를 쫓은 맹인(盲者逐妖魔)〉, 〈음란한 중(淫僧食生豆四升)〉. 이상 5편

(나) 구전설화류

〈혹부리 영감(瘤取)〉, 〈성황당(城隍堂)〉, 〈가난한 군수(貧郡守得錢)〉, 〈거짓말 겨루기(嘘較べ)〉, 〈풍수선생(風水先生)〉, 〈풍수 이야기(巳時下官午時發福)〉, 〈시를 지어 죽다 살아나다(得對句半死)〉, 〈말하는 남생이(解語龜)〉, 〈도깨비 방망이(鬼失金銀棒)〉, 〈가짜 점쟁이(膺名人)〉, 〈반쪽이(片身奴)〉, 〈무법자(無法者)〉, 〈맹인을 속인 사람(明者欺盲者)〉, 〈기생열녀(妓生烈女)〉, 〈버짐병 사위(癬疥病童知雨)〉, 〈열 쌍둥이(雙童十度)〉, 〈거울을 처음 본 사람들(韓樣松山鏡)〉, 〈선녀의 날개옷(仙女の羽衣)〉, 〈사람과 호랑이의 다툼(人と虎との爭ひ)〉. 이상 19편

(다) 고전소설류

〈興夫傳〉, 〈長花紅蓮傳〉, 〈再生緣〉, 〈春香傳〉. 이상 4편

이상 수록 작품의 출전을 보면, 『조선물어집』은 구전설화류 19편, 문헌설화류 5편, 고전소설류 4편으로 구성되어 있다.[21] 『조선물어집』에서 가장 큰 비중을 차지하는 것은 구전설화류이다. 조희웅은 『조선물어집』에 수록된 설화들이, "자료의 출처에 관한 아무런 언급이 없기 때문에 확실한 것은 알 수 없지만, 그 내용으로 미루어 대체로 문헌설화집의 것을 재화한 것들로 생각"[22]된다고 언급하였는데, 실제로는 구전설화가 대부분을 차지하고 있다. 이는 하시노 요시유키(萩野由

21) 필자는 앞선 연구(「다카하시(高橋) 본 〈춘향전〉의 특징과 의의」, 365, 381면)에서 구전설화와 문헌설화 편수를 각각 '18편', '6편'으로 소개하였는데, 착오가 있었다. 이 지면을 빌어 위의 수치로 정정한다.

22) 조희웅, 앞의 글, 19쪽.

之)가 『조선물어집』의 서문에서, 다카하시가 학생들을 통해 널리 각 지역의 이야기와 속담을 조사하였고, 또 이를 바탕으로 몇 년 동안 채방모집(採訪募集)했다고 언급한 것에서도 입증된다. 구전설화 중에는 〈선녀와 나무꾼〉, 〈혹부리 영감〉, 〈도깨비 방망이〉, 〈말하는 남생이〉 등 지금까지도 한국의 대표적 설화로 꼽히는 작품들이 7-8편 수집되어 있다.

문헌설화류는 모두 5편으로, 호랑이의 제물이 될 여인을 구해준 서경덕 이야기, 신통력을 부려 요마를 쫓고 자기 생명을 구한 맹인 이야기, 인간의 부귀영달에는 운이 있다는 이야기, 음란한 중을 꾀를 내어 혼내준 과부 이야기 등의 내용이다. 이 작품들은 모두 『靑邱野談』(〈毒婦〉·〈神虎〉), 『慵齊叢話』(〈淫僧食生豆四升〉), 『溪西野談』(〈富貴有命·榮達有運〉』, 『記聞叢話』(〈盲者逐妖魔〉) 등의 전대 문헌설화집에서 원 텍스트를 구하여 옮겨놓은 것이다.

〈흥부전〉, 〈장화홍련전〉, 〈재생연(숙영낭자전)〉, 〈춘향전〉 등 네 편의 작품은 고전소설을 축약개작한 것이다. 이 작품들은 20세기 초에 고전소설을 번역·개작한 작품이란 점에서 '근대 초기 고전소설의 전승 양상'을 살피는 데 귀중한 연구 자료가 될 것이다.

한편 조희웅의 설화 분류안에 의거하여 수록 작품을 분류하면 다음과 같다.

(가) 설화류

가) 소 담 : 〈가난한 군수(貧郡守得錢)〉, 〈거짓말 겨루기(嘘較べ)〉, 〈가짜 점쟁이(贋名人)〉, 〈반쪽이(片身奴)〉, 〈맹인을 속인 사람(明者欺盲者)〉, 〈버짐병 사위(癬疥病童知雨)〉, 〈음란한 중(淫僧食生豆四升)〉, 〈거울을 처음 본 사람(漢陽松山鏡)〉(8편)

나) 신이담 : 〈혹부리 영감(瘤取)〉, 〈성황당(城隍堂)〉, 〈시를 지어 죽다 살아나다(得對句半死)〉, 〈말하는 남생이(解語龜)〉, 〈도깨비 방망이(鬼失金銀棒)〉, 〈요마를 쫓은 맹인(盲者逐妖魔)〉, 〈선녀와 나무꾼(仙女の羽衣)〉, 〈독부(毒婦)〉, 〈풍수선생(風水先生)〉, 〈풍수 이야기(巳時下官午時發福)〉, 〈부귀영달도 운이 있다(富貴有名榮達有運)〉, 〈열 쌍둥이(雙童十度)〉, 〈신호(神虎)〉(13편)

다) 일반담: 〈기생열녀(妓生烈女)〉, 〈무법자(無法者)〉(2편)

라) 동물담: 〈사람과 호랑이의 다툼(人と虎との爭ひ)〉(1편)

(나) 고전소설류

가) 윤리소설 : 〈흥부전(興夫傳)〉

나) 애정소설 : 〈재생연(再生緣)〉, 〈춘향전(春香傳)〉

다) 가정소설 : 〈장화홍련전(長花紅蓮傳)〉

위에서 보듯 설화류는 소담(笑談)과 신이담(神異談)이 각각 8편, 13편으로 비중이 가장 크다. 소담은 주로 웃음·재간·바보에 관한 이야기인데, 거짓말과 계교를 써서 상대방을 속이는 이야기가 가장 많다. 술집 주인에게 술수를 부려 노잣돈을 뜯어낸 군수 이야기(〈가난한 군수〉), 주인을 속여 자기 이익을 챙기는 종 이야기(〈반쪽이〉), 양반과 거짓말 시합을 하여 벼슬을 얻은 젊은이 이야기(〈거짓말 겨루기〉), 음란한 중을 속여 망신을 준 과부 이야기(〈음란한 중〉), 맹인들을 속여 자기 이익을 챙긴 가짜 장님 이야기(〈맹인을 속인 사람〉) 등이 그러하다.

신이담은 현실에서는 일어날 수 없는 상상적인 초인들의 신비스런 이야기다. 신이담에는 선녀, 요마, 요괴, 귀신, 말하는 남생이 등 다양한 신이한 존재가 등장하여 인간을 돕거나 징치하며 인간들의 인생에 관여하는 이야기들이 많다. 이외에 풍수나 운명을 소재로 한 작품들은 소극적 인생관을 보여주는데, 〈풍수선생〉, 〈풍수 이야기〉는 주인공들이 풍수에 의해 예견된 자신의 운명을 맞는 이야기다. 〈부귀영달도 운이 있다〉, 〈열 쌍둥이〉는 사람은 어찌 살든 주어진 운명대로 살게 된다는 인생관을 보여준다. 〈신호〉는 사람의 해치는 호랑이의 제물이 될 뻔한 여인을 서경덕이 구해주는 이야기다.

일반담은 신비스런 요소가 제거된 보통 인간들의 이야기로, 불우한 운명을 지닌 양반 독자를 만난 기생이 고생을 하지만 정절을 지켜 열녀문까지 받는다는 〈기생열녀〉, 시골 남자가 가난 때문에 도둑질을 하나 용서받는다는 내용의 〈무법자〉 등이 있다.

동물담은 함정에 빠진 호랑이를 구해주었다가 봉변을 당한 사람이 소나무, 소, 여우에게 재판을 구하여 살아났다는 〈사람과 호랑이의 다툼〉이 있다.

고전소설류는 네 작품인데, 판소리계소설인 〈흥부전〉과 〈춘향전〉을 주제 중심으로 파악하면 애정소설, 윤리소설, 가정소설로 분류된다. 남녀 애정과 가정 윤리의 문제가 소설화된 작품이 선집되었음을 알 수 있다.

설화류에 한정할 때 전체적으로 신이담이 많다는 점, 세계와 인생에 대한 부정적이고 비관적·운명론적 이야기가 많은 점이 특징이다. 앞에서 다카하시가 자신을 사회관찰자로 인식하고 조선인의 민정(民情)·심성·풍속·관습을 관찰하기 위하여 『조선물어집』을 편찬하였다고 했는데, 수록 작품들의 위와 같은 특징들을 볼 때 다카하시의 편찬 시각에는 그가 선험적으로 조선의 설화를 부정적으로 인식하고 그 밑에 깔린 민중들의 정신을 다소 저급하게 평가하였다는 혐의가 있음을 알 수 있다.

2. 설화류 작품의 특징

앞에서 유형 분류를 하며 설화류 작품의 특징을 대략적으로 언급하였는데, 이 절에서는 인물의 성격을 중심으로 상술하고자 한다. 설화류의 등장인물들에는 선악의 전형적인 인물군 외에도, 명확히 규정할 수 없는 인물들이 많다. 그리고 악인이 벌을 받기는커녕 오히려 재물을 축적하고 행복하게 사는 결말도 있고, 권선징악형의 주제가 일관되게 관철되는 것만도 아니다. 이는 설화 작품 일반의 특징일 수도 있겠지만, 『조선물어집』에 등장하는 인물들이 적지 않은 경우에 이러한 성격을 띤다는 점은 유의해서 보아야 할 듯하다.

첫째, 설화류에는 '반쪽이'(片身奴)와 같은 트릭스터(trickster) 유형의 출현 빈도수가 높다는 점이 특징이다. 트릭스터란 도덕과 관습을 무시하고 사회 질서를 일시적으로 어지럽히는 인물 유형을 말한다. 제13화 〈片身奴〉에 등장하는 '반쪽이'와 '양반 주인'의 성격을 예시하면 다음과 같다. 주인공 '반쪽이'는 과거를 보러 가는 '양반 주인'을 수행하는 종의 신분이다. 반쪽이는 나쁜 꾀를 내는데 비상한 재주를 지녔으며, 상전인 양반 주인은 그에게 번번이 당하기만 하는 어리석은 인물이다. 반쪽이는 양반 주인뿐 아니라 그와 만나는 모든 사람들을 우롱하고 골탕 먹이며, 번뜩이는 재치로 죽음에서 삶으로 자신의 운명을 개척해 나간다. 자신에게 닥친 몇 번의 죽을 고비를 지혜로 넘긴 반쪽이와 허황된 말에 속아 판단력이 마비되어 스스로 죽음의 길로 나아간 양반 주인 이야기는 양반과 종의 신분 관계를 한순간에 뒤엎어 버리고, 신분 사회 질서 자체를 전복시켜 버리는 효과를 가져온다.

또한 〈무법자〉, 〈맹인을 속인 사람〉, 〈거짓말 겨루기〉 등에 등장하는 인물들은 '무법', '속임수', '거짓말'이라는 용어로 표현되듯이, 세상에서 '정도(正道)'라고 말하는 것과는 반대의 삶을 살아간다. 그렇지만 그들에게서 한결같은 공통점은 바로 그들이 자신의 '법'대로 삶을 살아도 세상사가 그들 뜻대로 되어간다는 점이다. 거짓과 속임수로 살아가는 그들 삶은 징치되거나 비난 받는 것이 아니라 오히려 그들의 거짓과 속임수에 넘어가는 선량한 사람들을 웃음거리로 만들어 버린다. 따라서 무법이 난무하는 세상, 선악의 개념이 제대로 확립되지 않은 세상을 적지 않은 작품에서 지속적으로 보여줌으로써 현실세계는 부정적으로 인식된다. 이러한 '트릭스터' 유형의 인물들이 주도하는 작품들에 대해서는 그 의미를 좀 더 고찰할 필요가 있다.

두 번째로 설화류에는 맹인, 풍수선생 등 점복에 의지해 세상사를 논하는 풍수가(風水家)들이 중심이 된 작품들이 있다. 자기 묘자리를 정해놓고 자기 집안의 운명을 예견한 풍수선생 이야기(〈풍수선생〉), 풍수선생의 말대로 어머니를 장사지내 결혼하게 된 노총각 이야기〈풍수 이야기〉), 한 남자가 열 쌍둥이를 낳아 부자로 살게 된 이야기(〈열 쌍둥이〉) 등이 그러하다. 이 이야기들에서 풍수가들은 주로 사람의 운명을 예지해 주는 역할을 한다. 이들의 예언에 의해 작중 인물들은 그들 삶을 적극적으로 개척하기보다는 운명론자의 삶을 살아간다. 이미 정해진 운명을 바꿀 수 없다는 생각은 그들로 하여금 수동적인 삶을 살아가게 만든다.

세 번째로 '결핍인'의 형상이 자주 등장한다. 『조선물어집』에는 가난한 노총각, 가난한 군수, 맹인, 버짐병 앓는 총각 등 재화나 신체적 조건 등에서 결핍인들이 주인공으로 등장하는 이야기가 다수 있다. 이들 '결핍인'들은 가난하여 어머니가 돌아가셨어도 장사지낼 돈도 없고, 물정을 모르거나 가난하여 30이 넘도록 장가도 못간 사람들이다. 그리고 자신의 힘으로는 문제를 해결할 방법이 없어 고민하다가 성황당에 가서 혼자서 장기시합을 하고, 늙은 풍수선생의 동정으로 상황을 타개한다. 그런데 이들 결핍인은 어려운 삶의 조건을 극복해내고 마지막엔 행복을 얻게 되는 경우가 많다. 그래서 이야기는 따뜻한 분위기를 띄게 되고, 결말은 긍정적 미래상을 제시하게 된다. 따라서 결핍인 등장 이야기는 대체로 긍정적 세계관을 표명하게 된다.

네 번째로 설화류 작품 속에 그려진 여인의 성격은 다양하다. 설화 속 남성의 상대로 등장하는 대부분의 여성들은 절세미인형 인물이다. 이들은 주로 남성 인물의 행복을 빛나게 해주는 역할을 한다. 하지만 몇몇 작품에서 발견되는, 자신의 삶을 주도적으로 개척해가는 여인상에 대해서도 주목할 필요가 있다. 제7화 〈시를 지어 죽다 살아나다〉에서 물정 모르는 양반과 결혼한 여인은 지혜로운 여인이다. 그녀는 남편에게 자신이 지은 시의 대구를 지어야 남편으로 인정하겠다고 하며, 남편으로 하여금 산에 들어가 공부하게 한다. 남편이 위기에 처했을 때 남편이 지은 시구를 통해 상황을 파악하고 그를 구해낸다는 이야기는 여인의 지혜와 통찰력을 드러내는 이야기이다. 제12화 〈음란한 중〉에서는 과부에게 흑심을 품고 접근하는 음란한 중에게 생콩 넉 되를 먹여 설사를 하게 하여 위기를 벗어나는 여인의 지혜를 보여준다. 제17화 〈기생열녀〉에선 천한 기생의 몸으로 많은 고생을 겪으면서도 사랑을 지키고 정절을 소중히 여겨 열녀문까지 받게 된 기생의 이야기를 전해준다. 한편으로 제28화 〈독부〉에서는 드물게도 중과 정을 통하여 남편을 죽게 한 여인과 같은 부정적 여인상도 등장한다.

마지막으로 설화류에 등장하는 동물 및 요괴 형상의 특징에 대해 주목할 필요가 있다. 『조선물어집』에서 대표적인 동물 및 요괴 형상은 '호랑이'와 '도깨비'이다. 이것들은 민족적 캐릭터 및 상징으로 발전하는 경우가 많으므로 구체적인 성격을 꼼꼼히 고찰할 필요가 있다.

『조선물어집』의 〈혹부리 영감〉, 〈말하는 남생이〉, 〈선녀와 나무꾼〉, 〈흥부전〉 등에는 호랑이, 제비, 남생이, 소, 사슴 등의 동물이 등장한다. 조선의 대표적 동물인 호랑이는 사람을 해치는 사나운 동물로 그려진다. 제비, 남생이, 사슴은 신령한 동물로 그려지고, 또 〈토끼의 재판〉 유형에 속하는 〈사람과 호랑이의 다툼〉에는 토끼 대신에 여우가 등장하여 지혜롭고 인간에 우호적인 동물로 그려진다. 이 설화에 토끼 대신 여우가 등장하는 것은 그러한 텍스트가 실제로 채록되었기 때문일 수도 있지만, 활자화 과정에서 일본 설화의 요소가 개입되었을 가능성 또한 높다.[23] 미와 다마끼(三輪環)의 『傳說の朝鮮』(1919), 조선총독부의 『朝鮮童話集』(1924), 나까무라 료헤(中村亮平)의 『朝鮮童話集』(1926)에 등장하는 동물들도 토끼가 아니라 여우다. 반면에 손진태의 『조선민담집』(1930)과 정인섭의 『온돌야화』(1927)에서는 원숭이 또는 두꺼비가 지혜로운 동물로 등장한다. 일본학자들이 수집한 한국설화집에서 토끼 대신에 여우가 일관되게 등장하는 것은 『조선물어집』의 영향 때문이 아닌가 생각한다.

또 〈말하는 남생이〉는 한국과 일본에 동일한 유형의 설화가 전한다. 일본 설화의 경우에는 마음씨 착한 가난한 동생에게 복을 가져다주는 조력동물로 주로 '거북이(남생이)'가 등장하고, 한국설화에서는 남생이보다는 주로 '개'가 등장한다. 그렇다면 이 또한 일본 설화에 거북이 등장하기 때문에 다카하시가 '개'를 '거북이'로 바꾸었을 가능성을 배제하기 힘들다. 이러한 일련의 동물 캐릭터의 변모는 일인 학자들의 일선동조론(日鮮同祖論)의 의도 아래 이뤄졌다는 것이 필자 및 여러

23) 일본에서는 토끼보다 여우가 훨씬 지혜로운 동물로 여겨지며, 일본 설화에서는 여우와 원숭이가 자주 등장하는 것이 특징이다.(高木敏雄, 『日本說話傳說の研究』, 東洋文庫, 平凡社, 1974, 264-265면)

학자들의 견해이다.

한편 다카하시는 〈혹부리 영감〉에 등장하는 도깨비는 '요괴'로, 〈도깨비 방망이〉에 등장하는 도깨비는 '오니(鬼)'로, 〈요마를 쫓은 맹인〉에 등장하는 귀신은 '요마'로 번역하였다. 한국 설화 속의 도깨비와 귀신이 이렇듯 요괴(妖怪), 오니(鬼), 요마(妖魔)로 명명된 것에 대해서는 일본 설화와의 비교 연구를 통해 해명해야 할 것이다. 곧 위 세 설화 속에 등장하는 도깨비와 귀신의 형상을 구체적으로 살펴보고, 그것이 일본설화에 등장하는 다양한 요괴들 곧, '鬼,' '河童', '天狗', '化物', '幽靈' 등과 어떻게 같고 어떻게 다른지를 비교 연구함으로써 『조선물어집』 수록 설화들의 원형적 가치를 파악할 수 있을 것이다.

3. 고전소설류 작품의 특징

『조선물어집』에는 〈춘향전〉과 〈흥부전〉, 〈장화홍련전〉, 〈재생연(숙영낭자전)〉 등 네 편의 고전소설 작품이 선집되어 있다. 수많은 고전소설 중에서 다카하시가 이 네 종을 선택하여 수록한 이유는 무엇일까? 이에 대해서는 다카하시가 〈춘향전〉 뒤에 붙인 주석을 참고하며 살펴보기로 한다.

> 〈춘향전〉은 이 나라에서 가장 널리 행해지는 이야기(物語)이다. 조루리(淨琉璃), 시바이(芝居), 또는 아마추어 연극에서든 〈춘향전〉을 공연하지 않는 일은 없었다. 〈춘향전〉, 〈재생연〉, 〈장화홍련전〉 등의 이야기는 언문으로 쓰였으며, 2,3전의 돈에 도시나 시골 가는 곳마다 서림에서 판매되며, 중류 이상의 부녀는 서로 모여 이것을 열독하여 그 주인공을 동정하고, 이것을 통해 여덕(女德)을 닦는 한 방편으로 삼는다. 생각건대, 그것이 주는 감화는 우리 막부시대에 바킹(馬琴)의 작품이

가정에 주는 영향과 같다. 이 소설작품 역시 이 나라 남녀의 관계 및 상류부인의 도덕을 관찰하는 데 좋은 자료가 된다.[24)]

조루리(淨琉璃)나 시바이(芝居)는 일본에서 행해지는 인형극 따위의 연극이다. 〈춘향전〉이 연극으로 공연되었다는 것은 판소리 공연을 말하는 것으로 보인다. 〈춘향전〉과 〈숙영낭자전〉, 〈장화홍련전〉 등이 2,3전의 돈에 판매된다는 것은 다카하시가 언급한 작품들이 방각본 소설이요 대중소설임을 말하는 것이다. 이 작품들의 독자를 중상류층 부녀자라 하였고, 이 여인들이 여덕(女德)을 닦는 방편으로 이 작품을 읽는다고 하였다. 다카하시가 이 작품들을 선정한 것은 남녀 관계 및 상류 부인의 도덕을 관찰하는 데 좋은 자료가 되었기 때문임을 알 수 있다. 그리고 일본 에도 시대 후기의 극작가인 바킹(馬琴)[25)]의 작품을 예로 들며, 그의 작품들이 권선징악을 표방하고, 아속절충(雅俗折衷)하여 일본 독자들에게 감화를 주었듯이 〈춘향전〉 등의 작품들도 그러한 도덕적 감화를 준다고 하였다.

이처럼 남녀의 사랑 및 풍속적 관심에서 다카하시가 위 작품들을 대표 작품으로 선집하였음을 알 수 있다. 위 작품들의 분량과 특징을 간략히 알아보면 다음과 같다.

〈흥부전〉은 8면 분량이다. 짧은 분량이지만, 5개의 흥부 박, 11개의 놀부 박 화소를 포함하여 경판 25장본에 있는 화소들이 모두 포함되어 있으며, 해학적 요소가 잘 살아 있는, 방각본 소설의 충실한 축약본이다. 다만 "아라비아 야화에 있는 알라딘의 궁전처럼 동생 흥부의

24) 高橋亨, 『조선물어집』, 201쪽.
25) 교쿠테 바킹(曲亭馬琴:1767-1848). 일본 에도 시대 후기의 극작가. 권선징악을 표방하고, 아속(雅俗)을 절충한 글을 썼으며, 서민들을 위한 合巻, 讀本을 주로 지었다. 대표작으로 〈椿說弓張月〉, 〈南總里見八犬傳〉 등이 있다.

집이 하룻밤에 구름에 닿을 만큼 큰 집이 되었으니…”[26]와 같이 흥부의 집을 특이하게 묘사한 것이 경판본의 표현방식과 다른, 유일하게 이질적인 표현이다. 설화적 성격이 강한 작품이라 다른 세 작품들과는 달리 설화 작품들과 함께 앞부분에 놓인 것으로 보인다.

〈장화홍련전〉은 18면 분량으로, 1899년 발간된 자암신간(紫巖新刊) 경판 18장본의 내용을 축약해 놓은 것으로 보인다. 장화 홍련 자매가 계모로부터 받은 핍박과 죽은 뒤의 원한을 핍진하게 서술하고, 부사의 재판으로 원한을 풀고 환생하여 행복하게 산 고전소설의 경개를 잘 살려 표현하였다.

〈재생연(再生緣)〉은 20면 분량으로, 고전소설 〈숙영낭자전〉을 축약해 놓은 것이다. 〈숙영낭자전〉의 이본 가운데 ‘재생연’이라 이름한 것은 국립중앙도서관 소장 한문본의 경우가 유일하다. 〈재생연〉은 〈숙영낭자전〉의 모본으로 추정되는 한문본[27]인데, 지금은 행방불명되어 현품이 존재하지 않는다. 〈숙영낭자전〉의 많은 이본 가운데 하필 ‘재생연’을 제목으로 하였는지 의문이다. 다카하시 본 〈재생연〉이 한문본을 모본으로 한 것이라면 이 텍스트는 자료적 가치가 더욱 클 것이다.

〈춘향전〉은 19면 분량이며, 작품 뒤에는 필자의 각주가 덧붙여져 있다. 해학적 특징이 잘 나타나 있으며, 불망기(不忘記) 화소가 탈락되어 있으며, 이도령과 춘향의 첫날밤 장면 및 사랑 장면이 모두 생략된 것 등이 특징이다. 경판본과 완판본의 화소를 조합, 재구한 개성 있는 텍스트이다.

다카하시는 1914년 『朝鮮の俚諺集附物語』이란 제목으로 『조선물어

---

26) 위의 책, 60쪽.

27) 김일렬, 『조선조소설의 구조와 의미』, 형설출판사, 1984, 181쪽.

집』의 증보판을 발간하였는데, 이때 속담을 대폭 증보하고, 〈반쪽이〉, 〈장화홍련전〉과 〈재생연〉은 삭제하였다.

Ⅳ. 『조선물어집』의 문학사적 의의

『조선물어집』의 문학사적 의의는 무엇보다 근대의 가장 초기에 간행된 설화고전소설집이라는 데 있다. 우리는 『조선물어집』을 통하여 한국 구전설화 가 채록된 초기 양상을 살펴볼 수 있을 것이다.

우리나라 민간에서 구전되어 온 설화들을 최초로 채록한 학자는 러시아의 가린-미하일로프스키(N.G. Garin-Mixailovskii.1852-1906)이다.[28] 그가 1898년에 한국인으로부터 직접 채록한 구전설화 64편을 묶어 1904년 러시아에서 출판한 『조선설화』를 제외한다면, 애스턴(W.G. Aston. 1841~1911)이 자신의 조선어 학습을 위해 조선인 김재국이 필사한 옛이야기를 묶은 『조선야담』(Corean Tales, 서울, 1885)[29], 알렌(H.N. Allen)의 『조선민담』(Korean Tales, New York, 1889), 그리피스(W.E. Griffis)의 『옛 조선의 동화』(Fairy Tales of Old Korea, London, 1911), 게일(James S. Gale)의 『조선민담』(Korean Folk Tales, London, 1913)[30]과 같은 서양학자들이 출간한

28) 가린-미하일로프스키 저, 안상훈 역, 『조선설화』, 한국학술정보(주), 2006, 259-262쪽.

29) 허경진·유춘동, 「애스톤(Aston)의 조선어 학습서 『Corean Tales』의 성격과 특성」, 열상고전연구회 제61차 정례 학술발표회 자료집, 2013. 7. 18 ; 코뱌코바 울리아나, 「애스톤 문고 소장 『Corean Tales』에 대한 고찰」, 『서지학보』 32, 서지학회, 2008.

30) 김봉희, 「게일(James Ssarth Gale, 奇一)의 한국학 저술활동에 관한 연구」, 『서지학연구』 3, 서지학회, 1988, 145-146쪽.

설화집은 대부분 고전소설 또는 문헌설화에 바탕을 둔 작품집이거나 한국의 역사와 문화를 서양에 소개하기 위해 만든 안내서들이다. 따라서 초기 한국구비문학사에서 있어서 가린-미할로프스키의 『조선설화』와 다카하시 도루의 『조선물어집』이 지닌 구비문학적인 가치는 그 어떤 설화집보다 크다. 특히 1910년 한일합병 이후 1926년까지 한국구전설화를 수집해서 지속적으로 책으로 출간한 학자들이 대부분 일본학자들이었던 사실을 고려할 때, 그러한 구비문학연구의 출발점에 위치한 다카하시 도루의 『조선물어집』은 매우 중요하다.

한국어로 기록된 우리나라 최초의 전래동화집이자 설화집으로 평가되는 심의린의 『조선동화대집』이 출판된 해는 1926년이다. 그리고 한국 설화 연구의 태두인 손진태가 송석하·정인섭과 더불어 조선민속학회(朝鮮民俗學會)를 창설한 해는 1932년이고, 『조선민담집』을 출간한 해는 1930년이다. 또 손진태가 『新民』에 「조선민간설화의 연구-민간설화의 문화사적 고찰」이라는 제목으로 15편의 설화연구 논문을 발표하고, 정인섭이 『온돌야화』를 출간하고, 임석재가 『한국구전설화』로 편찬한 구전설화들을 자신이 직접 채록하기 시작한 해가 모두 1927년이다. 따라서 우리나라 학자들이 민속학적인 가치를 부여할 수 있는 한국구전설화를 출간하거나 발표한 시기는 1926년부터 시작된다.

이런 점에서 20세기 초에 우리나라 민간에서 전승되어 온 옛이야기(민담, 전설, 소화, 전래동화)의 양상을 이해하기 위해서는 『조선물어집』에 대한 체계적인 연구가 수행되어야 한다. 손진태의 『조선민담집』과 정인섭의 『온돌야화』가 모두 일본어로 출간된 사실을 고려할 때, 일본인 학자들이 채집해서 일본어로 기록한 한국구전설화를 연구대상에서 제외시키는 것은 바람직하지 않다. 『조선물어집』이 출간된 1910년부터 1926년까지 근 16년 동안 일본인 학자들이 채집한 한국설화들이 우리나라 구전설화의 전승에 미친 영향을 체계적으로 연구해야 초기 한국구비문학사가 제대로 기술될 수 있기 때문이다.

두 번째로, 『조선물어집』 수록 설화들이 긍정적이든 부정적이든 후대에 지속적으로 영향을 미쳤다는 점을 평가할 수 있다. 『조선물어집』은 일제 강점기에 조선총독부가 조선어 교과서와 동화집을 편찬하는데 토대가 되었다. 〈혹부리 영감(瘤取)〉은 총독부가 만든 세 권의 『조선어독본』-『普通學校 朝鮮語及漢文讀本』(1915), 『普通學校 朝鮮語讀本』(1923), 『朝鮮語讀本』(1930)-과 『조선동화집』(1924)에도 실렸다. 〈말하는 남생이(解語龜)〉는 『보통학교 조선어독본』(1923)과 『조선동화집』에 실렸고, 〈흥부전(興夫傳)〉은 『보통학교 조선어급한문독본』(1915)과 『조선동화집』에 실렸다. 이외에도 조선총독부는 『조선물어집』 수록 설화 4편-〈도깨비 방망이(鬼失金銀棒)〉, 〈선녀와 나무꾼의 날개옷(仙女の羽衣)〉, 〈사람과 호랑이의 다툼(人と虎との爭ひ)〉, 〈가짜 점쟁이(贋名人)〉-과 유사한 유형의 설화를 『조선동화집』에 수록하여 조선의 아동들에게 교육하였다.

『조선물어집』 수록 설화들은 한국인들이 편집한 설화집에도 지속적으로 실렸다. 다카하시 도루가 수집한 설화와 같은 유형에 속하는 설화들은 손진태의 『조선민담집』(1930)에 4편, 박영만의 『조선전래동화집』(1940)에 7편, 정인섭의 Folk Tales from Korea(런던, 1952)에 7편, 임동권의 『한국의 민담』(1972)에 7편이 수록되었다.

또한 『조선민담집』과 『조선동화집』에 실려 있던 이야기는 해방 이후에도 우리나라 초등학교 교과서의 편찬에 지대한 영향을 미쳤다. 〈혹부리 영감〉은 모두 세 차례(교수요목기, 제5차 교육과정기, 제7차 교육과정기) 초등학교 교과서에 실렸고, 〈말하는 남생이〉는 제5차 교육과정기의 교과서에, 〈나무꾼과 선녀〉는 제1차, 제2차, 제7차 교육

과정기의 교과서에, 〈토끼의 재판〉은 제4차, 제5차, 제7차 교육과정기의 교과서에 실렸다. 〈거울을 처음 본 사람들〉, 〈도깨비 방망이〉, 〈흥부전〉은 제7차 교육과정기의 교과서에 수록되었다.[31)]

이렇듯 『조선물어집』 수록 작품들이 후대 설화에 지속적으로 영향을 끼치게 된 데에는 일차적으로 조선총독부와 일본 학자들의 의도적인 작업에 힘입은 바가 컸다. 하지만 이것은 한편으로는 이 작품들이 민족 정서에 호응할 수 있는 전형성(典型性)을 일정 부분 이상 지니고 있었기에 가능하지 않았을까 한다. 그리고 결과적으로 다카하시가 내세운 〈혹부리 영감〉, 〈나무꾼과 선녀〉, 〈도깨비 방망이〉 등은 한국의 대표설화로 자리매김하게 되었다.

현재 우리에게 알려진 대부분의 한국 설화들은 일제 강점기와 해방 이후에 수집된 것들이다. 이 설화들 중에는 우리 설화 고유의 원형이 윤색되고 변질된 것이 상당 수 있을 것으로 추정된다. 구체적으로 〈혹부리 영감〉 설화[32)]가 그러하고, 〈나무꾼과 선녀〉 설화[33)]의 경우가 그

---

31) 김기창, 『한국 구비문학 연구사』, 집문당, 1992, 160쪽.

32) 조선총독부는 1923년에 『보통학교 조선어독본』을 만들면서 〈혹부리 영감〉을 대폭 개작한 적이 있다. 혹을 떼러 갔다가 혹을 붙인 두 번째 혹부리영감이 등장하는 후반부를 삭제하고, 조선시대의 시조 두 편과 고려 시조 한 편을 첨가한 것이 그 내용이다. 이렇게 개작한 판본인 〈혹 뗀 이야기〉로 유년기에 이 설화를 접한 박영만은 『조선전래동화집』에 개작된 판본을 우리 설화로 소개하고 있다.(박영만, 〈혹 뗀 이야기〉, 『조선전래동화집』, 학예사, 1940, 99-104면) 김용의의 조사에 따르면, 1990년대에 나온 전래동화에도 『조선어독본』에 수록된 시가들이 삽입되어 있을 정도로 총독부의 개작본이 미친 영향은 크다.(김용의, 「일제시대 한국 민담의 개작과 수용양상-〈보통학교조선어독본〉권4의 '혹부리 영감'담을 중심으로」, 『남도민속연구』 6집, 남도민속학회, 2000, 14면)

33) 〈나무꾼과 선녀〉 설화에는 선녀 승천형, 나무꾼 승천형, 천상시련 극복형, 수탉 유래형 등 여러 유형이 있다. 『조선물어집』에 수록된 〈선녀의 날개옷〉은 나무꾼 승천형이지만, 일제 강점기에 우리나라 민속학자들이 채록한 이본 가운데 나무꾼 승천형은 한 편도 없다. 그런데 교과서 편찬자들이 나무꾼 승천형만을 골라서 1955

러하다. 그런데 아직까지 이 과정에 대한 체계적인 연구가 미흡하다. 이런 점에서 『조선물어집』에서 시작하여 초등학교 교과서에 반복해서 수록될 정도로 우리나라 설화들의 대표 유형으로 꼽히는 설화의 근대 초기 판본을 번역하고 그 영향 관계에 대해 체계적으로 연구하는 것이 필요하다.

세 번째로, 『조선물어집』에 수록된 네 편의 고전소설류 작품을 통하여, 중세 고소설이 근대 고전소설로 인식·형성되어 가는 초기 과정을 파악할 수 있다는 점에서 『조선물어집』의 문학사적 의의를 평가할 수 있다. 20세기 이전까지 고소설의 전승은 어느 선행한 텍스트를 필사하거나 축약확대하여 판본을 출판하는 것이 관행이었다. 그런데 『조선물어집』에 와서 자기 이름을 내건 개작자가 원전을 새롭게 재구재해석한 텍스트가 발생하기 시작한 것이다. 〈춘향전〉의 경우, 작품에는 경판, 완판본 여러 텍스트의 화소 및 정보가 조합되어 나타난다. 또한 이전의 다른 텍스트에서는 찾아볼 수 없는 화소가 등장하며, 표현 면에서도 매우 독특한 표현이 나타난다. 이는 다카하시가 여러 텍스트를 참조하고 판소리 연행도 보면서, 이에 바탕하여 화소를 조합하고 새로이 변개하면서 개작을 하였다는 매우 유력한 증거가 된다. 이러한 개작 방식은 이후 이해조의 〈옥중화〉(1912), 최남선의 〈고본 춘향전〉(1913), 이광수의 〈일설 춘향전〉(1925-6) 등을 비롯하여

년부터 1972년까지 교과서에 수록한 이후 이 유형의 이본들이 많이 채록되었다. (배원룡, 『나무꾼과 선녀 설화 연구』, 집문당, 1993, 43쪽.)

일본인들이 소개한 나무꾼 승천형과는 대조적으로, 일제 강점기부터 1980년대까지 활발하게 전승되어 온 천상시련 극복형은 1990년대 이후 구비 전승의 현장에서 급격히 소멸되어 가고 있다. 김환희의 연구에 따르면, 천상시련 극복형은 서사적인 완결성과 신화적 가치가 뛰어나며, 한국 설화의 특성과 우리 옛사람들의 세계관이 잘 나타나 있는 유형으로 평가된다. 이러한 유형의 설화가 제대로 소개·연구되지 못하고 있는 것은 안타까운 일이다.(김환희, 앞의 글, 109-110면)

1910-20년대에 활발하게 출간된 활자본 〈춘향전〉 창작의 선례가 되었을 것으로 추정된다.[34)]

〈흥부전〉은 경판 25장본을, 〈장화홍련전〉은 경판 18장본을, 〈재생연〉은 한문본 〈숙영낭자전〉을 각기 축약하며 원작의 내용과 미학을 효과적으로 나타냈다. 이 점에서 『조선물어집』에 수록된 네 편의 고전소설류는 근대 초기 고전소설 다시쓰기의 전범을 보여주었다. 이러한 다시쓰기 사례가 후대 출판계에 실제로 어느 정도까지 영향을 주었을지는 엄밀히 말하기 어렵다. 다만 이러한 선례를 1910-30년대, 그리고 1990년대 이후 각각 활발하게 진행된 활자본 고전소설의 출판과 어린이·청소년용 고전소설 출판 사례와 견주어 수준과 방식을 비교 연구하고, 문학사적 의의를 평가하는 일에는 인색할 필요가 없으리라 생각한다.

Ⅴ. 맺음말

다카하시 도루(高橋亨)가 1910년 간행한 『朝鮮の物語集附俚諺』은 24편의 설화와 4편의 고전소설류 작품 및 500여 편의 속담이 수록되어 있는 근대 초기 설화고전소설집이다. 이 작품집에 수록된 구전설화와 고전소설 작품들은 대부분 우리나라 최초의 활자본 자료들이며, 후대에 적지 않은 영향을 미쳤다는 점에서 자료적 가치가 크다. 필자는 이러한 『조선물어집』의 대략적인 면모와 특징을 소개하고 문학사적 의의를 밝히고자 하였다. 이상에서 논의한 바를 요약 정리하는 것으로써 맺음말을 갈음하고자 한다.

34) 권혁래, 「다카하시 본 〈춘향전〉의 특징과 의의」, 385-386쪽.

다카하시 도루는 1903년 조선에 건너와, 『조선물어집』을 발간한 것을 비롯하여 조선의 문학, 종교, 역사, 고문서 등 조선 문화 전반을 심도있게 연구하였다. 그는 조선학 연구의 선구적 위치를 차지하였지만, 식민사관에 입각하여 전개된 그의 연구성과에 대해선 비판적 견해가 많다. 따라서 『조선물어집』을 비롯한 그의 연구에 대해 심도 있는 연구를 통하여 그 공과를 엄밀하게 재평가해야 할 필요가 있다. 다카하시는 자신의 정체성을 '사회관찰자'로 인식하고, 조선의 옛이야기를 수집·연구함으로써 조선인의 풍속과 관습에 내재되어 있는 정신과, 민중들의 마음을 움직이는 근원을 파악하고자 하였다.

『조선물어집』에는 문헌설화류 5편, 구전설화류 19편, 고전소설류 4편이 수록되어 있다. 이야기의 내용 및 성격에 따라 수록 작품을 분류해본 결과, 신이담과 소담이 가장 큰 비중을 차지하였으며, 그 뒤로 일반담, 동물담이 이어진다. 전체적으로 신이담이 많다는 점, 그리고 세계와 인생에 대한 부정적이고 비관적, 운명론적 이야기가 많은 점이 특징이다.

설화류 작품들은, 첫째 '반쪽이'와 같은 트릭스터 인물 유형의 빈도수가 높다는 점, 둘째 풍수와 운명이 중심이 된 작품이 많으며, 셋째 걸립인의 형상이 자주 등장하며, 넷째 다양한 여인상이 그려졌다는 점이 특징이다. 마지막으로 호랑이와 도깨비를 중심으로 동물 및 요괴 형상의 특징을 논하였는데, 형상화 과정에서 일본적 요소가 개입되었을 가능성을 제기하였다. 한편 다카하시는 남녀의 사랑 및 풍속적 관심에서 〈흥부전〉, 〈춘향전〉, 〈장화홍련전〉, 〈재생연〉 등의 고전소설 작품을 선집하였는데, 각각 경판본 등을 저본으로 하여 원작을 축약하며 다시쓰기를 하였다.

『조선물어집』의 문학사적 의의는 첫째, 근대의 가장 초기에 간행된 설화·고전소설집이라는 데 있다. 우리는 『조선물어집』을 통하여 한국 구전설화 전승의 시발점을 살펴볼 수 있을 것이다. 우리나라 학자들이 민속학적인 가치를 부여할 수 있는 한국구전설화를 출간하거나 발표한 시기는 1926년부터 시작되며, 그 이전까지는 일본인 학자들이 한국 구비문학 연구를 주도하였다. 이런 점에서 20세기 초에 우리나라 민간에서 전승되어 온 구전설화의 양상을 이해하기 위해서는 『조선물어집』을 한국 구비문학사연구의 출발점으로 간주하고 이에 대해 체계적으로 연구를 할 필요가 있다.

둘째, 『조선물어집』 수록 설화들이 긍정적이든 부정적이든 후대에 지속적으로 영향을 미쳤다는 점에서 의의가 있다. 『조선물어집』은 일제 강점기 조선어 교과서와 동화집을 편찬하는 데 토대가 되었으며, 몇몇 작품들은 해방 이후에도 우리나라 초등학교 교과서에 지속적으로 채택되었다. 그런데 이 설화들 중에는 〈혹부리 영감〉이나 〈나무꾼과 설화〉처럼 우리 설화 고유의 원형이 윤색되고 변질된 것이 상당 수 있을 것으로 추정된다. 이런 점에서 우리나라 설화들의 대표 유형으로 꼽히는 설화의 근대 초기 판본을 번역하고 그 영향 관계에 대해 체계적으로 연구하는 것이 필요하다.

셋째로, 『조선물어집』에 수록된 네 편의 고전소설류 작품을 통하여, 중세 고소설이 근대 고전소설로 인식·형성되어 가는 초기 과정을 파악할 수 있다는 점에 『조선물어집』의 문학사적 의의가 있다. 20세기 이전까지 고소설의 전승은 어느 선행한 텍스트를 필사하거나 축약확대하여 판본을 출판하는 것이 관행이었다. 그런데 『조선물어집』에 와서 자기 이름을 내건 개작자가 원전을 새롭게 재구·재해석한 텍스트가 발생하였다. 『조선물어집』에서 보여준 고전소설의 다시쓰기 방식을 파악하고, 1910-30년대의 활자본 고전소설 및 1990년대 이후의 고전소설 다시쓰기 방식과 비교 연구하여 그 성과와 방식을 평가할 필요가 있다.

일제 강점기에 일본인 학자들은 우리 고전문학에 대해 적지 않은 연구 성과를 남겨 놓았다. 그동안 여러 연구자들이 연구하며 그 공과(功過)에 대해 평가해오고 있지만, 여전히 검토 못한 부분이 많이 남아 있다. 특히 설화 분야에 일본어 자료가 많은데, 이를 번역하고 연구하면서 한국 구전설화의 원형과 전승 과정에 좀 더 천착할 수 있으리라 생각한다.

필자는 2007년도에 김환희(현 춘천교대), 최정선(현 동덕여대) 교수와 함께 공동으로 프로젝트를 준비하면서 『조선물어집』에 대해 알게 되고 이 연구를 시작하게 되었다. 이 장 Ⅳ절의 한일 설화의 비교연구 부분은 김환희 교수의 작업에 도움을 얻었는데, 이 지면을 빌어 감사의 말씀을 전한다. 최정선 교수는 『조선물어집』 수록 작품에 대한 요약 작업을 맡아주셨는데, 자료집 전체를 이해하는 데 큰 도움을 얻었다. 감사의 말씀을 전한다. 최정선 교수의 요약 작업을 참고하여 부록에 『조선물어집』 수록 설화의 제목을 번역하고 내용을 요약첨부하였다. 『조선물어집』 수록 작품들의 대략적 경개를 파악하는 데 도움이 되었으면 한다.

[부록]『조선물어집』 수록 작품의 제목 및 내용

28편 작품의 제목을 번역하고, 작품의 내용을 요약하면 다음과 같다.

제01화. 혹부리 영감(瘤取): 한 혹부리 영감이 노래를 잘 불러 요괴에게 혹을 떼어주고, 다른 혹부리 영감은 혹을 더 달았다는 이야기

제02화. 성황당(城隍堂): 성황당의 신과 장기시합을 하여 아내를 얻은 총각 이야기

제03화. 가난한 군수(貧郡守得錢): 술집 주인에게 술수를 부려 돈을 뜯어낸 가난한 군수 이야기

제04화. 거짓말 겨루기(嘘較べ): 양반과 거짓말 시합을 하여 벼슬을 얻은 젊은이 이야기

제05화. 풍수선생(風水先生): 자기 묘자리를 정해놓고 자기 집안의 운명을 예견한 풍수선생 이야기

제06화. 풍수이야기(巳時下官午時發福) : 풍수선생의 말대로 어머니를 장사지내 결혼하게 된 노총각 이야기

제07화. 시를 지어 죽다 살아나다(得對句半死): 죽을 위기에 처한 양반이 시를 지어 죽을 위기에서 벗어난 이야기

제08화. 말하는 남생이(解語龜): 말하는 남생이를 얻어 부자가 되고 벌을 받은 형제 이야기

제09화. 도깨비 방망이(鬼失金銀棒): 도깨비 방망이를 얻어 부자가 된 노인과 벌 받은 노인 이야기

제10화. 가짜 점쟁이(膺名人): 어리숙한 양반이 점쟁이 노릇을 하여 중국 황제의 옥새를 찾은 이야기

제11화. 흥부전(興夫傳): 제비를 구해줘 복 받은 흥부와 벌 받은 놀부 이야기. 고전소설 〈흥부전〉을 축약한 것임

제12화. 음란한 중(淫僧食生豆四升): 음란한 중을 혼내준 과부 이야기

제13화. 반쪽이(片身奴): 나쁜 꾀로 주인을 속이고 딸과 재산을 차지한 종 반쪽이 이야기

제14화. 무법자(無法者): 가난 때문에 도둑질을 하나 용서받은 착한 시골 남자 이야기

제15화. 맹인을 속인 사람(明者欺盲者): 맹인들을 속여 자기 이익을 챙긴 가짜 장님 이야기

제16화. 요마를 쫓은 맹인(盲者逐妖魔): 신통력을 부려 요마를 쫓고 자기 생명을 구한 맹인 이야기

제17화. 기생열녀(妓生烈女): 불우한 운명을 지닌 양반 독자를 만나 고생을 하지만 정절을 시켜 열녀문까지 받은 기생열녀 이야기

제18화. 버짐병 사위(癬疥病童知雨): 훌륭한 사위를 구하다가 버짐병 총각을 사위로 맞은 남자 이야기

제19화. 열 쌍둥이(雙童十度): 한 남자가 열 쌍둥이를 낳아 부자로 살게 된 이야기

제20화. 거울을 처음 본 사람들(韓樣松山鏡): 거울을 처음 본 시골 사람들이 거울을 둘러싸고 다툰 이야기

제21화. 선녀의 날개옷(仙女の羽衣): 사슴을 구해주고 선녀를 아내로 삼고, 천상에 올라가 행복하게 살았다는 나무꾼 이야기

제22화. 부귀영달도 운이 있다(富貴有命·榮達有運): 성종이 미복을 하고 만난 선비들에게 과거 제목을 알려 주었으나, 한 사람은 응시조차 못하고 다른 한 사람은 급제하였다는 이야기.

제23화. 사람과 호랑이의 다툼(人と虎との爭ひ): 함정에 빠진 호랑이를 구해주었다가 봉변을 당한 사람이 소나무, 소, 여우에게 재판을 구하여 살아난 이야기

제24화. 신호(神虎): 호랑이 제물이 될 여인에게 불경을 읽어 생명을 구해준 서경덕 이야기

제25화. 장화홍련전(薔花紅蓮傳): 계모에 의해 억울하게 죽은 장화, 홍련 자매가 부사의 재판으로 원한을 풀고 환생하여 행복하게

살았다는 이야기. 고전소설 〈장화홍련전〉을 축약한 것임

제26화. 재생연(再生緣): 안동의 이선근이 선녀를 만나 사랑하고, 시녀에 의해 죽음을 당한 선녀가 뒤에 환생하여 남편과 행복하게 살았다는 이야기. 고전소설 〈숙영낭자전〉의 내용을 축약한 것임

제27화. 춘향전(春香傳): 남원의 이몽룡과 춘향의 사랑담. 춘향이 수절을 하다 고난을 겪지만, 뒤에 이몽룡과 재회하여 행복하게 살았다는 이야기. 고전소설 〈춘향전〉의 내용을 축약한 것임

제28화. 독부(毒婦): 과거를 보러 가던 중, 중과 정을 통한 여인을 죽이고 억울하게 죽은 여인의 남편의 원한을 풀어준 무사 이야기

제2장
다카하시(高橋) 본 <춘향전>의 특징과 의의

Ⅰ. 머리말

다카하시 도루(高橋亨:1878-1967)는 1903년에 조선에 건너와서 한성중학교 교사생활을 시작한 이래 대구고등보통학교 교장, 경성제대 교수, 혜화전문학교 교장 등을 역임하며 일생을 조선의 문학, 종교, 철학, 문화, 역사 등을 연구한 조선학 연구의 선도자였다.[1] 하지만 식민사관에 입각한 그의 연구는 실상을 왜곡한 측면도 적지 않으므로 오늘날의 연구자들은 그의 연구의 공과(功過)를 엄밀하게 연구하고 재평가할 필요가 있다.[2] 『朝鮮の物語集附俚諺』(이하 '조선물어집'[3])으

1) 高橋亨의 약력에 대해서는 이 책의 1장 Ⅱ절에 상술하였다. 이 외에 다음 글을 참조할 것: 「高橋亨先生年譜略」, 『朝鮮學報』 제14집, 朝鮮學會, 1959.10 ; 『朝鮮學報』 제 48집, 1968.7 ; 高橋亨 저, 조남호 역 『조선의 유학』, 소나무, 1999, 5-7쪽.

2) 그는 조선의 유학, 불교, 역사, 고문서 등에 대해 심도 있게 연구하였고, 문학 분야에서도 20여 편의 연구 논저를 발표하였다. 하지만 그의 조선학 연구 시각에 대해서는 대체로 비판적 견해가 많다. 이러한 점에서 대해서는 다음 글을 참조할 것. 조남호 역, 『조선의 유학』, 6-7쪽 ; 최영성, 「다카하시 도루의 한국 유학관 연구」, 다카하시 도루 지음, 이형성 편역, 『다카하시 도루의 조선유학사』, 예문서원, 2001, 13-37쪽.

3) 이렇게 약칭하는 것은 필자가 이 연구에서 속담을 제외한, 설화 및 고전소설류에만 관심을 두고 있기 때문이기도 하다.

로 약칭함)은 다카하시의 초기 연구 산물로, 1910년 9월 5일 경성의 일한서방(日韓書房)에서 간행되었다. 이 작품집에는 일본어로 기록한 구비설화 19편을 비롯한 총 28편의 서사 작품과 547개의 속담이 수집되어 있다. 한편『조선물어집』에는 네 편의 고전소설 작품이 수록되어 있다. 〈흥부전〉, 〈장화홍련전〉, 〈재생연〉, 〈춘향전〉이 그것이다. 이 작품들은 축약본이지만, 활자본 고전소설이나 신소설이 아직 출판되기 이전에 거의 최초로 활자화된 텍스트라는 점에서 이본의 가치를 적극적으로 검토할 필요가 있다. 또한 이 네 편의 고전소설은 일본어로는 대부분 최초로 번역된 것으로서[4], 우리 고전소설의 번역사에서 빠뜨리면 안 될 중요한 작품들이다.

이 장에서는 위 네 편의 고전소설 중에서, 특히 〈춘향전〉에 주목하여 논의를 펴고자 한다. 일명 다카하시 본 〈춘향전〉은 일역본이긴 하지만, 조선에서 근대 인쇄물로 출간된 최초의 〈춘향전〉이다. 활자본 고전소설은 1912년을 시작으로 1930년까지, 약 20년 동안 250여 종의 작품이 1,000회 가량 간행되었다.[5] 이 중 〈춘향전〉은 총 97회 간행되었으며, 이 수치는 다른 어떤 작품보다도 가장 큰 것이다. 지금까지는 1912년 출간된 이해조의 〈옥중화〉를 시작으로, 1913년 출간된 최남선의 〈고본 춘향전〉, 1925년부터 신문에 연재되기 시작한 이광수의 〈일설 춘향전〉 등으로 근대 〈춘향전〉의 계보를 파악하였다. 그러나 다카

---

4) 이에 앞서 1882년 나카라이 도스이(半井桃水)가 〈춘향전〉을 〈鷄林情話 春香傳〉이라는 제목으로 아사히신문(朝日新聞)에 번역 · 소개한 적이 있다. 이에 대한 연구 논저는 다음과 같다; 김신중 · 김용의 · 신해진, 「나카라이 도스이(半井桃水) 역 〈鷄林情話 春香傳〉 연구」, 『일본어문학』 17집, 2003 ; 西岡健治, 「〈鷄林情話 春香傳〉 해제」, 『고소설연구』 17집, 한국고소설학회, 2004 ; 西岡健治, 「일본에서의 〈춘향전〉 번역의 초기양상-桃水野史 譯 〈鷄林情話 春香傳〉을 대상으로-」, 『어문론총』 41호, 한국문학언어학회, 2004.

5) 이주영, 『구활자본 고전소설 연구』, 월인, 1998, 36-40쪽.

하시 본 〈춘향전〉은 이해조의 〈옥중화〉보다 발간 시기가 2년 앞선다. 따라서 근대 〈춘향전〉 계보의 맨앞자리의 주인이 바뀌게 되었다. 이렇게 본다면 다카하시 본은 어떠한 성격의 작품인지, 또 이해조의 〈옥중화〉, 최남선의 〈고본 춘향전〉 등과는 어떻게 연관되는지 궁금해지지 않을 수 없다. 이러한 점에서 필자는 다카하시 본 〈춘향전〉의 면모를 소개하고, 〈춘향전〉 이본에서 차지하는 위상을 고찰하고자 한다.

필자는 먼저 다카하시 본 〈춘향전〉의 구성적 특징을 살핀 다음, 개작의 양상을 분석할 것이다. 다카하시 본 〈춘향전〉 개작의 가장 뚜렷한 특징은 축약본이라는 점이다. 따라서 이 텍스트에서 번역 및 개작을 할 때 무엇을 생략, 축소하고, 어떤 점을 변개하였으며, 이러한 개작이 인물 및 주제 형상화에 어떤 영향을 미쳤는지 분석할 것이다. 이를 바탕으로 다카하시 본의 이본사적 의의를 밝힐 것이다.

II. 다카하시 본 〈춘향전〉의 구성적 특징

〈춘향전〉은 극적인 측면에서는, 전반과 후반, 또는 '만남', '사랑', '이별', '시련', '보상' 등의 대목을 중심으로 한 장막 개념에 준하는 장면으로서의 대목, 마디 단위의 이해가 가능하다.[6] 다카하시 본은 〈춘향전〉 일반의 구성 원리에 근간한 서사단락과 화소 등 전체적으로 완형(完型)을 갖추고 있다. 하지만 그러면서도 장면 및 서사단락 등에서 화소의 생략(탈락) 및 진술의 축소 현상이 광범위하게 일어난다. 부분적으로는 화소의 선택·조합 현상, 새로운 화소의 부가, 그리고 진술의

6) 설성경, 『춘향전의 통시적 연구』, 서광학술자료사, 1994, 244쪽.

변이 양상이 발견된다. 이러한 점을 파악하기 위해 먼저 다카하시 본의 구성을 '만남-사랑-이별-시련-어사 남행-재회'의 여섯 대목으로 대별하고, 각 대목마다 서사단락 및 구체 화소, 진술 양상을 소개하며 특징적인 점을 살펴보고자 한다.

〈만남〉(3쪽)[7)]

(1) 이몽룡 소개

(2) 단오날 이도령의 광한루 행차

(3) 춘향 발견과 전언 - ①춘향 확인(金玉 사설), ②종의 전언(춘향과의 대화)

(4) 춘향과의 만남 - ①광한루에서의 1차 만남(나이 확인), ②저녁때 춘향집 방문 기약

〈사랑〉(3쪽)

(5) 이도령의 책방 모습 - ①서책 사설, ②보고지고 타령, ③이군수와 군 서기와의 대화, ④시간 확인 사설

(6) 춘향집 방문 - 춘향의 기다리는 모습, 이도령과 월매의 대화

(7) 사랑 확인 - 결연, 정을 나눔

〈이별〉(0.5쪽)

(8) 도령 부친의 내직 발령

(9) 오리정 이별 - ①재회 기약, ②신물교환

〈시련〉(1.5쪽)

(10) 이도령 장원급제 - ①상경 후 학업 정진, ②장원급제, ③암행어사 제수

---

7) ( ) 안에 있는 숫자는 서술 분량이다. 서술의 양상을 구체적으로 파악하기 위하여 대략적으로나마 서술 분량을 표시하였다.

(11) 춘향의 수절
(12) 신관의 남원 부임
(13) 신관의 춘향 부름 - ①사령 춘향 잡으러감, ②월매 사령들에게 술 먹임
(14) 수청 분부와 거절 - ①수청 거부, ②곤장 명령과 하옥, ③파경몽(破鏡夢)과 해몽

〈어사 남행〉(6쪽)

(15) 어사와 종의 만남 - ①춘향 편지 확인, ②춘향에게 답장
(16) 어사와 농부와의 만남 - ①남원군수 학정, ②춘향 동정, ③남원군수 생일 잔치 소식
(17) 어사, 천안군수에게 옥졸 부탁
(18) 어사 월매집 방문 - ①월매의 한탄, ②어사 박대, ③어사 찬밥 얻어먹음
(19) 어사의 춘향 옥사 방문 - ①춘향의 당부, ②월매집으로 귀가

〈재회〉(3.5쪽)

(20) 군수 생일잔치 장면
(21) 어사 옥졸들 단속
(22) 어사 후문으로 입장
(23) 생일 잔치에서의 어사 행위 - ①어사 쫓겨날 뻔하다, ②운봉군수의 어사 두둔, ③어사 시를 짓다
(24) 어사 출도 - ①생일 잔치의 난장판, ②봉고(封庫), ③옥사 처결
(25) 춘향과의 재회 - ①춘향 대령, ②어사 춘향에게 면경 건넴
(26) 월매의 기뻐하는 모습
(27) 어사의 공사 행위 - ①남원군수 파직, ②다른 군 순시
(28) 어사 상경 - ①춘향 정절 주달, ②춘향, 절부의 정표(旌表) 받음

〈부기(附記) : 편찬자 주석〉(1쪽)

1910년 이전까지 〈춘향전〉은 대체로 판소리창, 경판·완판·안성판 등의 목판본, 개인 필사본, 세책본 등으로 전승되어 왔다. 그러던 것이 1910년 『조선물어집』을 시작으로 활자본 출간이 〈춘향전〉 유통 및 향유 방식에서 대세를 차지하기 시작한다. 그렇다고 할 때 다카하시 본은 1910년 이전의 텍스트와 어떠한 차별성을 지니는가? 경판 16·17·30·35장본, 완판 26·29·33·84장본 등의 텍스트들과 대비하며 다카하시 본의 구성 및 인물 형상화 방식 등을 검토하고자 한다.

다카하시 본은 총 19쪽 분량의 축약본이기 때문에 무엇보다 축약의 방식이 관심거리다. 그러면서도 살아남은 화소는 무엇인지, 새롭게 부각되거나 변개된 점은 무엇인지 살펴야 할 것이다. 위 서사단락 및 구체 화소, 서술 분량을 통해서도 알 수 있듯이, 일견 눈에 띄는 것은 〈이별〉(0.5쪽) 및 〈시련〉(1.5쪽) 대목의 비중이 상대적으로 현저하게 줄고, 이에 비해 〈어사 남행〉(6쪽) 및 〈재회〉(3.5쪽) 대목의 비중이 높아졌다는 점이다. 이런 대조적인 서술 분량은 자연스럽게 춘향의 서술 비중이 약화되고, 이몽룡의 서술 비중이 강화되는 결과로 이어진다. 위 서사단락만으로는 잘 드러나지 않지만 〈사랑〉 대목의 (7)'사랑 확인' 장면이 간략해진 것도 특징적인 점이다. 좀 더 구체적으로 화소 단위를 살펴보면, (5)'이도령의 책방 모습' 단락의 '서책 사설', '보고지고 타령', '이군수와 서기와의 대화', '시간 확인 사설'화소를 비롯하여 해학적 특징이 잘 드러나는 화소가 많이 남아 있으며, 불망기(不忘記) 화소가 탈락되고, 이도령과 춘향의 첫날밤 장면 및 사랑 장면의 다양한 화소들이 모두 생략된 것, 수많은 노래들이 대부분 탈락된 것 등이 특징이다. 작품 뒤에는 필자의 주석이 한 쪽 분량으로 부기되어 있다는 점도 특이점이다. 이러한 구성적 특징으로 말미암아 인물의 형상화 및 주제적 의미 면에서도 구체적인 변화가 일어난다.

III. 다카하시 본 〈춘향전〉에 나타난 개작 양상

필자는 조선조 한문소설 국역본에서 번역 및 개작의 방식을 다음의 네 가지로 살펴본 바 있다. 곧 첫째, 원작을 직역하는 방식, 둘째, 국문문장의 자연스런 표현방식을 드러내는 방식, 셋째, 서사 전개에서 화소의 생략, 축소 및 첨가, 부연 등을 통하여 양적인 변이를 꾀하는 방식, 넷째, 주요 서사 및 주제 면에서 질적인 변이를 꾀하는 방식 등이 그것이다.[8] 그런데 일제 강점기 국문소설의 일역본도 대체로 이와 유사한 경향을 지니는 것으로 보인다. 다카하시 본은 위 국역본의 네 가지 번역 및 개작 양상에서 세 번째와 네 번째와 유사한 방식이 혼합되어 나타난다. 〈춘향전〉 이본 및 연구사를 검토해본 결과, 1910년대 이전의 〈춘향전〉 이본 중에는 다카하시 본과 같은 내용 및 성격의 〈춘향전〉 텍스트를 찾아볼 수 없다. 이는 다카하시 본이 국문본의 단순 번역본이 아니라는 매우 유력한 증거가 된다. 다카하시 본 〈춘향전〉 연구의 초점은 번역의 '저본'이 아니라, 다카하시 본에서 이루어진 '개작'이다.

다카하시 본은 서사단락에서 생략, 간략화 방식이 빈번하게 나타나고, 새로운 화소나 표현도 적지 않게 나타난다. 이를 통해 기존의 경판본, 완판본 및 세책본과 차별되는 인물의 성격 및 묘사가 발견된다.

이러한 인물의 성격 및 비중, 서사단락, 서사기법 등에서의 변개는 다카하시가 원작에서 난해하거나 지나치게 확대된 부분은 쉽고 간략하게 고치고, 일본어 독자들이 친숙하게 여기는 화소나 서사기법을 부각시켜 독자들에게 좀 더 친근하게 다가가려는 편집자적 수고로 보아

---

8) 권혁래, 「조선조 한문소설 국역본의 존재 양상과 번역문학적 성격에 대한 시론」, 『동양학』 36집, 단국대 동양학연구소, 2004, 15쪽.

야 할 것이다.

이리하여 다카하시가 적극적인 개작을 꾀하면서 문장 단위는 물론이고, 서사 전개 면에서 국문본과 일역본 간에 상당한 변이가 발생하고, 이는 인물 형상화 및 주제적 측면에까지도 영향을 미쳐 국문본과 일역본 간에 상당히 큰 거리가 발생한다. 이를 크게 세 가지 면에서 분석해 보았다.

1. 첫날밤 장면의 삭제와 춘향의 이상화

다카하시 본의 개작 양상에서 두드러진 특징은 춘향을 이상적 여인상으로 강화하는 쪽으로 인물을 형상화한다는 점이다. 특히 사랑 대목에서 이도령과 춘향의 첫날밤 장면의 화소가 모두 생략된 점은 인물 및 주제 형상화에 중요한 영향을 준다. 위 서사단락 표의 (1)단락에서부터 (6)단락까지는 〈춘향전〉 일반의 구성 원리에 입각하여 충실하게 축약 서술된다. 그런데 전체적 구성에서 결연 장면에 해당하는 (7)단락은 매우 간략히 서술되었다. 사랑 대목의 (5)·(6)단락에서는 주로 춘향을 그리워하는 이도령의 심리적인 면, 곧 간절함, 안절부절하는 심리를 주로 드러내었다. 그런데 막상 (7)의 결연 장면에서는 춘향과 이도령이 서로 마음을 확인하며 언약을 맺는 것으로 바로 끝난다. 그리고 그 뒤의 첫날 밤 사랑 놀음, 노래 및 사설은 모두 생략하고, "그때부터 매일 밤 그곳에서 정을 나누니, 마치 아교와 옻칠(膠漆)과 같았다."라는 한 줄 묘사로 끝내고, 곧바로 이별이 이어진다.

이 부분을 경판과 완판본의 결연 장면과 비교해보면 생략된 부분에서 청춘남녀의 육적 정감이 얼마나 고조되었는지 확연히 드러난다. 경판 30장본에서는 이도령과 춘향이 술을 마시며 권주가, 소쩍새 타령,

글자 타령, 인자 타령, 연자 타령 등 노래 부르며 한껏 사랑을 즐긴다.

완판 33장본에서는 권주가, 사랑가에 이어서,

> 온야 츈향아 우리 두리 업움질이나 좀 ᄒᆞ여보자. ᄋᆡ고 잡성시러워라. 업움질을 엇더케 ᄒᆞ잔 말리요. 너와 나와 활신 벗고 등도 ᄃᆞ고 ᄇᆡ도 ᄃᆡ면 마시 ᄒᆞᆫ숫 나제야. 나는 붓그려워 못ᄒᆞ것소. 어서 버셔라, 어서 버셔라. 나는 붓그려워 못 벗것소. 에라, 이 게집아 안 될 말리로다. 어셔 버셔라, 어셔 버셔라. 만첩청산 늘근 범이 살진 암ᄏᆡ 무러다 노코 이는 ᄉᆡ져 먹던 못ᄒᆞ고 흐르렁 흐르렁 어루난 듯, 북ᄒᆡ상의 황용이 여의주를 물고 ᄎᆡ운간의 넘너난 듯, 도련임 급ᄒᆞᆫ 마ᄋᆞᆷ 와락 달려들어 츙향의 가는 허리을 후리처 안고 저고리 풀며 바지 보션 다 벗겨 노와쩌니 츈향이 못 이긔여 이ᄆᆡ젼의도 구실쌈이 송실송실, ᄋᆡ고 잡성시러워라.[9)]

하며 사랑 놀음하는 장면이 길게 묘사된다. 바로 이른바 '음란 장면'이라고 불리던 이러한 사랑 장면이 다카하시 본에서는 모조리 잘려나간 것이다. 이로 인해 부분적으로는 서사의 단절이 생기고 부자연스러워져 버렸다. 그런데 이 부분이 삭제됨으로 말미암아 〈춘향전〉의 성격에는 미묘한 변화가 일어나게 된다. 바로 〈춘향전〉이 기품 있는 사랑 이야기로 읽히게 되는 근거가 마련된 것이다.

강진모는 최남선의 〈고본 춘향전〉을 논하면서 '음란 장면'의 삭제가 〈춘향전〉을 민족의 고전이요 연애소설로 읽히게끔 한 중요한 계기가 되었다고 하였다.[10)] 그러고 보면 최남선의 〈고본 춘향전〉은 다카하시 본처럼 축약의 방향을 취한 것은 아니지만, 적어도 이 부분에서는 다

---

9) 완판 33장본, 9장, 김진영 외 편, 『춘향전 전집』 4, 박이정, 1997, 265쪽.

10) 강진모, 「〈고본 춘향전〉의 성립과 그에 따른 고소설의 위상 변화」, 연세대 석사학위 논문, 2003, 39-40쪽.

카하시 본 〈춘향전〉과 개작의 성격이 유사하다.[11] 이 점에서 다카하시가 사랑 장면을 과감하게 생략·축약한 방식은 〈춘향전〉 개작사에서 중요한 선례가 된다.

둘째, 이별 대목이 아주 간략히 서술된 점 또한 춘향을 이상적 여인상으로 형상화하는 데 영향을 미친다. (8), (9)단락의 해당 장면을 인용해보면 다음과 같다.

> 세월은 빨리 지나서 남원부사는 곧 전임의 명을 받아서 한양으로 가게 되어, 떠날 채비를 바쁘게 하여 한양으로 떠났다. 몽룡과 춘향은 가슴이 막혔으나 어찌할 방법이 없었다. 몽룡은 떠나다가 중도에서 돌아와서 말에서 내려, 읍외 오리정까지 배웅을 온 춘향과 손을 잡고 눈물을 흘리면서, "내가 내년 춘삼월 도화꽃이 필 무렵 반드시 다시 여기에 너를 만나러 올 테니 믿고 나를 기다려라."라고 말하고, 손가락에 낀 금가락지를 꺼내 그때까지의 신표라며 춘향에게 주었다. 춘향은 울면서 아무 말도 하지 못하고 다만 품에서 따뜻한 거울을 꺼내어 주었다. 하지만 더 이상 지체할 수 없게 되었고, 이윽고 두 사람은 동서로 헤어져 떠나갔다.(189쪽)

서술자는 이별의 사건과 심정을 간략히 서술한다. 완판 33장, 84장본, 경판 30장본 등에서 이도령이 이별의 소식을 장황하게 전하고, 이도령과 춘향이 슬퍼하며 한탄하는 것에 비하면 다카하시 본에서의 이

11) 〈고본 춘향전〉의 해당 부분에서는 이몽룡과 춘향이 가사(歌詞), 천자풀이, 덕자(德字) 타령, 비점(批點) 타령, 수수께끼 등을 다한 다음, "이러트시 롱졍ᄒᆞᆯ식 새벽닭이 원슈로다. 그 잇흔날 이후로ᄂᆞᆫ 날이 새면 ᄎᆡᆨ방이오 ᄒᆡ 긋치면 도라와셔 가금으로 단란ᄒᆞ고 ᄋᆡ련으로 열락ᄒᆞᆯ식 ᄂᆡ관의 쳐가츌입ᄒᆞ듯 길을 아라 다니면셔 무한롱창 호광ᄒᆞᆫ다."(최남선, 〈고본 춘향전〉, 62쪽. 영인; 『육당 최남선 전집』, 현암사, 1974, 22쪽.)와 같이 끝맺는다. 두 사람이 온갖 노래를 부르며 첫날밤을 보내지만, 정작 육감적 사랑에 대한 묘사는 별달리 나타나지 않는다.

별 장면은 너무나도 간출하다. 울고불고 난리치는 춘향의 모습과 장광설[12]은 찾아볼 수도 없다. 다만 이도령이 언약을 하며 신표를 주었을 뿐, 정작 춘향은 울며 아무 말도 하지 못하고 떠나보내는 모습이 다른 판본과 확연히 대비된다.

사랑 대목에 이어, 이별 대목의 축약 및 변개로 말미암아 작품에서 춘향의 성격에도 미묘한 변화가 일어난다. 이몽룡과 결연을 맺던 날 춘향은 다른 어떤 것도 없이 이몽룡에게 사랑에 대한 '언약'만을 요구하였다. 그리고 이별할 때에는 아무런 말도 하지 못하고 이몽룡을 보냈다. 이몽룡이 떠나간 뒤 춘향은 신관의 수청 명령을 거부하면서 고난을 감수하였다. 춘향은 전반부에서 특히 순수한 사랑을 하는 모습으로, 후반부에서는 님 돌아오기를 믿고 기다리는 정숙한 여인으로 형상화된다. 전체적으로 춘향은 절부요 정숙한 여인으로 그려졌다. 육체적 사랑 장면이 생략되어서 더욱 그렇게 느껴진다.

이러한 춘향의 형상화 방향은 〈춘향전〉에 대한 다카하시의 인식과 맥을 같이한다. 다카하시는 작품 뒤에 붙인 주석에서,

---

12) 경판 30장본의 해당 부분을 인용해 보면 다음과 같다. "츈향이 밧비 ᄂᆞ와 니동령의 손을 잡고 목이 버여 울며 두 손으로 가슴을 치며셔 ᄒᆞᄂᆞᆫ 말이, 이 일이 어인 일고. 이 셜움을 엇지 ᄒᆞ잔 말고. 이졔ᄂᆞᆫ 니별이 졀로 될지라. 니별이야 평ᄉᆡᆼ의 쳐음이오, 다시 못 볼 님이로다. 니별마다 셜것마ᄂᆞᆫ ᄉᆞ라 ᄉᆡᆼ니별은 ᄉᆡᆼ쵸목의 불이로다. ᄎᆞᄉᆡᆼ 니별이야 니별이 원슈로다. 남북에 군신 니별, 역로의 형제 니별, 만리에 쳐ᄌᆞ 니별, 니별마다 섧다 ᄒᆞ되 우리갓치 셜운 니별 또 어듸 잇쓸가. 답답ᄒᆞᆫ 이 셜우믈 어이ᄒᆞ랴. 니도령이 두 ᄉᆞ미로 낫출 쓰고 목이 머여 훌젹훌젹 울며 츈향더려 이른 말이, 우지 말라. 네 우름 쇼ᄅᆡ의 장부의 일쵼간장이 구뷔구뷔 다 ᄭᅳᆫ허진다. 우지 말라 평ᄉᆡᆼ의 우리 둘히 쥭어 ᄭᅩᆺ치 되고 나뷔 되여 삼츈이 다 진토록 ᄯᅥ나ᄉᆞ지 마ᄌᆞᆺ터니 인간의 일이 만코 됴물이 싀긔ᄒᆞ여 금일 니별를 당ᄒᆞᄂᆞ 이 니별이 될소냐. 츈향 말이, 도련님 올ᄂᆞ가시면 ᄂᆞ의 일신 그 아니 가련ᄒᆞ가. 눌 발라고 사잔 말고. 겨울밤 려름날의 이 셜우믈 엇지 ᄒᆞ잔 말가. 도련님 날 쥭이고 올나가오…..(경판 30장본, 11장, 김진영 외 편『춘향전 전집』 4, 58-59쪽)

> 〈춘향전〉, 〈재생연(再生緣)〉, 〈장화홍련전〉 등의 이야기는 언문으로 쓰였으며, 2,3전의 돈에 도시나 시골 가는 곳마다 서림에서 판매되며, 중류 이상의 부녀는 서로 모여 이것을 열독하여 그 주인공을 동정하고, 이것을 통해 여덕(女德)을 닦는 한 방편으로 삼는다. 생각건대, 그것이 주는 감화는 우리 막부시대에 바킹(馬琴)의 작품이 가정에 주는 영향과 같다. 이것 등의 이야기 역시 이 나라 남녀의 관계 및 상류부인의 도덕을 관찰하는 데 좋은 자료가 된다.[13]

고 하였다. 위에서 다카하시는 〈춘향전〉 등의 작품을 '도덕'을 다룬 대중소설로 보고, 상류층 부인들이 여덕을 닦는 방편으로 이 작품을 읽는다고 하였다. 다카하시가 이 작품들을 선정하고 개작한 것도 바로 비교적 정숙한 남녀 관계 및 상류 부인의 도덕관념을 관찰하는 데 적절한 자료가 되었기 때문임을 알 수 있다. 그리고 일본 에도 시대 후기의 극작가인 교쿠테 바킹(曲亭馬琴)[14]의 작품을 예로 들며, 그의 작품들이 권선징악을 표방하고, 아속(雅俗)을 절충하여 일본 독자들에게 감화를 주었듯이, 〈춘향전〉 등의 작품들도 그러한 도덕적 감화를 주는 것으로 이해한 것이다.

2. 비장미의 약화와 해학의 부각

다카하시 본에는 허두, 각종 말놀이, 노래 등이 대부분 생략되었다. 이 점이 작품의 미감에 영향을 주었다. 작품에는 경판이나 완판본에서 정감을 고조시키거나 말놀이로 쾌감을 줄 만한 부분들, 곧 서사 진행

---

13) 高橋亨, 『조선물어집』, 201쪽.

14) 교쿠테 바킹(曲亭馬琴:1767-1848). 일본 에도 시대 후기의 극작가로, 서민들을 위한 合卷, 讀本을 주로 지었다. 대표작으로 〈椿說弓張月〉, 〈南總里見八犬傳〉 등이 있다.

을 지연시키는 수많은 노래, 말놀이, 사설 등이 다카하시 본에선 '금준미주(金樽美酒)' 시를 제외하곤 모두 삭제되었다. 서두 부분에 길게 이어지는 사설도 다카하시 본에는 단 한 줄이 없다. 이는 다카하시가 일본인 독자들에게 전달할 때, 이러한 요소를 이해하기 힘들고 거추장스러운 요소라고 보았기 때문이 아닐까. 무엇보다 다카하시의 〈춘향전〉이 19쪽 분량의 축약본이라는 점을 생각할 때, 원천적으로 무엇인가를 빼거나 줄일 수밖에 없었던 생리에도 원인이 있을 것이다. 따라서 서사의 근간이 되는 줄거리 중심으로 축약하면서 번다하게 보이는 서정적 요소들을 생략한 것으로 보인다.

그렇다고 모든 화소가 다 생략된 것은 아니다. 어떤 것은 이야기의 전개에 필요한 최소 화소가 아님에도 적지 않은 화소들이 살아남았다. 예컨대, 금옥 사설, 서책 사설, 보고지고 타령, 시간 확인 사설, 춘향 잡으러 온 사령들 술 먹이는 대목, 월매의 어사 박대, 신관 생일잔치에서의 어사의 기행, 어사출도의 난장판 장면 등이 그것이다. 이렇게 살아남은 화소들은 대개 해학적 내용들이다. 다카하시가 〈춘향전〉의 본질이 해학에 있음을 간과하지는 않았다는 흔적들이다. 대신 춘향이 겪은 이별의 슬픔과 시련의 아픔은 아주 간략히 그려졌다. 이로 말미암아 다카하시 본 〈춘향전〉은 한(恨)과 비장미가 약화되고, 대조적으로 흥(興)과 해학의 미학이 부각되었다.

이러한 점은 다카하시 본에서 새롭게 나타난 독특한 표현들에서도 확인된다.

> ① "염라대왕이 첩을 부르시는 것이냐, 유비현덕이 남양의 고몽을 깨신 것이냐? 무슨 일이길래 갑자기 부른다는 것이냐?"(185쪽)
>
> ② 종은 깔깔 웃으며, "대대로 기생하는 너희 집에서 남자 옆에 가지 않는다는 것은 집오리 새끼가 물을 두려워한다는 것과 같구나.

자, 가자. 우리 공자께서 기다리신다."하며 손을 잡고 데려왔다. (185쪽)

③ "사람들 눈이라니, 어떤 사람의 눈이 있다는 말이냐? 이곳 백성들은 모두 우리 아버지의 백성들이다. 조금이라도 나에게 무례한 일을 하면 내일 당장 그 집을 없애버릴 것이다."(186쪽)

④ "월매는 너무 염려 마시오. 내 아버지께서는 지금은 엄해 보이시지만 젊으셨을 때에는 그쪽 방면에서 이름이 높으셨을 만큼 여자를 좋아하셨고, 기생창부는 지옥 끝까지라도 쫓아다니셨을 정도였소. 내가 오늘밤 이 집에 온 것은 아버지께 알렸고, 또 오리에게서 새끼 오리가 태어났는데, 어찌 화를 낼 필요가 있겠소."(188쪽)

⑤ "기생이 수절한다는 말은 부인에게 불알 있다는 말보다 들어본 적이 없다."(192쪽)

①은 이도령의 종이 다급하게 춘향을 부르러 오자 춘향이 우아한 목소리로 꾸짖는 말이다. ②는 바로 위 춘향의 말에 종이 대꾸하며, 춘향의 기를 꺾으려고 한 말이다. 둘 다 비유적이며, 해학이 넘치는 발화(發話)이다. ③은 광한루에서 만난 춘향이 이도령에게 남의 눈이 무섭다고 하였을 때 몽룡이 대답한 말이다. 다른 곳에서는 볼 수 없는, 춘향을 의식하여 호기(豪氣)를 부려 다소 위압적으로 반응을 한 이몽룡의 모습이다. ④는 근엄해 보이는 아버지가 젊으셨을 때는 기생을 밝히셨듯이, 이몽룡 자신도 아버지처럼 아름다운 여인을 마다하지 않는다는 것을 이도령이 월매에게 밝히는 말이다. 사실상 은연중 춘향을 기생으로 생각하고 찾아왔다는 태도가 드러난다.[15] ⑤는 춘향이 신관

15) 이와 유사한 표현이 이명선 소장 古寫本(일명 '이고본 춘향전')에서도 확인된다. "할미, 그는 염려마오. 사또도 젊었을 적에 우리 앞집 꾀쇠 누님과 친하여 개구멍 출입하다가 울타리 가지에 눈두덩이 걸려서 난 흉터가 여태 있네. 염려 말고 들어가세."(성현경 옮김, 『옛그림과 함께 읽는 이고본 춘향전』, 열림원, 2001, 42-43쪽)

의 수청 명령을 거부하고 수절을 하겠다고 하니 신관이 냉랭한 태도로 터무니없다며 비유한 말이다.

위의 표현들이 모두 인물들의 발화(發話)에서 나온 것임을 유의할 필요가 있다. 사건의 서술이나 장면 묘사 부분에서는 위와 같은 독특한 표현이 발견되지 않는다. ③을 제외한 나머지 표현들은 모두 비유를 사용하였다는 점에서 공통적이다. 또한 위 예문들은 순발력 있고 재기발랄하며, 다른 이본들에서는 찾아보기 힘든 표현이라는 점에서 공통적이다.

3. 서사의 합리적 개작

다카하시 본에는 화소를 변개하여 경판, 완판본 등에서 유지되어 오던 서사를 합리적으로 개작한 양상이 곳곳에서 발견된다.

① 이몽룡이 춘향 만날 목적으로 열심히 공부하여 일 년이 못 되어 과거에 급제한 사건

> 이미 한양에 도착해서는 몸에 날개가 있으면 남원으로 날아가고 싶을 정도로 몽룡도 마음이 괴로웠다. 유명한 선생에게 가 문학을 배우고, 밤낮으로 학업에 정진하여 그해 말에는 과거시험을 보아 강구청동요(康衢聽童謠)라는 제목에 답안을 썼다. 문재(文才)가 큰 강의 물을 거슬러 올라가는 것과 같으니, 시관들을 놀라게 하여 장원급제하였다. 몽룡은 예에 의하여 암행어사에 임명되어 마패를 하사받고 사방의 치정을 감찰하러 나섰다.(190쪽)

다카하시 본에는 여타의 판본에서 춘향과 이별한 뒤의 장면이 춘향의 수절과 고난으로 이어지는 것과는 달리, 위와 같이 이도령이 상경

한 뒤 과거급제 한 사건부터 먼저 서술된다. 또한 춘향을 잊기 힘든 이도령이 춘향 만날 목적으로 열심히 공부하여 과거에 급제하였음을 명시하여, 춘향을 향한 이도령의 마음에 진정성이 있음을 보여준다. 이렇듯 사건 서술의 순서가 바뀐 경우는 다른 텍스트에서는 찾아볼 수 없다. 다른 모든 판본에서 춘향의 고난이 길게 이어진 뒤에야 이도령 급제 사건이 제시되는 것을 불합리하게 여겨, 먼저 이도령의 장원급제 및 어사 임명 소식을 먼저 서술한 것이 아닌가 한다.

또한 다른 판본들은 이몽룡이 어사가 되어 남원으로 오기까지 모두 2~4년의 시간 거리를 둔다. 그런데 다카하시 본에서는 불과 1년이 채 못 되어 과거에 급제하고 남행을 한다. 이러한 설정은 이도령이 "내가 내년 춘삼월 도화꽃이 필 무렵 반드시 다시 여기에 너를 만나러 올 테니…"라고 약속한 것을 지키게 하려는 의도이며, 또한 기존의 판본에서처럼 신관 사또의 부임 후 춘향의 옥중고난이 몇 년씩 이어진다는 것은 개연성이 약하기 때문에, 서사적 합리성을 꾀하기 위해 개작한 예라고 본다.

② 이어사가 천안 군수에게 마패를 보이고 관졸을 차출한 사건

> 몽룡은 여기서 남원을 가다가 그 인근 군인 천안에 이르렀다. 곧 군수의 관청에 들어가 명함으로 통하는 마패를 보이고 비밀스럽게 군수에게 부탁하며 이번 달 모일 옥졸 십수 명을 남원군에 보내줄 것을 부탁하고, 또 표연히 떠나 남원을 향하여 갑작스레 월매의 집을 찾았다.(194-195쪽)

어사가 한양에서부터가 아니라, 도중인 천안에서 관졸을 구한 일은 다른 곳에서는 찾아볼 수 없다. 그런데 천안은 남원의 인근 군이 아니다. 이어사는 분명 남원 근처에서 종을 만나 춘향의 편지를 보았고, 농부들과 대화를 나눴다. 그런 다음 남원의 인근 군이라며 천안을 찾은 것은 이치에 닿지 않는 이야기다. 이는 편찬가 다카하시의 단순착오이거나 지리에 대해 이해가 부족하여 오역을 한 사례라고 생각한다.[16] 하지만 '천안'이라는 지명만 제외한다면, 이는 합리적 개작을 꾀한 분명한 사례가 된다. 멀리 한양에서부터 관졸들을 데리고 간 것이 아니라, 마패를 사용하여 인근 군에서 관졸을 구한 것은 충분히 납득할 만한 그럴싸한 설정이기 때문이다.

③ 어사가 남원 근처에서 종을 만나 춘향의 편지를 본 후 답장을 써준 일

다카하시 본에서는 이어사가 남원 근처에서 종을 만나 춘향의 편지를 본 후 옆의 민가에 가서 지필묵을 빌려 답장을 써준 일을 서술하고 있다. 며칠 내로 만나자는 내용의 편지다. 종래 춘향 편지 화소는 경판 35장, 완판 29장, 33장, 84장본에만 있었다. 하지만 거기에는 이어사가 답장을 써주었다는 내용이 없다. 이러한 설정은 다카하시가 기존 경판과 완판본의 내용을 부분적으로 변개하여, 답장을 통하여 춘향을 안타까이 여기고 위로하려는 이도령의 마음을 드러낸 것이다.

또한 기존 판본에는 농부와의 만남 뒤에 편지 화소가 등장하는데, 다카하시 본에는 편지 화소가 먼저 서술되고 그 다음에 농부와의 만남이 이어진다. 주요 서사단락의 순서를 의도적으로 바꾼 두 번째 경우다.

이외에 춘향이 감옥에 갇힌 후 근처의 파락호들이 춘향을 구해준다

16) 그런데 이렇듯 천안을 남원의 인근 군으로 잘못 이해한 것은 조선의 지리에 익숙지 않은 다카하시가 개작과정에 참여하였다는 유력한 증거로도 볼 수 있다.

며 돈을 달라거나 구해주면 아내로 달라고 협박을 한 사건 또한 인물의 성격을 문맥상 흐름에 맞게 변개한 경우이다. 경판, 완판본에는 모두 춘향이 곤장을 맞고 감옥에 갇힌 뒤 그녀를 동정하는 한량들이 등장하는데[17], 다카하시 본에도 이들이 등장하지만 그 성격이 다르게 설정되어 있다.

> 이 때 춘향은 감옥에 갇혔는데 근처의 파락호들이 밤낮 없이 와서는 춘향을 구하려면 돈을 많이 내든가, 아니면 내가 춘향을 구해주겠으니 춘향을 자기 아내로 달라고 하는 등 협박을 하였다.(195-196쪽)

다카하시 본에 그려진 이들은 춘향에 우호적인 왈자패들이 아니다. 돈을 요구하거나 자기 아내로 삼겠다며 협박을 하는 무리들이다. 이렇게 인물의 성격을 변개한 것은, 작품의 맥락 때문이다. 거지로 변장한 이도령이 춘향의 집을 찾아 문을 두드리고 밥 구걸을 하였을 때, 월매는 신경질적인 반응을 보인다. 그동안 파락호들이 춘향과 월매를 수없이 찾아와 괴롭혔는데, 또 그들이 찾아왔나 싶어서 그런 것이다. 이러한 인물 성격의 변개가 바람직한가의 논란은 있을 수 있겠지만, 이를 통하여 월매의 반응을 극적으로 부각시킨 점은 분명해 보인다.

---

17) 남원 한량들이 춘향의 소문을 듯고 여슉이 군평이 ᄐᆡ평이 군빈이 ᄉᆞ빈이 의즁이 써즁이 털풍헌, 안약졍 등물이 모도 와셔 춘향의 경상을 보고 혹 우ᄂᆞᆫ 니도 잇고 혹 위로도 ᄒᆞ며 혹 청심환도 푸러 너흐며 혹 동변도 풀며 혹 빈강 ᄉᆞ탕 ᄉᆞᆯ병 등물도 권ᄒᆞ여 ᄒᆞᆫ바탕 분분히 지져괴다가 무슉이ᄂᆞᆫ 춘향을 업고 군평이ᄂᆞᆫ 부ᄎᆡ질ᄒᆞ고 써즁이는 칼머리을 밧들고 ᄐᆡ평이 군빈이 등은 좌우로 옹위ᄒᆞ여 머지 아니ᄒᆞᆫ 옥문을 쳔신만고ᄒᆞ여 다다르니, 그 황황분쥬ᄒᆞᄂᆞᆫ 모양이 가히 보암즉 하더라.(경판 30장본, 16장, 『춘향전 전집』 4권, 64쪽)

IV. 다카하시 본 〈춘향전〉의 전승사적 의의

다카하시 본 〈춘향전〉 연구의 선편을 잡은 니시오카 켄지(西岡健治)는 다카하시의 〈춘향전〉이 경판, 완판 텍스트의 영향을 받았지만 기본적으로 구비전승본의 성격이 강하다고 주장하고, '설화 춘향전'으로서의 가치를 논하였다.[18] 그런데 〈춘향전〉을 포함한 네 편의 고전소설류 작품들은 전체적으로 볼 때 문헌기록에 바탕하여 축약한 텍스트라는 것이 필자의 생각이다. 특히 〈춘향전〉은 '구술성'보다는 경판본, 완판본, 세책본 등의 텍스트를 조합·재구·변개한 단서들이 발견되기 때문이다.[19] 몇몇 화소들을 통해 이를 확인해 보기로 한다.

① 서두에 이몽룡이 소개됨

> 지금은 옛날, 전라도 남원군수 이씨 집안에 이몽룡이라는 수재가 있었는데, 부친을 따라서 남원군읍에 살았다. 부친의 옆방에 기거하며 가

---

18) 西岡健治, 「高橋仏焉/高橋亨の<春香傳>について」, 『福岡県立大學 人間社會學部 紀要』 14卷 第1號, 2005, 44쪽.

19) 니시오카의 경우처럼 다카하시 본 〈춘향전〉을 '설화 춘향전'으로까지 해석하는 것은 실상과 다른 것이 아닌가 한다. 고전소설이 민담의 틀에 녹아들어 재구된 경우는 찾아보기 힘들다. 기본적으로 다카하시 본은 철저하게 경판과 완판 〈춘향전〉에 기초하여 이야기를 축약하고 재구하며 다시쓰기 한 텍스트이기 때문에, 민담의 틀에 녹아들어 새로 나온 이야기와는 거리가 있다. 무엇보다 다카하시 본의 내용 및 문장에서는 설화에서 발견되는 '구술성'을 찾아볼 수 없다. 그리고 지금까지 기록된 구비문학 자료집에서도 '설화' 〈춘향전〉은 발견된 예가 없다. 〈흥부전〉의 경우, 매우 드물게 박영만의 『조선전래동화집』(1940)에 '놀부와 흥부'라는 제목으로 민담을 전래동화로 개작한 경우가 있다. 그런데 이 작품은 구성이나 인물의 성격, 세계관 등에서 고전소설과는 확연한 차이가 있어(권혁래, 「일제하 〈흥부전〉의 전래동화화 작업에 대한 고찰」, 『동화와 번역』 13, 건국대 동화와 번역 연구소, 2007, 29-34쪽.), 고전소설과 설화의 차이를 살필 수 있는 좋은 예가 될 것이다.

> 정교사에게 밤낮으로 공부를 하여 재기난발(才氣爛發)하니 하나를 들으면 열을 알았다. 몇 번이고 교사들이 놀라니, 부친도 "우리 가풍을 발휘할 사람은 몽룡이라." 하며 소망을 갖게 되었다.(183쪽)

위에서 보듯 다카하시 본은 이몽룡에 대한 간략한 소개로부터 시작된다. 서두에 이몽룡이 춘향보다 먼저 등장하는 것은 완판 84장본을 제외한 모든 판본들과 동일하다. 다만 니시오카도 지적하였듯이, 서두에 남자 주인공의 이름을 '이몽룡'으로 소개하는 것은 완판 84장본의 경우가 유일하다.[20] 다른 완판 33, 29, 26장본 등에는 '이도령'으로 되어 있다. 경판에서는 경판 35장, 30장본에서는 이도령, 23장본, 17, 16장본에서는 '이령'이다. 그리고 구체적인 내용이나 표현은 다른 판본들과는 확연히 다르게 허두(虛頭), 수사나 비유적 표현이 전혀 없이 이몽룡에 대한 정보만 간략히 소개되어 있다. 기존의 판본에 나타난 정보들을 축약하여 활용한 예라 할 수 있다.

② 이몽룡, 단오날 교외 작은 언덕으로 행차

> 그해 5월 5일 단오 명절에 종을 데리고 군읍의 교외 작은 언덕으로 놀러갔는데…(183-184쪽)

이도령이 춘향을 만난 시간과 공간을 어떻게 설정하였는가에 대한 문제인데, 다카하시 본에서는 이도령이 '광한루'가 아닌, '군읍의 교외 작은 언덕'으로 놀러갔다고 했다. 그 때가 '단오날'인데, 이는 경판 30장본과 완판 84장본의 경우가 그러하다. 경판 30장본에는 '오월오일텬즁지졀'로 되어 있다. 완판 29, 26, 33장본에서는 '삼춘'이다. 세책

20) 西岡健治, 「高橋仏焉/高橋亨の<春香傳>について」, 45쪽.

본이나 나머지 경판 35, 17, 16장본, 안성판 20장본 모두 '봄(三春)'이다. 다른 판본들에서는 놀러간 장소가 모두 '광한루'로 되어 있다. 다카하시가 기존의 판본 중에서 임의적으로 정보를 선택, 배열한 예라고 할 수 있다.

③ 불망기(不忘記) 없음

> 밤이 더욱 깊어가자 잔치 자리를 물리어 침실로 들어가자 춘향이 말하였다.
> "공자께서는 첩과 백년을 기약하는 것이 어떠하신지요. 다른 여자에게 마음을 주지 않기로 약속해 주신다면, 첩 또한 공자에게 허락할 수 있습니다. 첩은 진실로 한 번 공자께 몸을 맡기면 바다가 산이 된다 할지라도 다른 남자들이 털끝 하나 건드리지 못하도록 하겠다고 말씀드리겠습니다." 이에 몽룡도 굳게 약속하였다.(189쪽)

위 인용문은 이도령이 춘향의 집에 찾아가 첫날밤을 맞이할 때 언약하는 장면이다. 그런데 위에서 보듯, 다카하시 본에서는 불망기(不忘記) 화소가 없이 언약만으로 결연을 한다. 이것은 완판본에서만 발견되는 특징이다. 완판 29장본을 비롯한 26장, 33장, 84장본 등 모든 완판본에는 불망기 화소가 나타나지 않기 때문이다. 불망기는 세책본과 경판본에 모두 나타나는 '서울 춘향전'의 본질적인 화소 가운데 하나이다.[21] 춘향과 이도령의 만남의 성격을 규정하는 중요한 단서를, '서울 춘향전'이 아닌 완판본에서 채택한 다카하시의 시각을 엿볼 수 있는 예이다.

---

21) 전상욱, 「방각본 춘향전의 성립과 변모에 대한 연구」, 연세대 박사학위 논문, 2006, 128쪽.

④ 오리정(五里亭) 이별 시 신물 교환

앞서 189쪽의 오리정 이별 장면을 인용하여 제시하였는데, 그 장면에서 이몽룡과 춘향은 오리정에서 이별하면서 '재회의 신물'로 반지와 거울을 주고받는다. 신물 교환 화소는 세책본이나 경판본의 경우 '이별의 정표'로서 기능하는 것에 반해, 완판본에서는 '혼약의 증거물'로 역할을 하고 있다.[22] 처음 결연을 할 때 불망기가 있고 없고의 차이 때문에 생기는 현상이다. 불망기 화소가 없는 다카하시 본에서도 반지와 거울은 역시 '혼약의 증거물'이자 '재회의 신물'로 기능을 한다.

그런데 다른 판본과 달리 다카하시 본에서는 신물을 주고받은 장소가 다르고, 또 이몽룡과 춘향이 주고받은 신물이 서로 바뀌어 있다는 점이 흥미롭다. 모든 경판본 계열과 안성판 20장본에서는 남원부사가 내직으로 승차한 소식을 듣고 이몽룡이 춘향집을 찾아가서 이별소식을 알리고 재회를 기약하며, 이몽룡이 거울을, 춘향이 반지를 준다. 완판본 계열에서는 첫날밤 '춘향집'에서 사랑을 맺을 때, 이몽룡이 거울을, 춘향이 옥지환을 준다. 그런데 다카하시 본에서는 '오리정'에서 이별할 때 이몽룡이 '금가락지'를, 춘향이 '거울'을 주는 것으로 변모되어 있다. 기존 경판, 완판본에 나타나는 정보를 수용하였지만 이것들과는 모두 다른, 다카하시 본만의 독특한 재배치·재해석이 발견되는 지점이다.

⑤ 대인곡(待人曲)

> 춘향은 방을 깨끗이 정돈하고 가야금을 꺼내어 조용히 대인곡(待人曲)을 뜯고 있었다.(188쪽)

22) 위의 글, 130쪽.

춘향이 이몽룡을 기다리며 집에서 가야금을 뜯을 때 연주한 곡목은 이본마다 차이가 있다. 다카하시 본에서는 '대인곡'인데, 세책본과 경판본에서는 '대인난(待人難)'으로, 완판 29, 33장본에서는 '춘면곡(春眠曲)', 84장본은 '남풍시'를 연주한다. 이 부분에서는 세책본 및 경판본의 정보를 채택하였음을 알 수 있다.

이상 몇 가지 화소를 통해 다카하시 본의 계통을 추적해 보았다. 위에서 보듯 다카하시 본에는 경판, 완판본 여러 텍스트의 화소 및 정보가 조합되어 나타난다. 따라서 원본이 된 텍스트를 어느 하나, 또는 한 계통으로 특정하기는 곤란하다. 다카하시 본에는 또한 다른 텍스트에서는 찾아볼 수 없는 화소가 등장하며, 표현 면에서도 독특한 표현이 보인다. 그리고 오리정 이별 뒤 이도령이 상경하여 과거 급제한 이야기가 춘향 수절 화소보다 앞서 나온 것처럼, 때로는 이야기의 순서가 바뀌는 경우도 발견된다.

왜 이런 현상이 발생한 것일까? 다카하시는 뒤의 주석에서 〈춘향전〉, 〈재생연〉, 〈장화홍련전〉을 예로 들며, 〈춘향전〉은 유독 '연행'된다는 이야기를 하였다.[23] 이러한 언급은 다카하시가 판소리 공연을 실제로 보았다는 유력한 증거가 된다. 따라서 필자는 다카하시가 여러 경판본과 완판본 등 여러 텍스트를 참조하고 판소리 연행도 보면서, 이에 바탕하여 화소를 조합하고 새로이 변개하면서 개작을 하였다고 추정한다. 20세기 이전까지 〈춘향전〉의 전승은 어느 앞선 한 텍스트를 필사하거나 축약확대하여 판본을 출판하는 것이 일반적 경향이었

23) "〈춘향전〉은 이 나라에서 가장 널리 행해지는 이야기[物語]이다. 인형극[淨琉璃], 연극[芝居], 또는 아마추어 연극[素人節]에서든 〈춘향전〉을 공연하지 않는 일이 없었다."(高橋亨, 『조선물어집』, 201쪽)

다. 그런데 이렇듯 다카하시 본에 와서 여러 계통의 텍스트를 참고하며 개작자가 새롭게 재구·재해석한 텍스트가 발생하기 시작한 것이다. 다카하시 본 〈춘향전〉의 이러한 개작 방식은 이후 활자본 〈춘향전〉 창작의 선례가 되어 영향을 미치지 않았을까 조심스레 추정해본다.

이러한 관점에서 판소리 사설을 토대로 삼으면서 시대의식과 신소설의 분위기를 수용한 이해조의 〈옥중화〉(1912)[24]나, 향목동본 등의 세책본을 저본으로 중국 지명과 인명을 조선의 것으로 바꾸고, '음란'한 부분을 박멸하며 〈춘향전〉을 연애소설로 읽히게 한 최남선의 〈고본 춘향전〉(1913)[25], 〈옥중화〉와 〈고본 춘향전〉 등 많은 이본을 참조하여 자신의 새로운 기법을 새로이 덧붙여 재생산한 이광수의 〈일설 춘향전〉(1925~6)[26] 등 1910~20년대에 출간된 활자본 〈춘향전〉을 다카하시 본 〈춘향전〉과 대비하며 그 개작 양상과 방법을 정치하게 연구하는 것은 필요하고 의미 있을 것이다.

다카하시 본 〈춘향전〉은 또한 고전소설 번역사에서 중요한 위치를 차지하는 작품이다. 일제 강점기에 일본어로 조선의 설화를 소개한 작품집들은 다수 있었지만, 〈춘향전〉을 일본어로 옮긴 것은 1882년 나카라이 도스이(半井桃水)의 〈계림정화 춘향전(鷄林情話 春香傳)〉 이후에 다카하시 본 〈춘향전〉이 처음이다. 다카하시 이후에도 일본에서는 모두 25차례 이상 〈춘향전〉이 번역·소개되었다.[27] 이 과정에서 번역자들이 최초의 번역인 나카라이와 다카하시의 번역을 참고했을 것

24) 설성경, 『춘향전의 통시적 연구』, 211-212쪽.
25) 강진모, 앞의 글, 39-49쪽.
26) 최재우, 「이광수 〈일설 춘향전〉의 특성 연구」, 설성경 편, 『춘향전 연구의 과제와 방향』, 국학자료원, 2004, 449쪽.
27) 1997년까지 일본에서 번역 · 소개된 〈춘향전〉의 27종 목록은 三枝壽勝(1997)이 작성하였다.(김신중 · 김용의 · 신해진, 앞의 글, 288쪽에서 재인용)

으로 보이나, 구체적인 영향 수수관계는 파악되지 않고 있다.

또한 다카하시 본은 근대 초기 우리 고전소설의 외국어 번역의 개성 있는 한 사례를 보여 주었다는 점에서 번역사적 의미가 크다. 1880~90년대에 이루어진 최초의 〈춘향전〉 영어 번역본(1889), 불어 번역본(1892), 독일어 번역본(1893)[28], 『조선신보』에 번역·연재된 〈임경업전〉의 일어 번역본(1882) 등을 포함하여 초기 번역사적 관점에서 다카하시 〈춘향전〉의 의의를 조망한다면 좀 더 흥미 있는 성과를 얻을 수 있지 않을까 생각한다.

Ⅴ. 맺음말

1910년 출간된 『조선물어집』에 수록된 다카하시 본 〈춘향전〉은 〈춘향전〉의 활자본 전승사에서 서두를 장식하는 작품이다. 다카하시 본 〈춘향전〉은 축약본이면서도 개성이 뚜렷하며, 〈춘향전〉의 요소를 모두 갖춘 완형이다. 이 작품은 근대 초기 축약형 개작의 한 전형을 보여 준다는 점에서 〈춘향전〉 이본사에서 주목할 만한 텍스트이다.

다카하시 본 〈춘향전〉은 또한 고전소설 번역사에서 중요한 위치를 차지한다. 일제 강점기에 일본어로 조선의 설화를 소개한 작품집들은 다수 있었지만, 〈춘향전〉을 일본어로 옮긴 것은 〈계림정화 춘향전(鷄林情話 春香傳)〉 이후에 다카하시 본 〈춘향전〉이 처음이다. 그럼에도

---

28) 〈춘향전〉의 영어 번역본으로는 1889년에 간행된 H.N.Allen의 『Yang, Korean Tales』, 불어 번역본으로는 1892년 간행된 J.H.Rosny의 『Printemps Parfume』, 그리고 독어 번역본으로는 1893년 간행된 H.G.Armous의 『Chun Yang Ye』가 있다. (김신중 · 김용의 · 신해진, 위의 글, 289쪽)

불구하고 그동안 이 작품은 제대로 소개가 되지 않았고, 작품에 대한 연구나 평가 작업 또한 늦어져 왔다. 근대 초기 일본어로 쓰여진 고전문학 텍스트를 번역하고 연구하는 작업은 고전문학 연구에 새로운 자료와 시각을 제공할 것으로 기대한다. 이러한 문제의식에서 필자는 다카하시 본 〈춘향전〉 연구를 시작하였다.

다카하시 본은 〈춘향전〉 일반의 구성 원리에 근간한 서사단락과 화소 등 전체적으로 완형(完型)을 갖추고 있다. 하지만 그러면서도 장면 및 서사단락 등에서 화소의 생략 및 진술의 축소 현상이 광범위하게 일어난다. 부분적으로는 화소의 선택·조합 현상, 새로운 화소의 부가, 그리고 진술의 변이 양상이 발견된다.

다카하시 본의 개작의 방식에서 주목할 점은, 첫째, '음란 장면'이라 일컬어지는 첫날밤 묘사 장면을 삭제하고 춘향을 이상적 인물로 묘사한 점, 둘째 화소의 선택적 삭제를 통하여 비장미를 약화시키고 흥과 해학의 미학을 부각시킨 점, 셋째, 서사를 합리적으로 개작한 점 등이다.

필자는 다카하시가 여러 경판본과 완판본 등 여러 텍스트를 참조하고 판소리 연행도 보면서, 이에 바탕하여 전래하는 〈춘향전〉의 다양한 화소를 조합하고 새로이 변개하면서 개작을 하였다고 추정하였다. 또한 이러한 개작 방식은 이후 활자본 〈춘향전〉 창작의 선례가 되어 이해조의 〈옥중화〉, 최남선의 〈고본 춘향전〉, 이광수의 〈일설 춘향전〉 창작에도 일정한 영향을 미치지 않았을까 추정하였다. 이러한 점에서 다카하시 본 〈춘향전〉의 이본사적 의의를 평가할 수 있다.

아울러 다카하시 본은 1880년대 이래 1990년대까지 27차례 이상 거듭된 〈춘향전〉 일역 작업에 선례가 되었으며, 1880~90년대에 이루어진 〈춘향전〉의 영어, 독일어, 불어 번역본과 함께 근대 초기 고전소설 번역의 개성 있는 한 사례를 보여주었다는 점에서 번역사적 의미가 크다.

필자는 다카하시 본의 성립과정에서 판소리 창본과의 연관성을 언급하였는데, 1910년대 이전의 판소리 창본과의 관계를 엄밀히 따져본다면 좀 더 구체적 성과를 얻을 수 있을 것이라고 생각한다. 아울러 『조선물어집』에 수록된 다른 세 편의 고전소설들에 대해서도 이본 소개와 함께 본격적 연구가 필요하다. 이러한 점들은 다음 과제로 남긴다. 뒤에 다카하시 본의 번역문을 첨부하였다. 거친 번역이지만 참고가 되기 바란다.

[부록] 다카하시 본 〈春香傳〉[1] 번역

다카하시 도루(高橋亨) 지음, 권혁래 옮김

(183) 지금은 옛날, 전라도 남원군수 이씨 집안에 이몽룡이라는 수재가 있었는데, 부친을 따라서 남원군읍에 살았다. 부친의 옆방에 기거하며 가정교사에게 밤낮으로 공부를 하여 재기난발(才氣爛發)하니 하나를 들으면 열을 알았다. 몇 번이고 교사들이 놀라니, 부친도 "우리 가풍을 발휘할 사람은 몽룡이라." 하며 소망을 갖게 되었다.

몽룡이 점차 자라 16세가 되니, 외모도 준수하게 변하여 멋진 미소년이 되었다. 그해 5월 5일 (184) 단오절에 한 종을 데리고 군읍(郡邑)의 교외 언덕으로 놀러갔는데, 마침 춥지도 덥지도 않아 기분 좋은 초여름의 햇살을 신록 밑에서 받고 있었다. 문득 몽룡이 언덕 아래를 바라보니, 읍내의 소녀들이 모두 새 옷을 입고 삼삼오오(三三五五) 나무들 사이로 그네를 뛰며 즐거워하며 노는 모습이 손에 잡힐 듯하였다. 그 중에 단연 돋보여 향초 중에 창초(菖草) 한 줄기가 핀 것같이 보이는 것은 고을의 퇴기 월매가 고이 길러 온 딸 춘향이었다. 나이는 이팔(二八)일지 아직 이구(二九)는 되지 않았을 정도로, 그네를 높이 차 왕래하는 모습은 아름다운 새가 수풀 속에서 날아다니는 것 같았다. 몽

1) 〈춘향전〉은 『朝鮮の物語集附俚諺』(高橋亨, 日韓書房, 1910, 183~201쪽, 국립중앙도서관 소장본)에 수록되어 있다. 주석을 포함하여 모두 19쪽 분량이다. 원문에서 페이지가 시작되는 곳에 ( ) 속에 쪽수를 넣어 표시하였다. 원문에 고어가 많고 난삽한 표현도 적지 않아 번역에 어려움이 있었다. 오역의 가능성이 있을 것이나, 원문을 번역 소개할 필요가 있어 거칠게나마 필자가 번역하여 실었다. 직역을 원칙으로 하였지만, 부분적으로 우리말의 어감에 맞게 의역을 한 곳이 있다. 여러 선생님들의 질정을 바란다. 일어 원문은 국가전자도서관의 원문 서비스를 통해 볼 수 있다.

룡이 이 모습에 눈이 멈춰 청춘의 피가 끓어올랐으나, 종을 돌아보고는 아무렇지도 않다는 얼굴을 하고 물어보았다.

"저기 봐라, 저기 나무 사이로 힘차게 왕래하는 것이 무엇이냐? 금이냐?"

종은 꾀가 많은 사내라 무슨 뜻인지 알아듣지 못하는 체하고,

"낭군께서 무엇을 말씀하시는지, 이곳은 여수(麗水)가 아니니 금조각이 나오는 일은 없습니다."

라고 대답하였다. 몽룡은 다시,

"그러면 옥이냐?"

라고 물었다. 종은

"이 곳은 곤강(崑江)이 아니니 옥이 있을 리 없습니다."

라고 대답하였다.

"그러면 무엇이냐, 어떤 물건이냐? 너는 급히 가서 이곳으로 데리고 오너라."

라고 영을 내리니, 종은 방긋 미소를 띠며 말하였다.

"저 여인은 읍내 제일의 미녀로 이름이 높으니, 퇴기 월매의 딸 춘향이라 하옵니다."

종은 지금 이 곳으로 데려오라는 명령에 언덕을 달려내려가 주인의 위세를 빌려 목소리를 높여,

"춘향아, 군수의 (185) 공자께서 너를 급히 데려오라 하신다."

하니, 춘향은 한창 그네를 재미있게 타다가 갑자기 공자가 부른다는 말을 듣고 놀라 마음을 가다듬지 못하고 종에게 우아한 목소리로 말하였다.

"염라대왕께서 첩을 부르시는 것이냐, 유비 현덕께서 남양(南陽)의 고몽(高夢)을 깨신 것이냐, 무슨 일이기에 갑자기 부른다는 것이냐?

나는 나이가 아직 어려서 어미의 허락을 받아야 몸을 움직이는데, 누가 부른다고 해도 젊은 남자 옆에 갈 수가 없다. 집에 돌아가 어머니께 허락을 받아야 움직일 수 있다고 전하거라."

종은 깔깔 웃으며,

"대대로 기생을 하는 너희 집에서 남자 옆에 가지 않는다는 것은 집오리 새끼가 물을 두려워한다는 것과 같구나. 자, 가자. 우리 공자께서 기다리신다."

하며 손을 잡고 억지로 데려왔다.

몽룡은 왔다갔다 하면서 춘향을 이윽토록 보니 실로 금으로도 보이고 옥으로도 보여, 예를 들면 흐릿한 달이 구름 사이에 남은 모습이나 가을풀이 계곡 물에 피어있는 것 같았다. 처음으로 마음을 움직이는 여자를 마주하고 있으니 몽룡은 갑자기 말도 나오지 않을 정도였다. 말을 더듬으며,

"네 나이가 몇 살이냐?"

하고 물으니,

"사사 16세이옵니다."

라고 하였다.

"나도 이팔 16세이니, 서로 나이가 좋구나."

몽룡은 혼잣말을 하며 차분히 얼굴을 살펴보았다. 춘향도 남자의 모습이 나쁘지 않았으나, 위세가 신(神) 같은 군수의 며느리가 된다는 것은 감히 바랄 수도 없는 것이었다. 그리하여 땅에 있는 풀을 (186) 바라보며 위를 쳐다보지도 못하고 약간 작은 목소리로 말하였다.

"이 곳은 사람들 눈도 너무 많고 또 제 어미의 생각은 어떤지도 두렵사오니, 빨리 돌아가게 해 주십시오."

몽룡이 웃으며 말하였다.

"사람들 눈이라니, 어떤 사람의 눈이 있다는 말이냐? 이곳 백성들은 모두 우리 아버지의 백성들이다. 조금이라도 나에게 무례한 일을 하면 내일 당장 그 집을 없애버릴 것이다. 꺼리는 것이 있다면 잠시 떨어지는 것이다. 내가 오늘 밤 너의 허락을 얻으러 것이니, 너는 어미에게 잘 전하고, 반드시 집에서 나를 기다려 허락을 받아다오."

몽룡도 놀러 나온 일에 흥이 다하여 집에 돌아가 해 저물기를 기다리는데, "오늘 반나절이 왜 이리 긴가." 하였다. 방에 앉아 서가에서 책을 꺼내어 되풀이하여 읽는데, 눈은 늘 한 줄을 아래위로 볼 뿐이었다. 그런데 그 때마다 나타나는 것은 춘향의 아름다운 모습이었다. 더욱이 한 책을 빼서 두세 줄 음독하다가는 또 다른 책을 음독하였다. 책마다 두세 줄 읽다가는 다른 책을 읽으니, 몇 시간도 되지 않아 서가에 있는 책들이 모두 방바닥에 나뒹굴었다. 이제 읽을 책도 없어서 소리를 높여, "보고 싶다, 보고 싶다!" 하고 외쳤다. 옆방에 있던 군수는 자기 아들이 갑자기 "보고 싶다, 보고 싶다." 하고 소리 높여 외치는 것을 듣고, 의아해서 문을 열고,

"너는 무엇을 보고 싶다는 것이냐?"

하고 물었다. 그러자 몽룡은 아무 것도 아니라는 얼굴을 하고, 『시경(詩經)』의 '칠월편(七月篇)'을 보고 싶다고 대답하니, (187) 군수는 어리석게도 속아 넘어갔다.

"그러니까 네가 학업에 정진해서 '칠월편'을 읽고 싶다고 생각하는 정도가 되었단 말이냐? 기특한 아들이로고. 이번에 한양에 올라가는 인편에 반드시 『시경』을 사가지고 오라고 약속하마."

군수는 자기 방에 돌아와서 군 서기를 불러,

"콧대 높은 우리 아이의 학업이 진보해서 놀랐도다. 이번에는 '칠월편'을 보고 싶다고 하지 않겠느냐. 그럴 줄 누가 알았겠느냐."

그러자 아첨이 유일한 특기인 군 서기는 능숙하게,

"공자의 학업이 진보하는 것을 영감께서 이제 처음 아셨다니, 등하불명(燈下不明)이로소이다. 저희 아전들은 이미 모두 놀라고 있는데 말입죠."

하고 답하였다.

몽룡은 얼른 해가 저물기를 기다리다가, 마침내 견디지 못하고 종을 불러,

"지금은 몇 시경쯤 되었는지 나가 보아라."

명령하니, 종은 미소를 지으며, 밖에서 나가 하늘을 보고 들어와서는,

"해가 저물려면 아직 멀었습니다."

라고 대답하였다. 몽룡은 혀를 차며,

"오늘 해는 발이 늦는구나. 무슨 일인지 해에 끈을 묶어 못 가게 하는 것 같구나."

이럭저럭 시간이 흘러 저녁종이 원근 절에서 울려오고, 정원의 나무들은 모습이 흐릿해지고, 바람도 서늘해졌다. 몽룡은 종에게 사등(紗燈)을 들려 조용히 춘향의 집으로 향하였다.

춘향은 이날 돌아와서 언덕에서 일어났던 일을 모두 상세히 어미에게 말하였다. 월매는 특별한 일이라고 생각하고 (188) 여러 가지로 채비를 하고, 춘향에게 목욕을 시키고 좋은 옷으로 갈아입혀 공자를 기다리게 했다. 춘향도 이미 이팔청춘의 나이가 되어 어미가 허락하는 사람이라면 망설일 처지가 아니었다. 춘향은 방을 깨끗이 정돈하고 가야금을 꺼내어 조용히 대인곡(待人曲)을 뜯고 있었다. 이윽고 몽룡은 도착하여 똑똑 문을 두드렸다. 월매는 나와서 연유를 모르는 것처럼 행세를 하고,

"당신은 어떤 분이십니까?"

라고 묻고, 몽룡이라고 말하는 것을 듣고는 깜짝 놀라는 시늉을 하며,

"당신은 과연 군수의 아드님이시니 참으로 두렵습니다. 이 일을 아버님께 알리시지 않으면 우리 집에 미칠 화를 헤아리기가 어렵습니다. 공자께서는 마땅히 방에서 독서 작문을 해야 할 처지이니, 원컨대 빨리 돌아가 주세요."

몽룡은 월매의 반응이 예상했던 것과는 달랐지만 곧 응답하였다.

"월매는 너무 염려 마시게. 내 부친께서는 지금은 엄해 보이시지만 젊으셨을 때에는 그쪽 방면에서 이름이 높으셨을 만큼 여자를 좋아하셨고, 기생 창부는 지옥의 끝까지 가서라도 시험보셨을 정도였네. 내가 오늘밤 이 집에 온 것은 아버지께 알렸으니, 오리의 새끼에게 오리가 태어난 것을 어찌 화낼 필요가 있겠나. 빨리 알리게. 춘향이 기다릴까봐 무리하게 왔는데, 춘향은 악기에 마음을 담고 나에겐 등을 돌리고 있네."

월매는 웃으면서,

"공자께서 집요하시군요. 정 그러시다면 오늘밤 하루는 마음껏 놀다 가시고, 다음부터는 절대 오시지 마세요."

라고 말하고 이윽고 준비한 (189) 주안상을 내오니 산해진미가 자리에 가득하였다. 여기에서 몽룡은 늙은 기생 월매가 주선해서 춘향과 술잔을 나누니, 혼백이 산란하여 구름 속을 날아다니는 것 같았다. 밤이 더욱 깊어가자 잔치 자리를 물리어 침실로 들어가자 춘향이 말하였다.

"공자께서는 첩과 백년을 기약하는 것이 어떠하신지요. 다른 여자에게 마음을 주지 않기로 약속해 주신다면, 첩 또한 공자에게 허락할 수 있습니다. 첩은 진실로 한 번 공자께 몸을 맡기면 바다가 산이 된다 할지라도 다른 남자들이 털끝 하나 건드리지 못하도록 하겠다고 말씀드리겠습니다."

이에 몽룡도 굳게 약속하였다. 그때부터 매일밤 여기에서 통해서 정을 나누니 아교와 옻칠과 비슷하였다. 더욱 몽룡은 면학심(勉學心)이 풀어지고 서가에는 먼지가 쌓였다.

세월은 빨리 지나서 남원부사는 곧 전임의 명을 받아서 한양으로 가게 되어, 떠날 채비를 바쁘게 하여 한양으로 떠났다. 몽룡과 춘향은 가슴이 막혔으나 어찌할 방법이 없었다. 몽룡은 떠나다가 중도에서 돌아와서 말에서 내려, 읍외 오리정까지 배웅을 온 춘향과 손을 잡고 눈물을 흘리면서,

"내가 내년 춘삼월 도화꽃이 필 무렵 반드시 다시 여기에 너를 만나러 올 테니 믿고 나를 기다려라."

라고 말하고, 손가락에 낀 금가락지를 꺼내 그때까지의 신표(信標)라며 춘향에게 주었다. 춘향은 울면서 아무 말도 하지 못하고, 다만 품에서 따뜻한 거울을 꺼내어 주었다. 하지만 더 이상 지체할 수 없게 되었고, 이윽고 두 사람은 동서로 헤어져 떠나갔다.

(190) 이미 한양에 도착해서는 몸에 날개가 있으면 남원으로 날아가고 싶을 정도로 몽룡도 마음이 괴로웠다. 유명한 선생에게 가 문학을 배우고, 밤낮으로 학업에 정진하여 그해 말에는 과거시험을 보아 '강구청동요(康衢聽童謠)'라는 제목의 답안을 썼다. 그 글은 문재(文才)가 큰 강의 물을 거슬러 올라가는 것과 같아 시관들을 놀라게 하였다. 몽룡은 장원급제를 하였다. 몽룡은 예(例)에 의하여 암행어사에 임명되어 마패를 하사받고 사방의 치정(治政)을 감찰하러 나섰다.

춘향은 오리정에서 몽룡을 떠나보내고는 낡은 옷을 입고 구름 같은 머리를 흩뜨리고 종들이 하는 일을·스스로 하며 과부와 같이 행동을 하며 낭군이 불러주기만을 기다리며 살고 있었다. 이에 남원군수 이씨의 후임으로 이윽고 도착한 군수는 성질이 호색탐욕(好色貪慾)하여

어색탐재(漁色貪財)를 일삼는 사람이었다. 그래서 부임한 다음날 서기를 불러,

"이 군읍에 향(香)이 있느냐?"고 물었다. 서기는 무슨 뜻인지 몰라,

"향이라면 타는 향 말씀입니까, 남원에는 향이 나지 않습니다."

라고 대답하였다. 군수는 성질이 급한데다가 꽉 막힌 사람이었다.

"향, 춘향 말이다."

"춘향 말입니까? 춘향은 남원에서 제일가는 미인으로, 퇴기 월매의 외동딸입니다. 그런데 전 군수의 아들 이몽룡과 백년가약을 맺고 몽룡이 한양으로 간 뒤에는 (191) 문을 닫고 정조를 지킨다며 남자에게는 얼굴도 보이지 않고 있다 합니다."

군수는 하하 크게 웃으며 말하였다.

"전 군수의 아들은 전 군수의 아들, 지금의 군수는 지금의 군수. 또 대대 기생집에 태어나 수절이라니 이 무슨 말이냐? 군읍에서 제1의 미인이라고 소문나서는 그대로 두기 어렵지. 급히 사령을 보내어 내 앞에 끌어오너라. 어서 시행하라."

서기는 급히 사령들을 불러 명을 전하였다. 사령들은 예전에 몽룡이 있을 때는 때때로 춘향 편을 들던 사람들이었다. 그리하여 월매에게서 술과 안주를 얻어 먹기도 하고, 돈을 얻기도 하였는데, 이때는 이런 것들을 얻지 못하게 되었다. 사령들은 신임 군수의 분부가 두려워 급하여 월매에게 달려가 군수의 명령을 알렸다. 월매는 영리한 사람이라 먼저 술과 안주를 내와서, 배부를 때까지 사령들을 먹이고 또 얼마간의 돈을 주고는, 춘향은 요즘 병으로 드러누워 명을 받들기가 힘들다고 전해주기를 부탁하였다.

군수는 이제나 춘향이 오나 기다리고 있는데, 사령들이 그냥 돌아오자, 또 사령을 보내서 이번에는 불문곡직(不問曲直)하고 춘향을 끌고

오도록 하였다. 관청 앞에 앉은 춘향은 꾸미지 않았으나 하늘이 내린 미모가 달과 같았다. 춘향을 본 군수는 좋아하는 마음이 솟아올라서 멈출 수가 없었다. 하지만 춘향은 단호하게 부르짖었다.

“정부(貞婦)는 두 지아비를 섬길 수 없으며, 충신은 두 임금을 섬길 수 없다고 하였습니다. 첩은 이미 이몽룡과 백년계약을 맺었으니 국왕이 부르신다 하여도 이 정조를 깨뜨리는 것은 (192) 생각할 수 없습니다. 남원군은 작지만 기생창부는 많습니다. 마음에 맞는 미인도 적지 않을 것이니, 첩의 수절을 허락해주시기를 부탁드립니다.”

하지만 군수는 춘향을 차갑게 바라보며 말하였다.

“기생이 수절한다는 말은 부인에게 불알 있다는 말보다 들어본 적이 없다.”

춘향의 말에 마음이 불편한 군수는 옆에 있던 자들에게 곤장을 치라고 호령을 하니, 사령들은 곤장을 들어 춘향을 무정하게 내려치고는 감옥에 가두었다. 춘향은 어느 날 밤 거울이 땅에 떨어져 깨지는 꿈을 꾸고는 마음에 걸려 점쟁이에게 물어보았다. 점쟁이는,

“거울이 떨어져서 깨지면 무슨 소리가 나는가? 멀지 않아 반드시 좋은 소식이 있을 것이라.”

라고 춘향에게 가르쳐주었다.

몽룡은 암행어사를 제수 받고 거지로 변장하여 혼자서 남원군으로 향하였는데, 남원 군읍에 가까운 곳에서 길의 바위에 걸터앉은 종 모양의 남자를 보았다. 잘 보니 자기를 작년 춘향의 집으로 안내한 자기의 종이었다. 종은 거지가 몽룡인 줄도 모르고, 무언가 혼잣말로 중얼거렸다.

“아, 슬프구나, 춘향이여. 이몽룡과 백년 계약을 맺었으나 지금 군수의 말에 따르지 않아 감옥에 가서 매일매일 곤장을 맞는구나. 그래

도 믿을 수 없는 몽룡이로구나. 한양으로 간 지 벌써 십 수 개월인데, 아직 한 번도 소식이 없다니…. 춘향은 끝내 괴로움을 견디지 못하고 여기 편지 한 통을 써서 (193) 나에게 맡겨서 한양 사는 몽룡에게 보내었도다. 그래도 한양은 여기서 수백 리가 넘으니, 며칠이나 걸려야 몽룡에게 갈 수 있을까? 잘 되어 도착하여도 원래 바람둥이인 공자가 춘향과 약속을 하고도 한양에 올라가서는 나라의 온갖 유명한 기생들과 놀고 있다면 어찌 해야 할까? 실로 슬프구나, 춘향아. 믿지 못할 몽룡이로다."

그리고 "자, 이제 가 볼까." 하고 허리를 일으켜 가려고 하는데, 몽룡이 "어이-" 하고 불러 세우고 말하였다.

"네게 맡긴 편지를 내게 보여주게."

종은 눈을 크게 뜨고 놀라서 크게 소리쳤다.

"너는 어디서 온 거지인데 대담하게도 남이 맡긴 밀서를 보여 달라고 말하는 것이냐?"

하며 안 된다고 하니, 몽룡은 웃음을 떠트리고 얼굴을 보여주며,

"너는 옛주인을 잊었느냐?"

라고 말하니, 종이 비로소 알아차리고 다시 놀라 탄식하며 말하였다.

"아, 슬프구나, 춘향이여. 이 거지를 기다려 군수를 거부하여 매일 고통을 받았단 말인가. 어리석은 이몽룡, 어쩌다가 이렇게 몰락했단 말인가."

그래도 수완 좋은 몽룡은 편지를 건네받았다. 품에서 꺼낸 편지를 열어 보니, 그것은 춘향은 자신이 받은 고통과 각오를 기록하고, 또 몽룡이 와서 자기를 구해주기를 기다린다는 내용이었다. 몽룡은 비로소 자신이 떠난 뒤 춘향의 소식을 알고 놀라 옆의 민가에 가서 지필묵을 구하여 답장을 쓴 뒤, 종에게 맡겨 (194) 춘향에게 주도록 했다.

편지의 내용은 단순히 며칠 내로 만나자는 것이었다.

그는 다시 종과 헤어져 길을 떠나 논밭을 경작하는 농부들이 말하는 것을 잘 들었는데, 누구나 새 군수를 원망하는 소리뿐이었다.

"군수가 부임하고 나서 선정(善政)은 없고, 매일 춘향을 곤장으로 내려쳐 자기 뜻에 복종하도록 하는 것뿐이로다. 춘향은 기생임에도 불구하고 수절을 하는구나. 춘향을 가혹하게 다루는 것과 군정이 무슨 관계가 있단 말인가. 이전 군수께서 계실 때가 그립구나."

백성들의 말에 공평한 몽룡은 소상하게 듣고는, 신군수가 정치를 제대로 하지 못하고 있다는 것을 알게 되었다. 이 같은 관리를 파혁(罷革)하는 것이야말로 암행어사의 책무라는 생각이 든 몽룡은 아무렇지도 않은 듯한 얼굴을 하고 농부들이 있는 곳에 가서 밥을 얻어먹고 또 담배를 얻어 피우며 그 말하는 것을 들었다. 그 내용은, 이번 달 언제가 신 군수의 생일인데, 축하 잔치를 준비하기 위해 기생들은 신곡을 지어 연습 중이고, 이미 초대장을 인근 각 군수 및 관속 등에게 보냈으며, 성대하게 열릴 것이라는 것이었다. 그리고 비용을 내라는 분부를 무서워하며, 모두들 신 군수를 나쁘다고 하는 소리였다.

몽룡은 농부들을 떠나 남원으로 가다가 그 인근 군인 천안(天安)에 이르렀다. 곧 군수의 관청에 들어가 명함으로 통하는 마패를 보이고 비밀스럽게 군수에게 부탁하며 이번 달 모일 옥졸 십수 명을 남원군에 보내줄 것을 부탁하고, 또 표연히 떠나 (195) 남원으로 들어가 갑작스레 월매의 집을 찾았다.

월매의 집에 오니 오래 동안 청소하지 않은 것으로 보이는 담장은 곳곳이 무너지고 문 안에는 먼지가 쌓여 있었고, 새 그물이 쳐 있을 만큼 집이 무너져 음산한 숲 같았다.

"감옥에 갇혀 있는 사람의 집이라서 이처럼 적막한가?"

하고 몽룡은 탄식하였다. 집안으로 들어가 보니, 월매가 혼자 하는 말소리가 들렸다.

"아, 가증스런 몽룡이로구나. 한 사람 처녀의 청춘을 달콤한 말로 속여 놓고 떠나버리더니, 소식 한 번 주지 않고 춘향을 밤낮 근심하게 만들고, 춘향은 수절하다가 옥에 갇히는 지경에 이르렀도다. 나도 이미 사십 년을 살았지만, 춘향을 잃는다면 이제 누굴 의지하고 말년을 살라는 말이냐. 불쌍하구나, 춘향아."

하며 가여운 월매는 흐느껴 울었다. 몽룡은 몰랐다는 듯한 시늉을 하고 문을 똑똑 두드리고 먹을 것이 있으면 좀 달라고 말하였다. 월매는 거지가 밥을 달라는 소리를 듣고 화가 나서, 자기 집같이 불행한 집에 무슨 동냥을 오냐며, 줄 밥이 없으니 빨리 가라고 하였다. 몽룡은 가지 않고 어떻든 간에 밥이 없으면 술, 술이 없으면 돈이라도 달라고 하였다. 월매는 끝내 거지에게는 아무 것도 줄 게 없다고 하였다. 이 때 춘향이 감옥에 갇히고 나서 근처의 파락호(破落戶)들이 밤낮 없이 와서는 춘향을 (196) 구하려면 돈을 많이 내든가, 아니면 내가 춘향을 구해주겠으니 춘향을 자기 아내로 달라고 하는 등 협박을 하곤 하였다. 월매는 먹을 것을 달라는 몽룡의 소리를 듣고는, 파락호들이 또 못된 짓을 하는가 하여 일어나 문을 열고는 누군지 보았다. 그는 다름 아닌, 바로 춘향이 밤낮으로 잊지 못하는, 그 사람 때문에 감옥에까지 가게 된 이몽룡이었다. 그런데 그는 거지의 행색을 하고 초라하고 근심스러운 모습으로 서성거리고 있는 것이 아닌가? 월매는 더욱 놀라 눈물이 흘러 두 뺨을 적시었다.

"아, 너 춘향아, 잘도 기다렸구나. 잘 수절하고 있었구나. 그래 거지 행색을 한 이 사람을 기다리며 수절했었구나. 그러나 내가 너에게 잘 말해주지 않았더냐. 우리 집이 대대로 기생을 하였지만, 나도, 우리

어머니도, 할머니도 수절했다는 소리를 여지껏 듣지를 못했다. 물은 흐르는 대로 맡기면 끝내 머물러서 연못을 이루는 곳이 있다. 지금 몽룡을 잊고 새 군수를 따르고, 또 새 군수를 잊고 다른 양반을 따라도, 마침내 행복을 이룰 수 있을 것이다. 그런데 너는 내 말을 듣지 않고 거지를 기다리는 몸이 되었구나. 그러나 몽룡, 너도 어쨌든 이곳에 왔으니, 여기 감옥에 가서 춘향을 만나, 그녀에게 너를 잊으라고 말해라."

하고 안으로 데리고 가서 춘향의 종에게 찬밥을 내와 몽룡에게 먹도록 했다. 그런 뒤 그를 데리고 감옥에 데리고 가 춘향을 만나게 했다. 월매는 감옥 문 앞에서 울며 말하였다.

"춘향아, 잘도 기다렸구나, 기다렸어. 오늘 네가 기다리던 사람을 데려왔으니 잘 봐라."

춘향은 머리칼이 무거워 문에 (197) 기대어 보니 밤낮 잊지 못하던 그 사람이 초라하고 근심스러운 모습으로 서 있었다. 춘향은 원망스러웠으나 말도 나오지 않았다. 또 옆에 어머니도 와 있으니 억지로 눈물을 참으며,

"잘 오셨소. 내일은 신 군수의 생일로, 기생들이 모두 불려가고, 저도 끌려갈지도 모릅니다. 이 머리칼은 무거워 제 몸으로는 걷기도 힘듭니다. 내일 이 무렵에 오시면 이 머리칼을 거들어 주세요."

라고 말하고 슬픔을 견디지 못하고 엎드러지니, 한숨소리만 새어 나왔다. 몽룡은 뭐라고 말도 못하고 월매를 향해서,

"자, 우리들은 집에 돌아가자."

라고 말하니, 월매는 의아한 얼굴을 하고,

"네 집이 누구 집이냐?"

하고 물으니, 몽룡은

"나는 당신 사위니 당신 집은 곧 내 집이지."

라고 태연히 대답하였다. 월매는 눈을 크게 뜨고 낙담해서

"몰락하더니 낯짝이 점점 두꺼워지는 것이냐. 너에게는 여기나, 어떤 집 행랑방이나, 길가의 불당이 어울리겠다."

라고 욕을 하였다. 몽룡은 혼이 나간 듯 미소를 지으며 그림자처럼 월매에게 붙어 따라나갔다. 월매는 구박을 하면서도 결국 자기 집으로 데려가 재우고 거친 밥을 먹였다.

다음날은 신 군수의 생일로 인근 군수들이 축하 선물을 준비하고, 혹은 가마에 말을 타고 종자들을 데리고 왔다. 다른 관속들도 축하 선물을 바치니, (198) 생일 잔치에 군수의 권위가 대단하였다. 몽룡은 천안 군수와 약속한 시각에 군아(郡衙)에 가까이 가서 변장을 한 사람들 십수 명을 모아 명을 내렸다.

"이제 내가 군아에 오르는 것을 보면 곧 문을 박차고 들어와서 나를 호위하여 명을 받으라. 지금 기생들의 춤과 음악이 무르익은 식장에 정문으로 진입하거라."

그러자 문지기는 크게 꾸짖고,

"어디서 온 거지놈이냐? 네깟놈들이 여기를 들어오려고 하다니."

하고 곤봉으로 때리려고 하니, 도망쳐서 후문으로 몰래 들어갔다. 대청 앞의 광장에 기생들이 늘어서 있는 곳을 의기양양하게 걸어들어가니까, 신 군수가 재빨리 발견하고,

"저기 어떤 놈이 밥을 빌어먹느냐? 문지기들이 모두 자고 있구나. 게으른 종들, 어떻게 그 놈을 여기에 들어오도록 하였느냐? 게 누구 있으면 저자를 빨리 쫓아내거라."

소리지르니 자리에 앉은 사람 중에 유별난 것을 좋아하는 운봉군수가 이것을 말리었다.

"내가 그 거지의 행색을 눈여겨보니, 예사 거지들과는 좀 다른 데가

있소이다. 그에게 시를 짓도록 명을 내려 잘 짓지 못하면 내쫓읍시다. 시를 지으면 기생을 시켜 술 한 잔 주도록 하는 것이 어떻겠소?"

라고 말하니 모두들 그것 재미있는 생각이라고 하며 그 뜻을 몽룡에게 전하니까, 몽룡은 곧 자리에서 승낙하고 운자(韻字)를 구하더니, 붓에 먹을 묻혀 쓱쓱 아름답게 글씨를 써내려 갔다. 그 쓴 것을 보니,

(199) 金樽美酒千人血, 玉盤佳肴萬姓膏
燭淚落時民淚落, 歌聲高處怨聲高

남원군수는 기분이 나쁜 시라고 생각하였지만, 약속한 것이 있어 기생을 명하여 술을 내리도록 하였다. 많은 기생들이 누구도 얼굴을 맞대고 술을 따르려 하는 자가 없었다. 어쩔 수 없이 좌중에서 제일 늙고 못생긴 기생이 일어나 얼굴을 피하고 술을 따랐다. 이때 문밖에서 높은 소리로,

"암행어사 납시오, 암행어사 납시오."

소리쳤다. 당상에 있던 군수들이 이것을 듣고 안색이 변하여 화가 자기에게 미칠까 봐 무서워서 모두 황황히 당상에서 내려가 종자들을 부르고, 어떤 이는 가마에, 어떤 이는 말을 타고 일시에 흩어져 도망갔다. 그 와중에 황급한 운봉군수는 낭패한 나머지 나귀를 거꾸로 올라타고는 열불나게 채찍질을 해대니, 나귀는 머리에 채찍을 맞아 놀라 뛰며 뱅뱅 도는 웃지 못할 일도 있었다. 여기에 천안군의 옥졸 십수 명이 위의당당(威儀堂堂)하게 들이닥치고 몽룡이 마패(馬牌)를 보이니 남원군수는 안색이 파래져 몸을 떨며 급히 자리를 양보하고, 이방, 호방, 예방, 병방, 형방, 공방 등 육방 관속은 옷을 갈아입고, 어사는 엄히 군고(郡庫)를 봉(封)하고, 다음으로 감옥에 갇힌 사람들을 불러

오도록 하였다. 신 군수가 부임해서 소송을 자주 하여 수인(囚人)들이 옥에 넘쳤다. 그리하여 어사는 형부의 관속에게 명하여 그 죄안(罪案)을 읽도록 하고 하나하나 다시 재판하니, 대개는 무죄였다. (200) 마지막으로 끌어낸 것은 춘향이었다. 어사는 멀찍이 앉아 춘향을 내려다보고,

"너는 무슨 죄가 있어서 머리칼을 쓰고 갇혀 있게 되었느냐?"

라고 물으니, 춘향은 공손한 모습으로 있는 그대로 말하였다. 그러자 어사는 목소리를 높여 말하였다.

"너는 천기(賤妓)의 딸로서 무슨 까닭으로 정절을 지킨다고 하였느냐?"

춘향은 자신이 비록 천기이지만 공맹(孔孟) 성인의 가르침을 받드는 데는 다른 사람들과 다를 바가 없다고 대답하였다. 이에 어사는 가슴에서 면경을 꺼내 사령에게 명하여 춘향에게 보여주도록 하였다. 춘향은 이에 비로소 어사가 몽룡인 줄을 알게 되어, 기쁨이 가슴에 넘쳐서 땅에 엎어져 울 뿐이었다.

이때 월매는 "오늘도 시간이 되었구나." 하며 사발에 죽을 담아 춘향에게 주려고 감옥에 왔다가 그곳에서 몽룡이 어사가 되어 돌아왔다는 소문을 듣고는, 죽사발을 땅에 던지고 펄쩍펄쩍 뛰면서 말하였다.

"우리 집은 대대로 '不重生男重生女'를 가헌(家憲)으로 하여 왔더니, 오늘에야말로 가헌이 옳다는 것을 알았도다. 춘향이 내 가르침을 따라 잘 수절하였구나. 이제 군수도 두렵지 않고, 파락호들도 두렵지 않다."

월매는 기뻐하며 집으로 돌아와 술과 안주를 정성껏 준비하여 몽룡과 춘향이 오기를 기다렸다.

어사 몽룡은 이에 하나하나 남원군수의 죄상을 지적하고 죄를 물어

그 자리에서 파직하고 (201) 운봉군수를 남원군수 서리로 명하고, 다시 떠나 다른 군으로 향하였다.

순시를 끝낸 몽룡은 다시 남원을 들러 춘향을 데리고 한양으로 올라가 그 동안의 경위를 상세하게 기록하여 장례원(掌禮院)에 보고하니, 춘향은 절부(節婦)의 정표(旌表)를 받았다고 한다.

〈춘향전〉, 〈재생(再生緣)〉, 〈장화홍련전〉 등의 이야기는 언문으로 쓰였으며, 2,3전의 돈에 도시나 시골 가는 곳마다 서림에서 판매되며, 중류 이상의 부녀는 서로 모여 이것을 열독하여 그 주인공을 동정하고, 이것을 통해 여덕(女德)을 닦는 한 방편으로 삼는다. 생각건대, 그것이 주는 감화는 우리 막부시대에 바킹(馬琴)[2]의 작품이 가정에 주는 영향과 같다. 이것 등의 이야기 역시 이 나라 남녀의 관계 및 상류부인의 도덕을 관찰하는 데 좋은 자료가 된다.

그래도 밝은 등 아래에는 어두운 그림자가 있다. 이 나라 상류부인이라고 해서 열 명이면 열 명 모두 이와 같이 정숙한 자만 있겠는가. 은밀하여 다른 사람이 엿보아서는 안 될 내방에는 해천경지(駭天驚地)할 부덕(不德)을 감히 행하는 독부(毒婦) 또한 없지 않다. 방패의 양면을 관찰할 필요가 있는 까닭에 다음 장에는 그 반대의 면을 그려낼 것이다.(끝)

---

2) 교쿠테 바킹(曲亭馬琴:1767-1848). 일본 에도 시대 후기의 극작가. 권선징악을 표방하고, 아속(雅俗)을 절충한 글을 썼으며, 서민들을 위한 合巻, 讀本을 주로 지었다. 대표작으로 〈椿說弓張月〉, 〈南總里見八犬傳〉 등이 있다.

제3장
조선총독부 편 『조선동화집』(1924)의 성격과 의의

Ⅰ. 머리말

우리나라에 동화란 장르가 막 소개되고 인식의 저변이 넓어지기 시작한 것은 1920년대 초의 일이다. 1921년에 배위충(裵緯沖) 편역 『이솝 우언』, 오천석(吳天錫) 편역 『금방울』, 한석원(韓錫源) 편 『눈꽃』이 출간되었고, 1922년에는 방정환(方定煥)의 번안동화집 『사랑의 선물』이 출간되면서 큰 반향을 일으켰다[1]. 1923년에는 본격적 동화론이라 할 수 있는 방정환의 「새로 개척되는 동화에 관하야-특히 소년 이외의 일반 큰 이에게」(『개벽』, 개벽사, 1923.1.)이란 글이 발표되었고, 같은 해 3월에는 최초의 월간 아동문학 전문잡지 『어린이』(개벽사, 1923.3.)이 창간되면서 동화가 본격적으로 대중들에게 알려지기 시작했다.

이러한 작업과는 별개의 방식을 통해 출간된 것이 『조선동화집』이다. 『조선동화집』은 1924년 조선총독부에서 편찬한 것으로 우리나라

1) 〈사랑의 선물〉은 1922년 6월 발행되어 전국 각지의 독자들에게 뜨거운 반응을 일으키며 출간된 지 2년이 못되어 6판, 3년만에 8판(16,000부)이 발행되었다. 『어린이』(개벽사)지 1924년 2월호, 1925년 7월호에 그 광고가 각각 실려 있다.

최초의 전래동화집이다[2]. 이 동화집에는 채록한 민담을 다듬어 번역·개작한 25편의 전래동화가 수록되어 있다. 사용문자가 일본어라는 점이 한계로 지적될 수 있겠지만, 그럼에도 불구하고 우리는 이 동화집을 통하여 한국 전래동화가 형성되는 가장 초기의 모습을 파악할 수 있을 것이다. 필자는 『조선동화집』을 번역하여 2003년 출간하였는데[3], 이것이 『조선동화집』 및 초기 전래동화 연구의 기초 자료가 되길 희망한다.

한편 이 동화집의 출간은 그것이 갖는 문화·학술적 의의에도 불구하고, 우리로 하여금 1927년 오쿠라 신페이(小倉進平:1882-1944)가 최초로 신라 향가를 번역했다고 했을 때에 느껴지는 것과 유사한 불편한 감정을 떠오르게 한다. 뿐만 아니라 『조선동화집』이 조선의 민속 및 문화를 파악·정리하여 식민통치를 공고히 하려는 조선총독부 문화정책의 일환으로 출간되었다는 점을 생각할 때 그 의도가 수록된 작품에 어떠한 영향을 미쳤는지 조심스럽게 검토하지 않으면 안될 것이다.

이러한 두 가지 시각을 전제하면서 『조선동화집』을 좀 더 객관적으로 이해하고 분석하고자 한다. 이 장에서 논점으로 삼은 것은 다음의 세 가지이다.

첫째, 『조선동화집』의 발간 경위 및 서지사항에 대한 것이다. 둘째, 동화집 수록작품들의 내용 및 인물의 성격, 주제의식 및 교훈성을 간략히 정리하고, 이를 바탕으로 『조선동화집』이 한국 전래동화의 특질을 어떻게 파악하고 드러내었는지를 분석·평가하는 작업이다. 마지막

---

2) 손동인은 이 동화집이 심의린(沈宜麟)의 『조선동화대집』(한성도서, 1926), 박영만(朴英晩)의 『조선전래동화집』(학예사, 1940)과 더불어 식민지 시기의 '삼대전래동화집'이라 불리며 오늘날 간행되는 각종 전래동화집의 원전이라 하였다.(손동인, 「한국전래동화사연구」, 『한국아동문학연구』 창간호, 1990년 7월, 26쪽.)

3) 조선총독부 편, 권혁래 역저, 『조선동화집』, 집문당, 2003.

으로 『조선동화집』이 한국 전래동화사에서 차지하는 위치를 자리매김하는 일이다.

II. 『조선동화집』의 발간 경위 및 서지사항

『조선동화집』은 1924년에 조선총독부가 간행한 일련의 총서 중 하나이다. 이전에 나온 총서 간행물로는 『朝鮮圖書解題』(1915)을 시작으로, 『金剛山植物調査書』(1918), 『朝鮮金石總攬』(1919), 『朝鮮の謎(조선의 수수께끼)』(1919), 『朝鮮語辭典』(1920), 『朝鮮植物名彙』(1922) 등이 있다. 이 총서들은 조선총독부에서 식민지 조선의 문화, 민속, 역사, 언어, 식물 등을 체계적으로 조사하여 식민지 통치 자료로 삼기 위한 의도에서 발간된 것들이었다.

『조선동화집』은 가로 12.7cm, 세로 19cm의 크기의 책으로 1924년 출간되었으며, 25편의 작품이 수록되어 있다. 이 책의 앞뒤에는 서문이나 발문이 없으며, 편자나 저자가 될 만한 개인의 이름도 나와 있지 않다. 다만 그 자리에는 "조선총독부"라고만 기재되어 있다. 그리고 제목 위에는 "조선민속자료 제2편"이라는 총서 표시가 되어 있다. 적어도 이 책만으로는 동화집을 출간한 사람이나 의도, 발간하기까지의 과정 등을 알 수 있는 기록이나 정보가 전혀 없는 것이다. 이 점에 대해서는 두 가지의 자료를 근거로 유추해볼 수 있는데, 한 가지는 "조선민속자료 제1편"인 『朝鮮の謎(조선의 수수께끼)』(1919)의 관련 기록이며, 다른 한 가지는 『조선동화집』보다 먼저 출간된 『傳說の朝鮮』에 수록된 작품과의 연관성이다.

먼저 『朝鮮の謎』의 관련 기록부터 살펴보면, 서문에는 다음과 같은 내용이 있다.

> 一. 본서는 본 총독부가 각 도에 명해서 채집·보고 받은 조선의 수수께끼에 관한 자료를 모아 학무국 편집과에서 정리하고 인쇄를 하였다[4].

위 기록을 보면 『朝鮮の謎』, 곧 "조선의 수수께끼"에 관한 책을 만든 과정을 알 수 있다. 곧 조선총독부의 명을 받은 각 도의 관리나 교사들이 중심이 되어 수수께끼에 관한 자료들을 모아 위로 보고하였고, 이를 총독부 내 학무국 편집과 소속의 인원들이 정리하여 책으로 간행하였을 것이라는 점이다. 『朝鮮の謎』의 편저자 난에도 "조선총독부"라고만 기재되어 있다. "조선민속자료 제2편"인 『조선동화집』도 이런 방식으로 자료를 모으고, 총독부의 학무국 편집과 관리들이 편저자가 되어 각지에서 모은 자료들을 정리하고 책으로 엮어냈을 가능성이 높다.

1910년 일본이 대한제국을 강제 병합한 후 조선총독부 학무국은 식민지 교과서 편찬을 염두에 두고 1912-3년에 걸쳐 조선의 민요, 속담, 전설, 동화를 전국적으로 조사하였다. 학무국은 이 자료를 가지고 각급 학교의 교과서 편찬, 교육 및 학교문제 등에 관한 각종 발간물을 출판하였다.[5] 우리는 여기서 『조선동화집』이 출간될 당시 학무국 편집과의 촉탁(囑託)으로 근무하고 있었던 다나카 우메키치(田中梅吉)라는 사람을 기억할 필요가 있다.

김광식은 최근 『조선동화집』의 저자에 대하여 새로운 연구결과를 발표하였는데[6], 그의 연구결과에 의하면, 다나카는 1916년 10월 말에

---

4) 조선총독부 편, 『朝鮮の謎』, 조선총독부, 1919, '서언' 중에서.

5) 김광식·이시준 공편, 『전설동화조사사항』(숭실대 식민지시기 일본어 조선설화집 자료총서 제4권), 제이앤씨, 2012, 5-9쪽; 강재철, 「조선총독부의 1913년에 전국적으로 실시한 조선설화조사 자료의 발굴과 그에 따른 해제 및 설화학적 검토」, 『비교민속학』48, 비교민속학회, 2012.8, 288쪽; 강재철 편역, 『조선전설동화』 상·하, 단국대 출판부, 2012.

6) 金廣植, 「近代における朝鮮説話集の刊行とその研究-田中梅吉の研究を手がかり

조선으로 건너와 1921년까지 '조선총독부 임시교과용 도서 편집사무 촉탁'으로 근무하였다. 그 기간 동안 다나카는 조선의 민간설화와 가요 등의 자료를 모집하였는데, 그 중의 일부 동화 작품을『朝鮮敎育硏究會雜誌』에 발표하였다.[7] 이 작품들은 뒤에 모두『조선동화집』에 수록되었다. 그 뒤 독일로 유학을 떠나 3년 후 1924년 6월 조선으로 돌아와 경성제국대학 예과 교수로 근무하였다. 그가 귀국한 해에『조선동화집』이 발간되었다. 그러니까 다나카가 1916-1921년 조선총독부의 촉탁으로 근무하면서 채집한 설화 자료를 동화로 가공하여 조선총독부에 제출한 것을, 1924년 학무국 편집과에서『조선동화집』라는 제목으로 편찬·출판한 것임을 알 수 있다. 이에 대해서는 이 책의 4장에서 좀 더 자세히 고찰할 것이다.

한편 국립중앙도서관에는『朝鮮の謎』가 두 권 소장되어 있는데, 한 책은 1919년 7월에 출간된 재판본으로, 초판은 동년 3월에 출간되었다. 다른 한 권은 1925년 1월에 새롭게 찍은 책이다. 1919년도 판은 비매품이었는데, 1925년도 판에는 "정가 일원이십전"이라고 명기되어 있다. 이를 보면『朝鮮の謎』란 책은 단순히 정책자료용으로서 보고·활용된 것만이 아니라 일반인을 대상으로 상업적으로도 유통되었다는 사실을 알 수 있다.

『조선동화집』은 1924년 9월 경성에서 발행되었으며, "정가 일원이십전"에 판매되었다. 발매소는『朝鮮の謎』와 마찬가지로 "京城 本町1丁目 大阪屋號書店"이라고 되어 있다. 이 서점은 현재의 명동에 있었

にして」, 徐禎完·增尾伸一郎 外,『植民地朝鮮と帝國日本-民族·都市·文化』, 東京; 勉誠出版, 2010, 176-177쪽

7) 20호부터 27호까지에 걸쳐 다나카는 〈부모를 버린 남자〉, 〈은혜 모르는 호랑이〉, 〈세 개의 구슬〉, 〈두꺼비의 보은〉, 〈검은 옥과 붉은 옥〉, 〈원숭이의 재판〉, 〈불쌍한 아이〉, 〈교활한 토끼〉, 총 8편을 게재하였다.

던 일본어서적 전문서점이었다[8].

이러한 점들을 종합하여 출판과정에 관한 점들을 정리해 본다면, 『조선동화집』은 첫째 다나카 우메키치를 중심으로 한 조선총독부의 학무국 편집과 관리들이 편저자가 되어 각지에서 수집된 전래동화자료를 편집하여 발간한 책이며, 둘째 총독부가 식민통치 정책의 일환으로 조선의 문화를 파악·정리하여 정책자료용으로 펴낸 총서 중의 한 가지인데 일반인들에게도 적지 않게 읽혔다는 점 등이다.

『조선동화집』의 발간과정을 살피기 위한 두 번째 자료로 미와 다마키(三輪環)가 1919년 간행한 『傳說の朝鮮』(東京;博文館)에 수록된 동화를 참고할 수 있다. 미와 다마키는 조선에 있을 때 평양고보(平壤高普) 교사를 지낸 적이 있는데, 그의 『傳說の朝鮮』에 수록된 작품들은 학생들을 통해 채록한 설화를 편집한 것으로 보인다. 이 책은 제1편 '산천'(34화), 제2편 '인물'(38화), 제3편 '동식물 및 잡(雜)'(42화), 제4편 '동화'(25화), 모두 4부로 구성되어 있다. 이때 동화란 어린이의 읽을거리로 널리 받아들여진 옛날이야기의 성격이 강한 순수 민담이다[9]. 여기 수록된 동화는 모두 25편인데, 이중 8편이 『조선동화집』 수록작품과 유사한 내용을 지녔다. 두 작품집에 수록된 작품들의 제목 및 대조한 결과를 간략히 제시하면 다음과 같다.

---

8) 오다케 기요미(大竹聖美), 「1920년대 일본의 아동총서와 『조선동화집』」, 『동화와번역』 2집, 건국대 동화와번역연구소, 2001, 6쪽.

9) 염희경, 「설화의 전래동화적 변용에 따른 문제점-〈해와달이 된 오누이〉의 개작과정을 중심으로-」, 『인하어문』5집, 인하대 국어국문학과, 2001, 209쪽.

『傳說の朝鮮』	『조선동화집』	대조
9번 〈여우의 재판〉	16번 〈은혜를 모르는 호랑이〉	두 작품이 대체로 유사함
10번 〈원숭이의 재판〉	2번 〈원숭이의 재판〉	두 작품이 대체로 유사함
22번 〈다리가 부러진 제비〉	25번 〈놀부와 흥부〉	두 작품이 대체로 유사함
1번 〈두 형제〉	19번 〈금방망이, 은방망이〉	결말 부분이 다르게 끝남
2번 〈불효자식〉	17번 〈어머니를 버린 남자〉	버리는 대상이 다름
11번 〈호랑이에 올라탄 도둑〉	21번 〈겁쟁이 호랑이〉	『傳說の朝鮮』쪽이 더 짧고, 내용도 다소 다름
20번 〈거북이와 토끼〉	11번 〈심부름꾼 거북이〉	결말 부분이 다르게 끝남
23번 〈해와 달〉	24번 〈천벌받은 호랑이〉	내용이 조금씩 다름

앞의 세 작품은 『傳說の朝鮮』 및 『조선동화집』 수록작품의 제목이 서로 다른 경우도 있지만 내용상으로는 크게 다를 바가 없다. 나머지 다섯 작품은 제목이 다르며, 내용상 새로운 에피소드가 첨가되거나 서사단락이 변이되는 것으로 보아 두 작품집에 수록된 동화들이 같은 것이라고 말하기는 힘들다.

이로 보건대 『조선동화집』의 편저자가 동화집을 발행하면서 선행한 『傳說の朝鮮』을 참고하였을 가능성은 있지만, 다만 그것을 그대로 옮겨 실은 경우는 없으며, 또한 전체적으로 자료의 수집 경로가 다른 것으로 파악된다.

III. 『조선동화집』의 내용과 특징

『조선동화집』은 모두 25편의 동화를 싣고 있다. 각 작품의 내용과 주제의식 및 교훈성에 관한 부분을 중심으로 간략히 요약하면 다음과 같다.

1. 각 편의 주요 내용과 교훈성

(1) 〈물 속의 구슬〉

돈을 낳는 구슬인 전생주(錢生珠)를 물속에서 발견하고서 부자가 되고서도 우애를 잃지 않았다는 형제의 이야기. 형제가 사이좋게 지내면 하늘이 상을 준다는 교훈성을 드러냄.

(2) 〈원숭이의 재판〉

길에 떨어진 고기 한 조각을 두고 개와 여우가 싸우다 원숭이에게 재판을 요구하나, 원숭이가 꾀를 부려 자기가 다 먹고 만다는 이야기. 싸우지 말고 화해하는 것에 대한 교훈 강조.

(3) 〈혹 떼이기, 혹 받기〉

혹이 있는 두 남자 중에서 장승을 불쌍히 여겨 도와준 이는 상으로 혹을 떼었지만, 욕심만 많고 남에게 쓸데없는 일을 한 사람은 벌을 받았다는 이야기.

(4) 〈술을 싫어하는 토끼와 거북이와 두꺼비〉

상석에 앉고자 하여 토끼, 거북이, 두꺼비가 지혜를 겨루는 이야기. 술을 싫어한다는 표현을 제일 극적으로 한 두꺼비가 승리함.

(5) 〈한 겨울의 산딸기〉

한 군수가 좌수에게 한 겨울에 딸기를 구해오라고 무리한 명령을 내리자, 좌수의 아들이 지혜로 이를 물리치고, 군수도 감동받아 변한다는 이야기. 지혜를 강조함.

(6) 〈검은 옥과 붉은 옥〉

욕심쟁이 형과 착한 동생의 구도. 가난하지만 착한 동생은 선한 일을 하여 검은 옥을 얻어 부자가 되지만, 욕심쟁이 형은 붉은 옥까지 가져왔다가 호랑이에게 물려죽는다는 이야기. 착하게 살 것에 대한 교훈성 강조.

(7) 〈교활한 토끼〉

교활한 토끼가 선하고 인자한 호랑이를 속여 죽이지만 결국 토끼도 천벌을 받아 죽는다는 이야기. 기존의 호랑이와 토끼간의 구도가 역전된 것이 흥미로움. 악하게 살면 천벌을 받는다는 교훈성 강조.

(8) 〈말을 하는 거북이〉

형제 중, 착하고 부지런한 아우는 말하는 거북이의 도움으로 돈을 벌지만, 욕심 많고 무자비한 형은 거북이를 죽이고 또 천벌을 받는다는 이야기. 마음씨 착한 동생이 형을 용서하고 받아들이는 것으로 결말. 착하게 살 것을 강조.

(9) 〈선녀의 날개옷〉

함경북도의 한 효자가 아버지 병을 고치기 위해 천도(天桃)가 필요, 우연히 목욕하는 선녀의 날개옷을 감춰두었다가 주면서 선녀로부터 천도를 받아 아버지 병을 고치고, 또한 소나무는 상록수가 되었다는 이야기. 소나무에 대한 전설로 이어짐. 효성을 강조.

(10) 〈바보 점쟁이〉

친구의 우정으로 바보 돌이가 유명한 점쟁이가 되고, 중국에 가서도 공을 세워 잘 살았다는 이야기. 친구의 우정 강조.

(11) 〈심부름꾼 거북이〉

용왕의 병을 고치기 위해 토끼를 데리러 간 거북이가 토끼의 꾀에 넘어가 실패하고 만다는 이야기. 토끼의 지혜를 강조.

(12) 〈은혜 갚은 두꺼비〉

장님의 딸 정숙이가 가난한 아버지를 보살피기 위해 괴물에게 바쳐지는 제물로 팔리는데, 이때 두꺼비가 정숙을 구한다는 이야기. 효심과 보은(報恩)을 강조.

(13) 〈이야기를 좋아하는 장님〉

이야기를 너무 좋아하는 장님을 꼬마가 놀리며 혼을 내주는 이야기. 지나친 호사적 취미를 경계.

(14) 〈종을 친 까치〉

뱀에게 잡혀먹힐 뻔한 까치를 구해준 사내, 나중에 뱀에게 죽을 위기에 처하지만 까치가 종을 쳐 살았다는 이야기. 선한 마음과 보응(報應)을 강조.

(15) 〈세 개의 구슬〉

부자가 되기를 원했던 사내가 신선이 준 구슬로 부자가 되었지만 자기 욕심만 채우다 허망하게 죽고만 이야기. 남을 돕고 진실하게 살 것을 교훈.

(16) 〈은혜를 모르는 호랑이〉

자신을 구해준 사람을 죽이려던 호랑이가 다시 함정에 들어간 이야기. 은혜를 모르면 안 된다는 교훈을 담았다.

(17) 〈어머니를 버린 남자〉

게으르고 마음씨 나쁜 남자가 늙은 모친을 산 속에 버리려다 아들의 효심과 지혜로 반성하고 어머니를 잘 모시게 되었다는 이야기. 효성에 대한 강조.

(18) 〈개구리와 여우의 지혜 겨루기〉

여우가 개구리를 잡아먹으려고 지혜 겨루기를 하지만 결국 이기지 못하여 실패한다는 이야기. 지혜에 대한 강조.

(19) 〈금방망이 은방망이〉

부지런하고 착한 동생은 도깨비 방망이를 얻어 큰 부자가 되고, 게으르고 욕심많은 형은 도리어 귀신들에게 맞아 이상한 모습이 되었다는 이야기. 전래의 '도깨비'를 '귀신'으로 설정한 것이 특징적. 착하고 부지런하게 살 것을 강조.

(20) 〈불쌍한 아이〉

불쌍하지만 착한 만수가 사슴을 도와준 보답으로 큰 부자가 된 이야기. 선하게 사는 사람은 하늘이 도와준다는 교훈성 강조.

(21) 〈겁쟁이 호랑이〉

호랑이가 민가에 내려갔다가 곶감에 놀라고 소도둑에게 잡혀 낭패당하는 이야기를 실감나게 그려놓았음. 호랑이를 희화하면서 얻는 웃음의 즐거움을 표현.

(22) 〈세 개의 보물〉

인정 많은 동생이 노승을 도와준 보답으로 보물을 받아 부자가 되지만, 욕심많은 형들은 망한다는 이야기. 착하게 살 것과 형제간의 우애를 강조.

(23) 〈큰 게를 물리친 돼지와 곰〉

사람으로 변한 돼지와 곰이 곤란에 처한 사람들을 도와 큰 게를 물리쳐준다는 이야기. 민담으로 교훈적 요소는 약함.

(24) 〈천벌 받은 호랑이〉

호랑이가 어머니를 잡아먹고 자식들까지 잡아먹으려 하지만 오누이는 하나님이 구해줘 해와 달이 되고 호랑이는 천벌을 받아 죽는다는 이야기. "해와 달이 된 오누이" 이야기를 옮긴 것으로 교훈적 요소는 약함.

(25) 〈놀부와 흥부〉

착하지만 가난한 동생 흥부는 제비를 도와 그 보답으로 박을 타 큰 부자가 되었지만, 욕심 많고 못된 형 놀부는 오히려 박을 타다가 망한다는 이야기. 놀부의 박타는 장면이 확대되었음. 착하게 살 것과 형제간의 우애를 강조.

2. 전체적인 특징

이상 25편의 수록 작품의 내용과 교훈성을 간략히 살펴보았는데, 이를 바탕으로 『조선동화집』 수록작품에서 전체적으로 보이는 특징을 분석하면 다음과 같다.

첫째, 수록작품들은 현지에서 채록한 민담 및 전설을 바탕으로 한 경우가 대부분인 것으로 보인다. 물론 『조선동화집』에서는 전혀 출처에 대해 밝히고 있지 않고, 또 그 출처가 구전설화인지 문헌설화인지 구별하기 힘든 것들도 혼재되어 있지만, 작품 내용을 통해서 볼 때 현지에서 민담 및 전설을 채록하여 정리·개작한 듯한 흔적이 적지 않게 발견된다.

특히 주인공을 함경북도의 한 효자라고 소개한 〈선녀의 날개옷〉, 개성 동림면의 장님 이야기를 하는 〈이야기를 좋아하는 장님〉, 두꺼비에게 은혜를 베풀었다가 두꺼비의 도움으로 목숨을 건진다는 정숙이의 이야기인 〈은혜 갚은 두꺼비〉, 사슴을 도와준 보답으로 큰 부자가 된다는 만수 이야기의 〈불쌍한 아이〉와 같은 경우는 구체적 지명이나 인명이 등장하는 등 해당 지역에서 막 채록한 듯한 흔적을 느낄 수 있다.

둘째, 『조선동화집』에는 총 25편 중 신이담이 14편, 동물담이 6편으로, 둘을 합친 것의 비중이 80%나 될 만큼 높으며, 소담과 일반담은 각각 3편, 2편으로 비중이 낮다. 『조선동화집』은 동화의 요소 및 플롯의 전개 면에서, 원 설화가 갖고 있는 환상성 및 신이한 요소를 부각시키는 경우가 많았다.

셋째, 우리 말글로 된 1차 자료를 번역한 일본어 문장표현에 대한 점이다. 서술자는 일관되게 경어투를 사용하고 있으며, 문장은 대체로 우리 말글로 된 원작의 맛과 감동을 살린 편이다.

다만 부분적으로 이질적이거나 생동감을 떨어지게 하는 문장표현이 발견된다. 형제의 우애를 "황무지에 핀 향기 높은 아름다운 장미"(〈물속의 구슬〉)로 비유한 것이나, "축복의 신처럼 방긋방긋 웃는 얼굴"(〈불쌍한 아이〉 같은 경우는 우리에게는 낯선 표현이어서 이질감을 준다. 그리고 사람의 성격을 나타낼 때 "나면서부터….", "원래부터…." 라는 표현이 빈번하게 나오는데, 인물에 대한 이런 판에 박힌 듯한 묘사는 동화의 생동감을 떨어뜨린다.

넷째, 대체로 인물들이 평면적 성격을 지니고 있으며, 인물 간에 선악의 대립적 구도가 명확하다. 처음부터 등장인물들은 악한 사람과 선한 사람으로 명확하게 구별되며, 그들은 대개 나면서부터 악하거나 착한 존재로 그려진다. 대체로 악한 인물은 상전이나 형, 나이 든 윗사람으로, 선한 인물은 아랫사람이나, 동생, 어린 사람으로 그려지는 게 일반적이다.

인물 간의 관계에서 볼 때, 착한 인물은 처음에는 악한 인물로부터 고난과 핍박을 받으나 하늘의 도움을 입거나 선한 일을 한 대가나 보응으로 잘 살게 되며, 악한 인물은 악행의 대가를 치러 죽는 경우가 적지 않게 있다. 또는 못살게 되었다가 착한 인물의 도움을 입어 서로 화해하여 살게 된다는 구도가 빈번하게 나타난다.

다섯째, 각 작품마다 교훈적 성격을 직접적으로 드러내는 경우가 많다. 이때 긍정적 인물과 부정적 인물 간의 대비를 통하여 주요하게 부각되는 윤리적 덕목은 "효, 우애 및 우정, 자비, 성실, 착함, 은혜를 아는 마음, 유순함, 친절함" 등과 같은 것이다. 이와 대비적으로 "욕심, 교활함, 악함, 게으름, 이기적인 마음, 사나움" 등은 징계받을 만한 악한 성격으로 그려진다. 전대의 전설이나 민담에 교훈주의나 윤리적 덕목에 대한 강조가 아주 없던 것은 아니지만, 『조선동화집』에 와서는 훨씬 직접적이고 노골적으로 나타나고 있다. 『조선동화집』의 편저자 다나카는 전대의 전설 및 민담을 동화로 개작하면서 교훈성의 강화를 동화 창작의 주요 원리로 파악한 듯하다. 그런데 작품에 따라서는 이 점이 과도하게 작용하여서 작품이 원래 갖고 있던 탄력성과 상상력이 죽어버리고 만 경우도 적지 않다.

한편 위에 부각된 윤리적 덕목 가운데 '유순'이나 '친절'이라는 덕목은 좀 더 유의해서 볼 필요가 있다. '유순' 이나 '친절'은 전통적으로 익숙하지 않은 덕목이며, 고소설이나 구비문학 작품에서도 이러한 덕목을 강조하는 경우는 찾아보기 힘들다. 이는 총독부가 민담을 동화로 개작하면서 새롭게 삽입한 '일본적' 덕목이 아닐까 생각된다.

여섯째, 동화의 소재 및 플롯의 전개 면에서, 원 설화가 갖고 있는 환상성 및 신이한 요소를 부각시키는 경우가 많다. 의인화된 원숭이나 호랑이, 토끼, 사슴을 비롯하여 말을 하는 거북이와 사람을 도와주는 두꺼비 등 동물 우화의 경우가 그러하고, 선녀, 천도(天桃), 도깨비, 강남 제비왕국 등 초월적 존재 및 세계를 드러내는 경우가 그러하다. 이러한 환상성 및 신이성은 동화가 민담에서 가져올 수 있는 가장 특징적인 성격이라 할 수 있다.

일곱째, 인물의 성격이나 플롯의 전개를 통해 골계미 및 해학적 요소를 인식하고 드러내려는 태도가 일정하게 보인다. 〈원숭이의 재판〉, 〈술을 싫어하는 토끼와 거북이와 두꺼비〉, 〈한 겨울의 산딸기〉, 〈교활한 토끼〉, 〈바보 점쟁이〉, 〈심부름꾼 거북이〉, 〈이야기를 좋아하는 장님〉, 〈개구리와 여우의 지혜 겨루기〉, 〈겁쟁이 호랑이〉, 〈놀부와 흥부〉 등의 경우가 그러하다.

하지만 골계미 및 해학적 요소를 조선동화의 미학적 특징으로 인식하였으면서도 막상 그것을 '제대로 이해하거나 구사하지 못하고 있는' 점도 적지 않다. 또한 그 수준이 고소설이나 민담, 또는 뒤에 나오는 국문동화에서 보여주는 것과는 적지 않은 차이가 있다. 〈교활한 토끼〉의 경우, 편집자가 호랑이와 토끼 이야기에 얽힌 해학의 미학을 '제대로 이해하지 못하면서' 이야기에 심각한 파행이 일어나기도 하였다.

여덟째, 작품 속에 이야기꾼으로서의 화자의 존재가 일정하게 드러난다. 그러한 부분을 통해 화자의 성격 및 화자로 전이된 작가의 존재를 부분적이나마 파악할 수 있다.

① 귀신이 혹을 떼어준 남자와 귀신에게서 혹을 붙여 받은 남자의 이야기라고 하면 여러분들은 곧 "아, 그 이야기?" 하며 떠올릴 분도 있을 줄 압니다. 하지만 여기서는 귀신이 아니라 다른 것이 혹을 떼어간 이야기를 해드리겠습니다.(〈혹떼이기, 혹받기〉의 서두)

② 교활한 토끼, 고약한 토끼, 그러한 토끼는 마지막에는 어떠한 운명으로 끝날까요? 그것이 궁금한 사람은 다음의 이야기를 읽어보세요.(〈교활한 토끼〉의 서두)

③ 땅에 떨어진 토끼는 이번에도 살아났을까요? 아닙니다. 이번에는 마침내 천벌을 받아 그 몸은 산산조각이 났습니다.(〈교활한 토끼〉 결말)

④ 자, 이제 구덩이에 남겨진 호랑이는 과연 어떻게 되었을까요?(〈은혜를 모르는 호랑이〉의 결말〉

⑤ 그런데 이 큰 호랑이가 뜻밖에 큰 낭패를 당한 일이 있으니 재미있지 않습니까?(〈겁쟁이 호랑이〉 서두)

⑥ 도둑은 크게 기뻐하며 소의 머리에 줄을 매어 외양간에서 끌어내었습니다. 그런데 그것은…. 여러분들은 아시겠죠? 그것은 송아지가 아니라 그 호랑이였습니다.(〈겁쟁이 호랑이〉)

위 예문들에서는 청자(聽者)를 앞에 두고 구연하는 듯한 이야기꾼으로서의 화자를 느낄 수 있다. 화자는 독자들의 반응을 의식하는 듯한 태도를 취하면서 이야기 중간에 개입하며 자신의 존재를 나타낸다.

특별히 ①에서 우리는 『조선동화집』 화자의 성격에 관한 중요한 단서를 찾을 수 있다. 화자가 귀신에게서 혹 붙이고 혹 떼인 남자의 이야기라고 할 때, "아, 그 이야기?" 하며 떠올리는 독자는 도대체 누군가 하는 점이다. 우리 동화나 민담에서 혹을 떼어주고 붙이기도 하는 존재는 '귀신'이 아니라 '도깨비'이다. '귀신'은 일본의 작품에서 나오는 존재이다. 그러므로 화자는 일본인 독자를 염두에 두고 말하고 있음을 알 수 있다.

②와 ③(〈교활한 토끼〉)에서는 화자가 토끼에 대해 '악한(惡漢)'의 이미지를 갖고 있음을 알 수 있다. 그리하여 '악한' 토끼는 천벌 받는 것이 마땅하며, 그러한 쪽으로 독자들의 관심을 유도하려는 태도를 느낄 수 있다. 일반적으로 한국의 고소설이나 민담에서 호랑이 앞에 선 토끼는 힘센 권력자에 저항하거나 그를 희화하는 '꾀 많은 약자'로 그려진다. 그런 점을 생각할 때 화자가 토끼를 '악한(惡漢)'의 성격으로 규정하고 이야기를 이끌어가는 것은 다소 특이하다.

3. 문제적 작품 두 편

『조선동화집』의 수록작품 25편 가운데에는 다른 곳에서는 찾아보기 힘든, 다소 독특한 작품이 두 편 있다. 7번 〈교활한 토끼〉와 17번 〈어머니를 버린 남자〉인데, 작품 자체가 낯설거나 색다른 방향으로 개작한 작품이라 할 수 있다.

먼저 7번 〈교활한 토끼〉에서는 호랑이는 선하고 인자한 성격으로,

토끼는 교활하고 악한 심성이 있는 성격으로 그려진 점이 흥미롭다. 이 작품의 줄거리를 요약하면 다음과 같다.

① 호랑이가 두부 일곱 모를 만들어 항아리와 바꿔오려고 외출하다.
② 토끼가 호랑이에게 부탁하여 한 모를 얻어먹다.
③ 계속하여 꾀를 써서 여섯 모까지 얻어먹으나, 호랑이는 큰 불평하지 않고 주다.
④ 호랑이가 남은 두부 한 모를 가지고 항아리로 바꿔오다.
⑤ 토끼가 항아리를 가지고 장난치다 항아리를 깨트리다.
⑥ 화가 난 호랑이가 토끼를 뒤쫓다.
⑦ 쫓기던 토끼가 강가에 꼬리를 담그고 고기 낚는 모습을 호랑이에게 보여준다.
⑧ 호랑이가 토끼에게 속아 꼬리가 물속에서 얼어붙어 꼼짝 못하다.
⑨ 꼼짝 못하고 있는 호랑이를 토끼가 불태워 죽이다.
⑩ 토끼가 식칼을 빌려 호랑이 고기를 다 베어 먹어치우다.
⑪ 토끼가 그물에 걸려 잡히자 파리떼에게 얼굴에 알을 낳아 달라고 부탁하다.
⑫ 사냥꾼이 토끼 얼굴에 구더기가 있는 것을 보고 잡은 토끼를 버려 살아나다.
⑬ 토끼가 매에게 잡혀 공중으로 올라가다.
⑭ 매를 속여 발톱에서 풀려나나 땅에 떨어져 죽다.

이상의 줄거리를 보면 알 수 있겠지만 이 〈교활한 토끼〉 이야기는 기존에 알려진 호랑이와 토끼 이야기와는 적지않게 이질적이다. 그 특징은,

첫째, 힘만 세고 남을 괴롭히는 호랑이가 마음씨 좋고 정직한 동물로 그려진 점,

둘째, 호랑이가 두부를 먹고, 토끼는 고기를 먹는다는 점,

셋째, 다소 얄밉지만 지혜로운 토끼, 그리하여 약한 자가 살아가는 법을 나름대로 보여주던 토끼가 간교하고, 교활하고, 심성이 못된 동물로 그려진 점,

넷째, 기존의 호랑이와 토끼간의 구도가 역전되어, 호랑이가 토끼의 꾀에 속아 억울하게 죽고 간교한 토끼는 천벌을 받아 죽었다고 결말지어진 점 등을 들 수 있다.

결국 교활한 토끼의 모습을 그리면서 "악한 자는 천벌을 받게 마련이니 선하게 살아야 한다."는 권선징악의 교훈을 주고 있는 것이다.

우리 민담에 토끼와 호랑이에 관한 이야기는 많이 있다. 이 작품에서도 ⑦·⑧, ⑪-⑭번의 이야기는 널리 알려진 화소이다. 하지만 그 외의 부분은 처음 보는 이야기이고, 또 정서적으로도 생소하게 느껴진다. 과문(寡聞)한 탓인지 필자는 그간에 알려진 민담이나 근래 출간된 전래동화집에서 이러한 내용의 토끼 이야기를 듣거나 본 적이 없다. 이 이야기를 읽고 필자가 각종 자료집에서 〈호랑이와 토끼〉 이야기를 조사해본 결과, 두 군데에서 비슷한 이야기를 찾을 수 있었다. 하나는 『한국구비문학대계』에 있는 〈호랑이 잡아먹은 토끼의 꾀〉[10]라는 이야기이고, 다른 하나는 최하림 편, 『효도하는 법을 알아야 효자』에 있는 〈약은 토끼에게 내린 벌〉[11]이라는 이야기이다. 먼저 〈호랑이 잡아먹은 토끼의 꾀〉 이야기의 해당 부분을 보자.

---

10) 충북 청주시 모충동 설화 24번 〈호랑이 잡아먹은 토끼의 꾀〉, 『한국구비문학대계』 3-2권, 한국정신문화연구원, 1981, 401-402쪽.

11) 최하림 엮음, 〈약은 토끼에게 내린 벌〉, 『효도하는 법을 알아야 효자』(엄마, 옛날 얘기 하나 해줄까 시리즈 2편), 풀빛, 1999.

① 풀밭에서 토끼가 호랑이를 만나다.
② 호랑이에게 참새떼를 몰아준다고 하고 입을 벌리고 있으라고 하다.
③ 풀밭에 불을 붙이니 후드득후드득 하는 소리가 나다.
④ 호랑이가 참새 오는 소리인 줄 알고 있다가 불에 타죽다.
⑤ 토끼가 호랑이 불알을 발라 먹다.

이렇게 줄거리만 놓고 보면 위 구비설화는 토끼가 호랑이를 불태워 죽이고 그 고기를 먹는다는 점에서는 〈교활한 토끼〉의 ⑨-⑩번 부분과 크게 다를 바가 없는 것처럼 보인다. 그런데 여기에는 한 가지 중요한 차이가 있다. 이 부분의 본문을 인용하여 대비하여 보자.

> "인저 죽었나?" 하구서 살살 참나무 모랭이루 돌아와서 논배미를 보니께 아 바짝 오그라들어서 죽었거든. 그래, "인저는 됐다." 호랭이 불알을 〔웃으며〕 쇠금치로 깨가지구 죄 발러 먹드랴. 〔모두 크게 웃는다.〕 (〈호랑이 잡아먹은 토끼의 꾀〉 402쪽)

여기서 토끼 이야기의 구연 상황은 '웃음'을 전제로 한 것이다. 호랑이가 불타 죽은 후 화자가 "호랭이 불알을…" 할 때는 자신이 먼저 웃는다. 그리고 "불알을 죄 발러 먹드랴." 하니 이번엔 청중들이 모두 크게 웃는다. 토끼가 호랑이 불알을 발라 먹었다고 해서 아무도 이 상황을 심각하게 생각하지 않는다. 기본적으로 '해학'의 정서를 바탕에 깐 이야기이기 때문이다.

이번엔 〈교활한 토끼〉의 해당 부분을 보자.

> 하지만 이미 꼬리는 물에 얼어붙어 빼낼 수가 없게 되었습니다. 끝까지 성질이 좋지 않은 토끼는 호랑이가 움직일 수 없는 상태가 된 것을 확인하고는 이번에는 호랑이의 몸에 불을 붙여 마침내 태워 죽이고 말

았습니다. 호랑이를 불태워 죽인 토끼는 그 고기를 먹어버리려고 가까운 여관에서 식칼을 빌려 그 고기를 잘라 배불리 먹었습니다.(37-38쪽)

여기서 토끼의 모습은 잔인하기 그지없다. 꼬리가 얼어붙어 호랑이가 이미 움직일 수 없는 것을 확인하고 난 뒤에 그 몸에 직접 불을 붙여 태워 죽였으니 말이다. 그리고 식칼을 빌려와서 그 고기를 배부르게 다 발라먹었다는 서술은 괴기스럽기 짝이 없다. 민담과는 전혀 다른 맥락의 이야기가 된 것이다.

그렇다면 이러한 〈교활한 토끼〉는 어떻게 만들어지게 된 것일까? 이 점에 대해서 필자는 일차적으로 조선의 전래동화를 수집하고 일정 부분 개작하는 학무국 편집과의 편집자 또는 촉탁 받은 다나카가 '해학'과 같은 민담의 정서와 미학을 제대로 이해하지 못한 까닭에 생긴 일이라고 생각한다. 호랑이를 놀리고 골려먹을 때 웃음이 유발되는 상황을 이해하지 못한 상황에서, 그들이 토끼의 형상을 '얄미울 정도로 꾀가 많은 약자(弱者)'의 성격을 넘어 '교활하고 못된 악한(惡漢)'으로 파악하는 것은 그리 이상하지 않다. 그럴 경우에 토끼의 행위는 당연히 악한의 소행으로 규정되고 이는 윤리적으로 징계 받아 마땅하다. 이렇게 되어서는 동화가 이상한 방향으로 흐르는 것이 무리가 아니다.

최하림 편 〈약은 토끼에게 내린 벌〉이라는 작품은 『조선동화집』의 〈교활한 토끼〉를 전문 그대로 번역하여 수록한 작품이다. 다만 한 가지 다른 부분이 있다면, 꼬리가 얼어붙어 꼼짝 못하고 있는 호랑이를 죽이는 것이 아니라 토끼가 그냥 놀리고 달아날 뿐이라는 점이다[12].

---

12) 이 작품은 근래 출간된 전래동화집 가운데 총독부가 개작한 〈교활한 토끼〉를 유일하게 번역 수록한 경우라 흥미롭다. 해당 부분은 다음과 같다.

"호랑이의 꼬리는 물 속에서 꽁꽁 얼어붙고 말았습니다. 아무리 꼬리를 들어올리려 해도 꼼짝하지 않았습니다. 마음씨 고약한 토끼는 호랑이가 꼼짝도 하지 못하게 전래동화를 새롭게 발굴·소개하는 차원에서 총독부의 작품을 가져와 그대로 번역하기는 하였지만 정서적으로 맞지 않는 장면은 삭제한 경우라고 여겨진다.

다음으로 17번 〈어머니를 버린 남자〉는 마음씨 나쁜 한 남자가 늙은 어머니를 산에 버리려 했다가 뉘우치고 어머니에게 효도했다는 내용의 이야기다. 줄거리를 요약하면 다음과 같다.

① 마음씨 나쁜 남자가 늙은 어머니와 아들과 함께 살다.
② 남자가 가난을 핑계로 어머니를 지게에 지고 산에 버리러 가다.
③ 남자가 어머니를 버리고 아들과 함께 돌아오다.
④ 남자가 아들이 낡은 지게를 지고 오는 것을 보고 화를 내며 까닭을 묻다.
⑤ 아들이 나중에 아버지가 늙으면 그 지게로 버리겠다고 대답하다.
⑥ 남자가 크게 깨닫고 어머니를 모시고 돌아오다.

이 작품에서 남자는 본디 아주 마음이 악하고 게으른 사람으로 그려진다. 뿐만 아니라, 늙어 누워 있는 어머니 때문에 집안이 가난해졌다고 생각하여 자신의 아들에게 할머니를 직접 지게에 지고 버리라고 호되게 야단치는 대목에서는 인간의 잔인함에 분노를 느낄 정도이다.

이러한 내용의 이야기는 기로설화(棄老說話), 또는 고려장설화(高麗葬說話)라고도 불리며 전국적으로 유포되어 있다. 현재까지 확인한 바로 각종 문헌기록에서 기로설화가 발견된 것은 미와 다마끼(三輪

되자 배꼽을 쥐고 웃으며 달아나 버렸습니다(후략)"(최하림 편, 앞의 책, 32쪽.)
여기서는 이러한 방식으로 괴기스러운 결말보다는 해학의 결말로 끝맺은 점이 주목된다.

環)의 『傳說の朝鮮』(1919)이 최초이며, 손진태의 『조선민담집』(1930)에 수록된 〈棄老傳說〉(1921년 채록)이 두 번째요, 조선총독부가 펴낸 『조선동화집』(1924)이 세 번째이다. 이 동화집이 전범이 되어 그 뒤로 마쓰무라 다케오(松村 武雄)의 『日本童話集』(1924), 나까무라 료헤(中村 亮平)의 『朝鮮童話集』(1926), 시부사와 세이카(澁澤 靑花)의 『朝鮮民譚集』(1927) 등 1920년대 일본어로 출간된 대부분의 조선동화집에 이 이야기가 수록되었다.

한편 이 이야기는 현전 설화에도 다수 남아 있다. 『한국구비문학대계』에는 〈아버지(어머니)를 버린 남자〉 및 '고려장' 관련 설화가 전국적으로 30여 편 채록되어 있다. 임석재의 『한국구전설화』 전집(평민사)에도 각 지역 편마다 적지 않은 작품이 수록되어 있다[13].

그런데 흥미로운 것은 『조선동화집』(1924)을 비롯하여 1920년대 일본인들이 동화집에 남긴 작품과 한국에서 일반적으로 채록되는 작품 간에 부모를 버린 남자의 의도 및 성격을 묘사하는 방식에 있어서 큰 차이가 있다는 점이다. 손진태가 1921년 채록한 〈기로전설(棄老傳說)〉을 보자.

> 옛날에는 사람이 칠십(혹은 팔십이라고도 한다.)이 되면 산에 갖다 버렸다고 한다. 그 때의 일인데, 어떤 사람이 그 아버지가 칠십이 되었기 때문에 아버지를 산에 버리려고 지게에 지고 산에 갔다. 그는 많은

13) 이들 이야기의 내용은 크게 두 가지로 분류되는데, 첫 번째 유형은 '한 남자가 부모를 버리러 갔다가 남자의 아들이 지게를 다시 가져오며 나중에 자신의 아버지를 버리겠다고 말을 하자 크게 반성하고 부모를 다시 모시고 내려온다'는 내용이고, 다른 한 가지는 '어쩔 수 없이 남몰래 구덩이를 파고 그 속에 부모를 넣고 음식을 넣어주던 효자가 중국, 또는 조선의 왕이 내린 어려운 문제를 부모의 도움으로 해결하자 나라에서 노인의 필요성을 인정하고 고려장을 폐지하였다'는 내용이다. 『조선동화집』 수록 〈어머니를 버린 남자〉는 현전 설화의 첫 번째 유형에 해당된다.

음식을 남겨두고 지게와 함께 아버지를 버리고 돌아오려고 하였다. 그런데 그때 같이 왔던 그의 아들이 버린 지게를 주워 등에 지는 것이었다. 아버지는 화가 나서 "그런 것은 가지고 가는 게 아니다."라고 말하였다. 그러자 아들은 "아버지, 아버지가 늙으시면 이 지게로 아버지를 갖다 버리려구요."라고 말하였다. 아들의 말에 크게 놀란 그는 버렸던 아버지를 다시 모시고 돌아왔다. 그때부터 노인을 버리는 나쁜 풍습이 없어졌다는 이야기이다. 이 설화는 전국적이다.(1921년 11월 전북 전주군 완산정, 유춘섭 군의 이야기)[14]

이 이야기에서 초점은 아버지를 버린 남자 한 '개인'이 아니라 한 시대의 '풍습'에 맞춰져 있다. 남자가 아버지를 버린 것은 특별히 악해서가 아니라 풍습에 따른 것이라고 했다. 그리고 이야기의 전개를 통해 부모가 늙었다고 버리는 풍습은 잘못된 것이며, 늙은 부모에게 효와 공경을 다해야 함을 말하고 있다[15]. 이 이야기를 포함하여 현전 설화 및 전래동화에서는 자식은 효자인데 나라에서 정한 법률이거나 풍습이기 때문에 어쩔 수 없이 부모를 버릴 수밖에 없었다는 것이 일반적이다.

남자가 개인적으로 게으르고 악독하여 부모를 버렸다는 설정은『조선동화집』을 비롯하여 1920년대 일본인들이 간행한 전래동화집에서만 나타난다. 이러한 설정은 일본인 편집자의 의도에 의한 것이 아닌

14) 孫晋泰,『朝鮮民譚集』, 東京: 鄕土硏究社, 1930, 39-40쪽. 일본어로 되어 있는 작품을 필자가 번역한 것임.

15) 기로설화(棄老說話)는 고려장 풍습의 역사적 사실 여부와 전파시기에 관련하여 논란이 되기도 하였다. 그런데 고려장은 역사상 실제로 있었던 장례풍속은 아니며 다른 나라에서 전래된 이야기일 뿐이다. 기로설화는 불교경전인『잡보장경(雜寶藏經)』의 〈기로국연(棄老國緣)〉조의 설화 및 중국『효자전(孝子傳)』의 〈원곡(原穀) 이야기〉에서 그 기원을 찾을 수 있다. 그것이 우리나라에 전래되면서 노인에 대한 효와 공경을 강조하는 설화로 변모된 것인데, 이것이 우리나라에 실제 있었던 풍습인 양 여겨진 듯도 하다.

가 생각한다. 그렇다면 남자를 이렇게 악독한 성격의 소유자로 묘사한 것은 무슨 까닭일까?

효와 노인에 대한 공경을 강조하는 이 이야기에서 자식을 이렇게 무자비하며 잔인할 정도의 성격의 소유자로 묘사하는 것은 불필요할 뿐만 아니라 조선의 민족정서에도 잘 맞지 않는다. 그럼에도 불구하고 이렇게 각색한 것은 『조선동화집』의 편집자가 〈교활한 토끼〉의 경우와 마찬가지로 일차적으로 고려장 설화의 사회문화적 맥락을 잘못 이해하였거나, 아니면 나름대로 이야기를 실감나게 꾸미려고 한 까닭이라고 여겨진다.

나아가, 조심스럽지만 위 두 작품에서 '교활한 토끼'나 '어머니를 버린 남자'의 캐릭터를 변형시키는 데 총독부의 정치적 의도가 개입되었을 수도 있지 않을까 하는 점을 생각해보고자 한다. 민담에서 일반적으로 유지되어 왔던 '발랄하고 꾀 많은 토끼', 그리고 '효성스러운 자식'의 상은 지극히 전통적이며 조선적인 캐릭터이다. 그런데 그러한 캐릭터를 흐릿하게 하고 낯설고 부정적 형상으로 변형하는 것은 1920년대에 들어 문화정책을 펴고 있던 총독부의 담당자로서는 충분히 흥미를 느낄 만한 일이다. 민담의 이야기를 동화라는 근대문학 장르로 옮기는 과정에서 얻을 수 있는 고도의 정치적이요 문화적 효과이기 때문이다.

Ⅳ. 1920년대 전래동화의 양상과 『조선동화집』의 위치

1920년대 초는 우리나라에서 동화라는 장르가 태동하고 활발하게 자기운동을 시작하던 시기였다. 그 중에서도 전래동화는 더욱 시급하고 중요한 것으로 인식되었다. 이 시기 동화 운동을 주도하던 방정환은 전래동화의 중요성에 대해 다음과 같이 언급하였다.

> 외국동화의 수입보다 더 중요하고 긴급한 문제는 우리 동화의 무대의 기초가 될 고래 동화의 발굴이며 그 어느 것보다 어려운 일이다. 이것이야말로 실로 어렵고도 어려운 일이다.(방정환, 『새로 개척되는 동화에 관하여』, 『개벽』, 1923.1.)

곧 외국동화의 번역·소개도 중요하고, 창작동화를 쓰는 것도 중요하지만 고래동화(;전래동화)를 발굴하는 일이 그보다 훨씬 더 시급하고 어렵다는 것이다. 이는 외국의 명작동화, 전래동화를 보면서 느낀 민족적 각성이요, 또한 전래동화의 원천이 되는 옛이야기를 실제로 수집하고 다듬는 작업이 얼마나 어려운 일인가를 토로한 것이라 할 수 있다. 방정환이 그 필요성을 절실하게 제기하였던 전래동화의 수집 및 정리 작업은 곧이어 방정환 자신의 재화(再話) 작업과 개벽사의 전국적 고래동화 현상 모집으로 이어지면서 구체화되기 시작한다. 그리고 바로 이와 거의 같은 시기에 실시된 것이 조선총독부의 조선전래동화 수집정리 작업이고 이것이 1924년 『조선동화집』으로 출간된 것이다.

『조선동화집』은 총독부가 조선 전국의 민담을 채집해 '조선 동화'라는 표제를 내걸고 엮은 최초의 동화집이다. 이 동화집은 문자가 일본어라는 점, 그리고 무엇보다 조선의 고유문화를 장악하기 위한 총독부의 문화정책의 일환으로 출간되었다는 점을 태생적 한계로 안고 있다. 이 점은 결코 가볍게 넘길 수 없다. 그 정치적 의도가 문학적 성과의 성격을 좌우할 수 있기 때문이다. 하지만 그럼에도 불구하고 나는 그러한 의도 때문에 『조선동화집』의 자료적·학술적 성격이 심각하게 훼

손되었다고 평가되지 않는 한, 『조선동화집』의 문학 텍스트로서의 독립성 및 가치를 주목할 필요가 있다.

『조선동화집』의 의의는 무엇보다 현재 우리가 한국의 대표적인 전래동화 작품이라 꼽을 만한 상당 수의 작품들이 여기서 처음 소개되었다는 점에 있다. 특히 〈혹 떼이기 혹 받기〉, 〈심부름꾼 거북이〉, 〈종을 친 까치〉, 〈은혜를 모르는 호랑이〉, 〈금방망이 은방망이〉, 〈겁쟁이 호랑이〉, 〈천벌 받은 호랑이〉, 〈놀부와 흥부〉, "나무꾼과 선녀"의 이본인 〈선녀의 날개옷〉 등 10여 편은 이 작품집에 수록된 이래 한국 전래동화의 대표적 작품으로 꼽히고 있다.

또한 『조선동화집』은 1920년대 일본어로 출간된 일련의 조선동화 총서에 적지 않은 영향을 끼친 것으로 파악된다. 식민지 시기 조선의 전래동화는 일본어로 적지 않게 번역 출간되었다. 때로는 총독부와 같은 관청이 주도하여 발간, 조선 내에서 판매하기도 하였고, 때로는 조선인이 조선 내에서 일본어로 발표하기도 하였고, 많은 경우 일본에서 일본인 학자들이 그들의 연구 및 아동도서로서의 대중적 보급을 위해 출간하기도 하였다. 이러한 흐름 속에서 조선의 전래동화가 취사선택되고 변주되는 양상이 주목된다.

먼저 1925년 활문사서점에서 간행된 『朝鮮童話』를 볼 수 있는데, 이 책은 전 3권으로 총독부 『조선동화집』 수록 작품 중에서 "水中의 珠, 狡猾한 兎, 好事者의 盲人"(이상 1집), "龜의 使者, 蛙와 狐의 智慧比較, 父母를 버리는 사람"(2집), "겁만흔 虎, 寒中의 苺, 三個의 珠"(3집)을 발췌하여 나눠 실었다[16]. 이 책은 주로 보통학교 학생들의

---

16) 이 책은 단지 광고로만 확인할 수 있는데 『동아일보』에는 한글로 책 내용을 소개하였지만 실제로는 일본어로 된 동화집일 가능성이 더 높다고 하였다.(이기훈, 「1920년대 '어린이'의 형성과 동화」, 『역사문제연구』 8호, 역사비평사, 2002, 40-41

과외독본으로 읽혔고, 수만 명의 독자층을 확보하고 있었다.

『조선동화집』이 출간된 같은 해에 나온 마쓰무라 다케오(松村武雄)의『世界童話大系』16권『日本編』〈朝鮮の部〉[17]에는 27편의 조선 동화가 수록되어 있는데, 이 가운데〈아비를 버린 남자〉등 네 편이 총독부 편『조선동화집』의〈어머니를 버린 남자〉및〈금방망이 은방망이〉,〈놀부와 흥부〉,〈심부름꾼 거북이〉와 같은 내용의 작품이다. 하지만 다른 23편의 작품들에서는〈콩쥐팥쥐〉,〈선녀와 나무꾼〉,〈임금님 귀는 당나귀 귀〉등 새롭고 다양한 전래동화의 목록이 나타나고 있음이 주목된다. 아울러 마쓰무라에게서는 조선의 동화를 이슬람, 인도, 중국, 일본 등의 동화와 비교문학적 견지에서 논하며 그 성격을 파악하려 했던 점을 새로운 성과로 취할 수 있다.

한편 1926년 출간된 나카무라 료헤이(中村亮平)의『朝鮮童話集』[18]에는 43편의 동화와 2편의 고소설, 17편의 전설이 수록되어 있는데, 조선총독부 편『조선동화집』의 수록 작품 25편 가운데〈선녀의 날개옷〉을 제외한 24편이 모두 이 작품집에 수록되어 있다. 그리고 그것은 전체 수록 동화의 절반이 넘는 것으로 그만큼 나카무라의『조선동화집』체제 및 성격에 절대적 영향을 미친 것이다.

시부사와 세이카(澁澤青花)의『朝鮮民話集』[19]에는 40편의 동화가 수록되어 있는데, 이 가운데〈종을 친 까치〉,〈아버지를 버린 불효자〉

쪽 참조.)

17) 東京: 世界童話體系刊行會, 1924; 東京: 名著普及會에서 1989년 복각.

18)『模範家庭文庫』, 東京: 富山房, 1926.

19) 東京: 社會思想社, 1980. 이 책은 1980년 발행이지만 실제 원고는 1927년 5월 시점에서 완성되었다. 1920년대 중반에『東洋童話叢書』중 하나로 출판될 예정으로 쓰여진 것인데 출판사의 도산으로 출판되지 못했던 것이다.(오다케 기요미, 앞의 책, 22-23쪽.)

를 비롯하여 여덟 편의 작품이 총독부 편『조선동화집』에서 발췌했거나 같은 내용의 작품이다. 그리고 조선민화의 특징적인 점으로 '골계미'를 논한 점, 각 작품마다 구술자와『용재총화』,『삼국유사』등의 출처를 밝힌 점이 특징이자 장점으로 여겨진다.

다나카 우메키치(田中梅吉)의『日本昔話集 下』〈朝鮮編〉[20]에는 다섯 편의 조선전래동화가 번역되어 있는데, 이 가운데〈柱の入道と瘤男〉(장승과 혹부리 남자) 역시 총독부『조선동화집』과 같은 내용의 작품이다. 다나카 자신이 조사하여 정리한『조선동화집』의 수록 작품을『日本昔話集』에 그대로 전재한 것이다.

한편 일본인이 아닌 조선인이 조선의 전래동화를 일본어로 번역하여 신문에 연재한 것이 있어 주목된다. 송금선(宋今璇:1905-1987)은 조선민담을 모아 동화로 다듬어서『조선동화집』이란 표제를 걸고 1930년『경성일보』에 총 22편을 연재하였다[21]. 이중〈햇님과 달님〉(천벌 받은 호랑이),〈놀부와 흥부〉,〈호랑이와 곶감〉(겁쟁이 호랑이),〈나그네와 구렁이〉(종을 친 까치),〈용왕과 토끼〉(심부름꾼 거북이), 등 다섯 편의 작품이 조선총독부 편『조선동화집』의 수록 작품과 같은 내용이다.

이렇듯 조선총독부가 편한『조선동화집』은 1920년대 일본의 조선동화총서 발행에 저본(底本)이자 전범(典範) 역할을 하였음을 알 수 있다. 여기 수록된 작품들은 당대의 일본 성인 및 아동들에게 '조선' 하면 가장 먼저 떠오르는 대중적인 조선 이미지를 심어주는 역할도 하였

20) 東京: アルス, 1929.
21) 이 연재동화는 1978년 영인하여『조선동화집』이란 제목의 단행본으로 출간되었고(덕성여대 출판부, 1978), 이듬해 1979년 일본에서『お日さまとお月さま-韓國童話選』이라는 제목으로 출간되었다.(東京: 新教出版社, 1979) 일본 출판본에는 원작의 22편 중〈금방울〉과〈나그네와 구렁이〉두 편이 빠진 20편만 수록되어 있다.

을 것이다. 이 작품들의 상당 수는 식민지 조선의 소학교 교과서에 지속적으로 수록되어 교육 자료로도 활용되었다. 일련의 조선동화총서 작업에서 각 편찬자들이 지닌 의도가 일률적이지는 않겠지만, 결국 이러한 작업이 일본의 제국주의적 세계관을 반영하여 조선의 동화를 대만, 오키나와, 아이누 등 일본 주위의 국가 및 민족의 동화와 함께『일본동화집』에 포괄하는 작업 속에 있었음[22]을 생각할 때 우리에게는 그 속에서 조선다운 개성과 생명력을 변별하여 살려내는 시각과 작업이 필요할 것이라고 생각한다.

다음으로 이와 연관하여 비슷한 시기에 조선인들의 국문 전래동화의 정리 작업이 어떻게 진행되고 있었는지를 살펴보고자 한다. 조선측 인사에 의한 국문 전래동화의 정리 작업은 1920년대 초부터 시작되었다. 필자가 파악하기에 1920년대 국문 전래동화의 양상은 크게 세 갈래로 이해할 수 있다. 첫째는 20년대 전반 이래의 잡지를 통한 전래동화의 발굴 및 소개 작업이고, 둘째는 방정환 자신의 전래동화 작업이요, 셋째는 20년대 중반 이후의 단행본 동화집 발간 작업이다.

1920년대 방정환은 동화의 중요성을 주장하며 전래동화의 발굴과 재화(再話)를 적극적으로 추진하는 한편, 옛이야기를 창조적으로 변용하여 동화극으로 만들기도 하였다[23]. 그는『어린이』지의 지면 등을 통하여 전래동화를 발굴하여 발표하였는데, 작품은 〈눈 어둔 포수〉(1923.4.), 〈이상한 샘물〉(1923.7.), 〈호랑이 형님〉(1926.1.), 〈까치의 옷〉(1926.6.) 등 10여 편에 이른다[24].

---

22) 오다케, 앞의 글, 28쪽.

23) 염희경,「한국 근대 동화극의 초석-방정환의 동화극 두 편」,『어린이문학』34권, 한국어린이문학협의회, 2002. 8.

24) 방정환이 구연한 옛이야기들은 구전설화의 큰 줄거리를 고치지 않으면서도 반복되는 구성을 잘 살려 이야기를 엮어감으로써 단순한 내용을 재미있게 풀어나간다

한편 개벽사는 1920년대 초부터 전래동화의 발굴과 보급에 각별히 힘을 썼다. 먼저 소설가 주요섭이 〈해와 달이 된 오누이〉 설화를 우리말로 개작한 최초의 전래동화 〈해와 달〉을 『개벽』(1922.10.)에 발표하였다는 점이 주목된다[25]. 또한 개벽사는 1923년 전래동화를 현상모집하여 모두 150편의 모집 작품 중 모두 5편의 입선 작품과 20편의 등외 입상작을 발표하고, 이중 당선작 다섯 편(〈금선의 이약이〉, 〈고양이와 개〉, 〈ᄭᅩ드락 방망이〉, 〈톡기의 재판〉 등)은 1923년 2월부터 6월까지 〈개벽〉지(32호-36호)에 게재하기도 하였다.

1923년 3월에는 최초의 월간 아동문학전문잡지인 『어린이』지가 창간되었으며, 그 지면을 통하여 방정환, 손진태, 강우촌, 박달성, 연성흠 등이 역사동화, 전설동화, 옛어른이야기, 동화극, 이솝동화, 창작동화 등 다양한 개념의 동화를 선보였다.

손진태는 역사동화라는 표제로 〈고주몽 이야기〉(1923.10.), 〈류리이야기〉(1923.11.), 〈명장 강감찬〉(1925.5.) 등의 건국신화 및 역사적 인물의 이야기를 동화로 재화하였다. 강우촌, 박달성은 전설동화라는 표제로 〈장자연못〉(1924.4.), 〈오성과 한음〉(1924.6.), 〈생명의 종소리〉(1924.9.), 〈김삿갓 이야기〉(1925.8.) 등 전설 및 민담을 동화로 만들었다.

(〈두더지 사위〉-『사랑의 선물』). 밋밋한 줄거리에 살을 붙여 주제를 다치지 않으면서도 사건을 극적으로 풀어가기도 하고(〈호랑이 형님〉), 때론 어른들의 세계를 풍자하기도 하고(〈미련이 나라〉), 권선징악이나 충, 효 같은 주제를 가진 옛이야기를 그대로 들려주기도 한다(금요 그림책 모임, 「방정환 전래동화와 그림책」, 어린이도서연구회, http://childbook.org/spc/bjh/bang5-10.htm. 2쪽 참조.).

25) 당시 주요섭은 상하이에 있었는데, 1920년대에 『어린이』 잡지를 중심으로 전래동화를 자주 실었고 1930년대에는 동화 창작도 활발히 하였다고 한다.(염희경, 「〈해와 달이 된 오누이〉에 나타난 호랑이상」, 『동화와 번역』 5집, 건국대학교 동화와번역연구소, 2003, 28-29쪽.)

한편 20년대 중반 이후에는 단행본 동화집이 출간된 점이 주목된다. 경성사범학교 교사이자 한글학자였던 심의린(沈宜麟:1894~1951)은 전래동화를 모아 1926년 『조선동화대집』이라는 단행본을 냈다. 이 동화집에는 모두 83편의 작품이 수록되어 있다. 또한 1927년에는 한충(韓沖)이 약 30여 개의 전래동화를 가려 뽑아 『朝鮮童話 우리동무』(예향서옥)을 발행하였으며, 한성도서주식회사에서는 전래동화를 모아 『童話集 황금새』, 『童話集 바다색시』를 발행하기도 하였다[26]. 이러한 작업들은 1920년대 전반 방정환, 손진태, 박달성 등에 의해 진행되어 왔던 전래동화 발굴 정리작업을 일단락 지으며 집대성한 것으로, 총독부의 『조선동화집』을 능가하는 문학사적으로 의미있는 작업이다. 이 동화집들은 초기전래동화의 형성을 살필 수 있는 매우 귀중한 자료이나 현재에는 아쉽게도 그 내용을 알 길이 없다. 이러한 작품들을 발굴하고 연구하는 일은 이후의 과제이다.

조선동화의 수집과 정리 작업이 총독부의 주관 하에 식민지 민속자료의 정리 및 민족동화정책의 일환으로 시행되고 있었을 때, 이렇듯 다른 한편에선 국문 전래동화 작업이 문화적 민족주의를 표방하는 조선측 인사들에 의해 어린이들의 아동성과 민족성을 일깨우는 일종의 소년운동이자 민족운동의 한 방향에서 전개되고 있었다는 점은 의미가 새로울 수밖에 없다.

『조선동화집』을 비롯하여, 1920년대 일본인들에 의해 이루어진 일련의 조선전래동화 작업이 동시기 및 그 다음 시기에 이루어진 국문 전래동화 작업과 어떠한 영향을 주고받았는지에 대해서는 아직 구체적으로 논하기 힘든 형편이다. 다만 양쪽이 서로 다른 지향점을 두고

26) 이러한 내용은 『어린이』 5권 8호(개벽사, 1928. 12.) 게재 광고에서 확인된다.

일정하게 상호 견제와 길항(拮抗) 관계를 유지하며 동화의 출간 및 보급 활동을 하였음은 분명한 듯하다[27]. 양쪽 작업의 시각과 의도, 그리고 수록작품의 목록이나 성격 등을 대비하며 영향 관계를 파악할 수 있을 것이다.

Ⅴ. 맺음말

조선총독부가 1924년 펴낸『조선동화집』은 조선 전래의 민담을 취사선택하여 '동화'라는 근대 아동문학장르를 표방한 최초의 동화집이다. 필자는 이 장에서『조선동화집』의 내용과 성격을 파악하는 것으로부터 시작하여 1920년대 아동문학의 양상을 살피며『조선동화집』의 문학사적 위치에 대해 논하였다. 이상에서 논한 것을 요약하면 다음과 같다.

『조선동화집』은 다나카 우메키치(田中梅吉)를 중심으로 한 조선총독부의 학무국 편집과 관리들이 편저자가 되어 1924년 발간한 책이며, 모두 25편의 작품이 수록되어 있다. 수록 작품들은 전체적으로 첫째, 인물들이 평면적 성격을 지니고 있으며 인물 간에 선악의 대립적 구도가 명확하다. 둘째, 각 작품마다 교훈적 성격을 직접적으로 드러내는 경우가 많다. 셋째 동화의 소재 및 플롯의 전개 면에서, 원 설화가 갖고 있는 환상성 및 신이한 요소를 부각시키는 경우가 많다. 넷째 인물의 성격이나 플롯의 전개를 통해 골계미 및 해학적 요소를 인식하

27) 총독부 학무국은『조선동화집』및 조선 전래동화와 일본동화가 함께 수록된『아동문고』등을 간행하면서 조선인에 의해 주도되는 동화운동에 대응하게 하였다(이기훈, 앞의 글, 40-41쪽 참조.).

고 드러내려는 태도가 일정하게 보인다는 점 등의 특징을 보인다.

한편 25편의 작품 가운데 〈교활한 토끼〉, 〈어머니를 버린 남자〉와 같은 작품은 다른 문헌에서는 찾아보기 힘든 독특한 성격을 보인다. 이 작품들에서는 민담에서 일반적으로 유지되어 왔던 '발랄하고 꾀 많은 토끼', 그리고 '효성스러운 자식'의 상이 낯설고 부정적인 형상으로 변형되는 양상을 보인다. 이는 일차적으로『조선동화집』의 편집자가 민담의 정서와 미학, 그리고 사회문화적 맥락을 제대로 이해하지 못한 까닭에 생긴 일이라고 판단된다. 나아가, 조심스럽지만 이러한 캐릭터의 변형에 1920년대 들어 문화정책을 펴고 있던 총독부의 정치적 의도가 개입한 것일 수도 있다는 가능성을 제시하였다.

『조선동화집』은 우리 전래동화 형성에 적지 않은 영향을 미친 것으로 파악된다. 특히 1920년대 이후 일본인들이 펴낸 조선전래동화집에 많은 영향을 준 것으로 확인된다. 1920년대 전반에는『어린이』지나『개벽』지를 통해, 그리고 개별 작가들에 의해 이미 국문 전래동화 작업이 활발하게 이루어지고 있었는데, 조선총독부의『조선동화집』과는 사뭇 다른 맥락에서 작품 활동이 이루어지고 있었다. 이 시기 일본어로 출간된『조선동화집』과 연관하여 국문 전래동화 작업의 실상과 성격을 좀 더 정치하게 밝힐 필요가 있다.

제4장
『조선동화집』의 인물형상과 이데올로기

Ⅰ. 구전설화의 문자화, 동화의 탄생

한국 문학사에서 구전설화가 채록되어 문자화되고, 또 그중의 일부가 동화의 형태로 재화(rewriting)되고 출판되기 시작한 것은 1920년대 초의 일이다. 이 시기 동화 운동을 주도하던 이로서는 방정환(方定煥)을 비롯하여, 손진태, 강우촌, 박달성 등이 있었는데, 이들은 『어린이』, 『개벽』 등의 잡지에, 발굴한 설화와 재화한 전래동화를 발표하였다. 1926년에는 보통학교 교사이자 한글 연구자인 심의린(沈宜麟)이 『조선동화대집』을 출간하였고, 1930년에는 일본 동경에서 유학하고 있던 손진태가 자신이 채록한 조선의 설화 자료를 엮어 『朝鮮民譚集』(日本語)을 발간하였다. 1920년대 활발하게 진행된 설화채집, 동화 재화 작업은 민족의식을 지닌 조선 문학·교육계 인사들에 의해 주도되었고, 이들은 민족운동의 일환으로서 학문 연구 및 아동 교육 운동을 실천한 것이라고 할 수 있다.

그런데 이들과는 전혀 다른 경로로, 그리고 이보다 선행하여 이루어진 작업이 있었으니, 그것은 일본인 연구자들에 의해 이루어진 설화 채록과 동화화 작업이었다. 1910년대에는 일본인 연구자들이 조선의 설화를 조사하여 『朝鮮物語集附俚諺』(高橋亨, 1910;이하 '조선물어집'으로 약칭), 『傳說の朝鮮』(三輪環, 1919) 등을 출간하였고, 이를 이어 조선총독부는 1924년 우리나라 최초의 전래동화집인 『朝鮮童話集』을 발간하였다. 이 작품집들은 모두 일본어로 기록된 것이지만, 가장 이른 시기에 만들어진 조선의 설화집 및 전래동화집이라는 점에서 의미가 크다. 그런데 이 작품집들은 앞선 조선인 연구자 및 교육계 인사들의 작업과는 달리, 조선총독부의 촉탁(囑託) 관학자들이 주관하여 식민지 민속자료를 정리하고 민족동화(民族同化) 정책의 일환으로 시행한 작업의 결과물이다. 그리고 이것의 큰 틀은 분명 제국주의적인 세계관에 의해 규정되는 것이었다.[1]

설화 채집자 및 동화 재화자가 특정한 정치적 의도를 갖고 있을 때, 그 결과물로서의 작품은 어떠한 성격을 띠게 될까? 필자의 관심사는 여기에서부터 시작된다. 문학 작품을 텍스트 자체로서만 읽게 되면, 그것은 하나의 완결된 구조물로서 모든 것을 그 자체로 해석해낼 수 있다. 하지만 작품은 시대상황 및 작가의 의도로부터 결코 자유로울 수 없다. 조선총독부로부터 위촉된 일본인 연구자들이 편찬한 『朝鮮物語集』, 『朝鮮童話集』 등은 각각 근대 최초의 조선 설화집, 동화집이라는 칭호를 얻어 들을 만큼 충분히 객관적이고 근대적인 성과물인가? 이러한 질문에 답하기 위하여 필자는 문학 작품을 '작가의식, 또는 작가 이데올로기의 상징 작용'이라는 관점에서 이해하고 분석하고자 한다. 프레드릭 제임슨(Fredric Jameson)은 문학 작품 하나하나를 '상징 작용'(symbolic act), 곧 "현실적 모순의 상상적 해결"로 정의한다.[2] 제임슨에 의하면, "미적 작용 자체가 이데올로기적"이며, "미적

---

1) 오타케 기요미(大竹聖美), 『근대 한일 아동문화와 문학 관계사』, 청운, 2005, 100쪽.

형식 내지 내러티브 형식의 생산 자체를 이데올로기 작용으로 이해해야 한다."고 하였다. 이는 "이데올로기는 해결할 수 없는 모순에 대한 상징적 내지 형식적 '해법'을 고안하는 기능을 수행하기 때문"[3]이라는 것이다. 작가는 현실 모순을 반영하여 작품에 그리는데, 해결할 수 없는 현실 모순에 대한 해법을 제시하는 과정이 미적 작용이며, 여기에는 어떠한 방식이로든 작가의 선험적 이데올로기가 작용한다는 것이다.

잭 자이프스(Jack Zipes)는 이러한 관점을 동화에 적용하여, "한 편의 동화는 한 작가의 이데올로기적 관점이 스며들어 있는 상징 작용"[4]이라고 설명하였다. 자이프스에 의하면, 동화 장르는 구전 설화의 전통에서 비롯되었으며, 어른들에 의해 전개, 발전했다. 유럽에서 동화라는 문학 장르가 아이들에게 책으로 전파되기 시작한 18세기에 식자층 작가들은 구전 설화를 전유해 관행, 가치, 관습에 관한 문학 담론의 한 형태로 가공하였다.[5] 이로 볼 때, 모든 동화는 구전설화의 모티프와 테마, 기능, 구조를 변형하고 재편함으로써 후기 봉건사회와 초기 자본주의 사회의 교육받은 지배 계급의 관심사에 관여하려 하는 상징 작용이라는 것이다.[6] 나아가 자이프스는 동화와 아동문학은 아동을 사회화함으로써 가정과 공적 영역에서 일정한 규범적 기대에 부응하게 만든다는 목적 아래 씌어졌다는 점을 강조하였다.[7] 그는 이것을

---

2) Fredric Jameson, *The Political Unconscious: Narrative as a Socially Symbolic Act,* Ithaca: Cornell University Press, 1981, p.77.
3) Ibid., p.79.
4) 잭 자이프스 저, 김정아 역, 『동화의 정체』, 문학동네, 2008, 15쪽. 원 저작의 제목은 *Fairy Tales and the Art of Subversion*(Jack Zipes, New York: Routledge Inc., part of Taylor & Francis Group, 2006, 2nd edition)임.
5) 위의 책, 15쪽.
6) 위의 책, 21쪽.
7) 위의 책, 25쪽.

아동의 '문명화 과정(civilization process)'이라는 개념으로 설명하였다. 하지만 어떤 작품들은 문명화 과정에 내포된 정치와 윤리에 심각한 의문을 제기한다고 하였다.

18세기 이후 유럽에서 이루어진 동화 장르의 형성 및 전개과정은 20세기 초 일제 강점기 하에서 형성된 조선의 동화를 이해하는 시사점을 제공한다. 동화, 좀 더 정확히 말하면 구전설화를 가공하여 만들어진 전래동화들은 어떠한 식으로든 작가의 특정한 이데올로기에 구속받는다는 것이다. 그리고 그것은 자본주의 체제 하의 교육 과정에서 아동의 문명화 과정에 기여하거나 전복적(顚覆的) 역할을 한다. 그렇다면 이 장에서 논의의 대상으로 삼은 『조선동화집』은 어떠한 작품일까? 조선총독부에서 편찬한 이 동화집은 '민족 정체성의 구축'이라는 근대적 목적이 아니라 식민 통치에 유용한 설화 자료를 수집하고, 이를 정치·교육적으로 이용하기 위해 선별·가공한 결과물이 아닐까 하는 문제의식이 연구자들에게서 제기되고 있다.[8] 필자는 이러한 문학과 동화를 바라보는 이데올로기적 관점에 동의하면서도 작품 내적으로 좀 더 세밀한 읽기와 분석이 필요하다고 생각한다. 필자는 이 장에서 이러한 문제의식으로 『조선동화집』의 편찬자 및 출간 상황, 그리고 인물 형상을 분석하면서 거기서 어떠한 서사적 의미와 이데올로기적 특성이 추출되는지에 대하여 검토할 것이다.

---

8) 오다케 기요미는 『조선동화집』 등의 자료를 처음 소개하였고, 『근대 한일 아동문화와 문학 관계사』에서는 1920년대 일본의 동화총서 간행이 제국주의적 세계관에 의해 지배되었으며, 조선에서의 동화 보급도 이러한 틀에서 진행된 것임을 밝혔다. 권혁래는 『조선동화집』을 번역하고 이 동화집의 내용과 특질, 문학사적 위상 등을 자세히 언급하였다. 김광식은 『조선동화집』의 실질적 편찬자가 다나카 우메키치(田中梅吉)임을 처음으로 밝히면서 『조선동화집』 이해의 새 지평을 열었고, 다나카가 조선 아동의 교화를 위해 이 작품집을 편찬한 것임을 간파하였다.

II. 다나카 우메키치(田中梅吉)의 동화관과 『조선동화집』

『조선동화집』은 조선총독부의 학무국 편집과에서 1924년 간행한, '조선민속자료총서' 중 제2권이다. 당시 식민지 조선의 교육은 조선총독부의 학무국이 통괄하고 있었는데, 편집과는 주로 식민교육에 필요한 각급 학교의 교과서 편찬, 그리고 교육 및 학교문제 등에 관한 각종 발간물을 출판하는 데 주력하였다. 필자는 2003년 『조선동화집』를 번역 출간할 당시 학무국의 편집과장인 오다 쇼고(小田省吾)를 『조선동화집』의 실질적 편찬 책임자로 지목한 바 있는데[9], 최근 김광식은 자료 고증을 통하여 학무국 편집과의 촉탁 다나카 우메키치(田中梅吉)가 『조선동화집』의 실질적 편찬자임을 밝히었다.[10]

김광식의 연구에 의하면, 다나카 우메키치(田中梅吉:1883-1975)는 1909년 7월 동경제국대학 독문과를 졸업하고, 1911년 9월에서 12월까지 아시야 로손(蘆谷蘆村)과 함께 『少年雜誌』의 주간으로 아동문학에 관여하였고, 『제국교육(帝國教育)』이라는 잡지에서는 아동들에게 유해한 문예에 관한 유럽의 동향을 소개하는 한편, 신화학자로 유명한 야나기타 쿠니오(柳田國南), 다카키 토시오(高木敏雄)와 함께 학술활동을 하였다. 또한 다나카는 1914, 1915년에는 각각 〈그림 형제의 동화〉, 〈하우프의 동화〉 등을 소개한 아동문학 연구가로도 알려져 있

9) 오다 쇼고(小田省吾)는 1910년 학무국의 초대 편집과장직을 맡은 이래 1924년까지 14년 간 업무를 수행하면서 교과서 등 수많은 출판물을 발간하는 데 주도적인 역할을 하였다. 이러한 이유로 필자는 오다 쇼고를 『조선동화집』의 실질적 편저자로 추정하였다.(권혁래 역저, 『조선동화집』, 집문당, 2003, 156-157쪽.

10) 金廣植, 「近代における朝鮮說話集の刊行とその研究-田中梅吉の研究を手がかりにして」, 徐禎完·增尾伸一郎 外, 『植民地朝鮮と帝國日本-民族·都市·文化』, 東京: 勉誠出版, 2010, pp. 176-177.

다. 요컨대 다나카는 학맥으로는 독문학을 전공한 아동문학 연구자이자 설화 연구자로서의 정체성을 지닌 인물이었다.

그는 1916년 10월 말에 조선으로 건너와 1921년까지 '조선총독부 임시교과용 도서 편집사무 촉탁'으로 근무하였다. 그 기간 동안 다나카는 조선의 민간설화와 가요 등의 자료를 모집하였는데, 그 중의 일부 동화 작품을 『朝鮮教育研究會雜誌』에 발표하였다.[11] 이 작품들은 뒤에 모두 『조선동화집』에 수록되었다. 그 뒤 독일로 유학을 떠나 3년 후 1924년 6월 조선으로 돌아와 경성제국대학 예과 교수로 근무하였다. 그가 귀국한 해에 『조선동화집』이 발간되었다. 그러니까 다나카가 1916-1921년 조선총독부의 촉탁으로 근무하면서 채집한 설화 자료를 동화로 가공하여 조선총독부에 제출한 것을, 1924년 학무국 편집과에서 『조선동화집』라는 제목으로 편찬·출판한 것임을 알 수 있다.

다나카는 〈童話の話 附朝鮮人教育所感〉(『朝鮮教育研究會雜誌』 19호, 1917년 4월)에서, 설화의 형식을 '신화·전설·동화'로 삼분하고, 동화를 '민간전승의 이야기'로 정의하였다. 다나카가 말하는 동화란 '민담'에 가까운 장르가 아니었나 싶다. 그는 동화(fairy tale)의 의의로서 "민족의 정신과 풍속 등을 연구"하는 것과 함께, "교육상의 교재로서 깊은 의의"가 있다고 지적하고, "먼저 조선의 동화를 모집하는 것이 가장 급선무"라고 역설하였다. 이 언술은 다나카의 조선 동화 모집 및 연구 목적이 '조선 민족의 정신과 풍속을 연구하고, 이를 학교 교육의 교재로 제작하여 조선의 아동들을 교육하는 것'에 있었음을 알 수 있다. 이는 다나카의 직책인 '조선총독부 임시교과용 도서 편집사무

---

11) 20호부터 27호까지에 걸쳐 다나카는 〈부모를 버린 남자〉, 〈은혜 모르는 호랑이〉, 〈세 개의 구슬〉, 〈두꺼비의 보은〉, 〈검은 옥과 붉은 옥〉, 〈원숭이의 재판〉, 〈불쌍한 아이〉, 〈교활한 토끼〉, 총 8편을 게재하였다.

촉탁'에 매우 적합한 임무였다.

그렇다면 다나카의 '조선동화관'은 어떠한 것이었을까? 위 〈童話の話 附朝鮮人教育所感〉에 의하면, 그는 대다수 조선인은 "양심이 전혀 없는 容儀辭令이 발달하였고, 창조적 정신이 거의 고갈되었다."고 하였고, 조선인은 어릴 때 갖고 있던 "아름다운 마음을 성장하면서 잃고 만다."고 주장하였다. 그리하여 그는 "조선 아동에게 아동의 자연스럽고 가장 적절했던, 동화의 원시적이며, 순수하며, 앳되고 싱그러운 마음가짐을, 아동이 선천적으로 갖고 있는 그대로를 포옹하고 싶다"고 외쳤다. 요컨대, 그에게 동화란 '순수한 조선 아동이, 양심 없고 창조적 정신이 고갈된 성인으로 크지 않도록 동심을 보존하고 교화시킬 수 있는 교육 제재였던 것이다.

위에서 보듯이 그의 조선인관은 기본적으로 부정적 편견에 바탕해 있으며, 『조선동화집』 출간은 조선 아동의 교화를 위한 것이었다. 하지만 그 교화의 방향은 김광식의 말처럼, "세련된 '제국 일본의 식민지 신민으로서의 착한 아이' 만들기"[12]에 있었다고 보인다.

『조선동화집』은 경성에서 발행되었으며, 민간에도 판매되었다. 그리고 몇몇 수록 작품들은 『보통학교 국어독본』과 각종 읽기 교재의 텍스트가 되었다. 〈두꺼비의 보은〉, 〈검은 구슬과 붉은 구슬〉 등의 수록 작품들 8-11수는 보통학교 교과서인 2기 『普通學校國語讀本』(조선총독부, 1923-24), 3기 『普通學校國語讀本』(조선총독부, 1930-1935), 『조선동화』(활문사서점, 1925), 『보통학교 아동문고』(조선어교육회, 1928-1930)[13] 등에 수록되어 수십만 명의 조선 보통학교 학생들의

12) 김광식, 앞의 논문, 176쪽.

13) 학무국의 관리 하에 있던 교직원 단체인 조선교육회는 1928년부터 3년간 전 35권의 '보통학교 아동문고'를 발행하였다. 이것은 보통학교에서 국어독

국어독본 및 과외독본으로 읽히는 등 교육계에서 엄청난 영향력을 발휘하였다. 『조선동화집』은 처음부터 학교에서 조선 아동의 문화·문학 교육을 전제로 하여 계획되고 만들어진 '준 교과서'였고, 결국 그 목적대로 소용되었다.

그렇다면 실제 작품의 양상은 어떠한가?

Ⅲ. 『조선동화집』의 인물 형상과 식민지 이데올로기

다나카 우메키치는 1916-1921년까지 조선총독부의 촉탁으로 근무하면서 관청 및 학교를 매개로 하여 조선 각지에서 자료를 수집하였는데, 그 작품들은 현지에서 채록한 민담 및 전설을 바탕으로 한 경우가 대부분으로 보인다.[14] 그런데 『조선동화집』 25편의 작품들은 전형적인 민담과는 거리가 있는, 작가가 적지않게 개입하여 고쳐쓴 동화의 형태이다. 서두와 결말부에 나타나는 화자의 동화적인 말투, 서술자의 빈번한 개입, 정리된 문어체 표현 등이 그 증거이다.[15] 그리고 〈흥부와

본 교과서를 보충하기 위한 보충 교재로서, 당시 보통학교에 다니고 있던 약 46만 명의 한국인 아동이 〈아동문고〉의 독자였다고 추측된다.(오타케 기요미, 「조선총독부 조선교육회, 〈보통학교 아동문고〉(1927-1930)」, 앞의 책, 105-127쪽)

14) '조선민속 자료 총서' 1권인 『朝鮮の謎(조선의 수수께끼)』(조선총독부 편, 1919)의 '서문'에 보면, "본서는 본 총독부가 각 도에 명해서 채집·보고 받은 조선의 수수께끼에 관한 자료를 모아 학무국 편집과에서 정리하고 인쇄를 하였다."는 기록이 있다. 『조선동화집』도 이와 유사한 방식으로 자료를 모집하였으리라 추정한다.

15) 다나카는 동화를 모집할 때, 필기자에게 화자의 말 그대로를 필기하도록 촉구하였지만, 정작 본인은 『조선동화집』을 출간할 때 수집된 자료를 자의적으로 개작하였다. 이는 『朝鮮教育研究會雜誌』 20-27호(1917-1918년)에 실린 8편의 작품과 『조선동화집』 수록 작품을 비교해보면 알 수 있는데, 『조선동화집』 수

놀부〉는 민담이 아닌, 경판 고소설 〈흥부전〉을 저본으로 한 것이다.

『조선동화집』의 특징 중 하나는 신이담이 많다는 것이다. 조희웅의 설화 분류 방법[16]에 따르면, 전체 25편의 수록 작품은 크게, 신이담 14편, 동물담 6편, 소담 3편, 일반담 2편 순으로 유형 분류된다. 가장 큰 비중을 차지하는 신이담과 동물담에서 작가는 원 설화가 갖고 있는 환상성 및 신이한 요소를 부각시키는 경우가 많다. 필자가 이 글에서 검토할 텍스트도 대개 신이담·동물담에 속하는 작품들인데, 작가는 이 작품들에서 동화적 세계의 신이함을 흥미소로 활용하면서도, 인물의 성격 및 갈등 해결 방식에서 윤리적·교훈적 요소를 직접적으로 드러내는 경우가 많다.

두드러지는 윤리적·교훈적 요소는 선행과 가족애에 관한 것이다. 선행을 주제로 한 이야기는 〈말을 하는 거북이〉, 〈세 가지 구슬〉, 〈금방망이 은방망이〉, 〈불쌍한 아이〉, 〈종을 친 까치〉, 〈혹 떼이기 혹 받기〉, 〈놀부와 흥부〉, 〈검은 구슬과 붉은 구슬〉, 〈교활한 토끼〉, 〈세 개의 보물〉, 〈은혜 갚은 두꺼비〉 등이다. 가족애를 주제로 한 이야기는 〈물속의 구슬〉, 〈선녀의 날개옷〉, 〈어머니를 버린 남자〉, 〈세 개의 보물〉, 〈놀부와 흥부〉 등이며, 효성, 형제우애를 교훈적 요소로 제시하였다. 위 작품들을 아동들의 행동 패턴과 행동 모델을 제공하는 작품으로 볼 경우, 우리는 주인공들에게서 다음과 같은 모범적 자질을 발견할 수 있다. 이 중에서 몇 작품을 들어 살펴보자.

록 작품은 원 자료의 줄거리 및 이야기의 형태가 대부분 그대로 유지되었지만, 화자의 말투, 표현 방식의 면에서 개작이 되었음을 알 수 있다. 개작 양상에 대해서는 김광식의 앞의 논문, 178-179쪽의 분석 내용을 참조할 것.

16) 조희웅은 한국 설화의 유형을 크게 동(식)물담, 신이담, 일반담, 소담, 형식담, 다섯으로 분류하고, 이를 다시 기원담, 지략담, 치우담 등 26개 하위 항목으로 세부 분류하였다.(조희웅, 『한국설화의 유형적 연구』, 한국연구원, 1983, 21-23쪽.)

〈말을 하는 거북이〉는 형제 중, 착하고 부지런한 아우가 말하는 거북이의 도움으로 돈을 벌지만, 욕심 많고 무자비한 형은 거북이를 죽이고 또 천벌을 받는다는 이야기이다. 마음씨 착한 동생이 형을 용서하고 받아들이는 것으로 결말을 맺으며, 작가는 착하게 살 것을 강조한다. 두 형제 중에서 아우가 복을 받은 것은 오로지 그의 선한 품성 덕분이다. 아우는 유순한 사람이었고, 아버지의 유산을 형이 다 가져갔는데도 형을 조금도 원망하지 않고 어머니와 동생들을 맡아 살림을 꾸렸고, “또 가난한 것을 크게 고달파하지 않고 그날그날 힘이 닿는 한 열심히 일하며”[17] 살 정도로 착하고 성실하며 가족을 위한 삶을 살았다. 마지막엔 못된 형도 용서하고 받아들였다. 이러한 인물이기 때문에 영물인 거북이가 출현하여 그를 부자로로 만들어 주었다.

〈금방망이 은방망이〉는 부지런하고 착한 동생이 도깨비 방망이를 얻어 큰 부자가 되고, 게으르고 욕심 많은 형은 도리어 귀신들에게 맞아 해괴한 모습이 되었다는 이야기로, 전래의 ‘도깨비’를 ‘귀신’으로 설정한 것이 특징적이다. 작가는 착하고 부지런하게 살 것을 교훈으로 제시한다. 이 작품에서 형제 중 아우가 복을 받은 이유는 그가 부지런하고 가족을 위하는 마음이 있었기 때문이다. 덕분에 우연한 행운으로 도깨비들의 금방망이를 얻어 부자가 될 수 있었다. 형이 벌을 받은 이유는 그가 게으르고 이기적이며 욕심이 많았기 때문이다.

〈불쌍한 아이〉는 불쌍하지만 착한 만수가 사슴을 도와준 보답으로 큰 부자가 된 이야기로, 작가는 선하게 사는 사람은 하늘이 도와준다는 교훈을 제시한다. 만수가 복을 받은 이유는 그가 솔직하고 온순한 성격을 지녔으며, 주인이 아무리 힘든 일을 시켜도 불평하지 않고 끗

17) 권혁래, 앞의 책, 50쪽.

꿋이 일을 하는 성실한 태도, 그리고 위급한 사슴을 구해주는 친절한 마음이 있었기 때문이다. 덕분에 영물인 사슴의 도움으로 산속에서 인삼을 얻어 부자가 될 수 있었다.

〈놀부와 흥부〉는 착하지만 가난한 동생 흥부가 제비를 도왔다가 그 보답으로 박을 타 부자가 되었지만, 욕심 많고 못된 형 놀부는 오히려 박을 타다가 망한다는, 잘 알려진 이야기이다. 작가는 착하게 살 것과 형제 간 우애를 강조하였다. 흥부가 복을 받은 이유는 다리가 부러진 제비를 구해준 친절한 마음 때문이지만, 근본적으로는 그가 유순하고 열심히 일을 하고 가족을 위하는 태도가 있었기 때문이다. 반대로 놀부가 벌을 받은 이유는 멀쩡한 제비 다리를 부러뜨리는 못된 마음 때문이지만, 이보다 근본적인 이유는 그가 욕심쟁이이고, 남에게 피해를 주며, 가난한 동생을 돌보지 않는 악인이기 때문이다.

〈세 개의 보물〉은 인정 많은 동생이 노승을 도와준 보답으로 보물을 받아 부자가 되지만, 욕심 많은 형들은 망한다는 이야기로, 작가는 착하게 살 것과 형제간의 우애를 강조한다. 삼형제 중 막내가 복을 받은 이유는 그가 인정이 많아 가난한 사람을 진심으로 도와주는 심성이 있었기 때문이다. 막내는 형들에게서 억울하게 쫓겨난 뒤에도 가난하고 남루한 노승을 만나 그를 매우 불쌍하게 생각해서 짐을 들어주었고, 또 산사에 도착해서는 장작을 패고 불을 지펴 밥을 해주었다. 또 노승 대신에 불공을 드려주는 등 잡다한 일을 거들며 편안하게 해주었다. 노승은 그런 막내를 "유순하고 친절한 사람"이라고 칭찬한 후 세 가지 보잘 것 없는 물건을 주었다. 그것이 막내를 부자로 만들어 주었다.

위 작품들의 주인공들에겐 공통의 특징이 있으니, 그것은 다음과 같다. 첫째, 주인공들이 매우 가난한 상황에 처해 있었다. 그들의 위기는 '경제적 궁핍'과 가족 공동체의 권력자로부터 억압받고 마침내 '추방된 상황'에 있었다. 둘째, 주인공들은 품성이 선하며, 가족 중심적이며, 무한 성실한 '모범적 국민상'이다. 그들은 어떤 열악한 상황에도 불구하고, 착하고, 정직하며, 남을 원망하지 않을 뿐 아니라 남에게 해도 끼치지 않으며, 부지런하며, 가족 공동체의 회복을 위하여 한결같이 헌신하였다. 셋째, 갈등의 해결 방식을 보면, 현실의 불합리한 모순은 주인공의 선한 품성에 감동한 '영물(靈物)'의 도움으로 일거에 해결된다. 주인공의 구원자는 추상적 초월자가 아니라, 그들의 일상에 거하는 '영물'들이었다.

작가는 긍정적 인물과 부정적 인물 간의 대비를 통하여 윤리적 덕목을 부각시킨다. 대체로 악한 인물은 상전(上典), 형, 나이든 윗사람이며, 선한 인물은 아랫사람이나 동생, 어린 사람으로 그려지는 게 일반적이다.

주요 서사구조는, 착한 인물이 처음에는 악한 인물로부터 고난과 핍박을 받아 위기에 처하나, 영물(靈物)의 도움을 입어 가족 공동체를 회복하고 부자가 된다는 구조이다(〈불쌍한 아이〉의 만수(萬壽), 〈세 개의 보물〉의 막내 동생, 〈놀부와 흥부〉의 흥부 등). 악한 인물은 악행의 대가로 죽거나(〈검은 구슬과 붉은 구슬〉의 욕심쟁이 형 등), 망한 뒤 착한 인물의 용서를 받고 그의 도움을 얻어 산다〈말을 하는 거북이〉·〈세 개의 보물〉의 형들, 〈놀부와 흥부〉의 놀부 등). 인물 간의 대립이나 서사 갈등에 동화의 주인공이 주도적으로 나서서 해결하는 경우는 거의 없다. 그들에겐 현실의 변혁을 이끌 인식이나 능력이 전혀 없기 때문이다. 이 대립과 갈등은 전적으로 하늘의 도움, 영물의 도움에 의해서만 해결이 가능한 것이었다. 이 지점에서 『조선동화집』을 관통하는 작가의 이데올로기가 순수하게 작동한다.

『조선동화집』의 작가는 교훈 표출을 동화 쓰기의 원동력으로 삼은 듯, 인물 간의 갈등 및 갈등 해결 과정을 통해 교훈성을 두드러지게 강조한다. 작품에서 드러나는 주요한 선한 덕목들은 '착한 마음과 선행, 자비, 욕심 및 악행 경계, 성실, 가족애, 효심, 형제우애, 유순, 친절, 인내, 지혜, 보은(報恩)' 등이다. 작가는 이러한 품성을 지닌 자들은 반드시 보상을 받는다는 점을 역설한다. 이와 대비적으로 악한 성격으로 그려지는 것은 '욕심, 교활함, 악함, 게으름, 이기적인 마음, 사나움' 등이다. 악한 덕목은 이기적이며, 공동체를 해치는 요소들로 반드시 징계를 받는다. 선한 덕목으로 그려진 것들은 대개 보편적 인류애에 해당되는 가치들이며, 전통 사회의 유교적 가치와도 부합하는 편이고, 특별히 나쁘게 평가될 이유가 없다. 아마도 이러한 덕목들이 앞서 다나카가 칭송한, "아동의 자연스럽고 가장 적절했던, 동화의 원시적이며, 순수하며, 앳되고 싱그러운 마음가짐을, 아동이 선천적으로 갖고 있는 그대로"의 상태에 부합할 것이다. 이는 아동문학계에서 언급하는 이른바 '동심주의(童心主義)'와 유사한 개념인데, 이러한 관념은 아동의 상태를 '신비주의'로 몰고가는 비현실주의적 태도의 위험성을 안고 있다.[18)]

그리고, '유순', '친절'과 같은 덕목은 다른 전통적 가치들과는 달리, 근대국가적 덕목, 일본적 가치에 가깝다고 할 수 있다. 이는 전통적으로 조선인들에게 익숙하지 않은 덕목이며, 고소설이나 구비문학 작품에서도 이러한 덕목을 강조하는 경우는 찾아보기 힘들다. 이는 편저자가 민담을 동화로 개작하면서 주입한 '일본다운' 덕목이 아닐까 생각한다. 본문 중에 '친절', '유순(온순)'의 단어가 쓰인 예는 다음과 같다.

18) '동심주의'는 어른이 살아가는 방식, 인생에 대한 태도에 있어서 잊혀져가고 있는 어떤 것, 혹은 잃어버린 어떤 것에 대해 '어린이'라는 존재를 통해 반성하고 새로운 자세를 자각한다는 의미에 대하여만 설득력을 지닌다.

① 정직하고 친절하며 형제 간에 의가 좋아… (〈물속의 구슬〉)
② 굶주린 노파에게 떡을 준 아우에게, "정말로 당신은 친절한 사람입니다."(〈검은 구슬과 붉은 구슬〉)
③ 마음씨 착한 아우는… 형의 가족을 받아들여 친절하게 돌봐주었습니다.(〈말을 하는 거북이〉)
④ 이야기를 들은 왕은 흥부의 친절을 마음 속 깊이 고맙게 생각하며…(〈놀부와 흥부〉)
⑤ 늙은 스님을 도와준 아우에게, "너는 정말 유순하고 친절한 사람이구나."(〈세 개의 보물〉)
⑥ 만수는 정말 솔직하고 온순한 아이였으나…(〈불쌍한 아이〉)
⑦ 동생은 형과는 정반대로 정말 유순하고 열심히 일하였지만…(〈놀부와 흥부〉)
⑧ 형은 무자비하고 욕심이 많은 사람이었습니다. 아우는 형과는 정반대로 유순한 성격의 사람이었습니다.(〈말을 하는 거북이〉)

위 인용문에서 '유순'과 '친절'이란 개념은 인물의 장점, 선한 점을 잘 드러낼 때 쓰인다. 이중에서 ②의 '친절'은 며칠 동안 아무 것도 먹지 못한 주인공이 자신의 생명과도 같은 유일한 떡 한 덩어리를 노파에게 주었을 때 얻어들은 칭찬이다. ③의 '친절'은 이기적이고 폭압적인 형을 용서하고 그에게 집과 음식을 제공하는 '마음의 용서'와 '물질적 지원'을 의미한다. ④의 '친절'은 미물의 고통을 불쌍히 여겨 도와준 마음을 말하며, ⑤의 '친절'은 형들에게 쫓겨난 아우가 길에서 만난 남루한 노승의 짐을 들어주고, 며칠 동안 산사에서 장작을 패고, 불을 지펴 밥을 하고, 불공까지 대신 드려준 수고에 대한 칭찬이다. 이렇듯 본문 중 쓰인 '친절'이란 용어는 '싹싹한 예절' 수준을 훨씬 넘는, '자기헌신' 수준의 예절 관념이다.

⑦, ⑧의 '유순'과 ⑥의 '온순'은 무자비하고 욕심 많은 형, 또는 주인의 학대를 견뎌내고, 원망도 하지 않고, "'나는 주인님의 보살핌을 받고 있는 몸이다. 그러니 주인님의 명령을 거스를 수는 없어.'라고 생각하고 곧바로 마음을 고쳐먹고 지게를 지고 산으로"(〈불쌍한 아이〉) 간 만수같이, 초인적으로 자기 일에 충실한 주인공들의 생활 태도를 일컫는 관념이다.

친절하고 유순한 태도가 나쁠 것이야 없겠지만, 이렇게 '자기희생'을 넘어서 세상에 대한 합리적인 인식과 대응 없이 '자기학대'에 가까운 절제를 의미하는 것이라면, 세계와 인간성에 대한 동화의 인식 태도가 자학적이며 지나치게 이상적이라는 비판을 면하기 어려울 것이다. 이러한 주인공들의 생활 태도는 식민지 하의 현실에서 조선의 아동들이 전범으로 삼을 만한 행동 모델이 되기 어려웠을 것이다. 뿐만 아니라, 이러한 덕목들을 강조하는 계몽적 자세는 동화라는 문학의 생동감을 해칠 뿐만 아니라, 근대 자본주의 체제 하에서 아동이 추구해야 할 '발랄함'과 '독립성', '적극적인 인생 자세'를 저해하는 요인이 된다는 점에서 비판의 소지가 크다.

서구의 문명화 과정에서 국민국가로 정착된 사회는 가치와 규범, 윤리를 세움으로써 국민들을 국가의 가치에 순응하는 '좋은' 국민으로 삼으려 한다. 아동과 청소년들에게는 예절 바른 행동을 강조하기 위하여 구전 설화와 동화 문학을 교육 제재로 활용하곤 하였다. 동화는 아동들에게 상상력을 촉발하고 인식을 확장하는 좋은 문학 텍스트이지만, 때로 권위적인 사회의 교육 시스템에서는 아동들을 문명화하고 사회화함으로써 그들을 순종적이고 수동적인 시민으로 만드는 데 기여하기도 한다.

일제 강점기 하에서 조선총독부는 문화와 교육의 영역에서도 교묘하게 식민지화를 추구하였다. 특히 3·1운동 이후 문화통치(文化統治) 정책을 실시하면서 조선 고유의 문화를 파괴하고, 일본 문화와 제국주의적 가치를 각종 영역에서 조선 내에 전면화하기 시작하였다. 일제 강점기 하에서 아동 문명화는 문학 텍스트의 생산과 학교 교육을 통해 이루어졌다. 조선총독부 학무국 편집과에서 1910-20년대에 설화와 수수께끼 등 민속자료를 수집하고, 이를 가공하여 동화와 교과서를 만든 과정은 조선의 민속문화를 폄하하고 식민지 이데올로기를 확산시키는 과정에 다름 아니었다.

『조선동화집』에 나타나는 계몽적 태도는 바로 제국주의적 세계관을 확산시키고, 식민지 이데올로기를 발현하는 것이라는 점에서 문제시된다. 왜냐하면 현실적 맥락을 상실한 도덕적 인간상은 조선의 아동들에게 '순종적이고 수동적 신민상(臣民象)'[19]이라는 식민지 부르주아지적 특질을 조장하는 것에 다름 아니기 때문이다. 이 동화집은 처음부터 식민지 학교교육과 밀접한 연관을 지니고 있었다. 조선 설화 작품들이 조선의 보통학교 교육에서 문학 제재로 쓰일 때에는 '공존공영(共存共榮)'[20], '내선융화(內鮮融和)'[21], '일선동조론(日鮮同祖論)'[22]

19) 박미경은 〈세 가지 보물〉, 〈삼성혈〉, 〈만수(불쌍한 아이)〉, 〈물 속의 구슬〉 등의 작품이 2기와 3기 국어독본에 계속 실릴 수 있었던 까닭을 사회의 부조리나 모순을 발견해내고 노력하기보다는 현상에 감내하고 만족을 찾아내려고 하는 순종적, 수동적 삶의 태도를 이끌어내기에 충분했기 때문이고, 식민지 지배 체제를 당연한 것으로 받아들일 수 있는 인간상 교육을 위해 이들 설화를 활용한 것이라 하였다.(박미경, 「일제강점기 일본어 교과서 연구-조선총독부편『普通學校國語讀本』에 수록된 한국설화를 중심으로」, 『일본언어문화』 18집, 한국일본언어문화학회, 2011, 484쪽.)

20) 2기『普通學校 國語讀本』2권 30과에는 〈세 가지 보물(三ツノタカラ)〉이 수록되어 있는데, 교과서 해설서인『編纂趣意書』의 해당 부분에서는 이 작품의 중심사상이 "친절한 마음으로 곤란한 사람을 도와주는 것이 공존공영(共存共榮)의 근저를 이룬다"는 것이라고 하며, 교수자는 청소년의 친절한 마음을 잘 취급하고, 사랑의

이라는 교육 목표를 이루는 데 활용되어, 식민지의 학령기 아이들을 유순한 '국민'으로 성장시키는 몽학선생(蒙學先生) 같은 역할을 하는 교재가 되었을 것이다.

앞서 민족의식을 지닌 조선의 문학·교육계 인사들의 설화·동화 연구와 교육운동을 언급하였는데, 『조선동화집』과 대비되는 『조선동화대집』(심의린, 1926)에 그려진 인물의 성격을 제시하는 것으로 논의를 마무리짓고자 한다. 『조선동화대집』에는 『조선동화집』의 모범적 인간상과는 달리, 재치와 꾀를 강조하는 '악동(惡童)'의 인간상이 주로 그려진다. 『조선동화대집』의 작품 유형 가운데 가장 큰 비중을 차지하는 것은 소담(笑譚)으로, 83편 중 41편이다[23]. 소담의 주요 내용은 바보들이 자기의 우스꽝스러운 모습을 스스로 폭로하거나, 나이 어리거나 힘없는 약자가 재치 있게 꾀를 부려 지체가 높고 우악스런 강자를 속이거나 이기는 구조이다. 주인공들은 기지(機智)를 통하여 고지식하고 어리석은 사람들을 조롱·풍자하며, 인생에서 지혜와 분별력이 얼마나 소중한지를 일깨운다. 심의린은 소담의 주인공들을 선하고 꾀 많은 약자로 설정하여, 어린이 독자들에게 힘세고 나이 많은 권력자들이 횡포 부리는 험한 세상에서 분별력과 지혜, 꾀를 가지고 대처할 것을 이

마음을 장려해야 한다고 주문하였다.(『普通學校 國語讀本 卷二 編纂趣意書』, 朝鮮總督府, 1925, 26-28쪽.)

21) 제주도 개벽신화인 〈삼성혈(三姓穴)〉은 2기와 3기 『普通學校 國語讀本』 5권에 수록되어 있는데, 이 부분의 『編纂趣意書』에서는 "내선융화(內鮮融和), 협력향상(協力向上)의 의의를 설명한 과라고 하며, 이러한 개념을 강조한 교수법을 특별히 주문하였다.(『普通學校 國語讀本 卷五 編纂趣意書』, 朝鮮總督府, 1925, 8쪽.)

22) 노성환, 박미경 등 일본 설화 연구자들은 〈석탈해〉 설화와 같이 한일 간에 유사한 제재가 있는 작품들이 일선동조론(日鮮同祖論)의 근거가 되었음을 논하였다.

23) 권혁래, 「1920년대 민담의 동화화와 심의린의 『조선동화대집』」, 『민족문학사연구』 39집, 민족문학사연구소, 2009 참조.

야기하였다.

〈이오성〉, 〈소년군수〉 등에서 기지를 발휘하여 고지식한 어른들을 조롱·풍자하는 『조선동화대집』의 악동상을 생각하면, 『조선동화집』 〈물속의 구슬〉에서 형제간의 우애를 해친다며 돈 낳는 구슬을 갖다버리자던 형제나, 〈불쌍한 아이〉에서 설날 아침 나무를 해오라는 주인의 명령을 듣고도 기쁘게 순종하는 만수의 모습이 얼마나 '모범적 국민상'인지를 한순간에 알게 된다. 이러한 장면들을 대비해보면, 민담과 달리 동화란 편집자나 재화자의 의도에 따라 서사나 인물의 성격, 주제에 이르기까지 많은 변화가 일어날 수 있는 장르임을 알 수 있다. 조선총독부의 『조선동화집』은 정치적 함의가 강한 텍스트이다. 이상에서 필자는 이 동화집의 저자와 편찬의도, 성격과 영향력에 대해 분석함으로써 일제강점기 일본어로 쓰인 한 문학작품의 정치성에 대해 논증하고자 하였다.

IV. 맺음말

필자는 이 장에서 1924년 조선총독부에서 출간된 『조선동화집』의 출간 상황과 인물 형상을 분석하면서, 거기서 어떠한 서사적 의미와 이데올로기적 특성이 추출되는지에 대하여 검토하였다.

『조선동화집』은 1916년부터 1921년까지 '조선총독부 임시교과용 도서 편집사무 촉탁(囑託)'으로 근무한 다나카 우메키치(田中梅吉:1883-1975)가 주관하여 조선총독부 학무국 편집과에서 편찬해낸 책이다. 다나카는 '조선 민족의 정신과 풍속을 연구하고, 이를 학교 교육의 교재로 삼아 조선의 아동들을 교육'하기 위해 조선의 동화를 모집하고 가공하였다. 그에게 동화란 '순수한 조선 아동이, 양심 없고 창조적 정신이 고갈된 성인으로 크지 않도록 동심을 보존하고 교화시키기 위한 교육 제재'였다.

『조선동화집』은 처음부터 학교에서 조선 아동의 문화·문학 교육을 전제로 한 자료집의 성격을 띠었으며, 일부 작품들은 『보통학교 국어독본』, 『보통학교 아동문고』 등에 수록되어 수십만 명의 조선 보통학교 학생들에게 읽히었다. 『조선동화집』 25편의 작품들은 전형적인 민담과는 거리가 있는, 작가가 적지 않게 개입하여 고쳐쓴 흔적이 발견된다.

『조선동화집』의 주인공들에겐 공통의 특징이 있으니, 그것은 다음과 같다. 첫째, 주인공들이 매우 가난한 상황에 처해 있었다. 둘째, 주인공들은 품성이 선하며, 가족 중심적이며, 무한 성실한 '모범적 국민상'이다. 셋째, 갈등의 해결 방식을 보면, 현실의 불합리한 모순은 주인공의 선한 품성에 감동한 '영물(靈物)'의 도움으로 일거에 해결된다.

『조선동화집』의 작가는 교훈의 표출을 동화 쓰기의 원동력으로 삼은 듯, 교훈성을 두드러지게 강조한다. 작품에서 드러나는 주요한 덕목들은 착한 마음과 선행, 자비, 욕심 및 악행 경계, 성실, 효심, 형제우애, 유순, 친절, 인내, 지혜, 보은(報恩) 등이다. 이와 대비적으로 악한 성격으로 그려지는 것은 욕심, 교활함, 악함, 게으름, 이기적인 마음, 사나움 등이다. 선한 덕목으로 그려진 것들은 대개 보편적 인류애에 해당되는 가치들이며, 전통 사회의 유교적 가치와도 부합하는 편이다. 그리고, '유순', '친절'과 같은 덕목은 다른 전통적 가치들과는 달리, 근대국가적 덕목, 일본적 가치에 가깝다. 그런데 이러한 덕목들을 지나치게 강조하는 계몽적 자세는 문학 본연의 생동감을 해칠 뿐만 아니라, 근대 자본주의 체제 하에서 아동이 추구해야 할 '발랄함'과

'독립성', '적극적인 인생 자세'를 저해하는 요인이 된다는 점에서 비판의 소지가 크다.

조선총독부 학무국 편집과에서 1910-20년대에 설화와 수수께끼 등 민속자료를 수집하고, 이를 가공하여 동화와 교과서를 만든 과정은 조선의 민속문화를 폄하하고 식민지 이데올로기를 확산시키는 과정에 다름 아니었다.

『조선동화집』에 나타나는 계몽적 태도는 제국주의적 세계관을 확산시키고, 식민지 이데올로기를 발현하는 것이라는 점에서 문제시된다. 왜냐하면 현실적 맥락을 상실한 도덕적 인간상은 조선의 아동들에게 식민지 국가의 '순종적이고 수동적인 신민상(臣民象)'을 조장할 수 있기 때문이다. 조선 설화 작품들이 조선의 보통학교 교육에서 문학 제재로 쓰일 때에는 '공존공영(共存共榮)', '내선융화(內鮮融和)', '일선동조론(日鮮同祖論)'이라는 교육 목표를 이루는 데 활용되었으며, 식민지의 학령기 아이들을 유순한 '국민'으로 성장시키는 교재가 되었을 것이다.

제5장
1920년대 민담의 동화화(童話化)와 심의린의 『조선동화대집』

Ⅰ. 『조선동화대집』의 발견

심의린(沈宜麟:1894-1951)의 『조선동화대집(朝鮮童話大集)』은 설화나 동화를 연구하는 사람이라면 누구나 한번쯤 읽어보고자 하는, 한국인이 한국어로 쓴 최초의 전래동화집이다. 근대 초기 편찬된 설화집을 언급할 때나 전래동화의 형성을 논할 때 이 작품은 반드시 한 번씩 거론된다. 하지만 근래 들어 실물을 본 사람이 거의 없어 자세한 내용이 알려지지 않았다. 필자 역시 전래동화를 연구하기 시작하면서 이 작품집을 구하려고 여러 방면으로 수소문 하였으나, 좀처럼 구할 수 없었다. 그러던 중 몇 개월 전 일본인 연구자 仲村修 선생이 이 책을 소장하고 있다는 소식을 전해 듣고 김환희 선생을 통해 이 책의 복사본을 얻어볼 수 있었다. 이 지면을 빌어 감사의 인사를 전한다.

심의린의 『조선동화대집』은 1926년 10월 27일 한성도서주식회사에서 출간되었으며, 1929년 재판이 발행되었다. 이 작품집은 총 280면으로, 83편의 이야기가 수록되어 있다. 그리고 문장은 한자를 앞에 내세우고 작은 글씨로 한글 훈을 단, 종서체(縱書體)로 쓰였다. 앞서 말하였듯이, 『조선동화대집』은 한국인이 한국어로 쓴 최초의 전래동화집이며, 일제 강점기 하 3대 전래동화집의 하나로 평가받고 있다.[1] 또한 이 작품집은 설화집으로서의 가치도 인정받고 있다. 해방 이전 채록 출판된 전래동화집은 당시 구전되던 민담을 직접 채록하여 문자화하였다 하여 초기 민담집과 거의 동일한 위상으로 분류되기도 한다[2]. 한국 민담 연구의 태두인 손진태가 일본어로 『朝鮮民譚集』을 출간한 해가 1930년이니, 1926년도에 한국어로 출간된 심의린의 『조선동화대집』은 설화 연구의 측면에서도 매우 가치가 있는 자료집인 것이다.

또한 고전문학 연구자에게 '전래동화'가 흥미로운 것은 신화, 전설, 민담, 때로는 고소설 작품 일부도 포함해서, 한국 고전서사 작품의 현재적 전승 및 대중화가 가장 성공적으로 이루어진 장르 중의 하나가 전래동화이기 때문이다.

우리나라 문학계에 '동화'란 장르가 등장한 것은 1920년대 초의 일이다. 1921년에는 배위충이 『이솝 우언』을 편역한 이래, 오천석의 『금방울』, 한석원의 『눈꽃』과 같은 번역동화집이 출간되었고, 1922년 방정환의 번안동화집 『사랑의 선물』이 출간되었다. 1923년에는 최초의 창작동화인 마해송의 『바위나리와 아기별』이 발표되었고, 1924년 조선총독부에서 편찬한 『조선동화집』이 출간되었다.

조선총독부가 편한 『조선동화집』은 우리나라 최초의 전래동화집이라는 문학사적 의의를 갖고 있다. 하지만 이 동화집이 일본어로 기록되어 있고, 조선총독부의 식민지 민속자료의 정리 및 민족동화정책의

1) 손동인, 「한국전래동화사연구」, 『한국아동문학연구』 창간호, 한국아동문학학회, 1990. 7, 26쪽.

2) 최운식은 심의린의 『조선동화대집』을 한국인에 의하여, 한국어로 쓰인 최초의 설화집이라고 평가하고, 설화문학적 가치를 논하였다.(최운식, 『한국 서사의 전통과 설화문학』, 민속원, 2002, 489쪽.)

일환으로 편찬되었다는 점은 한계로 작용한다. 그런데 이와는 다른 측면에서 국문 전래동화 작업이 문화적 민족주의를 표방하는 조선측 인사들에 의해 시행되고 있었으니, 1920년대 최남선, 방정환, 손진태, 박달성 등의 어린이 잡지 활동과 전래동화 발굴 정리 작업이었다.[3] 그러던 중 1926년 심의린이 한글로 된 최초의 전래동화집 『조선동화대집』을 출간하였으니, 이는 국문 전래동화 정리 작업의 일대 성과라 할 것이다. 심의린은 보통학교 교사이자 한글연구자로서 일제 강점기 한글 연구에 큰 공을 세운 인물인데, 소년층을 위한 교육적 목적에서 일회적으로 전래동화집을 편찬한 것이 결과적으로 한국 전래동화의 형성에 큰 영향을 미치게 된 것이다.

그런데 『조선동화대집』은 이러한 문학사적 가치에도 불구하고, 초기 동화에 대한 학문적 연구가 일천할 뿐 아니라, 해방 이후에는 작품의 열람이 극히 제한된 사람들 속에서만 이루어지다가 작품이 일실(逸失)되어 본격적으로 연구될 수 없었다. 그나마 『조선동화대집』에 대해 가장 정확한 정보를 제시한 이는 최인학인데, 그는 『조선동화대집』의 '서(序)' 내용을 분석한 바 있다.[4] 이외에 이재철, 손동인, 최운식, 조희웅 등이 『조선동화대집』에 대해 부분적으로 언급을 하였다. 『조선동화대집』에 대한 본격적 연구가 처음 이뤄지는 만큼, 이 장에서는 작품집의 전반적인 성격을 규명하는 데 초점을 두고자 한다.[5]

---

3) 권혁래, 「『조선동화집』의 성격과 의의」, 『조선동화집-우리나라 최초 전래동화집(1924년)의 번역·연구』, 집문당, 2003, 181쪽.

4) 최인학, 『한국설화론』, 형설출판사, 1982, 117-118쪽.

5) 이 논문을 작성·투고한 2009년 2월에 『조선동화대집』의 성격과 특성을 개괄적으로 밝힌 김경희의 논문이 2008년도 12월에 발표되었음을 알게 되었다.(김경희, 「『조선동화대집』의 성격과 의의」, 『겨레어문학』 41집, 겨레어문학회, 2008.) 이를 이어 『조선동화대집』의 역해본이 출간되었으니 독자들은 이 책을 활용하면 될 것이다: 심의린 저, 최인학 번안, 『조선동화대집』, 민속원, 2009; 심의린 저, 신원기

먼저 심의린이 『조선동화대집』을 편찬하게 된 의도와 경위가 어떠한지를 살펴보고자 한다. 둘째, 설화의 유형 분류 방법에 의거하여 수록 작품 83편을 유형 분류하고, 각 유형의 내용과 주제를 중심으로 성격에 대해 분석할 것이다. 셋째, 심의린이 어떠한 점에 초점을 두고 어떠한 방식으로 민담을 동화화하였는지에 대해 고찰할 것이다. Ⅲ장과 Ⅳ장에서는 부분적으로 일본인들이 간행한 『조선물어집(朝鮮物語集)』(1910) 및 『조선동화집(朝鮮童話集)』(1924)과 대비하여 『조선동화대집』의 성격 및 동화화 방식을 분석할 것이다. 마지막으로, 『조선동화대집』의 문학사적 의의를 평가할 것이다.

II. 『조선동화대집』의 편찬 목적과 경위

심의린(沈宜麟)은 1894년 심능설(沈能卨)의 차남으로 서울에서 태어났다. 본관은 청송(靑松)이며, 호는 송운(松雲)이다. 어릴 적에는 할아버지와 아버지에게서 한문을 배웠으며, 교동 보통학교를 거쳐 1917년 한성고등보통학교 사범부(대한제국 시기의 한성사범학교)를 졸업하였다. 그리고 교동 보통학교와 경성사범학교 부속 보통학교에서 훈도(교원) 생활을 하였고, 1930년에는 경성여자사범학교 교유(敎諭)로 자리를 옮겼다. 한편, 1921년 조선어연구회가 조직되자 이에 가입하여 한글연구를 시작하였다. 이후 최초의 국어사전인 『보통학교 조선어사전』(1925)을 편찬하고 『한글』(1927) 창간에 참여하였으며, 1934년 4월부터 1936년 2월까지 『한글』지에 「보통학교 조선어독본

역해, 『조선동화대집』, 보고사, 2009. 참고로 신원기 선생이 교토대학 도서관에서 구득한 책은 昭和12년(1937) 8월에 간행된 4판본이다.

지도례」를 14회에 걸쳐 연재하고, 『중등학교 조선어문법 전』(1936)을 편찬하는 등 왕성하게 집필 활동을 하였다. 해방 후 1946년 서울대학교 사범대학 부속중학교에 복직되어 교사생활을 하며 국어교육에 관한 집필활동을 계속하였으나, 서울 수복 후 6·25때 좌경 학생을 도왔다는 혐의로 체포되어 부산형무소에 수감되어 있던 중, 1951년 옥중 사망하였다.6)

〈작품집 표지〉

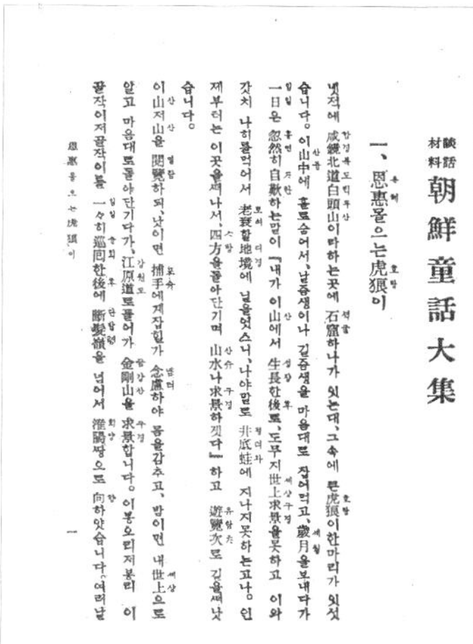

談話材料 朝鮮童話大集

一、恩惠몰으는虎狼이

녯적에 咸鏡北道白頭山이라하는곳에 石窟하나가 잇는대、그속에 큰虎狼이한마리가 잇섯습니다。이山中에 홀로숨어서、날즘생이나 길즘생을 마음대로 잡어먹고、歲月을보내다가 一日은 忽然히自歎하는말이 『내가 이山에서 生長한後로、도무지世上求景을못하고 이와갓치 나히를먹어서 老衰할地境에 닐을엇스니、나야말로 井底蛙에 지나지못하는고나。인제부터는 이곳을떠나서、四方을돌아단기며 山水나求景하겟다』하고 遊覽次로 길을떠낫습니다。

이山저山을 閱覽하되、낫이면 捕手에게잡힐가 念慮하야 몸을감추고、밤이면 내世上으로알고 마음대로돌아단기다가、江原道로들어가 金剛山을 求景합니다。이봉오리저봉리 이꼴작이저꼴작이를 一々히巡回한後에 斷髮嶺을 넘어서 淮陽땅으로 向하얏습니다。여러날

恩惠몰으는虎狼이 一

〈본문 1쪽〉

이처럼 심의린은 교사 생활을 하면서 모국어 교육 및 연구에 열정을 쏟아부었다. 그런데 그가 한글 연구를 막 시작하던 1926년 『조선동화대집』을 출판한 것은 다소 의외의 일이었다. 그가 한글 연구 외에 다

6) 이상의 심의린의 생애와 약력에 대해서는 박형익의 『심의린 편찬 보통학교 조선어사전』(태학사, 2005, 11-12쪽)과 한국역대인물종합정보시스템(한국학중앙연구원)의 내용을 참조하여 서술하였다.

른 분야로 글을 쓰거나 책을 낸 것은 『조선동화대집』이 유일하다. 김경희는 『조선동화대집』에 대해서, "심의린이 지닌 조선어에 대한 관심과 어린이 교육에 대한 사명감이 그대로 표현된 책"[7]이라고 의의를 평가하였다. 필자 또한 이에 동의한다. 그는 어린이 시절에 정서적 반응을 일으키는 것은 오래 동안 기억된다는 점에서 동화의 가치를 인식하고, 또 '전래동화'의 특별한 효용성을 인식하였다. 그는 '서'에서,

> 나이 어렷슬 쌔에, 어른에게나 同侔(동모)들에게 滋味(ᄌᆞ미) 잇게 듣고 올케 녁엿든 訓話(훈화)나 童話(동화) 갓흔 것은 至今(지금)까지라도 그대로 귓속에 남어 잇고 마음에 먹음어 잇습니다. 이와 갓치 마음이 正直(정직)하고 精神(정신)이 聰明(ᄎᆞᆼ명)한 쌔에는 그 生活(ᄉᆡᆼ활)에 適合(뎍합)한 思想(ᄉᆞ상)과 感情(감졍)을 修養(슈양)하야, 常識(샹식)을 豐富(풍부)케 하며, 文章(문쟝)을 鑑賞(감샹)하야 文藝(문예)의 趣味(취미)를 엇게 함이 무엇보다 必要(필요)합니다. 그러면 少年時代(쇼년시ᄃᆡ)에 訓話(훈화) 童話(동화)가 如何(여하)한 힘이 잇스며, 如何(여하)한 影響(영향)을 밋침은 뭇지 아니하야도 알 것입니다.(띄어쓰기는 필자가 교정하였음. 이하 동일)

라고 하였다. 이는 동화의 효용성에 대해 언급한 것이니, 첫째, 어린이다운 사상과 감정을 수양할 수 있다는 점, 둘째, 상식을 풍부하게 하며, 셋째, 문예의 취미를 얻을 수 있다는 점에서 소년시대에는 훈화(訓話)·동화(童話)의 영향력이 매우 큼을 말하였다. 이는 베텔하임이 말한 바, "옛이야기는 어린이들이 읽는 어떤 유형의 이야기보다도 인간의 내면 문제들에 대해서 많은 가르침을 주고 또 어린이가 처한 난관에 알맞은 해결책을 제시한다."[8]는 옛이야기 혹은 전래동화의 효용

7) 김경희, 앞의 논문, 240쪽.

성과 맞닿는 인식이다.

그런데 '훈화'와 '동화'란 무엇일까? 심의린은 '훈화'와 '동화'란 용어를 특별한 구분 없이 같이 사용하였는데, 그 용어를 명확히 정의하지는 않았다. 작품집 표지에는 '談話材料 朝鮮童話大集'이라 하여 사람들에게 자신의 동화집을 '이야깃거리'로 삼으라고 하였는데, 이에서도 저자에게 동화에 대한 장르의식이 아직 명확하지 않다는 점을 알 수 있다. 참고로 1920년대 당시 소파 방정환이 사용하였던 '동화'의 정의를 살펴보면 좋을 듯하다. 방정환은 "동화의 동(童)은 아동이란 동이요, 화(話)는 설화이니, 동화라는 것은 아동의 설화, 또는 아동을 위하야의 설화이다."[9]라고 하여, 동화는 어린이를 위한 설화임을 강조하였다. 심의린의 동화관도 이와 크게 다르지 않다. 『조선동화대집』에 실린 동화가 거의 대부분 민담을 다듬은 작품이란 점을 생각할 때, 심의린이 말하는 동화란 민담 중에서 어린이들에게 적합한 작품을 선택하고, 어린이들이 읽기 쉽게 표현을 다듬은 것이라 이해할 수 있다. 한편 '훈화'에 대해서는 심의린이 편찬한 『보통학교 조선어사전』의 풀이를 보는 것이 가장 정확할 듯하다. 사전에 의하면, '훈화'란 "敎訓하시는 말삼"(196쪽)을 뜻한다. 곧 '동화를 통해 어린이들에게 주는 교훈'을 말한다. 정리하자면, 심의린은 학생들의 교육을 위한 목적에서 동화의 효용성을 인식하고, 민담 중에서 어린이들에게 적합한 작품을

8) 브루노 베텔하임 지음, 김옥순·주옥 옮김, 『옛이야기의 매력 1』, 시공주니어, 1998, 16쪽. 뿐만 아니라 베텔하임은 옛이야기가 삶의 보편적인 문제들, 특히 어린이들의 머릿속에 자리잡고 있는 문제들을 다룸으로써 이제 싹트기 시작하는 자아의 발달을 자극하며, 어린이들은 옛이야기를 읽으면서 본능의 억압을 긍정적으로 자각하게 되며, 또 자아와 초자아가 허용하는 선에서 본능을 충족시킬 방법을 찾게 된다고 하였다.(위의 책, 16-17쪽)

9) 방정환, 「새로 개척되는 동화에 관하야」, 『개벽』 31호, 1923.1.

취택하고 표현을 다듬어 전래동화집을 편찬한 것이다.

다음으로 심의린은 어떤 방식으로 동화를 채록했을까? 심의린은 문헌채록, 방문채록, 모집채록, 기억채록의 방식을 활용하였다.

> 拙者(졸쟈)가 少年時代(소년시ᄃᆡ)에 어더들은 바와 읽어본 바 中(즁)에서 本來(본ᄅᆡ)부터 우리 朝鮮(죠선)에 流行(류ᄒᆡᆼ)되든 童話(동화)로 適當(뎍당)할 뜻한 材料(ᄌᆡ료) 몇 가지를 取擇(취ᄐᆡᆨ)하야 모아서 少年諸君(쇼년졔군)에게 參考(참고)에 供(공)코저 此書(ᄎᆞ셔)를 編纂(편찬)하얏습니다.

이것은 '서'의 한 단락인데, 심의린의 동화 채록 방식의 일단을 보여준다. 곧 편자 자신이 어린 시절에 듣고 읽었던 것들 중에서 본디 조선의 동화인 것을 취택하였다는 것인데, 당시에도 구전되거나 교과서, 신문·잡지, 재담집, 야담집, 동화집 등의 출판물을 통해 알려진 전래동화가 적지 않았음을 알 수 있다. 한 예로 〈혹 달린 노옹〉, 〈악독한 범〉, 〈외쪽의 꾀〉, 〈놀부와 흥부〉, 〈돌둑겁이〉, 〈금방망이 은방망이〉, 〈은혜 모르는 호랑이〉, 〈세도재상과 활냥〉, 〈말하는 남생이〉 등 9편의 작품은 다카하시 도루(高橋亨)가 1910년 편찬한 『조선물어집(朝鮮物語集)』[10] 수록 작품과 유사하다. 또한 〈악독한 범〉, 〈두꺼비의 보은〉, 〈두 개의 구슬〉, 〈노부를 내다버린 자〉 등 20편의 작품은 조선총독부에서 1924년 편찬한 『조선동화집』 수록 작품과 유사하다. 하지만 구체적 내용이나 표현 방식은 각각 다르다. 물론 자신의 기억이나 구전설화를 그대로 옮긴 것일 수도 있지만, 출판물이 있다면 그 영향을 고려하는 것이 좋을 것이다. 83편의 작품 가운데 성적(性的) 소재를

---

10) 다카하시 도루(高橋亨), 『朝鮮の物語集附俚諺』, 日韓書房, 1910년.

다룬 작품은 하나도 없다.

〈은혜 모르는 호랑이〉, 〈토목공이와 자릉고비〉, 〈태전꾼의 꾀〉, 〈김득선의 후회〉, 네 작품은 강원도 금강산 일대, 춘천, 충주, 나주 등의 구체적인 지역 명이 등장하는 것으로 보아 해당 지역에서 채록된 민담일 가능성도 있다.[11]

또한 〈바보 모집〉 10편과 〈호랑이 모집〉 9편을 통해 볼 때, 일부 작품은 일반에 공모해서 얻었음을 알 수 있다. 심의린이 보통학교 교사생활을 하였음을 생각할 때 지인 및 학생 등을 통해 모집하였음을 짐작할 수 있다.

III. 수록 작품의 유형과 성격

1. 유형 분류

『조선동화대집』의 표제 작품은 66편인데, '바보 모집'에 10편, '호랑이 모집'에 9편의 독립된 작품이 각각 부속되어 있어, 이를 합산하면 총 83편이다.[12] 이 정도 편수의 작품이라면 유형 분류 작업이 작품의 성격을 파악하는 데 긴요하다.

그렇다면 전래동화를 어떠한 방식으로 분류할지가 문제이다. 물론 전래동화만을 대상으로 독립적인 기준을 내세워 분류하는 방식도 있

11) 작중 공간 배경으로 등장하는 구체적 지명 및 장소는, 강원도, 회양, 금강산, 단발령, 유점사(〈은혜 모르는 호랑이〉), 춘천, 충주(〈토목공이와 자릉고비〉), 나주(〈태전꾼의 꾀〉), 금강산, 구룡폭포(〈김득선의 후회〉) 등이다.

12) 최운식·김기창은 『전래동화 교육의 이론과 실제』(집문당, 1998, 350쪽)에서 『조선동화대집』의 이야기 편수를 92개라고 하였는데, 사실이 아니다. 작품을 보지 못했기 때문에 일어난 일로 보인다.

을 수 있지만, 전래동화가 대체로 민담에서 기원하였다는 점을 고려할 때 좀 더 보편성을 가진 설화분류 방식을 원용하는 것도 한 방법일 것이다.[13] 한국 설화 분류방식을 제시한 이로는 장덕순[14], 최인학[15], 조희웅[16], 조동일[17] 등이 있는데, 여러 모로 검토한 결과 필자는 조희웅의 분류방식을 취택하고자 한다. 조희웅은 설화의 범주에 신화, 전설, 민담을 모두 포함하고, 한국적 특성을 충분히 살릴 수 있는 분류안을 제시하였다. 설화의 제1차적 분류 항목은 동(식)물담, 신이담, 일반담, 소담, 형식담의 5개 항목이며, 이것은 다시 26개의 항목으로 하위 분류된다. 이러한 설화 분류 방식에 의거하여 『조선동화대집』의 수록 작품 83편을 분류하면 다음과 같다.[18]

1 소담(笑譚): 41편

① 지략담(14) : 도깨비돈, 이오성, 외쪽의 꾀, 소년군수, 태전꾼의

---

13) 전래동화에 대한 독립된 유형 분류안을 제시한 연구는 찾아보기 힘들다. 선행한 김경희의 논문에선 유형화 작업을 하지 않고, 각각의 작품 내용을 요약 소개하는 데 그쳤다.

14) 장덕순은 크게 신화·전설·민담 세 항목으로 나누고, 하위로 14개 항목을 두었다. (장덕순, 『한국설화문학연구』, 서울대학교 출판부, 1970, 11-41쪽.)

15) 최인학은 아르네-톰슨의 유형 분류 방법과 일본 설화 유형 분류 방법을 참고로 하여, 크게 동물석화 · 본격석화 · 소화 · 형식담 · 신화적 석화 · 기타로 나누고, 하위로 20개 항목을 두었다.(崔仁鶴, 『韓國昔話の研究』, 日本 東京: 弘文堂, 1970, 64-69쪽.)

16) 조희웅, 『한국설화의 유형적 연구』, 한국연구원, 1983, 17-26쪽.

17) 조동일은 한국 실정에 맞는 새로운 분류 방법을 제시하고, 이기고 지기 · 알고 모르기 · 속이고 속기 · 바르고 그르기 · 움직이고 멈추기 · 오고 가기 · 잘되고 못되기 · 잇고 자르기의 8개 대항목으로 나누고, 32개의 하위 항목을 두었다.(조동일 외, 『한국 설화유형 분류집:한국 구비문학대계 별책 부록(1)』, 한국정신문화연구원, 1989, 12-18쪽.)

18) 분류 항목의 순서는 조희웅의 설화분류표와 좀 다르게, 해당 작품이 많은 유형부터 앞에 놓았으며, 2차적 분류 항목은 1차 분류 항목 내에서 번호를 다시 매겼다.

꾀, 달떡, 군수와 소아, 호랑이모집(4),(7),(8),(9), 삼인의 학동, 거짓말 잘하는 아이, 세도재상과 한량

② 치우담(19) : 당나귀알, 바보사위, 옹기장사, 완고양반, 문자 잘 쓰는 남자, 천치 신랑, 완고학자님, 오리 먹고 알 먹어, 떡보의 실언, 바보모집(총10편: 닭의 알 낙태, 인력거삼등, 우표여행, 전신선응용, 총각의 독서, 두 술장수, 집 찾기, 아는 것이 병, 도적에 놀라, 못난이 특징)

③ 과장담(2) : 토목공이와 자릉고비, 부자 되는 법

④ 우행담(2) : 돌두꺼비, 떡보의 성공

⑤ 포획담(4) : 호랑이 모집(2),(3),(5),(6)

2 신이담(新異譚): 27편

① 기원담(2) : 오작교, 악독한 범

② 변신담(5) : 개구리신선, 곰과 산도야지, 반쪽사람, 여우의 변화, 오성의 도깨비 제어

③ 응보담(15): 착한 아우, 다람쥐의 보은, 놀부와 흥부, 두꺼비의 보은, 콩쥐팥쥐, 사냥꾼의 소원, 김득선의 후회, 말하는 남생이, 두 형의 회개, 푸른 구슬과 붉은 구슬, 천도 얻은 효자, 술 나오는 구슬, 쌍꿩의 보은, 혹 달린 노옹, 금방망이 은방망이

④ 초인담(2) : 똑같은 재주, 장승해몽

⑤ 주보담(3) : 청보자, 네모진 보석, 두 개의 구슬

3 동물담(動物譚): 12편

① 기원담(1) : 멸치의 꿈

② 지략담(7) : 은혜 모르는 호랑이, 토의 지혜, 원숭이의 재판, 별주부, 꾀 있는 여우, 개와 범, 두건 쓴 고양이

③ 치우담(1) : 호랑이를 잡은 도적

④ 경쟁담(2) : 염소의 환갑연회, 자리 다툼

⑤ 기타(1) : 호랑이 모집(1)

④ 일반담(一般譚): 3편

① 교훈담(3) : 효자의 도움, 유복자의 효성, 노부를 내다버린 자

이상 유형 분류상에 나타나는 특징을 정리하면, 총 83편 중 소담이 41편으로 가장 많다. 다음으로 신이담 27편, 동물담 12편, 일반담 3편 순이다. 형식담은 없다. 이러한 유형 구성이 의미하는 바는 무엇일까? 소담은 주로 웃음·재간·바보에 관한 이야기로, 어리석은 인생에 대한 풍자 및 지혜를 강조하는 이야기가 중심이 되어 있다. 소담이 가장 많다는 점은 작품집에 골계, 해학, 풍자의 정서적 비중이 높다는 것을 의미한다. 신이담은 현실에서는 절대 일어날 수 없는 상상적인 초인들의 신비스런 이야기를 말한다. 신이담이 많다는 것은 사람들이 꿈꾸는 세계와 문제해결 방식을 그림에 있어 민중적 상상력이 많이 개입되었다는 것을 의미한다.

동물담은 모두 12편인데, 동물들이 지혜와 꾀를 발휘하는 지략담이 대부분을 차지한다. 호랑이, 토끼, 곰, 멧돼지, 지네, 이리, 여우, 원숭이, 염소, 개, 두꺼비, 자라, 고양이, 멸치, 망둥이, 가자미 등 다양한 동물들이 이야기의 주인공으로 등장한다.

일반담이란 신비스런 요소가 제거된 보통 인간들의 이야기이다. 세 편뿐으로 모두 효에 관한 일화를 담고 있다. 형식담이란 이야기의 진행 자체가 반복·누적·연쇄·회귀와 같은 특별한 형식에 의거하여 전개되는 이야기인데, 『조선동화대집』에는 한 편도 없다.

이러한 분류상의 특징은 조선총독부에서 편찬한 『조선동화집』(1924)과 비교할 때 그 특징이 분명히 드러난다. 『조선동화집』에는 총 25편 중 신이담이 14편, 동물담이 6편으로, 둘을 합친 것의 비중이 80%나 될 만큼 높으며, 소담과 일반담은 각각 3편, 2편으로 비중이

낮다. 『조선동화집』은 동화의 요소 및 플롯의 전개 면에서, 원 설화가 갖고 있는 환상성 및 신이한 요소를 부각시키는 경우가 많았다. 특히 의인화된 동물과 비현실적 존재 및 세계를 많이 드러내었데, 이러한 환상성 및 신이성은 동화가 민담에서 가져올 수 있는 가장 특징적인 성격이다. 또한 골계미 및 해학적 요소를 조선동화의 미학적 특징으로 인식하였으면서도 막상 그것을 제대로 이해하거나 구사하지 못한 점도 적지 않았다. 이를 통해 볼 때 『조선동화집』과 『조선동화대집』은 공통적으로 신이담의 비중이 크며, 수록 작품 중 소담의 비중이 가장 크다는 점이 『조선동화대집』의 중요한 특징이라는 것을 알 수 있다.

2. 유형별 성격

다음으로 각 유형 별로 인물 및 사건의 성격, 동화로서의 주제의식에 대해 고찰해보기로 한다.

(1) 소담: 어리석음에 대한 조롱과 기지(機智)의 해학

소담(笑譚)은 웃음을 주는 이야기로 대개가 단편적인 구성으로 되어 있다. 전체 41편 중, 치우담(癡愚譚), 지략담(智略譚)이 각각 19편, 14편으로 가장 큰 비중을 차지한다. 포획담(捕獲譚), 과장담(誇張譚), 우행담(偶行譚)이 각각 4, 2, 2편씩이다. 설화 분류표에 있는 기원담(起源譚), 풍월담(風月譚), 음설담(淫媟譚)은 없다.

소담이 많은 것에서도 알 수 있듯이, 『조선동화대집』에는 바보 주인공이 매우 많고, 풍자와 해학이 주요한 정조를 이룬다. 주제 면에서는 고지식하고 어리석은 사람들을 조롱·풍자하고, 경우에 따라 재빠르게 대처하는 지혜와 꾀를 강조한다. 그런데 바보로 그려진 사람들은 어떠한 사람들일까?

첫째 유형은 원래 바보인 사람들이다. 수박을 당나귀 알로 속아 산 바보 농부(〈당나귀알〉), 남의 말을 잘 알아듣지 못하고 엉뚱한 물건을 산 바보사위(〈바보사위〉), 달걀을 한꺼번에 얻으려고 암탉 배를 가른 바보(〈닭의알 낙태〉), 서당에서 훈장 말을 고지식하게 모두 따라하다가 쫓겨난 총각(〈총각의 독서〉), 도적에 놀라 몽둥이도 빼앗길까봐 몽둥이 들기도 거부한 사람(〈도적에 놀라〉) 등이 그렇다. 이들은 사리분별을 제대로 못 하는 바보스런 사람으로, 작중에서 그들의 어처구니없는 행동은 일말의 동정심도 얻지 못한다.

두 번째 유형은 도시 물정에 무지하여 서울에 와서 엉뚱한 행동을 한 시골사람들이다. 이들은 시골뜨기 소리를 듣지 않으려고 인력거를 타고 아는 체하다 망신을 당하거나(〈인력거삼등〉), 여행을 하고 싶은 산골 사람이 자신의 몸에 우표를 붙이고 우편소에 갔다가 "정신병자" 취급을 받기도 하고(〈우표여행〉), 더러운 의복을 집으로 보내려고 전봇줄에 자기 옷을 매달아놓았다가 옷을 잃어버리기도 한다(〈전신선여행〉). 작가는 시골 사람들의 근대 문명에 대한 무지를 희화화하고 해학적으로 묘사하였다.

세 번째는 한문만 알고 사리분별을 하지 못해 망신을 당한 시골양반과 학자들이다. 화자는 바뀐 문명을 알지 못하고 완고하게 옛 학문세계에 빠져 자기 주장만 고집하는 학자들을 바보로 희화화했다. 이들은 아는 체하다가 종에게 속아 말[馬]을 잃으며(〈아는 것이 병〉), 한문은 잘 하였으나 고지식하여 옷과 돈을 잃기도 하고(〈완고 양반〉), 장인이 호랑이에게 물려가는데도 문자만 쓰다가 장인을 죽게 만들기도 하고(〈문자 잘 쓰는 남자〉), 경인철도가 개통되어 기차가 왕래하는 것을 보고 요귀라고 하며 진언을 외워 쫓으려 하기도 하였다(〈완고학자님〉). 이들 작품은 신문물을 이해하지 못하고 고지식하게 옛지식만을 고집하는 식자층을 조롱하고 비판한다는 점에서 공통적이다.

이렇게 바보담이 많은 이유는 무엇일까? 이러한 작품들에는 다른 작품들과는 달리 현재성이 나타나 있다. 심의린은 자신이 현재 살고 있는 1920년대의 도시 사회에서 일어났거나 일어날 수 있는 어처구니 없는 일을 풍자하면서, 지혜와 분별력의 소중함을 어린이 독자들이 실감하도록 하였다.

지략담에선, 노인이 도깨비에게 돈을 무서워한다고 속여 큰 돈을 벌며(〈도깨비돈〉), 이오성이 말 대갈을 만드는 사내에게 골탕을 먹이며(〈이오성〉), 종 외쪽이가 자신을 학대하는 주인에게 꾀를 써서 속이며(〈외쪽이 꾀〉), 어린 군수가 자신을 나이 어리다고 얕잡아보는 아전들을 꾀를 써서 다스리며(〈소년군수〉), 소반을 망가뜨린 태전꾼이 꾀를 내어 위기를 모면하며(〈태전꾼의 꾀〉), 사람들이 자신을 잡아먹으려는 호랑이를 꾀를 써서 물리친다(〈호랑이모집〉(4),(7),(8),(9)). 또 꾀를 써서 어린이의 떡을 베어 먹으며(〈달떡〉), 좌수의 아들이 한 겨울에 참외를 구해오라는 군수를 꾀를 써서 물리치며(〈군수와 소아〉), 아이가 자기에게 거짓말을 해보라는 늙은 생원을 멋지게 속여먹으며(〈거짓말 잘 하는 아이〉), 세 명의 모자란 학동들이 서로 꾀를 부리며(〈삼인의 학동〉), 한량이 자신을 속이면 벼슬을 준다는 재상을 속여 벼슬을 얻는(〈세도재상과 한량〉 등의 이야기가 있다.

이들 작품은 대체로 나이 어리거나 힘 없는 약자가 재치 있게 꾀를 부려 지체가 높고 우악스런 강자를 속이거나 이기는 구조로 되어 있다. 또한 일상적 상황을 반전시키거나 위기를 극복하여 문제를 해결하는 기지(機智)를 통하여 웃음을 유발한다는 점에서 공통적이다. 또한 어린이 독자들에게 기지 및 담대함의 기상을 심어준다는 점에서 긍정적 가치를 지닌다.

포획담인 〈호랑이 모집〉(2),(3),(5),(6)에서는 맹수 호랑이를 만난 사람들이 위급한 상황에서 얼떨결에 꾀와 재치를 발휘하여 호랑이를 잡는 이야기를 보여준다. 과장담인 〈토목공이와 자릉고비〉, 〈부자 되는 법〉에서는 과장된 점이 있기는 하지만, 부자가 되려면 억척같이 안 쓰고 모아야 한다는 '저축'의 경제관을 제시하며, 화자가 은연 중 이에 동의하는 태도를 보인다. 이는 독자인 어린이들에게 실생활에서 근면·성실·저축의 경제관을 권면하는 교훈성으로 나타난다.[19] 우행담인 〈돌두꺼비〉와 〈떡보의 성공〉에서는 약간 모자란 인물들이 우연한 행운으로 위기를 벗어나 행운을 누린다는 이야기를 통해 웃음을 전한다.

이처럼 소담 유형의 작품들은 사람들의 어리석은 행위에 대해 적나라하게 묘사하고 이를 조롱하는 한편, 긴급하고 어려운 상황에서 재치와 꾀를 강조함으로써, 해학적이면서도 현실감 있게 약자의 바람직한 처세술에 대해 묘사하였다.

(2) 신이담: 탐욕의 경계와 선행 · 형제우애 · 보은의 강조

신이담(神異譚)은 현실에서는 절대 일어날 수 없는 상상적인 초인들의 신비스런 이야기를 말한다. 전체 27편 중, 응보담(應報譚)이 15편으로 가장 많으며, 변신담(變身譚) 5편, 주보담(呪寶譚) 3편, 기원담(起源譚)과 초인담(超人譚)이 2편씩 있다. 운명담(運命譚)은 없다.

응보담은 대개 착한 주인공들이 선행을 베풀었다가 신이한 조력자

---

19) 김경희 또한 〈이오성〉, 〈부자되는 법〉 등의 작품에서, 자본과 관련하여 실제로 경제활동을 통하여 부를 쌓는 방법을 제시하는 서사구조에 주목하였다. 김경희, 앞의 논문, 232-234쪽.

들이나 구원자들로부터 도움을 받아 행운을 얻는다는 이야기이다. 응보담에서 가장 큰 비중을 차지하는 유형은 동물들의 보은으로 주인공들이 행운을 얻는다는 구조이다. 이들 이야기에선 다람쥐가 족제비로부터 자신을 구해준 노부부에게 은혜를 갚으며(〈다람쥐의 보은〉), 꿩이 뱀으로부터 자신들을 구해준 사람에게 은혜를 갚으며(〈쌍꿩의 보은〉), 주인에게 사랑 받던 개와 고양이가 주인이 아끼던 술 나오는 구슬을 찾아오며(〈술 나오는 구슬〉), 두꺼비가 지네를 죽이고 자신에게 밥을 준 주인집 딸을 구한다(〈두꺼비의 보은〉). 한편 〈사냥꾼의 소원〉, 〈김득선의 후회〉는 사냥꾼이 사슴을 구해주었다가 보은을 받는다는 점에서 공통적이다.

응보담의 두 번째 유형은 욕심 많은 형과 착한 동생 간의 대립하는 구조이다. 〈착한 아우〉, 〈놀부와 흥부〉, 〈말하는 남생이〉, 〈두 형의 회개〉, 〈푸른 구슬과 붉은 구슬〉, 〈금방망이 은방망이〉 등의 작품들은 모두 욕심 많은 형과 착한 동생의 대립 구도 속에서, 착하거나 선행을 한 동생은 신이한 구원자 및 조력자의 도움을 받아 부자가 되며, 형들은 악행으로 인해 징치를 받아 재산을 잃으며, 대개 동생이 형들을 용서한다는 구도로 전개된다.

이외의 작품으로, 〈콩쥐팥쥐〉는 계모와 못된 동생에게 학대받던 콩쥐가 신령한 동물과 선녀의 도움을 받는 유형이며, 〈천도 얻은 효자〉는 정직·온순·효성의 아이가 선녀의 도움을 얻어 아버지의 병을 고치며, 〈혹 달린 노옹〉에선 정직한 늙은이가 노래를 잘 불러 도깨비와 혹과 금은보배를 바꾸었으나, 욕심 많은 늙은이는 도깨비를 속였다는 이유로 혹을 더 붙이고 온다.

변신담은 주인공들의 변신, 환생, 둔갑과 같은 변형담이 중심이 되는 이야기이다. 전래동화에서도 변신담은 흔치 않은 유형으로, 변신을 통해 반전을 이루는 서사는 매우 흥미롭다. 〈곰과 산도야지〉에선 곰과 산돼지가 함께 사람으로 변신해 여행을 하다가 희생 제물로 바쳐진 여인을 구해주며, 〈반쪽사람〉에서는 반쪽이로 태어나 사람 대접을 못 받던 주인공이 장가가려고 부잣집 딸을 훔쳐온 뒤 기남자로 변신하며, 〈개구리신선〉에선 한 여인을 흠모하던 개구리가 마지막 장면에서 신선으로 변신하여 승천한다. 〈여우의 변화〉 및 〈오성의 도깨비 제어〉에서는 여우 및 도깨비가 사람으로 변신하여 주인공들을 괴롭힌다.

주보담은 주인공들이 주술력이 있는 보물을 얻어 행운을 얻는다는 이야기이다. 〈청보자〉에서는 가난한 과부가 뒤집어쓰면 사람이 안 보이는 청보자기를 얻어 가게 물건을 훔치며, 〈네모진 보석〉에선 가난한 자가 네모진 보석을 얻어 부유해지나 교만하여 이웃에게 미움을 받아 죽으며, 〈두 개의 구슬〉에선 의좋은 형제가 보배가 나오는 구슬을 얻어 양보하다가 또 하나의 구슬을 얻어 화목하게 살았다고 하였다.

기원담인 〈오작교〉와 〈악독한 범〉은 각각 칠석날의 유래 및 해와 달, 수숫대의 유래를 전해준다.

초인담인 〈똑같은 재주〉와 〈장승해몽〉은 각각 출중한 재주를 가진 4형제의 공주 구출 이야기와 꿈 해몽을 잘하는 사람의 신통한 해몽 이야기를 전한다.

이처럼 신이담은 동물을 의인화하거나, 초월적인 인물을 주인공, 또는 구원자 및 조력자로 설정하고, 변신 화소와 신이한 주보를 설정하는 등의 방식으로 민담적 상상력을 마음껏 발휘하며 동화의 흥미를 돋운다. 그리고 한편으론 탐욕을 경계하고 선행, 형제우애, 보은의 중요성을 강조하며 교훈적 요소를 첨가하였다.

(3) 동물담 : 포악한 강자의 희화화(戱畵化)와 지혜로운 약자의 찬미

동물담(動物譚)은 의인화된 동물이 중심이 되는 이야기이다. 인간이 등장할 때도 있지만 보조적인 역할에 한정된다. 대부분의 유형들이 소담적(笑譚的) 성질을 띠는 것이 보통이지만, 주인공이 특히 동물이라는 데서 소담과는 별도로 분류한다.[20] 『조선동화대집』에는 모두 12편의 동물담이 있는데, 지략담(智略譚)이 7편으로 가장 큰 비중을 차지한다. 그 외에 경쟁담(競爭譚)이 2편, 기원담(起源譚)과 치우담(癡愚譚), 기타(其他)가 각각 1편씩이다.

동물담의 가장 현저한 특징은 호랑이, 토끼, 곰, 멧돼지, 지네, 이리, 여우, 원숭이, 염소, 개, 두꺼비, 자라, 고양이, 멸치, 망둥이, 가자미 등과 같은 어류 등 다양한 동물들이 이야기의 주인공으로 등장한다는 점이다. 그 중에서 가장 빈번하게 등장하는 동물은 호랑이인데, 표지 그림에도 들어가 있듯이 호랑이는 조선의 가장 대표적인 동물로 인식된다. 호랑이는 대체로 맹수성이 그대로 살아 있는 포악한 동물로 그려진다. 자신을 덫에서 구해준 노승을 잡아먹으려는 은혜 모르는 호랑이(〈은혜 모르는 호랑이〉), 일하고 돌아오는 어미를 잡아먹고 그 아이들까지 잡아먹으려는 호랑이(〈악독한 범〉)의 모습이 그러하다.

하지만 한편으론 어리석은 면모도 강한데, 〈호랑이 모집〉에 있는 9편의 호랑이 동화에는 대개 어처구니없이 사람에게 포획 당하는, 약간 모자란 모습으로 그려져 있다. 또한 외양간에 숨어들었다가 도둑을 태우고 도망치다 불알을 맞아 죽은 호랑이(〈호랑이를 잡은 도적〉), 여우의 허풍에 속아 도망친 호랑이(〈꾀 있는 여우〉, 개에게 속아 얼음 구멍에 꼬리를 넣었다가 사람에게 붙잡힌 호랑이(〈개와 범〉) 등은 모두

20) 조희웅, 앞의 책, 21-22쪽.

어리석은 호랑이 상이다. 이와 같이 호랑이는 겉으로는 강하고 포악하지만 어리석기도 하기 때문에, 약자의 용기와 꾀에 번번히 당하는 모습으로 희화화된다. 드물게는 착한 동생을 도와주고 악한 형을 벌 주는 호랑이(〈착한 아우〉)의 모습이나, 자신의 새끼를 귀여워해 준 시골 여인을 도와준 호랑이(〈호랑이 모집(1)〉)도 있다.

한편 동물담 중에서도 지략담이 가장 많은 것처럼, 힘의 관계에서 약한 동물들이 지략으로 힘센 동물을 이기는 유형이 많다. 가장 많이 등장하는 동물은 토끼로서, 토끼는 은혜 모르는 호랑이를 꾀를 써서 다시 덫에 가두어 노승을 돕기도 하며(〈은혜 모르는 호랑이〉), 별주부에 속아 용궁에 붙잡혀갔다가 꾀를 써서 도망쳐 나오며(〈별주부〉), 사람의 덫에 걸려 죽게 될 위기에 처하자 왕파리를 몸에 붙여 살아난다.(〈토의 지혜〉) 조선총독부의 『조선동화집』에서 부정적으로 그려졌던 토끼가 발랄하고 꾀 있는 동물로 그려진 점은 특징적이다. 또 '토끼의 재판' 유형에서 판단자가 '여우'가 아니라, '토끼'인 점(〈은혜 모르는 호랑이〉)도 『조선동화집』과 대별되는 점이다.

또한 이리와 여우의 고기 덩어리 재판을 맡아 고기를 베어먹은 원숭이(〈원숭이의 재판〉), 자신을 잡아먹으려는 호랑이를 얼음 구멍에 꼬리를 넣게 하고 도망친 개(〈개와 범〉), 자신을 잡아먹으려는 호랑이에게서 호가호위(狐假虎威) 계책으로 도망친 여우(〈꾀 있는 여우〉), 자신을 사랑해준 주인을 위해 상제 복장을 하고 쥐들을 조례(弔禮)에 오게 해 수천 마리 쥐를 잡아 주인을 살린 고양이(〈두건 쓴 고양이〉) 등도 긴급할 때 지혜를 발휘한 경우이다.

특이한 이야기로는 화가 난 멸치에게 따귀를 맞아 가자미, 병어, 메기 등 물고기들이 무더기로 병신이 되었다는 기원담(〈멸치의 꿈〉)이 있다. 〈멸치의 꿈〉은 동해에서 3천 년 동안 도를 닦은 멸치가 이상한 꿈을 꾼 뒤, 가자미를 시켜 서해에 사는 망동이를 불러 해몽을 부탁한 후 일어나는 에피소드를 동화화한 것인데, 후반부 멸치의 격노 장면에서는 고소설 〈춘향전〉의 어사출도 장면을 연상시키는 묘사가 장황하게 전개되며 해학과 풍자가 돋보인다. 한편 경쟁담인 〈염소의 환갑연회〉와 〈자리 다툼〉은 동물들이 상좌를 차지하기 위해 의뭉스런 꾀로 경쟁을 벌이는 이야기이다.

이와 같이 동물담은 지략담이 중심이 되어 있으며, 전체적으로 우악스럽고 힘이 센 동물이 희화화되고, 약한 동물들이 기지를 발휘하여 강자를 이기거나 문제를 해결한다는 점에서 공통적이다.

(4) 일반담: 효성의 강조

일반담(一般譚)은 신비스런 요소가 제거된 보통 인간들의 이야기로, 여기에는 야담이나 일화들도 상당 수 포함되며, 교훈성을 띠게 되는 경우가 많다. 『조선동화대집』에는 기원담(起源譚), 출신담(出身譚), 염정담(艶情譚)이 없고, 교훈담(敎訓譚)만 3편 있는데, 모두 효를 주제로 한 것이다. 효자 부부가 병든 노모를 구하기 위해 아들을 삶아 먹이라는 중의 말대로 했다가 산삼을 얻어 병을 고친 이야기(〈효자의 도움〉), 어미를 잃은 유복자가 돌부처를 아비처럼 모신 이야기(〈유복자의 효성〉), 늙은 부친을 내다버리려다 헌 지게를 지고 돌아온 아들 때문에 반성을 하였다는 농민 이야기(〈노부를 내다버린 자〉)는 모두 효성을 강조한 이야기이다.

Ⅳ. 민담의 동화화 방식과 심의린 동화의 특징

최인학은 1920년대 동화의 형성과정을 검토하면서, 민담 중에서 '아동을 위한 것'을 묶어 '동화'라고 하는 것이 옳을 것 같다고 하였다. 또한 아동을 의식하고 이야기의 선택자가 쉬운 용어를 사용하고 내용을 이해하기 쉽도록 고치고, 구전할 때 더욱 강조하거나 비유를 첨가하거나 해서 민담의 동화화가 이루어진다고 하였다.[21] 필자 또한 이에 동의한다. 그렇다면 아동을 위한 민담이 어떤 작품일지, 또 민담을 어떻게 동화답게 고쳐야 하는지가 민담의 동화화에서 관건이 될 것이다. 민담에는 서두와 결말의 형식, 대립과 반복의 형식, 단선·누적·연쇄·회귀와 같은 진행의 형식 등의 일정한 형식이 있다.[22] 동화는 민담의 이러한 형식을 이어받으면서도 작가 또는 편찬자의 작가의식과 개성적 표현방식에 의해 동화화된다. 그렇다면 심의린은 어떠한 방식으로 민담을 동화화하였을까? 신원기는 『조선동화대집』 수록 작품의 내용과 의미에 대하여 "독자 지향의 이야기, 사실적인 사건 전개, 호랑이의 부정적 형상화, 변화하는 사회에 능동적으로 대처할 것" 등과 같이 분석하였다.[23]필자가 분석한 『조선동화대집』 수록 동화의 특징은 다음과 같다.

첫째, 『조선동화대집』에서 주목되는 것은, 심의린이 선택한 작품에서 나타나는 건강한 정서와 풍부한 서사성이다. 3장에서 살펴보았듯이, 심의린이 동화로 선택한 작품들은 인생에 대한 풍자와 해학, 지혜를 이야기하며, 민중적 상상력이 풍부한 소담과 신이담, 동물담이 거

21) 최인학, 앞의 책, 95-96쪽.
22) 최운식, 앞의 책, 107-111쪽.
23) 심의린저, 신원기 역해, 『조선동화대집』, 보고사, 2009, 41-51쪽.

의 대부분을 차지한다. 83편의 다양한 서사적 상황에서 발현되는 해학과 풍자, 정직, 근면, 우애, 효성, 지혜로움은 어린이를 대상으로 한 민담의 발굴과 참신한 해석이라는 점에서 모자란 점이 없다. 심의린은 동화의 주인공들을 선하고 꾀 많은 약자로 설정하여, 어린이 독자들에게 힘세고 나이 많은 권력자들이 횡포 부리는 험한 세상에서 분별력과 지혜, 꾀를 가지고 대처할 것을 이야기하였다.

단적인 예가 호랑이 서사, 토끼 서사에서 발생하는 다양한 서사와 해학의 정서, 교훈성이다. 〈은혜 모르는 호랑이〉, 〈별주부〉, 〈토의 지혜〉 등에 등장하는 토끼는 연약한 듯하지만, 눈치 빠르고 재치와 꾀가 많으며, 현재적 상황을 즐기는 캐릭터이다. 토끼는 대개 주인공으로 등장하지만, 약하다고 해서 반드시 도덕적이며 선한 존재임을 의미하지는 않는다. 〈은혜 모르는 호랑이〉, 〈악독한 호랑이〉, 〈호랑이 모집〉 등 10여 종의 작품에 등장하는 호랑이는 음흉하고 포악하지만, 한편으론 어리석기 짝이 없어 인간과 토끼, 여우, 개 등에게 늘 조롱당하는 캐릭터이다. 작가는 호랑이의 캐릭터를 단순히 두려움의 대상이 아닌, 약자가 이길 수 있는 대상으로 표현하고, 토끼 같은 약자가 호랑이 같은 강자를 물리치는 서사를 통하여 어린이들이 공포와 절망감을 극복하는 방법, 분별력, 웃음, 용기를 심미적으로 체험할 수 있도록 형상화하였다.

이러한 정서적 측면 및 서사적 성격은 그 이전에 일본어로 출간되었던 『조선물어집(朝鮮物語集)』(1910), 『조선동화집(朝鮮童話集)』(1924)과 대비할 때 동화로서의 긍정적 측면이 더욱 분명하게 드러난다. 『조선물어집』은 다카하시 도루가 조선의 문화와 정신을 파악하기 위해 편찬한 설화·고전소설 작품집인데, 선악 간에 가치가 분명하지 않은 인물들이 주인공이 되는 경우가 많다. 반쪽이와 같은 트릭스터 유형,

무법자들이 지속적으로 등장하는데, 그들의 삶이 징치되거나 비난 받는 것이 아니라, 오히려 그들의 거짓과 속임수에 넘어가는 선량한 사람들을 웃음거리로 만들어 버린다. 따라서 무법이 난무하는 세상, 선악의 개념이 제대로 확립되지 않은 세상을 적지 않은 작품에서 지속적으로 보여줌으로써 현실세계는 부정적으로 인식된다. 또한 맹인, 풍수선생 등 점복에 의지해 살아가는 풍수가형 주인공들이 등장하는데, 이미 정해진 운명은 바꿀 수 없다는 수동적 인생관을 보여주는 데 일조한다.[24] 『조선동화집』은 '최초의 전래동화집'이라는 헌사(獻詞)에도 불구하고, 동화의 형성에는 부정적 영향을 미친 측면도 적지 않다. 지향하려는 윤리적 덕목을 화자가 너무 직접적이고 노골적으로 발언한다든가, 호랑이나 토끼 이야기에 얽힌 해학의 미학(〈교활한 토끼〉) 및 〈기로전설(棄老傳說)〉에 얽힌 효자의 고민(〈어머니를 버린 남자〉)을 제대로 이해하지 못하면서 이야기의 맥락에 심각한 파행이 일어나도록 하였다는 점이 그 예이다.[25]

둘째, 결말의 다양한 형식을 통하여 작가의 개입을 최소화하고 서사성을 강화한 점에서 다른 동화들 및 민담과 차별성이 있다. 수록 작품들은 서두의 형식이 일정한 데 반하여[26], 결말에서는 좀 더 다양한 끝맺음 방식이 나타난다.

> ① 虎狼(호랑)이더러는 "너는 이 속에서 잘 잇거라." 하고 쌍통쌍통 쒸여서 萬疊山中(만텹산즁)으로 들어갓습니다.(〈은혜 모르는 호랑이〉, 8쪽)

---

24) 권혁래, 「근대 초기 설화 · 고전소설집 〈조선물어집〉의 성격과 문학사적 의의」, 『한국언어문학』 64집, 한국언어문학회, 2008, 228-229쪽.

25) 권혁래, 「『조선동화집』의 성격과 의의」, 167-179쪽.

26) 『조선동화대집』 수록 작품의 서두는 '시간-장소-인물-상황'의 순서와 방식으로 시작되며, 이 순서는 거의 일정하다. 이 점은 민담의 형식과 매우 유사하다.

② 그 잇흔날 洞里(동리) 사람을 만히 불너 가지고 境遇(경우)를 判斷(판단)하야 들닌 然後(연후)에 艱辛(간신)히 차저갓다 합니다.(〈당나귀 알〉, 29쪽)

③ 어진 아우를 薄待(박디)하고 慾心(욕심) 만튼 형은 天罰(텬벌)을 받아 생명ᄭᅡ지 일허버렷습니다.(〈푸른 구슬과 붉은 구슬〉, 235쪽)

첫 번째 유형은 ①·②·③과 같이 화자가 개입하지 않고 이야기의 종결로써 끝맺는 방식이다. 가장 많이 나타나는 결말 방식으로, 끝맺음에 힘을 주지 않는 점이 특징이다.

④ 無論(무론) 무슨 일이든지 남을 속이랴 하면 自己(ᄌᆞ긔)도 속는 法(법)이오, 正當(졍당)한 일을 行(ᄒᆡᆼ)하면 결코 남이 自己(ᄌᆞ긔)를 속이는 일이 업는 것입니다.(〈별주부〉, 89쪽)

⑤ 危急(위급)한 境遇(경우)를 當(당)할수록 마음을 沈着(침챡)하여 계책(계칙)을 생각(ᄉᆡᆼ각)하면 或(혹) 謀免(모면)할 道理(도리)가 있는 것입니다.(〈토끼의 지혜〉, 214쪽)

⑥ 主人(쥬인)에게 사랑을 받던 개와 고양이는 이와 같이 恩功(은공)을 갑핫스니, 얼마나 아름다운지 생각할 일이 아닙니ᄭᅡ.(〈술 나오는 구슬〉, 265쪽)

두 번째 유형은 ④·⑤·⑥과 같이 말미에 화자의 존재를 드러내며 교훈적 의도를 나타내는 방식이다. 약 10종의 작품에 이러한 결말 방식이 나타난다. 이야기로부터 교훈을 이끌어내어 화자의 입으로 전하는 방식인데, 그 수가 많지 않고 교훈을 노골적으로 전하지 않는다는 점이 특징이다.

> ⑦ 이와 같이 四兄弟(사형뎨)는 항상 더도 덜도 않고 앞도 뒤도 없이, 和睦(화목)하게 서로 도와 잘 살았다 합니다.(〈똑같은 재주〉, 174쪽)
>
> ⑧ 아우는 조흔 말로 友愛(우이)와 道德(도덕)에 대하여 一一(일일)이 說明(셜명)을 하매, 모두 다 올케 듣고 自己(ᄌᆞ긔)를 反省(반셩)하야 悔改(회기)한 後(후) 三兄弟(삼형뎨)가 한집에서 友愛(우이) 있게 살며 永久(영구)히 和樂(화락)한 家族(가족)을 일우게 되엿습니다.(〈두 형의 회개〉, 226쪽)

세 번째 유형은 ⑦·⑧과 같이 행복한 결말을 나타내는 방식이다. 불화했던 형제들이 화목하게 살게 되었다는 미담 등을 전할 때에 사용된 경우이다.

이상에서 보았듯이 결말의 방식은 화자가 과도하게 개입하여 교훈적 요소를 제시하는 양상이 드물고, 단순히 이야기를 종결함으로써 끝맺는 방식이 주요하다. 이와 같이 작가가 교훈 및 주제를 직접적으로 전하려는 의도를 약화시키고 서사를 강화한 방식은 작품의 문학적 완성도를 높이는 데 기여하였다.

셋째, 과장과 열거의 방식을 통해 해학의 미학을 살렸다는 점이다. 해학성의 강화라는 점은 심의린 동화에 와서 발견되는 중요한 특징이다. 심의린은 민담을 동화화하면서 대체로 사건과 인물의 행동 중심으로 간략히 서술한다. 하지만 몇몇 작품에서는 호흡 긴 묘사가 눈에 띈다.

> ① 가잠이가 對答(되답)하되, "네 그리하겟소. 내 仔細(ᄌᆞ세)히 말할 터인즉, 注意(주의)하야 들어보시오. 한 곳 산두메의 村(촌)쓱이 하나가 서울 求景(구경) 차로 써나올 썩에 쭈구러진 갓에 배배 꼬인 갓끈을 달아 번썩 뒤로 제처쓰고, 물레줄로 당줄하고, 박쪼가리로 貫子(관ᄌᆞ) 하여 쑥 썰어지게 졸나매고, 다 썰어진 베 周衣

(쥬의)가 무릅에 올나오는 것을 썰처 입고, 석새집신 감발하고 집팡막대 걸터집고, 京城(경성)에 到達(도달)하야, 興仁之門(흥인지문)(東大門)을 쑥 들어스드니, 大路上(대로샹) 左右商店을(좌우샹뎜) 求景(구경)하며 발맘발맘 鐘路(죵로) 네 거리에서 어릿어릿하다가, 鐘閣(종각) 窓(창)쌀도 하나둘 하고 세여도 보고, 어릿거리닛가, 各廛(각뎐) 市井(시졍)들이 팔쑥을 이리 끌고 저리 끌면서 (여보 이 兩班(양반) 무엇을 사시랴오. 조흔 옷감 여긔 잇소. 남바위 風遮(풍챠)도 여긔 잇소. 各色(각식) 물감도 여긔 잇소. 조흔 西洋針(셔양침)도 여긔 잇소.) 하고 四面(ᄉᆞ면)에서 잡아다린 즉 할 수 업시 끌녀 들어가서 이것저것 뒤적뒤적하야 보니, 모도 가지고는 십흐나 사자 하니 돈이 不足(부족)하야 그 中(듕)에 第一(뎨일) 싼 썩바늘 대엿 쌈을 사가지고, 그 자리로 장한 것이나 산 것갓치 두 주먹을 부릅쥐고 헐너벌썩 나려왓소구려. 그 바늘로 낙시를 만들어 조흔 밋기를 씨여서 綠水蒼波(록슈창파)에 던젓더니, 올나가는 숭어, 나려가는 잉어, 쎄 만흔 송살이, 數(수)만흔 곤장이, 눈큰 준치, 입큰 대구, 角色水族(각식슈족)들이 만히 잇지마는 眉蓮(미련)한 너 갓흔 것이 덥석 물엇구나...."(〈멸치의 꿈〉, 13-14쪽)

② 녯적에 한 사람이 잇는데, 自初(자초)로 엇지 艱難(간난)하든지 굼기를 富者(부자)집 밥 먹듯 하며, 혹 朝夕(조석)을 하야 먹는다 할지라도 우거지죽 안이면 모밀 落痂(락가)로 씨로 에우며, 正月(정월) 初生(쵸싱)이나 되여서 밥맛을 보면 還甲(환갑)이나 쉰 듯이 조하하며, 衣服(의복)을 볼 것 갓흐면 다 해지고 졸가리만 남은 것을 四面을 얽어 닙엇는데, 膏藥(고약)덩이갓치 쌔가 무더서 萬一(만일) 藥局(약국)을 지나면 藥契(약계) 主人(쥬인)이 달녀들어 팔나고 할 地境(지경)이었습니다.(〈네모진 보석〉, 53쪽)

③ 반쪽이는 "올타 인졔 되엿구나." 하고 巡更(순경)을 돌든 놈들은 땅에 말뚝을 박고 상투를 풀어 매여 노코, 大門間(대문간)에 把守(파슈) 보든 두 놈은 상투를 풀어 문찌방에 걸쳐 매고, 안으로 들어가 마루 밋헤 숨은 놈은 부억에 가서 가마솟을 씌여다가 업퍼노코, 舍廊(샤랑)으로 들어가서 富者令監(부자령감)은 鬚髥(슈염)에다가 硫黃(유황)을 발나 노코, 그 아들에게는 두 손에 방맹이를 붓뜰어 겹쳐 매고 …(중략)… 이 통에 富者(부자)집에서는 모다 놀나며 잠이 깨기 始作(시작)하며 惹端(야단)법석이 낫습니다.

爲先(위션) 主人令監(쥬인령감)이 먼저 일어나서 불을 켜느라고 火爐(화로)를 찻다가 鬚髥(슈염)에 불이 단기여서 "에 쓰거 〃 〃"하고 惹端(야단)이며, 이것을 본 아들은 손에 방추든 채로 "아버지 탄다 아버지 탄다." 불끄느라고 함부로 두다리여 그 중에도 압파서 엑크텍크 소리요, 안방 마누라는 방치돌에 매인 까닭에 이러나지 못하고 두 손만 허위저거리는 대로 압헤 노힌 대야가 마저서 쨍쨍 소리요, 건넌방 며누리는 복고개에 매인 채로 두 손을 흔들어서 小鼓(쇼고) 소리 둥당둥당 長短(쟝단)을 맛치며, 마루 밋헤 가마솟 쓴 놈은 "아이구, 天地開闢(텬디기벽)을 하얏구나." 하며 …(중략)… 반쪽이는 집으로 돌아와서 自己房(즈긔방)에 색시를 내려노코 마당으로 나아가서 한번 才操(직조)를 넘드니 반쪽이 變(변)하야 妙(묘)한 男子(남즈)가 되어서…(〈반쪽사람〉, 140-142쪽)

다소 길지만, 해당 장면의 호흡과 표현방식을 보기 위해서 전체적으로 인용하였다. ①은 멸치가 꾸었다는 길몽을 가자미가 비웃으며, 멸치가 낚시에 낚여 죽는 상황이라며 이를 장황하게 묘사하는 장면이다. 시골 양반이 헌 의복을 하고 서울에 올라와 시정에서 산 바늘로 낚시바늘을 만들어 멸치를 낚기까지의 상황을 묘사한 것인데, 마치 〈춘향전〉에서 장원급제한 이몽룡이 거지 복색을 하고 남원으로 내려가는 장면을 연상케 한다.

②는 한 가난한 사람이 밥 굶고, 해진 의복 입은 차림을 묘사한 것인데, 작가는 만담을 하듯이 과장되고 해학적으로 묘사하고 있다. 마치 〈흥부전〉에서 못 먹고 가난한 흥부가 놀부집에 밥 얻으러 갈 때의 비루한 몰골을 묘사한 듯하다.

③은 반쪽이가 부잣집 딸을 훔치는 장면인데, 며칠 동안 잠 못자고 주인 딸을 지키다 곯아떨어진 집안 사람들이 자신이 묶인 줄 모르고 일어나다가 벌어진 난장판을 과장되고 해학적으로 묘사하였다. 〈춘향전〉에서 암행어사가 출도하여 남원부사의 생일잔치가 난장판이 된 장면을 연상케 할 정도로 판소리적 기법이 활용된 묘사 장면이다.

이상의 장면은 판소리계 소설의 한 장면처럼 묘사가 확실히 장황하고 과장되어 있다. 이러한 묘사는 민담이나 동화 일반에서 발견되는 특징은 아니며, 일반적으로 장점이라고만도 할 수 없다. 다만 분명한 것은 심의린의 동화에서는 판소리계 소설 기법을 활용하여 해학의 미학을 추구한 개성적 표현 방식이 발견된다는 점이다. 이 점은 앞서 일본인이 편찬한 『조선물어집』, 『조선동화집』 등의 작품들과 차별되는 중요한 요소이며, 또한 의성어·의태어, 구어체 문장투를 활용하여 구연성 및 현장감을 살린 박영만의 『조선전래동화집』(1940)과도 대별되는 지점이다.[27)]

넷째, 작품 속에 부분적으로 당대의 문물을 끌어들이면서 현재성을 표현한 방식이다. 심의린은 몇몇 작품에서 1920년대 당대의 문물을 이야기 속으로 끌어들이면서 이야기의 상황을 현재화하는 방식을 취하고 있다. 이 점은 민담의 "옛날 옛적에…"와 같이 시점을 막연한 과

27) 권혁래, 『화계 박영만의 조선전래동화집』, 한국국학진흥원, 2006, 32-33쪽.

거로 돌리는 방식과 대별된다. 태고적 신화 같은 〈멸치의 꿈〉을 전하면서 가자미가 멸치의 명을 받고 동해 망동이에게 가는 상황을, "즉시 길을 떠낫습니다. 자동차를 왼고동 틀어 동해에 도달한즉..."(〈멸치의 꿈〉, 10쪽)과 같이 하여, 가자미가 자동차를 타고 동해에 갔다고 하였다. 사소한 점이지만, 어린이 독자들에게 흥미를 돋워 집중력을 높이기 위한 장치이다. 또 〈청보자〉에서는 몸을 숨기는 보자기를 쓰고 과부가 물건을 훔치다 가계 주인에게 잡히자, "이때까지 난 손해를 당장에 내어놓지 않으면 곧 경무청에 보내겠다."(〈청보자〉, 18쪽) 하여, 이야기의 상황에 1920년대의 경무청을 끌어들이고 있다. 또한 〈호랑이를 잡은 도적〉에서는 어미가 아기를 재우면서 부르는 〈자장가〉[28)]를 온전하게 소개하였다. 4·4조의 전체 32구 작품인데, 장르를 확실히 알 수는 없지만 당시 불리던 자장가를 접할 수 있다는 점에서 흥미롭다.

한편, 〈바보 모집〉의 몇몇 작품에서는 현재적 소재를 끌어와 "옛적에…" 하는 이야기와는 다른 사건과 주인공을 선보이고 있다.

① 停車場(뎡거쟝)에 나와서 三等車票(삼등챠표) 하나를 사가지고 汽車(긔챠)가 停車(뎡거)도 하기 前(젼)에 달녀들어서 선 듯 一等客車(일등긱챠)로 올나갓습니다.(〈인력거삼등〉, 115쪽)

② 郵票(우표)를 사서 面上(면상)에 붓치고 白紙(빅지)에는 金剛山旅行(금강산려힝)이라 써서 옷가슴에 붓치고, 郵便所(우편소) 小包係(쇼포계)로 차저 들어가서 小包(소포) 붓쳐 달나고 하얏습니다. 小包係員(소포계원)은…(〈우표여행〉, 117쪽)

---

28) "자〃자〃 자는구나 우리 애기 잘도 잔다. 은자동아 금자동아 수명장수 부귀동아. 은을 주면 너를 살가 금을 주면 너를 살가. 국가에는 충신동이 부모에는 효자동이. 형데에게 우익동이 일가친척 화목동이. 동ㅓ방ㅓ 유신동이 태산갓치 굿세거라. 하히갓치 깁고깁허 유명텬하 하야보자. 잘도잔다 둥둥둥둥 잘도잔다."(〈호랑이를 잡은 도적〉, 21-22쪽)

③ '電報(뎐보)라 함은 달은 것이 아니라 저 電報(뎐보)줄을 通(통)해 가는 것인즉, 나는 郵便所(우편소)에 갈 것도 업시 이 電報(뎐보)줄을 直接(즉졉)으로 應用(응용)하겟다.' 하고, 벗은 옷을 쏙쏙 묵거서 自己(ᄌᆞ긔) 집 番地(번디)를 써 가지고 電報(뎐보)줄에다가 매달아노코 들어왓습니다.(〈전신선응용〉, 117쪽)

④ 그 째에 맛참 朝鮮(조션)에 처음 되는 京仁線鐵道(경인션텰도)가 開通(ᄀᆡ통)되엿는대, 모든 사람들이 모다 神奇(신긔)한 일이라 하야 이 말을 듯고 시골 서울 할 것 업시 求景(구경)하러 오는 사람도 만코 일부러 關係(관계)되는 일 업시 돈 내고 타보는 사람도 만히 잇섯습니다. 한 사람이 이 汽車(긔챠)를 타보고 自己(ᄌᆞ긔) 故鄕(고향)에 가서 이 사람 저 사람을 보고 汽車(긔챠)의 神奇(신긔)한 것과 便利(편리)한 것을 說明(셜명)하다가 하로는 이 學者(학쟈)님을 보고 汽車(긔챠) 타본 것 事實(ᄉᆞ실)을 이약이하얏습니다.(〈완고학자님〉, 272쪽)

①에서는 서울의 기차와 인력거가 다니는 서울 교통편을, ②에서는 우편소 소포계에서 일어나는 상황을, ③에서는 전보 치는 상황을, ④에서는 경인철도가 개통된 풍경을 그리며 동화가 단순히 옛이야기만이 아님을 보여준다. 작가가 동시대 대도시에서 벌어지는 근대 문명의 상황을 동화로 표현한 것인데, 재담(才談)이나 야담(野談)에서 소재를 구한 것이 아닐까 한다. 이러한 현재적 소재의 차용 방식은 『조선물어집』, 『조선동화집』은 물론 박영만의 『조선전래동화집』과도 대별되는, 『조선동화대집』의 개성적인 면모이다.

V. 『조선동화대집』의 문학사적 의의

이상에서 『조선동화대집』의 유형과 성격, 동화화 방식에 대해 논하였다. 마지막으로 『조선동화대집』의 문학사적 의의를 전래동화 형성 과정 및 어린이 교육, 구비문학의 측면에서 평가하고자 한다. 첫 번째는 근대 초기 전래동화의 형성과정 및 어린이 교육 면에서 차지하는 『조선동화대집』의 위치와 영향력의 문제이다. 심의린은 동화의 문학성과 효용성을 인식하고, 누구보다 일찍이 민담을 발굴 정리하여 민족 교육적 측면에서 활용하고자 하였다. 보통학교 교사이자 한글 연구자인 심의린이 거의 독학으로 어린이를 위한 민담을 발굴하여 동화로 재화(再話)한 점, 어린이들의 민족 정서를 함양하고 건강한 심성 계발을 위해 노력한 점은 교육적 측면에서 높이 평가되어야 할 것이다. 특히 일본인들이 간행한 『조선물어집』 및 『조선동화집』와 대비할 때, 작품에서 발현되는 건강한 정서와 풍부한 서사성, 시의적절한 주제의식은 매우 돋보이는 요소이다.

『조선동화대집』은 한글로 된 최초의 전래동화집이다. 문학성이 뛰어났을 뿐 아니라 대중들의 호응도 컸다는 점은 책의 판매부수에서도 확인할 수 있다. 잡지 『동광』(동광사) 1926년 11월호와 27년 2월호에는 『조선동화대집』의 광고가 실렸으며, 1935년 10월 당시 판매부수 5천부를 돌파하고 재판을 넘어 3판을 준비 중이라고 하였다.[29] 재판이 1929년, 3판이 1934년, 4판이 1937년에 간행된 것을 보면 『조선동화대집』이 독자들에게 꾸준한 반응을 얻었음을 알 수 있다. 조선총독부의 『조선동화집』(1924), 박영만의 『조선전래동화집』(1940)과 더불어

29) 「漢圖·以文·博文·永昌等書市에 나타난 書籍市場調査記」, 『삼천리』 제7권 9호, 1935년 10월 1일, 136-137쪽.

일제 강점기 하 3대 전래동화집으로 평가되는 『조선동화대집』은 우리 전래동화 형성에 중요한 영향을 미쳤다. 최운식·김기창은 1924년부터 1987년 8월까지 발행된 84종의 전래동화집을 대상으로 빈도수가 높은 작품 100화를 조사하였는데, 여기에 『조선동화대집』 수록 작품 중 31화가 포함되어 있었다.[30] 그 중에서도 표제 〈도깨비 방망이〉, 〈토끼의 꾀〉, 〈나무꾼과 선녀〉, 〈해와 달이 된 오누이〉, 〈곶감과 호랑이〉, 〈은혜 모르는 호랑이〉, 〈혹부리 영감〉, 〈은혜 갚은 까치〉, 〈고려장 이야기〉, 〈세 가지 유물〉, 〈형제 구슬〉 등 11화의 작품은 모두 순위 1위부터 11위 안에 들 정도로 빈도수가 높다.

또한 1987년 9월부터 1995년까지 간행된 185종의 전래동화집을 대상으로 조사한 결과, 30화가 수록되어 있었다.[31] 그 중에서도 〈호랑이와 나그네〉, 〈호랑이과 곶감〉은 빈도 순위 1,2위를 차지하였고, 〈토끼의 꾀〉, 〈혹부리 영감〉, 〈말하는 남생이〉, 〈도깨비 방망이〉, 〈은혜 갚은 두꺼비〉, 〈은혜 갚은 까치〉, 〈반쪽이〉, 〈해와 달이 된 오누이〉 등 8화의 작품 또한 빈도 순위 4위부터 14위 안에 포함되어 있었다.

이러한 사실은 『조선동화대집』 수록 작품들의 36-37% 가량이 우리 민족의 대표적 전래동화로 꼽힐 정도로 민족적 정서를 담은 대중적 작품으로 인정받은 것이라 할 수 있다. 비록 심의린이 사상적인 이유로 옥중 사망하였고 또 『조선동화대집』이 해방 이후 널리 읽힐 수 없게 되었지만, 독서 대중들의 호응이 있었기에 연구자들도 이를 바탕으로 전래동화집을 편찬할 수 있었던 것이 아닐까? 따라서 『조선동화대집』의 수록 작품들은 출전이 밝혀지지 않은 채로 후대에 작품집 및 교과서에 지속적으로 수록되어 한국 전래동화의 형성과 전개 및 어린이 교

30) 최운식·김기창, 앞의 책, 416-427쪽
31) 위의 책, 428-454쪽.

육에 지속적으로 영향을 미쳤음을 알 수 있다.

두 번째, 구비문학사의 관점에서도 『조선동화대집』의 자료적 가치는 크다. 『조선동화대집』은 1920년대 구비문학 연구사의 공백을 메꾸는 데 꼭 필요한 자료집이다. 심의린의 전래동화 채록 방식이 구비설화의 그것과 크게 다를 바가 없으며, 저본으로 한 작품들이 대부분 민담이라는 점에서 『조선동화대집』 수록 작품들은 구비문학적 가치가 인정된다.[32] 특히 〈바보 모집〉 10편, 〈호랑이 모집〉 9편, 금강산 일대, 춘천, 충주, 나주 등에서 채록되었을 가능성이 큰 〈은혜 모르는 호랑이〉 등 네 작품은 1920년대 구비설화의 면모를 잘 보여준다. 『조선물어집』이 출간된 1910년, 또는 그 이전부터 1930년까지 20년 이상을 일본인 학자들은 그들의 목적과 방식으로 조선 설화를 채록하여 연구하였다. 그에 비해 손진태가 『조선민담집』을 출간한 해는 1930년이고, 그가 송석하·정인섭과 더불어 조선민속학회를 창설한 해는 1932년이다. 이러한 점들을 생각할 때, 1926년도에 이루어진 심의린의 『조선동화대집』은 구비문학의 영역에서도 본격적으로 검토할 필요가 있다.

이상에서 고찰한 동화에 대한 심의린의 인식, 『조선동화대집』 수록 작품들의 유형 분류 결과 및 각 유형의 성격, 그의 개성적인 민담의 동화화 방식 등은 1920년대 전래동화 및 민담의 형성과정을 연구하는 데 빠트릴 수 없는 부분들이다. 이제 일제 강점기 하에서 출간된 주요 전래동화집들이 대부분 발굴되고 본격적인 연구가 이뤄지기 시작한 만큼, 이를 바탕으로 『조선물어집』, 『조선동화집』, 박영만의 『조선전래동화집』 등의 작품들을 종합적으로 비교 연구한다면 한국 전래동화

32) 물론 형식담, 풍설담, 음설담 등 특정한 성향의 작품들이 제외되었고, 동화로 다듬어지는 과정에서 일정 부분 변형이 있을 수 있음을 생각할 때, 순수 구비문학과 차이가 있는 점은 고려해야 할 것이다.

의 형성과정 및 근대 초기 고전서사의 현재적 전승 과정을 좀 더 정치하게 해명할 수 있으리라 기대한다.

제6장
1920년대 민간설화의 집성, 손진태 『조선민담집』(1930)의 성격과 분류체계

1. 머리말

설화 연구에서 채록된 자료는 절대적 가치를 지닌다. 채록 자료집은 연구자의 시각과 공력이 집약된 결과물이며, 설화 연구는 자료를 떠나서 성립될 수 없기 때문이다. 오랜 세월 동안 구비전승되어 오던 조선의 설화는 19세기 말 외국인 연구자들에 의해 채록·기록되기 시작하였다. 러시아 작가 가린(N.G. Garin)의 『조선, 만주, 요동반도 기행』(1898), 일본인 기자 출신의 우스다 잔운(薄田斬雲)의 『朝鮮叢話』(1908), 다카하시 도루(高橋亨)의 『朝鮮物語集』(1910), 미와 다마키(三輪環)의 『傳說の朝鮮』(1919), 조선총독부의 『朝鮮童話集』(1924) 등이 그 결과물이다. 조선인 연구자가 직접 조선의 설화를 채록하여 출판한 것은 1926년 심의린의 『朝鮮童話大集』을 시작으로, 1927년 정인섭의 『溫突夜話』, 1930년 손진태의 『朝鮮民譚集』 등으로 이어졌다. 설화 연구를 하면서 근대 초기의 자료집에 주목하지 않을 수 없는 것은 바로 여기에 한국 설화의 가장 원형적 형태가 보전되어 있기 때문이다. 일본인 연구자들의 자료집은 일선동조론 및 식민사관의 혐의가 있을 수 있지만, 그것대로 가려 읽어낼 필요가 있다. 이와 대비하여 조선인이 편찬한 『朝鮮童話大集』, 『溫突夜話』, 『朝鮮民譚集』 등은 일본인 연구자들이 편찬한 것과는 관점과 내용, 의미가 확연히 다르며, 연구자들은 그 차별되는 내용 및 성격을 좀 더 적극적으로 읽어내고 연구할 필요가 있다. 근래 이러한 관심사에서 연구자들이 근대 초기 설화집·동화집 자료를 발굴·연구하고 있는데, 필자는 이 장에서 손진태의 『조선민담집』에 대한 연구결과를 보고하고자 한다. 『조선민담집』은 일본어로 기록된 것이긴 하지만, 한국의 설화를 연구하면서 이 설화집을 빼놓고서는 그 시작을 논하기 힘들 것이다.

『조선민담집』에는 1920년부터 1930년까지 채록된 조선의 민간설화 154편이 수록되어 있다. 이 책은 1930년 12월 日本 東京의 鄕土硏究社에서 간행되었으며, 표기문자는 일본어이다. 손진태의 『조선민담집』은 설화 채록의 초창기인 1920년대에 조선의 설화를 가장 폭넓게, 그리고 원형 그대로 채록·집성한 설화집이라는 점에서 문학사적 의미가 크다. 이 책은 1968년 일본 岩崎美術社에서 『朝鮮の民話』라는 제목으로 복간되었으며, 한국에서는 2000년 이후에 김헌선·강혜정·이경애와 최인학에 의해 각각 번역 출간된 바 있다.[1] 최인학은 『조선민담집』에는 민담뿐 아니라 신화, 전설이 섞여 있다는 이유로 책명을 『조선설화집』'으로 수정하여 간행하였으며, 각 작품마다 유사 자료와 한중일의 고문헌을 부가하여 연구에 중요한 정보를 제공하였다.[2] 김헌선 등과 최인학의 번역 작업은 『조선민담집』의 연구기반을 제공하였다는 점에서 그 자체로 의미가 크다. 이에 앞서 황인덕은 손진태의 구비문학 연

1) 손진태 저, 김헌선·강혜정·이경애 역, 『한국 민화에 대하여』, 역락, 2000; 손진태 지음, 최인학 역편, 『조선설화집』, 민속원, 2009.
2) 최인학 역편, 「역자 일러두기」 중에서, 위의 책.

구를 평가하는 논문에서, 『조선민담집』이 1920년대의 설화 연구 방향과 수준을 반영한 비중 있는 자료집임을 평가하면서도, 분류항목 개념이 불명확할 뿐 아니라 분류항목과 실제 나열한 자료들이 일치하지 않는 점을 지적하였다. 그리고 이는 문화·민속·역사적 관점을 중시하는 편저자의 의도가 개입된 결과라고 평가하였다.[3] 이수자는 손진태의 구비문학 성과를 개괄하면서 『조선민담집』의 내용과 채집방식을 간략히 소개하였고[4], 전경수는 『조선민담집』의 채보 일람표를 작성하여 연구의 편의를 제공하였다.[5]

그런데 필자가 과문한 탓도 있겠지만, 이상의 번역서와 간략한 소개 논문을 제외하고는 『조선민담집』에 관한 본격적 논문 한 편을 찾아보기 힘들다. 근래 역사학이나 민속학, 인류학, 구비문학 방면에서 손진태의 학문활동이 재조명되고 있음에도 불구하고[6], 『조선민담집』에 관한 연구는 여전히 미미하다.

필자는 이 장에서 먼저 설화 채록방식 및 수록작품에 대한 정보를 조사하고 체계적으로 정리할 것이다. 『조선민담집』에는 설화의 채록시기와 방법, 지역, 제보자 등에 관한 정보들이 대부분 수록되어 있는데, 이를 정리·분석하는 것이 『조선민담집』의 학술적 성과를 밝히는

3) 황인덕, 「손진태의 구비문학 연구」, 『구비문학연구』 2집, 한국구비문학회, 1995, 301-304쪽.

4) 이수자, 「구비문학 연구의 성격과 의의」, 한국역사민속학회 편, 『남창 손진태의 역사민속학연구』, 민속원, 2003, 223쪽

5) 전경수, 『손진태의 문화인류학-제국과 식민지 사이에서』, 민속원, 2010, 175-183쪽.

6) 이러한 방면에 최근의 연구성과로는 한국역사민속학회가 편한 『남창 손진태의 역사민속학연구』(2003), 남근우의 『조선민속학과 식민주의』(동국대 출판부, 2008), 전경수의 『손진태의 문화인류학-제국과 식민지 사이에서』(민속원, 2010), 김광식의 「손진태의 비교설화론 고찰-신자료 발굴과 저작목록을 중심으로」(『근대서지』 5호, 근대서지학회, 2012) 등이 있다.

데 기여할 것이다. 아울러 후속 연구를 위하여 일본어와 한문으로 쓰인 154편의 원제를 평이한 우리말로 번역하여 제시하였다.

둘째, 설화 분류체계와 실제 분류작업을 비판적으로 검토하고, 그 위에서 새로운 분류체계를 가지고 수록 작품들을 재분류할 것이다. 『조선민담집』에는 손진태를 전후한 연구자들이 수집한 설화와는 분명한 차이와 개성을 지니고 있는 작품들이 많다. 그런데 손진태의 설화 분류체계와 실제 분류작업에는 분명한 오류가 존재하며, 수록 작품의 개성이 잘 드러나지 않는다. 필자는 조희웅의 설화분류안으로 재분류 작업을 하여 수록 작품의 양상을 체계화하고 문학·문화적 의미를 파악할 것이다.

II. 1920년대 손진태의 학문과정과 설화 채록

1. 설화 연구와 채록 경위

손진태는 1900년 12월 28일 부산 동래의 하단 남창마을에서 출생하였으며, 열두 살 때 서울로 와 중동학교에 입학하고, 1921년 3월 15회로 졸업한다. 중동학교의 제1회 교비장학생으로 선발된 그는 동경 유학길에 올라 1921년 4월 일본 와세다 대학 부속 와세다 고등학원에 입학한다. 그곳에서 그는 당시 고등학원에 강사로 출강하고 있던 인류학자 니시무라 신지(西村眞次) 교수와 운명적으로 조우하게 된다. 니시무라에게서 인류학과 민속학을 배우며 학문적 방향을 정한 손진태는 1924년 3월 졸업한 뒤, 같은 해 4월 와세다 대학에 입학하여 1927년 3월 문학부 사학과를 졸업한다(당시는 3년 과정이었음). 손진태는 와세다 고등학원과 대학의 유학시절 동안 니시무라 신지 교수에게서 인류학과 민속학, 고고학, 일본사 등을 배웠으며, 이것이 손진태의 학문 인생에 결정적 영향을 미쳤음은 이미 논의된 바 있다.[7]

그가 지면에 최초의 글을 발표한 것은 와세다 고등학원 3학년 때인 1923년이었다. 1923년 9월에 「고주몽 이야기」(『어린이』), 10월에는 「類利 이야기」(『어린이』), 「神話上에서 본 古代의 女性觀」(『신여성』)을 발표하였는데, 그의 집필 활동이 '아동문학'과 '설화'에서부터 시작되었음을 보여준다. 1923년부터 1924년까지의 글은 주로 아동문학에 대한 것이다. 그리고 1925년 말부터는 『東洋』, 『新民』 등의 잡지에 「朝鮮に於けるシヤマニヅム」, 「시베리아 각 민족의 결혼형식」, 「土俗硏究旅行記」, 「朝鮮の古歌と朝鮮人」 등 민속학 및 문학 분야의 논문을 발표하였다. 1927-9년 사이에는 『新民』에 「조선민간설화의 연구-민간설화의 문화사적 고찰」이라는 제목으로 15편의 설화연구 논문을 발표하였다.[8] 이 논문들의 부제가 '민간설화의 문화사적 고찰'이라는 점을 유의할 필요가 있다. 손진태는 조선의 설화에 '조선민간설화'라는 개념을 사용하였으며, 이를 '문화사적' 시각에서 고찰하겠다고 했다. 손진태의 학문과정으로 유추해 보건대, 그가 말하는 『조선민담집』의 '민담'은 '**민간설화**' 또는 '**민족설화**'라는 개념에 가깝다. 실제로 『조선민담집』 수록 작품에는 신화·전설·민담·동화가 포괄되어 있다. 그리고 '문화사의 시각'이란 바로 문학·문화·민속·역사를 포괄한 관점이다. 이는 곧 **설화를 민족문화의 중요 영역으로 이해하여, 설화를 통하여 민**

7) 손진태의 일본 유학시절, 니시무라 신지와의 관계에 대해서는 최광식, 전경수가 이미 소상히 고찰한 바 있다(최광식, 「손진태의 생애와 학문 활동」, 한국역사민속학회 편, 편, 앞의 책, 26-27쪽; 전경수, 앞의 책, 25-66쪽 참조).

8) 김광식, 앞의 논문, 47-52쪽.

족문화를 이해하려는 관점을 의미하는 것이라 보인다. 이러한 관점에서 손진태는『조선민담집』에 민간신화, 민간신앙, 향토문화적 특성, 해학을 주제로 다룬 설화를 비중있게 수록하고, 또 부록에는 외국의 유사 유형담을 수록하여 조선 민간설화의 개성을 드러내고자 하였다.

그런데 손진태가 본격적 집필활동에 앞서 이미 1920년에 설화 채록 활동을 시작하였던 사실은 잘 알려지지 않았다. 그는 〈자서〉에서 "내가 이것(필자 주: 옛날이야기[昔話])에 대한 흥미와 책임감을 느낀 것은 10년 전 동경에 가서 인류학과 민속학에 관한 서적을 읽기 시작하면서 시작되었다고 할 수 있다. 그 후로 나는 여름휴가 때 조선으로 건너가 민속을 조사하는 한편 민간설화의 수집에도 게을리 하지 않았다."[9]고 했다. 그가 일본으로 건너간 것은 1921년이다. 그런데『조선민담집』에 수록된 작품 중 가장 이른 시기에 수집한 설화는 1920년 9월 자신의 고향인 경남 동래군 사하면 하단리 장씨 부인에게서 채록한 〈妻妾爭摘夫髮〉이다. 이 기록에 의하면 그는 이미 중동학교 시절에 설화에 관심을 두고 채록을 시작한 것이다.

『조선민담집』에 수록된 154편의 설화는 1920년 9월에 시작하여 1930년 5월까지 10년에 걸쳐 채록과 기고에 의해 수집되었다. 이중에서도 손진태는 1923년, 27년, 28년, 30년 즈음에 집중적으로 작업을 하였다. 그는 1921년 11월에 전북 전주에서 5편의 설화를 채록하였고, 1923년 7-8월에는 충북 괴산, 경북 안동, 달성, 칠곡 왜관, 성주, 함남 함흥, 전북 전주, 경남 동래, 부산에 이르기까지 폭넓은 지역을 다니며 55편의 설화를 채록하였다. 1927년 6월부터 11월까지는 경남 마산, 김해, 왜관, 경성, 강원도 춘천, 충북 옥천, 평남 평양 등지에서

9) 최인학 역편, 앞의 책, 5쪽. 앞으로『조선민담집』의 본문 인용문은 모두 최인학의 책에서 인용함을 밝힌다.

24편의 작품을, 1928년 1월부터 12월까지는 함남 정평, 경남 마산, 경북 김천, 평북 정주, 평남 강서, 경성 등지에서 35편의 설화를, 1930년에는 1월과 5월에 각각 대구와 전남 여수에서 16편의 작품을 채록하였다. 손진태가 〈자서〉에서 언급하였듯이 그의 일본 유학시절 동안의 설화 채집 시기는 주로 방학 기간인 7월부터 9월까지, 그리고 3월에 집중되어 있다. 하지만 반드시 이 시기에만 한정된 것은 아니어서 일본에서 공부하고 있을 1921년 11월에 5편, 1923년 5월에도 1편, 1923년 10월부터 12월 사이에도 8편의 설화를 채집한 것으로 나타난다. 이는 그가 수시로 조선을 직접 방문하여 채집한 것일 수도 있지만, 마해송이 1925년 5월에 〈호랑이보다 무서운 곶감〉을 기고한 것처럼, 이때의 수집 자료도 지인들의 기고에 의해 얻은 것일 가능성이 크다.

와세다 대학을 졸업한 1927년 이후 그는 한층 왕성하게 자료를 채집하였는데, 1927년 6월부터 1930년 5월까지의 시기에 채집한 원고가 책의 절반이 넘는 78편이다. 전경수는 손진태가 "1927년 3월 와세다 대학을 졸업하고 1932년 12월 동양문고 사서가 될 때까지의 행적에 대해서는 분명한 기록을 찾기 어렵다."[10]고 하였다. 그런데 『조선민담집』의 설화 채록 기록과 「조선민간설화의 연구」 논문 집필 기록을 보건대, 손진태는 적어도 1927년 3월 졸업 이후 조선에 머무르며 1929년 4월까지 조선의 민간설화에 대한 비교문학적 연구논문을 집중적으로 집필하는 한편, 1930년 5월까지 조선 각지를 다니며 민담을 채집하고 그해 12월 동경에서 책을 간행하기까지 자료를 정리·출간하는 작업에 몰두하고 있었음을 알 수 있다. 이상 채록 시기별 작품수를 도표화하면 다음과 같다.

10) 전경수, 앞의 책, 41쪽.

1920	1921	1922	1923	1924	1925	1926	1927	1928	1929	1930	나의기억	소계
1	5	1	55	4	1	4	24	35	3	16	9	154

〈채록 시기〉

채록 지역을 보면, 『조선민담집』의 채록 범위는 전국적이다. 손진태는 충남과 제주도를 제외한 모든 지역을 다니며 설화를 채록하였다, 하지만, 그중에서도 특히 많이 채록한 지역은 경북, 경남, 함경남도이다. 세 지역에서 채록한 작품 수는 107편으로, 전체의 70%에 달할 정도로 집중되어 있다. 경북 지방에서는 안동, 달성, 칠곡 왜관, 성주, 대구에서 주로 채록하였고, 경남에서는 동래, 부산, 마산, 김해, 왜관, 함경남도에서는 함흥, 정평 지역에 집중되었다. 이외에도 경성, 전북 전주, 평양, 충북 괴산, 옥천 등을 오가며 설화를 채록하였는데, 그 수는 38편이다. 조사 지역별 작품수를 도표화하면 다음과 같다.

경북	경남	함경남도	경성	전남	전북	충북	평안도	개성	함경북도	강원	나의기억	소계
41	34	32	10	9	8	4	3	2	1	1	9	154

〈조사 지역〉

2. 조사 방식

『조선민담집』의 〈自序〉와 〈일러두기〉 항목에서 언급한 내용을 토대로 손진태의 설화 조사방식의 특징을 파악하면 다음과 같다.

첫째, 『조선민담집』 수록 작품은 대부분 편찬자 본인이 근대적 학문 방식에 의거, 직접 현지조사하여 채록하였다. 이는 이전에 일본인 교사나 관학자 출신 저자들이 출간한 『朝鮮物語集』(高橋亨, 1910), 『傳說の朝鮮』(三輪環, 1919), 『朝鮮童話集』(朝鮮總督府, 1924) 등과 같이 지방의 관청이나 학교의 학생들을 통해 대리모집·정리한 방식과 대별되는 방식이다. 손진태는 〈자서〉에서 "나는 먼저 자기가 듣고파 하는 이야기를 한편 스스로 말하고 '이러한 이야기는 없을까요' 하는 식으로 제일의 방법으로 삼았다"고 하였다. 또한 이야기가 도중에 끊겼을 경우, 자신이 다른 이야기를 꺼내어 상대로 하여금 휴식 시간을 주어 그 사이에 또다른 기억을 불러일으킬 수 있는 방법을 사용하였다고 하였다. 그리고 자서의 말미에서는 "화자에게 적당한 보수를 주는 것을 잊어서는 안 되며, 자기의 태도를 아주 낮추는 것은 무엇보다 중요하다"고 하였듯이, 조심스러운 조사방법을 취하였다. 이는 오늘날 구비문학 답사 때 채용하는 방식과 거의 동일할 정도로 객관적이고 신중한 방식임을 알 수 있다. 또한 손진태는 임의로 자료를 가공하지 않고 원 자료의 형태를 그대로 유지하였다. 그는 일러두기에서, 본인은 제보자의 원고를 각각 청취한 후에 곧 필사하였으며, 약간의 수정을 제외한 곳을 빼면 창의로 옮긴 곳은 조금도 없다고 하였다.

둘째, 손진태의 지인들로부터 기고 받은 설화도 전체의 1/5 가량 된다. 『조선민담집』에는 이은상, 김량하, 마해송, 방정환, 이상화 등 당시 지식인들이라 할 수 있는 손진태의 지인들에게서 기고를 받는 형식으로 채집한 작품이 최소 26편을 넘는다. 이는 손진태가 "이 책에 수록한 조선의 민간설화는 거의 전부 내 자신이 직접 채집한 것으로 지방의 유지 諸氏가 나와 이 일에 호의를 가져 특별히 기고해준 약간의 설화를 포함시킨 것이다."라고 밝힌 것에서도 알 수 있으며, 작품 뒤에 기재해놓은 제보자의 성명을 통해 그 작품명을 확인할 수 있다. 26편이라는 기고편의 수치는 더 늘어날 수도 있다. 마산의 명주영이라는 사람은 12편의 설화를 제보하였는데, 그중 한 편은 제보자명에 이은상과 명주영의 이름이 병기되어 있음으로 보아 명주영 역시 직접 채록 대상자가 아닌 기고자일 수 있는 가능성이 있기 때문이다. 이는 『조선민담집』의 기고 설화의 비중이 지금까지 알려진 것보다 크다는 점을 말해준다. 최인학은 이상의 지명도 높은 사람들의 제보 설화에 대해 "개작 미화" 가능성을 두며 아쉬움을 표시하였는데[11], 지식인들이 제보한 설화라고 해서 그 가치가 폄하되는 것은 아니며 오히려 그 나름의 개성과 가치를 갖는다고 생각한다.

셋째, 손진태는 채집한 자료 중에서도 문헌상에 보이는 설화나 다른 사람에 의해 이미 간행된 설화집에 포함되거나 중복된 자료는 전부 제외하였으며, 또한 중국 및 외국의 설화는 제외하고 조선 고유의 설화라고 인정될 만한 것만 수록하였다고 했다.

이처럼 손진태가 설화에 대해 상당한 식견을 갖고 있었고 조사방식이 비교적 엄밀하고 객관적임을 고려할 때, 『조선민담집』은 '1920-30년 기간 동안 채록한 조선 고유의 구비설화를 집성한 설화집'이라고 평가할 수 있다.

3. 제보자

『조선민담집』은 전국 각지의 다양한 제보자가 구술한 것을 채록한 것들인데, 그중 다수의 작품을 제보한 사람은 명주영, 김량하, 김호영, 김문환, 이은상, 김동빈, 김영석, 유춘섭 등이다. 주요 제보자들의

11) 최인학, 「역자 해설」, 앞의 책, 314쪽.

거주지는 경남과 함남, 경북, 전북 등지였다. 경남 마산의 명주영은 〈방귀시합〉, 〈어리석은 세 며느리〉 등의 12편의 설화를 구술하였고, 함경남도 하동의 김호영은 〈손톱을 허술하게 해서는 안 된다〉, 〈생식기의 유래〉, 〈오누이 결혼〉 등 11편의 설화를, 경북 김천의 김문환은 〈국사동 최씨 전설〉, 〈안동조씨와 신술〉, 〈벼룩과 모기와 이〉 등 10편의 설화를 구술하였다. 이외에 무녀 석씨, 노인 김영석, 18세의 장동원, 이쁜이의 조모(69세) 등이 설화를 구술하였으며, 손진태 본인('나의 기억')을 포함하여 제보자는 총 42명이다.

제보자 중에는 농학박사(김량하), 시인(이은상, 이상화), 아동문학가(방정환, 마해송, 고한승), 교육자(조재호) 등과 같이 유명인과 지식인들도 포함되어 있다는 점도 특징이다. 이들이 기고한 작품명은 다음과 같다.

김량하: 〈조화신과 송악·대동강·삼각신의 신〉, 〈큰 지렁이의 아들 최충〉, 〈아미타불을 외워라〉, 〈개를 그려 먹다〉, 〈구미호〉, 〈일광으로 임신함〉, 〈관은 크게〉, 〈조 한 알로 정승의 딸을 얻다〉, 〈지하국대적퇴치(3)〉, 〈김소년과 대도적〉, 〈곡조문아문설낭자〉(이상 11편)
이은상: 〈중의 악행과 남편의 원령〉, 〈개미와 토끼〉, 〈효자와 원숭이〉, 〈국사당신과 장기를 두다〉, 〈나쁜 호랑이 벌주다〉, 〈호랑이 퇴치〉, 〈모래 돛대〉, 〈독이 든 곶감〉(이상 8편)
방정환: 〈수탉전설〉, 〈개와 고양이와 구슬〉
이상화: 〈지하국대적퇴치(1), 〈악운의 소년과 신승〉
마해송: 〈호랑이보다 무서운 곶감〉
고한승: 〈효자와 동삼〉
조재호: 〈산·강·바다·평원의 유래〉

1920년대는 조선에서 동화라는 장르가 태동하고 형성되던 시기이다. 당시 동화 운동을 주도하던 방정환은 "외국동화의 수입보다 더 중요하고 긴급한 문제는 우리 동화의 무대의 기초가 될 고래동화의 발굴이며 그 어느 것보다 어려운 일"[12]이라고 하였다. 전래동화의 수집 작업은 방정환 자신의 재화 작업과 개벽사의 전국적인 고래동화 현상모집으로 이어져 전국의 무명, 유명 기고가들이 이에 동참하였다. 방정환, 이상화, 마해송 등이 기고한 작품들은 대부분 전래동화의 범주에 포함되는 작품들로서, 이들은 "고래동화의 발굴"이라는 의식으로 설화를 기고한 것으로 보인다. 이상의 작품들은 원형의 '개작·미화' 가능성을 의심받을 수도 있겠지만, 이보다는 오히려 당대의 식자층이 동참하여 채록한 설화라는 점에서 새로운 가치가 부여될 수 있지 않을까 생각한다. 주요 제보자들의 정보를 도표화하여 제시하면 다음과 같다.

지역	제보자	수록작품 횟수	비고
마산	명주영	12회	
함남 정평	김량하	11회	이학사. 농학박사
함남 하동	김호영	11회	
경북 김천 아포면 국사동	김문환	10회	
경남 동래	나(손진태)의 기억	9회	
마산	이은상	8회	시조시인
여수	김동빈	8회	
칠곡 왜관	김영석	8회	노인
전주 완산	유춘섭	7회	
경성	방정환	2회	아동문학가
대구 본정	이상화	2회	시인
개성	마해송	1회	아동문학가
개성부	고한승	1회	아동문학가
경남 사천	조재호	1회	교육자

〈주요 제보자의 거주 지역과 명단〉

12) 방정환, 「새로 개척되는 동화에 대하여」, 『개벽』, 개벽사, 1923.1.

III. 『조선민담집』의 수록 작품과 분류 체계

『조선민담집』의 수록 작품명을 번역하여 제시하면 다음과 같다[13].

〈1부 : 신화·전설류〉

1) 인간과 생물의 창생, 2) 세계의 멸망시대, 3) 생물은 물에서 생긴다, 4) 천동지정(天動地靜), 5) 해와 달과 별, 6) 해누이 달오빠(1), 7) 해누이 달오빠(2), 8) 일식과 월식, 9) 북두칠성의 유래, 10) 삼태성의 유래(1), 11) 삼태성의 유래(2), 12) 천둥과 번개, 13) 산·강·해·바다·평원의 유래, 14) 조선 산천의 유래, 15) 지진의 유래, 16) 썰물·밀물·풍랑의 이유, 17) 대홍수와 인류(1), 18) 대홍수와 인류(2), 19) 바닷물이 짠 이유, 20) 형제바위, 21) 인지(人智)의 한계, 22) 인간이 서로 잡아먹던 시대(人間相食時代), 23) 생식기의 유래, 24) 오누이 결혼, 25) 삿갓의 유래, 26) 기로(棄老) 전설, 27) 구렁이 퇴치 설화, 28) 말이 나해보지 고개, 29) 사랑산과 절부암(節婦巖,) 30) 매자(埋子) 전설, 31) 조화신과 송악·대동강·삼각산의 신, 32) 큰 지렁이의 아들 최충, 33) 벙어리 삼년, 34) 청개구리, 35) 열불열녀 설화, 36) 의구 전설(1), 37) 의구 전설(2), 38) 광포(廣浦) 전설, 39) 김수로왕의 성기, 40) 나비의 유래, 41) 구포동신 전설, 42) 대구와 공주의 전설, 43) 하회유씨묘지 전설, 44) 송림사 연기, 45) 칠불사 전설, 46) 에비야 평원과 무심항과 혈천, 47) 국사동 최씨 전설, 48) 수탉 전설, 49) 관제묘 연기, 50) 체부동옥함가(體府洞玉函家), 51) 대홍수와 인류(3)

13) 작품명은 최인학이 번역한 제목을 대부분 사용하였는데, 원문 대조 결과 10여 작품의 제목은 한자 표기에 오류가 있거나 맥락이 자연스럽지 않아 필자가 고쳐 사용하였다. 원 제목이 일본어, 또는 한문식 작명이기 때문에 한글 일반 제목은 좀 더 조심스럽게 번역하여 제시하지 않으면 이후 설화 연구에 혼동을 주기 쉽다. 수록 작품의 합당한 명칭에 대해서는 이후 다시 논의를 보강할 필요가 있다.

〈2부: 민속·신앙에 관한 설화〉

1) 처녀는 평토장, 2) 손톱을 소홀히 다루어서는 안된다, 3) 과부의 병과 백구의 성기, 4) 원귀 간의 다툼, 5) 구대 독자와 두 처녀, 6) 아미타불을 외우라, 7) 개를 그려 먹다, 8) 구미호, 9) 일광으로 임신함, 10) 중의 악행과 남편의 원령, 11) 여우누이와 3형제, 12) 여산신과 용왕, 13) 중국의 여우황후, 14) 잉어여인과 가난한 남자, 15) 악운의 소년과 신승(神僧), 16) 뱀신랑 신선비[蛇新郎申士人], 17) 관은 크게, 18) 동삼소년(童參少年), 19) 북두칠성과 단명소년, 20) 강감찬설화(1), 21) 강감찬설화(2), 22) 강감찬설화(3), 23) 바늘과 큰 뱀, 24) 초야에 가출한 신랑, 25) 천년 묵은 지네와 닭, 26) 울소의 나쁜 거북, 27) 제사의 시간, 28) 인동 조씨와 신승, 29) 조한준 미륵, 30) 봉첨지의 굴, 31) 까치의 보은, 32) 김덕령 전설, 33) 복술 이야기 세 편[14]

〈3부: 우화(寓話)·돈지설화(頓智說話)·소화(笑話)〉

1) 개미와 토끼, 2) 원숭이의 재판, 3) 꿩과 비둘기와 까치와 쥐, 4) 산위의 시체 셋과 돈, 5) 명판결 두 건, 6) 효자와 동삼(童參), 7) 효녀와 비를 내리게 하는 선관, 8) 호랑이의 보은, 9) 효자와 원숭이, 10) 사냥꾼과 노루, 11) 쥐의 효도, 12) 지혜 있는 아이, 13) 사람이 피하는 성, 14) 박문수 설화(1), 15) 박문수 설화(2), 16) 이순신 일화, 17) 모래톳대, 18) 독이 든 곶감, 19) 사슴과 토끼와 두꺼비의 나이, 20) 무당호랑이, 21) 조 한 알로 정승의 딸을 얻다, 22) 빈대와 벼룩과 이, 23) 메뚜기와 개미와 물새, 24) 벼룩과 모기와 이, 25) 양은 소의 사촌, 26) 게으름뱅이, 27) 거짓말로 아내를 얻다, 28) 고래 뱃속에서, 29) 국사당신과 장기를 두다, 30) 단 똥, 31) 나쁜 호랑이 벌주다, 32) 대식가, 33) 천도의 꿈, 34) 바보 아내, 35) 어리석은 남편의 문상, 36) 주창과

14) 최인학 역편 『조선설화집』에는 2부 33편 〈복술 이야기 세 편〉 뒤에 제34편으로 〈감동이〉[柿童]가 실려 있는데, 이는 손진태의 원작(1930)에는 없는 작품이다. 혹시 뒤에 추가 수록된 작품이라면 정확한 출처를 밝힐 필요가 있다.

관우, 37) 방귀 시합, 38) 세 바보 자매, 39) 세 바보 며느리, 40) 꼬마 신랑, 41) 음문에 돼지를 그리다, 42) 음문에 소를 그리다, 43) 부부가 떡을 놓고 다투다, 44) 호랑이보다 무서운 곶감, 45) 사신 사이의 손문답, 46) 촌부불식경(村婦不識鏡), 47) 처첩 싸움에 남편 머리카락이 뽑히다[妻妾爭摘夫髮]

〈4부: 기타 민담〉

1) 잉어를 놓아주고 용녀를 얻다[放鯉得龍女], 2) 우렁각시[螺中美婦], 3) 개와 고양이와 구슬, 4) 호랑이 퇴치, 5) 머리 아홉 달린 도적, 6) 네 사람의 장사, 7) 지하국대적퇴치(1), 8) 지하국대적퇴치(2), 9) 지하국대적퇴치(3), 10) 김소년과 대도적, 11) 나그네와 여우와 호랑이, 12) 삼형제, 13) 곡조문하문설낭자(曲棗門下問薛郎子), 14) 신선놀음에 도끼자루 썩는다, 15) 고래와 새우의 크기, 16) 한 근의 사람 고기, 17) 상가승무노인곡(喪家僧舞老人哭), 18) 세 번 시련을 넘긴 정승[三難宰相], 19) 오복동 전설, 20) 범인은 서당 선생[名官治獄], 21) 가까이에 복사꽃 가지가 있다, 22) 처를 징벌하다, 23) 오늘밤에 오세요[今日夜來]

손진태는 수록 작품 154편을 이상과 같이 '신화·전설류'(51편), '민속·신앙 관련 설화'(33편), '우화·돈지설화·소화'(47편), '기타 민담'(23편)으로 분류하였다.

1부 신화·전설류에는 인간과 동물의 창생, 세계의 멸망, 해와 달, 별, 밀물과 썰물의 생성, 조선 산천의 유래 등 20여 편의 창세신화류, 〈기로전설〉, 〈구렁이 퇴치 전설〉, 〈매자 전설〉, 〈청개구리 전설〉, 〈열불열녀 전설〉, 〈의구(義狗) 전설〉, 〈광포 전설〉, 〈김수로왕의 성기〉, 〈나비의 유래〉, 〈구포동신 전설〉, 〈국사동 최씨 전설〉 등 30여 편의 전설이 수록되어 있다. 신화류의 작품들은 신이한 세계의 기원을 표현한 것으로서 신성성이 두드러진다. 전설류의 작품들은 대체로 민속학적 관심에서 향토문화의 유래들을 밝힌 것으로서 지역문화의 특성이 드러난다. 편저자가 지역 문학·문화를 나타내기 위해 이러한 전설류를 수록한 것으로 보인다.

2부 민속·신앙 관련 설화에는 〈처녀는 평토장〉, 〈손톱을 소홀히 다루어서는 안된다〉, 〈구미호〉, 〈일광으로 임신함〉, 〈중의 악행과 남편의 원령〉, 〈여우 누이와 3형제〉, 〈강감찬 설화〉, 〈북두칠성과 단명소년〉, 〈김덕령 전설〉, 〈제사의 시간〉 등 주로 민간신앙, 금기(禁忌)를 주로 한 민담이 33편 수록되어 있다. 손진태의 인류학적 관심사가 반영된 것으로 보인다. 그런데 2-4,5,7,10,11,13,14,31번 등의 작품은 민속·신앙과는 관련이 먼 민담에 해당하는 작품이며, 2-19,25번의 작품은 1부 신화·전설류로 분류될 작품이다. 이와 같이 2부의 작품들은 분류의 일관성이 떨어진다.

3부 우화·돈지설화·소화에는 〈개미와 토끼〉, 〈원숭이의 재판〉, 〈꿩과 비둘기와 까치와 쥐〉, 〈산위의 시체 셋과 돈〉, 〈효자와 동삼〉, 〈효자와 원숭이〉, 〈지혜 있는 아이〉, 〈이순신 일화〉, 〈호랑이보다 무서운 곶감〉 등 대부분 동물담과 소담에 속하는 민담들이 47편 수록되어 있다. 3부의 작품들은 신성성이나 지역성, 종교적 성격(금기)이 약하고, 대체로 흥미·오락적 성격이 강하다는 점이 특징이다. 하지만 모든 작품들이 그렇지는 않아 분류의 일관성이 떨어진다. 우화는 인격화한 동식물이나 기타 사물을 주인공으로 등장시켜 그들의 행동 속에 풍자와 교훈의 뜻을 나타내는 이야기로 3-1,2,3,19,22,23,24,25번 등 8편이 해당된다. 돈지설화(頓智說話)는 재치나 기지를 주제로 하는 설화이니 소화와 큰 차이가 없는 개념인데, 나머지 39편 중에도 3-6,7,8,9,10번은 신이담 및 일반담에 해당하는 작품이고, 3-29번은 2부 민속·신앙 관련 설화에 해당하는 작품이니, 여기서도 분류의 일관성이 없다. 한편 3부의 작품들은 『조선동화집』(1924), 『조선동화대집』(1926), 『조선전래동화집』(1940)에 수록된 전래동화의 범주와도 대부분 일치한다.

4부 기타 민담에는 〈우렁각시〉, 〈개와 고양이와 구슬〉, 〈호랑이 퇴치〉, 〈머리 아홉 달린 도적〉, 〈네 사람의 장사〉, 〈지하국대적퇴치〉, 〈삼형제〉, 〈나그네와 여우와 호랑이〉 등 흥미로운 내용의 민담 23편 수록되어 있다. 분류 항목을 '기타 민담'이라고 하였지만 대부분 신이담과 소담의 범주에 속하는 '재미있는 이야기'들이다. 이상의 작품들도 전래동화로 인식되는 작품이 많다.

이상에서 손진태 분류체계와 수록 작품을 호응시켜 성격을 파악하였는데, 분류항목에는 신화, 전설, 설화, 우화, 돈지설화, 소화, 민담 등의 용어가 혼재되어 있어 개념의 혼란을 일으키며, 유형 간 변별성도 분명치 않다. 오늘날 구비문학의 분류기준으로 볼 때 이러한 분류는 설화의 신화·전설·민담의 3분류법에 맞지 않으며, 손진태의 의도를 고려한다고 하더라도 그 안에서 개념과 분류가 논리적·체계적이지 않다. 실제 분류한 양상을 보면 1부는 대체로 신화·전설에 속하는 작품들이며, 2-4부는 민담에 속하는 다양한 유형의 작품들이 모호한 기준 아래 혼재되어 있다.[15] 후속 연구와 활용을 위해서라도 좀 더 합리적인 기준을 가지고 작품들을 재분류하고 성격을 변별해줄 필요가 있다.

IV. 수록 작품의 재분류와 성격

그동안 한국설화의 분류방식을 제시한 이로는 장덕순, 최인학, 조

15) 황인덕도 이 점을 지적하였다(황인덕, 앞의 논문, 303-304쪽).

희웅, 조동일 등이 있는데, 여러 모로 검토한 결과 필자는 조희웅의 분류방식을 취택하고자 한다. 조희웅은 설화의 범주에 신화, 전설, 민담을 모두 포함하고, 한국적 특성을 충분히 살릴 수 있는 분류안을 제시하였다. 설화의 제1차적 분류항목은 동(식)물담, 신이담, 일반담, 소담, 형식담의 5개 항목이며, 이것은 다시 26개의 세부항목으로 하위 분류된다. 조희웅의 설화분류안은 다음과 같다.

1. 동(식물담): 1) 기원담 2) 지략담 3) 치우담 4) 경쟁담
2. 신이담: 5) 기원담 6) 변신담 7) 응보담 8) 초인담 9) 운명담 10) 주보담
3. 일반담: 11) 기원담 12) 교훈담 13) 출신담 14) 염정담
4. 소담: 15) 기원담 16) 풍월담 17) 지략담 18) 치우담 19) 과장담 20) 우행담 21) 포획담 22) 음설담
5. 형식담: 23) 어희담 24) 무한담 25) 단형담 26) 반복담[16]

이러한 설화 분류 방식에 의거하여 손진태의 『조선민담집』 154편의 유형을 재분류하면 다음과 같다.

〈1부〉(51편)
1. 동식물담(1): 기원담(1)
2. 신이담(35): 기원담(34), 응보담(1)
3. 일반담(14): 기원담(11), 교훈담(3)
4. 소담(1): 기원담(1)

〈2부〉(33편)
2. 신이담(31): 기원담(6), 변신담(13), 응보담(4), 초인담(2), 운명담(6)
4. 소담(1): 우행담(1)

16) 조희웅, 『한국설화의 유형적 연구』, 한국연구원, 1983, 21-23쪽.

5. 형식담(1): 반복담(1)

〈3부〉 우화 · 재치설화 · 소화(47편)

1. 동식물담(8): 기원담(6), 지략담(1), 경쟁담(1)
2. 신이담(5): 기원담(1), 응보담(3), 주보담(1)
3. 일반담(1): 교훈담(1)
4. 소담(31): 지략담(9), 치우담(14), 과장담(5), 우행담(3)
5. 형식담(2): 반복담(2)

〈4부〉 기타 민담(23편)

2. 신이담(7): 기원담(1), 변신담(3), 응보담(1), 초인담(2)
3. 일반담(4): 기원담(1), 교훈담(2), 염정담(1)
4. 소담(11): 풍월담(1), 지략담(6), 과장담(1), 우행담(1), 포획담(1), 음설담(1)
5. 형식담(1): 어희담(1)

작품명을 포함하여 『조선민담집』의 분류표를 작성하면 다음과 같다.

대분류	소분류	작품명	소계
동식물담 (9)	기원담	청개구리, 개미와 토끼, 꿩과 비둘기와 까치와 쥐, 빈대와 벼룩과 이, 메뚜기와 개미와 물새, 벼룩과 모기와 이, 양은 소의 사촌	7
	지략담	원숭이의 재판	1
	치우담		0
	경쟁담	사슴과 토끼와 두꺼비의 나이	1
신이담 (78)	기원담	인간과 생물의 창생, 세계의 멸망시대, 생물은 물에서 생긴다, 천동지정, 해와 달과 별, 해누이 달오빠(1), 해누이 달오빠(2), 일식과 월식, 북두칠성의 유래, 삼태성의 유래(1), 삼태성의 유래(2), 벼락과 번개, 산·강·바다·평원의 유래, 조선 산천의 유래, 지진의 유래, 썰물·밀물·풍랑의 유래, 대홍수와 인류(1), 대홍수와 인류(2), 대홍수와 인류(3), 광포전설, 구포동신 전설, 인지의 한계, 인간이 서로 잡아먹던 시대, 생식기의 유래, 삿갓의 유래, 조화신과 송악 대동강 삼각산의 신, 큰 지렁이의 아들 최충, 나비의 유래, 대구와 공주의 전설, 송림사 연	42

		기, 수탉 전설, 관제묘연기, 체부동 옥함가, 바닷물이 짠 이유, 구미호, 일광으로 임신함, 울소의 나쁜 거북, 제사의 시간, 개와 고양이와 구슬, 처녀는 평토장, 초야에 가출한 신랑, 효자와 동삼	
	변신담	손톱을 소홀하게 다루어서는 안된다, 과부의 병과 백구의 성기, 여우누이와 삼형제, 여산신과 용왕, 중국의 여우황후, 잉어여인과 가난한 남자, 악운의 소년과 神僧, 뱀신랑 신선비, 동삼소년, 강감찬 설화(1), 강감찬 설화(2), 바늘과 큰 뱀, 천년 묵은 지네와 닭, 우렁각시, 김소년과 대도적, 나그네와 여우와 호랑이	16
	응보담	구렁이 퇴치설화, 원귀간의 다툼, 중의 악행과 남편의 원령, 까치의 보은, 호랑이의 보은, 효자와 원숭이, 사냥꾼과 노루, 잉어를 놓아주고 용녀를 얻다, 9대 독자와 두 처녀	9
	초인담	강감찬 설화(3), 복술 이야기 세 편, 네 사람의 장사, 삼형제	4
	운명담	관은 크게, 북두칠성과 단명소년, 인동 조씨와 신승, 조한준 미륵, 봉첨지의 굴, 김덕령 전설	6
	주보담	효녀와 비를 내리게 하는 신선	1
일반담 (19)	기원담	형제바위, 오누이 결혼, 말이나해보지 고개, 사랑산과 절부암, 열불열녀 설화, 의구전설(1), 의구전설(2), 하회 유씨묘지 전설, 칠불사 전설, 에비야 평원과 무심항과 혈천, 국사동 최씨 전설, 오복동 전설	12
	교훈담	기로전설, 매자전설, 벙어리 삼년, 쥐의 효도, 상가승무 노인곡, 세 번 시련을 넘긴 정승	6
	출신담		
	염정담	가까이에 복사꽃 가지가 있다	1
소담 (44)	기원담	김수로왕의 성기	1
	풍월담	신선놀음에 도끼자루 썩는다	1
	지략담	명판결 두 건, 지혜 있는 아이, 사람이 피하는 성, 박문수 설화(1), 박문수 설화(2), 이순신 일화, 모래돛대, 독이 든 곶감, 꼬마신랑, 머리 아홉 달린 도적, 지하국대적퇴치(1), 지하국대적퇴치(2), 지하국대적퇴치(3), 한 근의 사람고기, 범인은 서당선생	15
	치우담	산위의 시체 셋과 돈, 단똥, 천도의 꿈, 바보 아내, 어리석은 남편의 문상, 주창과 관우, 세 바보자매, 세 바보며느리, 음문에 돼지를 그리다, 음문에 소를 그리다, 부부가 떡을 놓고 다투다, 호랑이보다 무서운 곶감, 촌부불식경, 처첩 싸움에 남편의 머리카락이 뽑히다	14

	과장담	게으름뱅이, 거짓말로 아내를 얻다, 고래 뱃속에서, 대식가, 방귀시합, 고래와 새우의 크기	6
	우행담	아미타불을 외우라, 무당호랑이, 국사당신과 장기를 두다, 사신간의 손 문답, 곡조문하문설낭자	5
	포획담	호랑이 퇴치	1
	음설담	처를 징벌하다	1
형식담 (4)	어희담	오늘밤에 오세요	1
	무한담		
	단형담		
	반복담	개를 그려 먹다, 나쁜 호랑이 벌주다, 조 한 알로 정승의 딸을 얻다	3
합계		154편	

〈『조선민담집』 수록작품의 재분류〉

『조선민담집』은 전체 154편 중 신이담이 78편으로 전체의 절반이 넘으며, 소담이 44편으로 그 다음 순위를 차지한다. 그 다음은 일반담 19편, 동식물담과 형식담은 각각 9편, 4편 순으로 비중이 작다. 신이담과 소담의 비중이 절대적으로 크다는 것의 의미는 무엇일까? 이것은 '조선 설화'의 특징일 수도 있고, 『조선민담집』의 특징일 수도 있다.

신이담은 현실에서는 일어날 수 없는 상상적인 초인들의 신비스런 이야기를 말한다. 그 중에서 우주와 인류, 조선 산천, 지방의 유래와 신화, 전설을 포함한 기원담의 비중이 크고, 동물들이 인간으로 변신하여 일어나는 변신담, 〈관은 크게〉, 〈북두칠성과 단명소년〉, 〈조한준 미륵〉같이 인간의 수명과 예정된 운명을 논한 운명담 순으로 작품수가 구성된다.

신이담에서는 창세신화, 거인설화, 대홍수설화 등 신화의 세계가 주목된다. 신화에는 창세신화를 비롯하여 인류의 탄생, 조선 산천의 유래 등을 이야기한 것이 많다. 창세신화에는 단형 서사가 많다. 한두 문장으로 구성된 단형 서사는 서사적 완결성이 떨어져 채록자가 누락시켜도 그만일 텐데, 손진태는 그러한 서사를 빠뜨리지 않고 굳이 수록하였다. 이 점을 눈여겨 볼 필요가 있다.

> "태초에 하늘과 땅이 있었다. 그러고 나서 하늘은 재차 위쪽으로 올라가고 땅은 하늘의 압력에 의해 평평하게 되었다. 그후 지상에서는 첫째로 인간이 생겨난 뒤 많은 생물이나 또 다른 생물들이 생겨났다."(1-1. 〈인간과 생물의 창생〉 전문)
>
> "생물은 무엇이나 물에서 생겨난 것이다. 인간도 물에서 생겨난 것이 아닌가."(1-3, 〈생물은 물에서 생긴다〉 전문)
>
> "하늘은 움직이지만 땅은 움직이지 않는다. 사람도 위의 남자는 움직이지만 밑에 있는 여자는 움직이지 않는다."(1-4. 〈천동지정〉 전문)

위 설화들은 짧지만, 간명하게 하늘과 땅, 생물, 인간, 남자와 여자의 창생 원리를 설명하였는데, 그야말로 민간설화의 특성을 잘 보여준다. 한국의 대표적 건국신화 〈단군신화〉나 〈박혁거세 신화〉 등이 수록되지 않은 점을 가지고 민족설화가 누락되었다고 지적할 수도 있으나, 이 또한 『조선민담집』의 민간설화집으로서의 특성을 보여주는 요소이다. 이전 일본인들이 채록한 민담, 설화집에는 신화라고 할 만한 것이 없다는 점을 유의할 필요가 있다. 다카하시 도루의 『조선물어집』(1910)이나 미와 다마키의 『傳說の朝鮮』(1919)을 보면, 다만 소박한 민담이나 지역 전설이 수록되어 있을 뿐이다. 이에 비하여 『조선민담집』에는 인간과 생물의 창생, 대홍수와 인류의 탄생, 세계의 멸망과 재건, 우주적 질서에 관한 신화 등에서도 알 수 있듯이 거대한 것, 초자연적인 것에 대해 소박하면서도 대담한 상상력을 보여주고 있다. 이 밖에도 『조선민담집』에는 조선 특유의 지역적, 민족적 특성을 지닌 '전설'이 풍부하게 보고되어 있다. 이러한 점들은 '신이담→기원담'이

라는 조희웅의 설화 분류 방식에 의해 부각된 특징이다.

소담은 주로 웃음·재간·바보에 관한 이야기로, 위기의 상황을 헤쳐 나갈 재치·지혜·용기를 이야기하는 지략담, 고지식하고 어리석은 사람을 조롱·풍자하고 지혜를 강조하는 치우담의 비중이 2/3가 넘는다. 소담 유형은 조선인들의 발랄한 기상과 재치를 잘 드러내주는 내용으로서, 1920년대에 활발하게 모집·재화되었던 '고래동화'·'전래동화'의 범주와 거의 일치하는 작품들이다. 손진태 역시 이러한 전래동화 운동이 진행되던 시대적 분위기를 의식하고 이러한 작품들을 발굴하여 수록한 것으로 보인다.

이밖에 밥 먹기가 귀찮아서 떡을 목을 맨 채 굶어 죽었다는 〈게으름뱅이〉, 고래 뱃속에 들어간 한 남자가 고래 뱃속을 찢고 나온 〈고래 뱃속에서〉 등 과장담(6편), 우연한 행운을 이야기한 우행담(5편), 포획담, 음설담 등은 민중들의 해학과 풍자의 정신을 보여주는 작품들이다.

일반담은 신비스런 요소가 제거된 보통 인간들의 이야기이다. 형제바위, 사랑산과 절부암, 의구 전설 등 전설이나 지역에 관한 기원담의 비중이 크고, 〈기로 전설〉, 〈쥐의 효도〉 등 효에 관한 일화를 담은 교훈담이 그 뒤를 잇는데, 손진태의 민속학적 관심이 투영된 결과라 여겨진다.

이러한 유형 분류를 통하여 손진태가 채록 자료들을 통해서 조선 민중들의 발랄하고 대담한 상상력, 풍자와 해학의 정신, 삶의 다양한 양태 등을 보여주려 하였음을 알 수 있다. 이러한 점은 동시대의 다른 설화집과 비교할 때 더욱 그 특성이 부각된다. 다카하시 도루의 『조선물어집』에 대한 연구 결과에 의하면, 사회관찰자로서의 자각을 지닌 다카하시는 『조선물어집』에 사회와 인생에 대한 부정적이고 비관적·운명론적 세계관을 담은 설화를 많이 수록하였다.[17] 비슷한 시기에 편찬된 설화집인데, 손진태와 다카하시의 설화집 간에는 왜 이러한 차이가 나타나는 것일까? 필자는 이를 설화 채록·편찬자의 시각에서 원인을 찾는다. 편찬자는 편찬과정에서 책에 수록된 것보다 훨씬 많은 채록 자료를 접하였을 것인데, 결국 편찬자가 어떠한 시각을 지니고 있느냐에 따라 수록 작품이 선택되고, 자료집의 성격이 규정된다. 그리고 그렇게 편찬된 설화집을 가지고 후대에 설화 향유층의 의식 규명 작업을 하게 된다. 식민사관의 소유자 다카하시에 대하여 조남호가, "노골적으로 조선과 조선인을 멸시하는 등, 악질적인 식민지 관료이자 교수였다."고 평가한 것처럼[18], 다카하시의 편찬 시각에는 선험적으로 조선의 설화를 부정적으로 인식하고 비관적·운명론적 세계관을 담은 설화들을 주로 내세웠고, 그 밑에 깔린 민중들의 정신을 저급하게 평가하였다는 혐의가 있다.[19] 반면, 역사·인류학자의 정체성을 지닌 손진태는 민족의식이 발현되고 해학적이며, 인생에 긍정적인 내용의 설화 유형을 적극 포착하였고, 이에 따라 조선의 문화 및 민중의식도 다르게 파악될 수 있었던 것이다.

한편 『조선민담집』의 분류상 특징은 다른 설화집, 동화집과 비교할 때 분명히 드러난다. 『조선물어집』은 설화류 24편 중 신이담과 소담이 각각 12편, 9편으로 비중이 가장 크다.[20] 조선총독부에서 간행한 『조선동화집』(1924)은 총 25편 중 신이담이 14편, 동물담이 6편이며, 심의린의 『조선동화대집』(1926)은 총 83편 중 소담이 41편, 신이담 27

17) 권혁래, 「근대초기 설화·고전소설집 『조선물어집』의 성격과 문학사적 의의」, 『한국언어문학』 54집, 한국언어문학회, 2008, 222-224쪽.
18) 다카하시 도루 저, 조남호 역, 『조선의 유학』, 소나무, 1995, 7쪽.
19) 권혁래, 앞의 논문, 226-227쪽.
20) 조희웅, 「일본어로 쓰여진 한국설화/한국설화론(1)」, 『어문학논총』 24집, 국민대학교 어문학연구소, 2005, 19쪽.

편, 동물담 12편 순이다.[21] 『조선민담집』과 『조선물어집』은 신이담과 소담의 비중이 크다는 점에서 유사하지만, 작품의 성격은 상이하다는 점을 앞에서 고찰하였다. 설화를 채록한 것이지만 '동화'를 표방한 『조선동화집』·『조선동화대집』 등은 『조선민담집』과는 작품 유형에서 차이가 있다.

Ⅴ. 맺음말

필자는 이 장에서 손진태의 설화 채록방식 및 설화 분류체계를 비판적으로 검토하고, 그 위에서 새로운 분류체계를 가지고 수록 작품들을 재분류하고, 작품의 문학·문화사적 성격을 평가하고자 하였다. 이상에서 논의한 바를 요약 정리하면 다음과 같다.

『조선민담집』에는 1920년부터 1930년까지 채록된 조선의 민간설화 154편이 수록되어 있다. 이 책은 1930년 12월 日本 東京의 鄕土硏究社에서 간행되었으며, 표기문자는 일본어이다. 손진태의 『조선민담집』은 설화 채록의 초창기인 1920년대에 조선의 설화를 가장 폭넓게, 그리고 원형 그대로 채록·집성한 설화집이라는 점에서 문학사적 의미가 크다.

『조선민담집』 수록 작품은 대부분 편찬자 본인이 근대적 학문방식에 의거, 직접 현지조사하여 채록한 것이나, 당시 유명인들의 기고 설화도 26편이 넘는다. 손진태는 이미 간행되었거나 중복된 자료나 외국의 설화는 제외하였음을 밝히었다. 채록 지역은 전국적이나, 경북,

---

21) 권혁래, 「1920년대 민담의 동화화와 심의린의 『조선동화대집』」, 『민족문학사연구』 39호, 민족문학사학회, 2009, 101쪽.

경남, 함남에서 채록한 자료가 전체의 70%에 달할 만큼 세 지역에 집중되어 있다.

손진태는 수록 작품 154편을 '신화·전설류'(51편), '민속·신앙 관련 설화'(33편), '우화·돈지설화·소화'(47편), '기타 민담'(23편)으로 분류하였다. 1부 신화·전설류에는 창세신화류와 지역 전설이 수록되어 있다. 신화류의 작품들은 신이한 세계의 기원을 표현한 것으로서 신성성이 두드러진다. 전설류의 작품들은 대체로 민속학적 관심에서 향토문화의 유래들을 밝힌 것으로서 지역문화의 특성이 드러난다. 2부 민속·신앙 관련 설화는 민간신앙, 금기(禁忌)를 주로 한 민담들인데, 분류의 일관성은 떨어진다. 3부 우화·돈지설화·소화에는 대부분 동물담과 소담에 속하는 민담들인데, 모든 작품들이 그렇지는 않다. 신이담 및 일반담과 민속·신앙 관련 설화에 해당하는 작품들이 뒤섞여 있어 여기서도 분류의 일관성이 없다. 4부 기타 민담은 대부분 신이담과 소담의 범주에 속하는 작품들이다.

이처럼 손진태의 분류는 신화, 전설, 설화, 우화, 돈지설화, 소화, 민담 등의 용어가 혼재되어 있어 개념의 혼란을 일으키며, 유형 간 변별성도 분명치 않다. 실제 분류한 양상을 보면 1부는 대체로 신화·전설에 속하는 작품들이며, 2-4부는 민담에 속하는 다양한 유형의 작품들이 모호한 기준 아래 혼재되어 있다. 후속 연구와 활용을 위해서라도 좀 더 합리적인 기준을 가지고 작품들을 재분류하고 성격을 변별해줄 필요가 있다.

이에 필자는 조희웅의 설화 분류법에 의거하여 재분류하였는데, 그 결과 전체 154편 중 신이담이 78편으로 전체의 절반이 넘으며, 소담이 44편으로 그 다음 순위를 차지한다. 그 외에 일반담은 19편, 동식물담과 형식담은 각각 9편, 4편이다.

신이담에서는 창세신화, 거인설화, 대홍수설화 등 신화의 세계가 주목된다. 신화에는 창세신화를 비롯하여 인류의 탄생, 조선 산천의 유래 등을 이야기한 것이 많다. 소담은 주로 웃음·재간·바보에 관한 이야기로, 위기의 상황을 헤쳐 나갈 재치·지혜·용기를 이야기하는 지략담, 고지식하고 어리석은 사람을 조롱·풍자하고 지혜를 강조하는 치우담의 비중이 2/3가 넘는다. 이러한 설화들은 조선인들의 발랄한 기상과 재치를 잘 드러내준다. 이밖에 과장담, 우행담, 포획담, 음설담은 민중들의 해학과 풍자의 정신을 보여주는 작품들이다. 일반담은 신비스런 요소가 제거된 보통 인간들의 이야기이다. 전설이나 지역에 관한 기원담과 효에 관한 일화를 담은 교훈담 등이 있는데, 이에는 손진태의 민속학적 관심이 투영되어 있다.

이와 같이 손진태는 민중들의 발랄하고 대담한 상상력, 풍자와 해학의 정신, 삶의 다양한 양태 등이 나타난 설화들을 채록·집성함으로써 조선 민간설화의 민족적·문화적 성격을 드러내고자 하였다. 이는 다카하시 도루 등 일본인 설화 채록자들이 사회와 인생에 대한 부정적이고 비관적·운명론적 세계관을 담은 설화를 많이 수록하고, 이를 통하여 설화에 투영된 민중들의 정신을 저급하게 평가한 결과와 대별된다.

필자는 이 장에서 『조선민담집』의 분류체계를 비판적으로 검토하고, 조희웅의 설화 분류법을 가지고 수록 작품들을 재분류하고 성격 파악하는 것을 주요 과제로 삼았다. 연구결과가 평면적이라는 지적도 있지만, 『조선민담집』에 관한 기초 연구를 수행했다는 점을 자위하고자 한다. 이를 바탕으로 『조선민담집』의 성격과 활용방안 등에 대한 연구가 좀 더 본격적으로 진행되기를 기대한다. 또한 이 책에 수록된 작품들이 현재 한국의 대표적 설화로 알려진 작품들과 어떠한 연관성을 갖는지 고찰하는 것도 중요한 연구 과제라고 생각한다.

제7장
동화작가 박영만의 발견과 『조선전래동화집』(1940)의 세계

Ⅰ. 머리말

박영만의 『조선전래동화집』은 1940년 학예사에서 출간된 것으로서 조선총독부의 『조선동화집』, 심의린의 『조선동화대집』과 함께 식민지 시기의 '3대 전래동화집'으로 불리는 작품집이다. 이 동화집은 75편의 작품이 수록되어 있고, 오늘날 간행되는 각종 전래동화집의 원전이라 할 수 있는데, 이 작품집은 한동안 희귀본이 되어서 일반인들은 물론 대다수 아동문학 연구자들도 구할 수가 없어 작품의 실상에 대해 몹시 궁금함과 안타까움을 더하여 왔다.

그러던 중 일본의 대학 도서관에 소장되어 있던 작품의 복사본을 구하게 되어 필자는 이 작품에 대한 연구를 시작할 수 있었다[1]. 우리는 이 작품집의 연구를 통하여 그 문학적 성격을 밝히고, 또한 해방 전 시기 한국 전래동화 형성의 한 과정을 좀 더 소상히 파악할 수 있게 될 것이다. 이 장에서 필자가 논점으로 삼은 것은 다음의 세 가지이다.

---

1) 이 지면를 빌어 처음에 자료의 복사본(낙장본)을 제공하여 준 염희경 선생님, 그리고 작품의 완본을 구하여 준 진영복 선생님께 감사의 뜻을 전한다.

첫째, 박영만은 누구인가 하는 것이다. 박영만은 지금까지 잘 알려지지 않은 사람인데, 그의 작품 활동을 포함하여, 해방 전 중국에서의 독립군 활동 및 해방 후 문필활동 등 그의 전 생애에 대해 조사하고자 한다. 우리는 이를 통하여 옛이야기를 동화로 다시 쓴, 한 탁월한 전래동화 작가를 발견하게 될 것이다.

둘째, 『조선전래동화집』의 작품세계 및 문학적 특징은 어떠한가?

셋째, 『조선전래동화집』이 한국전래동화사에서 차지하는 위치는 어떠한가 하는 것이다.

II. 박영만의 저작활동과 생애

〈박영만〉

『조선전래동화집』의 저자 박영만(朴英晩)은 1914년 5월 19일 평안남도 안주(安州)에서 태어났다. 그는 고향 안주에서 소학교를 졸업하고, 1927년 평안남도 진남포시(鎭南浦市)에 있는 실업계 중등학교인 진남포공립상공학교(鎭南浦公立商工學校)에 진학하여 공부하였다. 그러다가 1929년 3학년 재학 중 광주학생운동에 가담하였다가 퇴학당하였다. 그의 민족의식 및 정의감이 적극적 행동으로 나타난 것이다.

그 뒤에 그는 일본으로 유학을 떠나 와세다대학(早稻田大學)에서 수학하였다. 그가 언제 도일(渡日)을 하여 무슨 공부를 하였으며, 언제 귀국하였는지에 대해서는 알려진 바가 없다. 다만 그가 쓴 책의 저자소개란에서 그가 와세다 대학 출신임을 알 수 있을 뿐이다[2].

박영만이 『조선전래동화집(朝鮮傳來童話集)』을 출판한 것은 1940년도의 일이다. 그가 소학교를 다니던 10대 때부터 전래동화에 대해 남다른 애정과 관심을 가졌으며, 고향을 중심으로 평안남북도, 함경남북도, 황해도 등을 다니면서 전래동화를 채집하고 정리하였다는 사실은 『조선전래동화집』 서문에 밝혀져 있다. 원래는 1937년 『조선전래동화집』을 저술하여 출판하고자 하였으나, 序文이 민족자주의식을 선양한다는 이유로 일본 경찰에 원고를 압수당하고 구금을 당하는 등 곤욕을 치렀다고 한다[3].

다행히도 이때 압수된 원고를 되찾아 3년 뒤인 1940년 6월, 학예사에서 『조선전래동화집』을 출판하게 된다. 이 동화집을 출판할 때 한글학자 한메 이윤재 선생이 교정을 봐 주었고, 민속학자 석남 송석하 선생이 서문을 써 주었는데, 박영만이 동화집의 출판을 앞두고 조선어학회 및 민속학계 인사들과 관계를 갖고 있었던 듯하다.

1940년 이후 해방 전 그의 문필 활동은 주로 전래동화 집필에 집중되었던 듯하다. 현재 파악된 투고문의 목록을 적어보면 다음과 같다.

- 〈소 되엇던 사람: 전래동화〉, 『소년』 제4권 제5호, 조선일보사 출판부, 1940년 5월, 17-21쪽.
- 〈하늘에서 나려온 애기: 전래동화〉, 『소년』 제4권 제8호, 조선일보사 출판부, 1940년 8월, 13-19쪽.

또한 1940-1942년에는 친일 문인 이광수(李光洙)·최재서(崔載瑞) 등을 공격하는 유인물을 문인들에게 배포하기도 하였다. 하지만 이것

---

2) 박영만이 지은 『광복군: 운명 편』(협동출판사, 1967년) 등의 저서 저자소개란에는 "著者는 日本 早大 出身으로…" 와 같이 기록되어 있다.
3) 김승학, 『한국독립사』 하권, 독립문화사, 1970, 156·341쪽.

이 발각되어 일본 경찰에 쫓기면서, 그는 1942년 중국 산서성(山西省) 극난파(克難坡) 지역으로 망명한다. 그 곳에 있는 산서대학에 잠시 머물면서 그는 한글의 우수성을 설파하다가, 이에 감명 받은 문학부 계열의 중국인 학생들의 요청을 받고 2주일 간 한글 강습을 하기도 하였다[4].

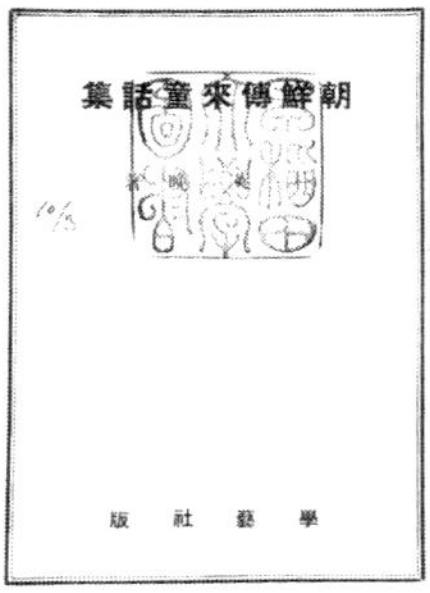

『조선전래동화집』

이후로 박영만은 문필활동을 잠시 떠나, 이른바 광복군으로서의 활동을 시작한다.

1943년 2월에는 광복군 제2지대에 입대하여 광복군 군가인 〈압록강행진곡〉 을 작사하여 광복군의 사기를 고취하였다. 당시 이 노래는 광복군들 사이에서 널리 불렸다고 한다. 〈압록강 행진곡'〉(박영만 작사, 한유한 작곡)의 가사를 살펴보면 다음과 같다.

> 우리는 한국 독립군 조국을 찾는 용사로다
> 나가 나가 압록강 건너 백두산 넘어가자
> 우리는 한국 광복군 악마의 원수 쳐물리자
> 나가 나가 압록강 건너 백두산 넘어가자
> 진주 우리나라 지옥이 되어
> 모두 도탄에서 헤매고 있다
> 동포는 기다린다 어서 가자 고향에
> 등잔 밑에 우는 형제가 있다
> 원수한테 밟힌 꽃포기 있다
> 동포는 기다린다 어서 가자 조국에

---

4) 「조선어학회 여러 동무님 앞!: 편지」, 『한글』 제11권 제3호, 조선어학회, 1946년 6·7월호, 65-66쪽 참조.

우리는 한국 광복군 조국을 찾는 용사로다
나가 나가 압록강 건너 백두산 넘어가자

이 노래는 2005년도 1학기부터 초등학교 4학년 음악 교과서에 실리게 되면서 작사자가 박영만이라는 사실이 널리 알려지게 되었다.

박영만은 또한 미군 전략정보처(OSS) 안에 한국인 공작반을 설치하도록 하는 데 큰 역할을 하기도 하였다. 1943년 11월 그는 김구(金九)의 명령을 받고 중국 중경(重慶)에 도착하여 대한민국 임시정부 선전부(宣傳部) 선전위원으로 임명되었다. 이와 동시에, 미군전략정보처 안의 한국인 공작반에 특파되어 일본군 안의 정세에 관한 정보를 수집하고 광복군의 존재가치를 선전하여 미군으로 하여금 광복군에 대한 인식을 새롭게 하고, 한미합작훈련문제를 실현시키는 데 기여하였다. 1944년 5월에는 광복군 총사령부 정훈처(政訓處) 선전과원(宣傳科員)으로 활약하였다. 같은 해 6월 지대장 이범석(李範奭)을 도와 한미연합 군사훈련 실시를 성공시키는 한편, 광복군 총사령부 정훈처 선전과장[參領;중령]에 임명되어 활약하다가 광복을 맞았다[5].

해방 후 그는 다시 문필활동을 시작한다. 언론 기사를 통해 확인할 수 있는 그의 저작 및 기사 목록은 다음과 같다.

- 〈조선어학회 여러 동무님 앞! : 편지〉, 『한글』 제11권 제3호, 조선어학회, 1946년 6·7월호, 65-66쪽.
- 『새로운 城』 상권, 學藝社, 1948년 11월.
- 『새로운 城』 하권, 金龍圖書, 1949년.
- 〈重慶에서의 감격: 異域에서 맞은 8·15〉, 『새한민보』 제3권 제17호, 새한민보사, 1949년 8월, 37쪽.

5) 국사편찬위원회, 『일제침략하 한국 36년사』 13권, 국사편찬위원회, 1978년, 855쪽.

박영만은 8·15 해방을 중국 중경(重慶)에서 맞이한다. 그는 중국에서 황해를 건너 조국으로 돌아온 뒤 분단 조국의 향방 문제를 놓고 고민하고, 또한 일신상으로는 북쪽의 부모님과 만날 수 없고, 또 망명 전 써놓은 원고뭉치는 찾을 수 없는 현실에서 새로운 길을 모색한다. 그리고 3년 만에 장편소설 『새로운 城』을 발표한다. 『새로운 성』 상권(1948년)은 284쪽 분량이고, 『새로운 성』 하권(1949년)은 559쪽 분량이다. 본격적인 소설가로서의 시작을 보여주는 작품들이다. 당시 박영만은 『새로운 성』 발간의 감회를 다음과 같이 기술한다.

> 이 소설 『새로운 성』을 구상한 것은 벌써 오래여서 내가 중국 西安, 즉 진나라 옛터전인 長安-그 곳에 있을 때였다. 내 몸소 부닥치고 겪고 지내는 처지가 되어서 그랬던지 나는 그때 우리 겨레의 獨立運動史를 소설로 써보고야 말리라는 불타는 열망과 의무심에서 그때그때 구상의 메모를 게을리 하지 않았다. 이 소설이 그 당시의 메모로써 얽혀진 三部作의 그 첫 작품이다. 그리고 끝으로 독자들을 위해서 말해둘 필요를 느끼는 것이 있다. 그것은 이 소설에 나오는 주인공의 모델인데, 나는 이 주인공의 모델이 某將軍 그 분이라는 것을 솔직히 말한다.
>
> 이역에서 멀리 고국을 눈에 그리면서 그가 피 눈물 섞인 그의 회고담을 들려주곤 한 것이 나로 하여금 이런 소설을 쓰게 한 동기가 되었던 것이다.(……) 단지 일개 작가로서의 내가 내 자신의 내적 충동으로 인해서 쓰지 않을 수가 없어서 쓴 내 자신의 작품인 것이다. 즉 獨立運動史의 小說化를 기획한 작품이다.[6]

해방 뒤 박영만은 독립운동사를 소설로 형상화하는 소설가로 변신한다. 그리고 3부작을 구상하고 그 첫편으로 『새로운 城』을 발표한 것

---

6) 박영만, 『새로운 城』 상권, 학예사, 1948년, "自序" 中에서.

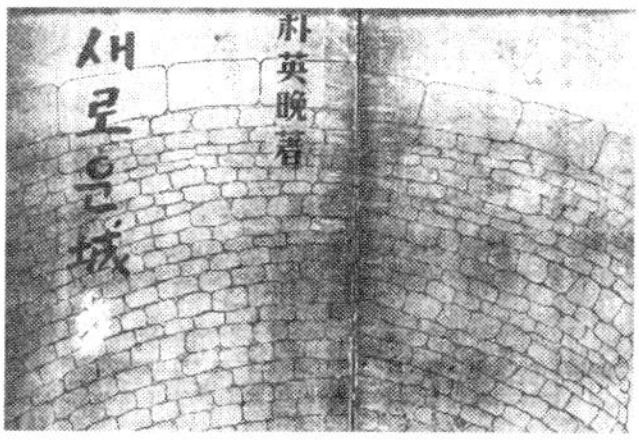

『새로운 성』 표지

이다. 나머지 두 편의 짧은 글은 조국에 돌아온 뒤의 소회와 감격을 고백한 짧은 수필이다.

1948년 1월 15일자 『조선일보』에는 박영만이 한미문화협회 총간사로 활동하였다는 기사가 실려 있다. 한미문화협회는 미국에서 한국의 문화를 소개하는 홍보활동을 하는 기관인데, 명예회장은 김규식, 회장은 송석하였다고 한다. 이승만과 정치노선을 달리한 김규식이 관여하는 단체에 박영만이 속한 까닭인지 박영만은 이승만 정부와 일정한 갈등이 있었던 것 같고, 그런 까닭에 그는 이승만 정부 시기에 일정 기간 도미할 수밖에 없었던 것으로 보인다. 1948년 12월 7일에는 '민족정신앙양 전국문화인 총궐기대회'에 참가하였다고 한다. 그 뒤의 자세한 행적은 알 수 없지만, 박영만은 1950년대 후반 즈음부터 국내에서의 문필 활동을 재개한 것으로 보인다. 이 당시 그가 발표한 저작물 목록은 다음과 같다.

- 〈'舜臣孫' 先生〉, 『新太陽』 제6권 제7호, 신태양사, 1957년 7월, 242-248쪽.
- 〈嗚呼! 光復軍〉, 『三千里』 제2권 제8호, 삼천리사, 1957년 8월.
- 〈깨어진 玉부처 : 소설〉, 『交通界』 제1권 제1호, 교통계사, 1960년 4월, 172-181쪽.
- 『큰 놈이』(소설집), 제일출판문화사, 1961년.
- 『傳記小說 주춧돌 : 男坡 朴贊翊先生의 生涯』, 신태양사 출판국, 1963년.
- 『논픽션 소설 光復軍 : 運命篇』 상·하, 협동출판사, 1967년.
- 『實錄小說 光復軍 : 黎明篇』, 협동출판사, 1969년.

1950년대 후반부터 1960년까지 주로 짧은 수필이나 전래동화를 바탕으로 단편소설을 쓰던 박영만은 『큰 놈이』(1961년)를 시작으로 다시 장편소설을 쓰기 시작한다. 1967년도 이전에 지어진 『김구』, 『暴風의 노래』, 『주춧돌』(1963년), 그리고 『광복군』 삼부작(三部作) 중 "운명 편"(1967년), "여명 편"(1969년)에 이르기까지 60년대 말까지 지어진 박영만의 작품들은 대부분 독립운동사 또는 애국지사의 삶을 소설화한 것인데, 저자 스스로 이 작품들을 傳記小說, 논픽션 소설, 실록소설의 이름을 붙였다. 넓게 보아 역사소설의 범주에 속하는 작품들이다. 박영만의 『광복군』 집필 기획에 대한 소식은 1961년 6월 하순에 여러 신문 기사로 난 적도 있거니와, 실제로 이 연작소설은 "光復軍史"를 논픽션 형식의 소설로 형상화한 것이다. 박영만은 시중에 나도는 광복군에 관한 출판물이 대부분 광복군의 진실의 왜곡한 것에 분개하여 이 연작소설을 집필하게 되었다고 했다[7]. "여명 편"에 이어 삼부작의 마지막 편이 출판되었는지는 아직 확인하지 못하였다. 이외에도 조사되지 않은 저작물들이 적지 않을 것으로 예상되며, 이것들에 대해서는 차후에라도 보완하고자 한다.

박영만은 1963년 8월 15일에 건국공로 대통령표창을 수상하고, 1977년에는 건국포장을 수여하였으며, 1981년 11월 28일 68세를 일기로 사망하였다. 정부에서는 고인의 공훈을 기리기 위하여 1990년에 건국훈장 애국장을 추서하였다. 박영만은 일제 강점기 시기에 태어나 일찍이 민족의식에 눈을 떠 열정적인 생애를 산 인물이다. 우리 사회에 박영만을 기억하는 사람들은 그리 많지 않다. 다만 정부 포상과 관련하여서 주로 광복군이자 독립운동가로서 알려졌고, 최근엔 〈압록강

7) 박영만, 『광복군: 운명 편』 상권, 협동출판사, 1967년, "自序" 中에서.

행진곡〉이 주목을 받으면서 그 노래의 작사가로 잠시 일반인들의 관심을 끌었다.

그런데 『조선전래동화집』의 재출간을 계기로 그의 생애와 활동을 다시 조사해본 결과, 그는 지금까지 알려진 것보다 훨씬 왕성하고 열정적인 집필 활동을 해 왔음을 새롭게 알게 되었다. 1940년대 초에는 주목받는 전래동화 작가로서, 식민지 시기 우리나라 전래동화 수집 및 형성에 큰 공헌을 한 인물임을 새롭게 알 수 있었다. 1942년도부터 해방 직전까지는 중국으로 망명하여 임시정부 하의 광복군(중령)으로서 적지 않은 군공(軍功)을 세웠으며, 그리고 해방 후부터 1960년대 말까지는 저술가 및 소설가로서의 전문 영역을 넓히었다. 그의 후반기 집필 활동의 중심은 역시 역사소설의 집필을 통하여 광복운동의 실상을 깊고 진실되게 조명하고, 또한 잊혀지기 쉬운 몇몇 애국지사들의 삶의 의미를 감동적으로 형상화한 것에 있지 않을까 생각한다. 이런 점에서 필자는 독립지사 박영만의 삶에서 새롭게 문학가-전래동화 및 역사소설 작가-로서의 면모를 파악하여, 그의 삶을 좀 더 폭넓고 종합적으로 조명해야 할 필요가 있음을 제기하는 바이다.

III. 저술동기 및 방법

박영만이 『조선전래동화집』을 출판한 시기는 1940년, 그의 나이 27세 되던 때이다. 박영만은 소학교를 다니던 때부터 전래동화를 수집하고 기록하기 시작하였고, 10여 년간의 수집과 정리 작업을 거쳐 탄생한 것이 『조선전래동화집』이다.

이 책의 저술 동기는 무엇보다 저자의 서문에 잘 나타나 있다.

> 口碑로써 전해 내려오는 所謂 傳來童話는 수천백 년을 亘하여 우리의 할아버지 할머니들이 말씀하시고 들으시고 생각하시고 한 흙의 哲學이고, 흙의 詩고, 거룩한 꽃이다. 지금까지 이 아름다운 꽃에 대하여 진지한 고려가 없었음은 遺憾이 아닐 수 없다.
>
> 이런 구비는 이것을 적당한 때에 손을 써서 모집하여 두지 않으면 새로운 화장을 하고 찾아오는 이국의 딸들과 잡혼을 하여 따스한 온돌방으로부터 자취를 감추지 않으면 본래의 모습을 찾아볼 수 없게 混色物이 되고 만다. 이것은 슬픈 일이라고 나는 생각했다. 먼지 속에 파묻혀서 있는 우리 겨레 고유의 이 꽃들을 구해내는 것을 나는 나의 사명으로 알고 있다.
>
> 내가 이 전래동화를 모집하기 시작한 것은 소학교 시대부터이니 벌써 십여 년이 된다. 이 십여 년간 혹은 어머님 무릎에서 듣고, 혹은 각지로 다니면서 山村 市井의 樵夫, 村媼, 田夫, 나그네들의 입을 빌어 모집한 것의 일부를 이제 學藝社를 거쳐 아름다운 이 땅 문화 동산에 바치게 되었다. 적으나마 정성에 찬 선물이다. 나는 여기에 당함에 엄정한 태도로써 내용과 형식에 있어서 原話에 극히 忠實하려고 하였다[8].

박영만은 전래동화의 수집과 정리에 대해 매우 진지한 애정과 관심을 드러내고 있다. 192,30년대에 전래동화에 관하여 이 정도의 진지한 사고방식을 보여주는 글은 흔치 않을 것이다. 박영만이 생각하는 전래동화란, "수천 년에 걸쳐 조상들이 말하고 듣고 생각한 흙의 철학이고, 흙의 시고, 거룩한 꽃"이다. 흙의 철학, 흙의 시, 거룩한 꽃이라는 비유가 진지하고 새롭다. 전래동화는 공동체 및 민중들의 삶의 진실한 소산물이라는 뜻이다.

또 전래동화는 흙이요 꽃같이 순연(純然)한 것인데, 적당한 때를 놓

---

8) 박영만, 『조선전래동화집』, 自序.

치면 사라져 버리거나, 또는 외국의 문학 작품과 섞여버려서 그 순연함을 놓치게 된다고 하였다. 박영만은 수천 년간 간직해온 우리의 순연한 문화적 산물인 전래동화를 근대 문명, 서구 문명이 밀어닥쳐오는 와중에서 구하고 원형 그대로 살려놓는 것의 필요성을 절감하게 되었고, 이 일을 자기의 사명으로 여기게 되었다. 이것이 박영만이 일찍부터 전래동화 수집에 열심을 내었던 이유인 것이다.

저술 방법을 보면, 양질의 자료를 구하기 위하여 우선 현장답사와 채록 작업을 매우 열성으로 하였음을 알 수 있다. 이 점에 대해서는 서문을 쓴 서문을 쓴 민속학자 석남(石南) 송석하(宋錫夏: 1904-1948)의 발언이 좋은 논거가 된다. 그는 박영만이 동화를 수집하는 과정에 대해 다음과 같이 묘사하였다.

> 내가 君에 대하여 敬服한 것은 酷寒 零下 수십 도 되는 白頭山 下背梁山脈을 관북에서 관서로 넘어 丈雪을 꺼리지 않고 나도 曾往에 답사한 慈厚 兩地는 물론이요 그의 수십 배의 지역에서 어떤 때는 생나무 내에 숨이 막히는 窮村의 화전민 집에서, 어떤 때는 잘 곳 없는 荒野를 헤매면서, 혹은 野叟에서, 혹은 山嫗에서 하나씩 둘씩 자료를 모집하는 눈물겨운 성심에 대함이었다.[9]

산촌궁곡을 다니면서 다양한 지역에서 전래동화 작품을 수집하려 한 박영만의 헌신적인 노력과 성실한 자세를 평가한 것이라 할 수 있다. 박영만이 주로 채록한 곳은 평안남북도를 비롯한 이북 지역이다. 이렇게 채록된 작품들이 75편, 총 534쪽의 방대한 분량이다. 책에는 각 작품마다 채록한 지역을 명기하였으며, 채록 시기나 구술자에 대해

---

9) 위의 책, 序.

서는 기록하지 않았다. 또한 채록한 이야기를 기록하고 정리하면서, 가능하면 동화의 원 형태를 유지하려 하였음을 알 수 있다.

송석하 선생은 박영만에 대해 "학계에 샛별같이 나타난 篤學의 士"라고 하였다. 그리고 "그는 아무런 다른 야심보다 조선의 동화를 가장 광범위하게, 가장 정확히, 가장 보편적으로 모집"하였으며, "일방으로는 學究資料로, 일방으로는 아동의 爐邊叢話로 제공하려는 용의 이외의 야심밖에는 없다"는 것을 굳게 믿는다고 하였다.

이는 박영만이 체계적인 문학수업을 받은 적도 없고, 전래동화 채록 방법에 대해서도 특별히 교육받은 것이 없음에도 불구하고, 그의 동화 자료 수집 태도가 굉장히 전문적이고 엄밀하였으며, 또한 그가 수집 정리한 작품이 훌륭한 학문적 연구자료가 될 뿐 아니라, 동시에 어린이들에게 구연할 때에도 아주 생생한 구연자료로 쓰일 수 있다는 점을 평가한 것으로 보인다.

Ⅳ. 『조선전래동화집』의 작품세계 및 특징

『조선전래동화집』에는 모두 75편의 동화가 수록되어 있다. 수록 작품의 목록과 채록 지역을 적어보면 다음과 같다.

1. 수록 작품과 채록 지역

(1) 열두 삼천(평안남도 안주 입석)
(2) 이야기는 이야기할 것이지 넣어둘 것은 아니오(경성)
(3) 소 되었던 사람(함경남도 안변)
(4) 범과 효자(평안남도 안주 입석)

(5) 봉익이 김선달(평안남도 평양)
(6) 노인과 양자, 사슴이, 뱀(함경남도 함흥)
(7) 계수나무 할아버지(함경남도 함흥)
(8) 금이 귀신 된 이야기(평안남도 한천)
(9) 엿 잘 먹는 훈장(평안남도 평원군 당오리)
(10) 잊기 잘하는 사람 이야기(평안남도 평원군 서해면)
(11) 박혁거세 임금님(나의 기억)
(12) 목침 이야기(평안남도 평원군 서해면)
(13) 좁쌀 한 알로 정승의 사위 된 사람 이야기(함경남도 함흥)
(14) 독수리 된 왕(평안남도 안주)
(15) 까투리 이야기(없음)
(16) 맷돌, 조롱박, 장구(평안남도 덕천)
(17) 불평가 이야기(황해도 안악)
(18) 혹 뗀 이야기(나의 기억)
(19) 청개개비 이야기(평양 한천)
(20) 놀부와 흥부(평안남도 안주군 입석)
(21) 선녀의 옷과 수탉(함경남도 원산)
(22) 헌데장이, 코흘리개, 눈첩첩이(평안남도 안주군 만성)
(23) 교만한 왕 이야기(평안남도 평원군 서해면)
(24) 밥 안 먹는 아내 구한 사람(평안남도 평원군 검산면)
(25) 꾀 많은 김서방(평안남도 안주군 입석)
(26) 점 잘 치는 훈장(평안남도 평원군 황산면)
(27) 구대 독자(함경남도 함흥)
(28) 요술쟁이의 아내(평안북도 강계)
(29) 삼백 냥 재판(평안남도 평양)
(30) 코 긴 공주(평안남도 진남포)
(31) 황 정승의 아가씨(평안남도 순안)
(32) 박 두꺼비(함경북도 길주)

(33) 효자 이야기(평안남도 평원군 서해면)
(34) 소고기 재판(평안남도 안주)
(35) 장수 되는 물(평안남도 진남포)
(36) 호박에 돈을 꽂아가지고 오던 소년(평안남도 용강)
(37) 학과 부기(평안남도 평원군 검산면)
(38) 삼년 석달 계속하는 긴 이야기(평안남도 한천)
(39) 갈대잎(평안남도 안주군 입석)
(40) 배가 아프면 개를 그려 먹어라(평안북도 정주)
(41) 오형제(평안북도 강계)
(42) 산과 바다가 된 이야기(경상북도 대구)
(43) 코 길어진 욕심쟁이(모집지 불명)
(44) 곶감 이야기(평안남도 안주군 문전동)
(45) 북두칠성(함경남도 함흥)
(46) 효자와 산삼(모집지 불명)
(47) 쿨덕이 이야기(평안남도 안주군 입석)
(48) 지혜 다루기(평안북도 삭주)
(49) 장원 급제한 소년(모집지 불명)
(50) 장화홍련(나의 기억)
(51) 토끼와 사슴이와 두꺼비(경성)
(52) 난장이의 범사냥(모집지 불명)
(53) 길고도 고소한 이야기(평안남도 안주군 입석면 왕산)
(54) 개와 고양이(평안북도 자성)
(55) 고생이란 것을 안 사람(함경남도 고원)
(56) 도둑놈의 이름은 신재복(평안남도 평원군 서해면 사리)
(57) 요술 쓰는 색시(평안남도 평원군)
(58) 중과 며느리(평안남도 안주군 입석)
(59) 용왕의 딸(황해도 사리원)
(60) 노루 꽁지 없어진 이야기(평안북도 강계)

(61) 거짓말해서 아내 얻은 사람(평안남도 안주)
(62) 원앙새(평안남도 진남포)
(63) 옴두꺼비가 장가든 이야기(평안남도 안주군 입석)
(64) 꾀 많은 부인 이야기(함경남도 정평)
(65) 범이 개 된 이야기(평안남도 순천)
(66) 붙어라 떨어져라(모집지 불명)
(67) 십년간 지팡이를 두른 사람(함경남도 흥원)
(68) 머리 셋 가진 僧과 포수(평안남도 평원군 서해면)
(69) 예쁜이와 버들이(경기도 김포)
(70) 자글대 이야기(평안남도 안주군 입석)
(71) 회리바람 재판(평안남도 강서)
(72) 연이와 칠성이(평안남도 안주)
(73) 해와 달 된 이야기(평안남도 안주군 입석)
(74) 꿀강아지(평안남도 숙천)
(75) 까치의 보은(나의 기억)

이상에 기록된 채록 지역을 도표화하면 다음과 같다.

<table>
<tr><th colspan="2">지역</th><th>숫자</th><th>소계</th></tr>
<tr><td rowspan="6">평안남도</td><td>안주</td><td>17</td><td rowspan="6">42</td></tr>
<tr><td>평원</td><td>11</td></tr>
<tr><td>평양</td><td>3</td></tr>
<tr><td>진남포</td><td>3</td></tr>
<tr><td>한천</td><td>2</td></tr>
<tr><td>강서, 덕천, 숙천, 순안, 순천, 용강(각1)</td><td>6</td></tr>
<tr><td rowspan="2">함경남도</td><td>함흥</td><td>5</td><td rowspan="2">10</td></tr>
<tr><td>고원, 안변, 원산, 정평, 흥원(각1)</td><td>5</td></tr>
<tr><td rowspan="2">평안북도</td><td>강계</td><td>3</td><td rowspan="2">6</td></tr>
<tr><td>삭주, 정주, 자성(각1)</td><td>3</td></tr>
<tr><td>황해도</td><td>안악, 사리원(각1)</td><td>2</td><td>2</td></tr>
</table>

경성		2	2
기타	함북 길주, 경북 대구, 경기도 김포(각1)	3	3
나의 기억		4	4
모집지 불명		6	6
합계		75	

위 표에서 알 수 있듯이 박영만은 자신의 고향 안주를 비롯하여 평안남북도와 함경남도에서 대다수의 작품을 채록하였다. 모집지를 알 수 없는 작품은 열 작품이다(불명6, 나의 기억4). 서울 이남 지역 네 곳을 제외하면 모두 이북 지역이며, 대도시보다는 시골 읍면동 지역이 훨씬 많다. 박영만이 자신의 고향을 중심으로 한강 이북의 지역을 구석구석 찾아다니며 설화를 채록하였음을 알 수 있다. 그런데 채록 지역만 있을 뿐, 채록 시기나 제보자의 정보를 알 수 없는 점이 아쉬움으로 남는다. 조사 열정은 손진태에도 뒤지지 않지만, 조사방법과 기록방식 면에선 엄밀함이 다소 떨어지는 부분이다.

2. 민담의 동화화 방식과 박영만 동화의 특징

박영만의 동화는 대부분 현지에서 채록한 것이고, 박영만 자신도 작품의 순수성을 거듭 강조하였지만, 그 문장은 매우 매끄럽고 세련되다. 자신이 채록한 민담을 구성 및 문장 면에서 잘 다듬어 동화화한 것이다. 이 점이 박영만 동화의 가장 두드러진 특징이다. 박영만 동화의 좀 더 구체적 특징과 동화화 방식을 살펴보면 다음과 같다.

첫째, 박영만의 동화는 유형 분류상, 신이담이 우세하다. 전체 75편 중 신이담이 41편으로 가장 많으며, 다음으로 소담 23편, 일반담 6편, 형식담 3편, 동물담이 2편 순으로 분류된다. 신이담은 현실에서는 절대 일어날 수 없는 상상적인 초인들의 신비스런 이야기를 말하는 것으로서, 이러한 유형이 많다는 것은 사람들이 꿈꾸는 세계와 문제해결 방식에 민중적 상상력이 많이 개입되었다는 것을 의미한다. 신이담에서는 새로운 신화 및 초월적 세계가 발견된다. 〈산과 바다가 된 이야기〉, 〈해와 달 된 이야기〉, 〈계수나무 할아버지〉는 소박하지만 창세신화의 성격을 보여주는 작품들로서, 태초에 지구에 산과 바다가 만들어진 과정, 해와 달이 만들어진 과정, 인류가 탄생하는 과정을 보여준다. 이 중에서도 〈계수나무 할아버지〉는 달의 인류와 지구의 인류가 계수나무를 두고 다툼을 벌이다 조물주가 지구 인류의 편을 들어주었고, 홍수 신화를 통하여 지구에 새로운 인류의 시조가 탄생하는 과정을 서술하였다. 손진태가 채록한 〈대홍수와 인류〉(『조선민담집』)를 제외한다면, 일제 강점기의 설화·동화집에서는 이러한 내용과 규모의 창세신화는 찾아보기 힘들다.

이외에도 『조선전래동화집』에는 신들의 공간(용궁, 섬, 지하세계, 동굴, 산골), 여러 신격(용왕, 선녀, 북두칠성, 사슴 괴물, 산신령, 이야기 귀신, 금 귀신, 박쥐도둑, 머리 셋 달린 중 등), 초월적인 질서와 능력이 수없이 등장하여 이야기를 환상적으로 만든다.

둘째, 박영만 동화는 주제 면에서도 다양한 양상을 보인다. '부귀, 효, 지혜와 재치, 용기, 보은, 충직함, 선행, 웃음'이 빈도수가 높으며, '권선징악, 신의, 형제우애, 사랑, 부부애, 행운, 고생의 의미, 운명, 변신'과 같은 주제가 그 다음을 잇는다. 또 특별히 추상적 가치가 아니라, '해와 달의 유래, 수탉의 유래, 독수리의 유래, 왕의 탄생, 구렁이의 복수, 이야기 귀신의 복수' 등과 같이 유래나 사건 자체에 초점을 둔 주제도 적지 않다. 이외에 '교만, 불평, 간음, 욕심, 어리석음' 등 부정적 가치에 대한 경계가 지속적으로 나타난다. 『조선동화집』이나 『조선동화대집』에 대비하여 박영만 동화집은 매우 다양한 주제의식이 구현되며, 전체적으로 윤리적 측면이나 교훈성이 약하다는 점도 특징이다.

셋째, 인물의 성격 면에서는 기존 선인과 악인의 구도에 더하여, 트릭스터와 신격의 존재가 두드러진다. 기본적으로 주인공들은 가난하고 약한 사람들로서 모험과 도전을 통하여 부귀, 성공, 결혼의 가치를 추구하는데, 이에 더하여 일군의 트릭스터가 주인공으로 등장한다. 이 인물군은 『조선물어집』에 등장하는 '반쪽이', '무법자'『조선동화집』의 '교활한 토끼' 등과도 성격이 유사하다. 트릭스터란 기존의 도덕과 관습을 무시하고 사회질서를 일시적으로 어지럽히는 인물 유형을 말한다. 뿐만 아니라 이들은 '탈사회적', 때로는 '반사회적' 행동을 서슴지 않아 기존의 질서를 전복시키고 자신의 이득을 챙기는 인물들이기도 하다. 대동강 물을 팔아먹고 중에게 똥세례를 퍼붓는 봉익이 김선달(〈봉익이 김선달〉), 엿을 먹겠다고 훈장을 놀려먹은 악동이 학동(〈엿 잘 먹는 훈장), 투전을 일삼다 우연히 금 귀신을 붙잡은 투전꾼 부부(〈금의 귀신 된 이야기〉), 매사에 불평 많은 청년(〈불평가 이야기〉), 각종 사고를 치고 욕심을 부리다가 죽는 쿨덕이(〈쿨덕이 이야기〉), 주인 가족을 해치고 오히려 양반의 딸을 아내로 삼은 머슴 자글대(〈자글대 이야기〉), 부자를 속여 큰 돈을 번 가난한 남자(꿀 강아지〉 등이 그러하다.

한 주인공들과 대립하는 인물들 중에서 신격(神格)의 존재에 대해서도 주목할 필요가 있다. 위에서도 말하였지만, 박영만 동화에는 적지 않은 신격이 등장하는데, 그들 중에 특히 주인공을 잡아먹으려 했던 사슴 괴물 부부, 포수의 아내를 납치해간 머리 셋 달린 중, 무엇이든 맘 먹은 대로 할 수 있는 도깨비, 사람을 잡아먹으려 한 금(金) 귀신, 주인공의 아내를 훔쳐간 박쥐도둑 등은 두려워할 만한 능력을 지닌 존재들이다. 그런데 이들의 성격이 모두 악한으로 규정되는 것은 아니다. 때로 그들의 행위는 인간의 편에서 보기에 선할 수도 있고, 윤리성을 판단하기 힘든 경우도 있다. 또 인간이 어떻게 처신하느냐에 따라 사람에 대한 태도가 우호적이거나 적대적으로 바뀌기도 한다.[10)]

넷째, 박영만은 문체 면에서 전래동화 특유의 구어체를 잘 활용하고, 의성어·의태어를 빼어나게 활용하여 생생한 현장감을 나타낸다. 본문에서 많은 예들을 찾을 수 있는데, 그 중 몇 가지만 보면 다음과 같다.

> ① 그러더니 툴렁툴렁 다리가 떨어지고, 팔이 떨어지고, 몸집 머리가 떨어지더니, 제각기 오독똑오독똑 뛰어가서 딱딱 제 자리에 붙어 시뻘건 벌거숭이 사내가 되었습니다. 이 벌거숭이 사내는 허를 훌군훌군 하면서…(〈금이 귀신 된 이야기〉, 『조선전래동화집』, 52쪽)
>
> ② 이렇게 잊어버린 사람이 뒤를 다 보고 일어나려고 하니까, 나뭇가지에 걸어 놓았던 갓이 "떼꾹!" 머리에 닿았습니다.(〈잊기 잘하는 사람 이야기〉, 59-60쪽)
>
> ③ 옛날도 옛날 아주 오랜 옛날, 고허촌이라는 동네 동장이 하루는 밭에서, "왜나 마라 도오치" 하면서 밭을 갈고 있었습니다.(〈박혁거세 임금님〉, 61쪽)
>
> ④ 새들은 기쁘게 노래를 부르면서 핑핑 날아다니면서 따라오고… 사내아기가 방긋방긋 웃으면서 벌레벌레 기어 나왔습니다.(〈박혁거세 임금님〉, 62쪽)
>
> ⑤ 꺼불꺼불 상사말을 타고 장가를 갑니다(〈까투리 이야기〉, 79-80쪽)

10) 예를 들어, 〈코 길어진 욕심쟁이〉에 등장하는 도깨비가 그러하고, 〈이야기는 이야기할 것이지 넣어둘 것은 아니오〉에 등장하는 이야기 귀신의 경우가 그러하다. 이야기 귀신은 주인공을 죽이고자 하지만, 그것은 주인공이 이야기 귀신을 억지로 주머니 속에 가두어 놓았기 때문이다. 그러므로 자유로이 인간세상에 흘러다녀야 하는 속성을 생각할 때, 그것을 방해한 주인공을 해치려고 한 행위는 자기 보호적인 행위로 인식된다.

> ⑥ 구렁이란 놈이 밉살스레 말을 하면서 설렁설렁 이쪽으로 옵니다 〈까투리 이야기〉, 82쪽)
>
> ⑦ 무당범 한 마리가 막내 아우가 가는 길 앞에서 우쭐우쭐 춤을 추면서 껑충거립니다. 막내 아우는 무섭기도 무서웠으나, 그냥 자꾸 장구를 뚱땅 뚱땅 다당뚱땅 하고 때려대니까, 무당범은 점점 흥이 나서 자꾸 춤을 추면서(맷돌, 조롱박, 장구〉, 94쪽)

위 인용문에서 "툴렁툴렁", "오독똑오독똑", "떼꾹", "훌군훌군", "핑핑"과 같은 의성어, "뚱땅 뚱땅 다당뚱땅"와 같은 장구 치는 소리, "왜나 마라 도오치"와 같은 소 모는 소리, "방긋방긋", "벌레벌레", "꺼불꺼불", "설렁설렁"과 같은 의태어는 기존의 어떤 작품이나 사전에서도 보기 힘든 독특한 표현들이다. 이외에도 "눈을 꿈뻑굼벅", "침이 꿀꺽꿀꺽 삼켜집니다" 등 작품집 전체에 걸쳐 수많은 의태어, 의성어가 소리와 동작, 형용을 생생하게 묘사하고 있다. 이 외에도 박영만은 대화체를 일상적으로 사용하고, 바로 앞에서 말하는 듯한 구어체의 문장 등 전래동화 구연의 현장감을 일깨우는 문장과 말투를 잘 활용하였다.

다섯째, 이야기 구조의 특징으로서, 박영만은 민담 특유의 단순성, 반복성의 원리를 잘 활용하여 동화를 구현하였다. 많은 작품에서 인물의 성격을 드러내거나 인물의 행동 및 사건의 전개를 서술할 때, 복잡한 심리 묘사나 설명, 복선 등이 없이 가능한 한 단순간명하게 처리된다. 그리고 이러한 단순 스토리가 반복·확대·결합되면서 이야기가 완결되거나 길어진다. 이를 '단순성의 원리', '반복성의 원리'라고 개념지울 수 있다. 이러한 점은 전래동화 일반의 특징으로 설명할 수도 있으나, 75편의 동화 모두에서 일정한 패턴으로 나타난다는 점에서 박영만 동화의 현저한 특징으로 꼽을 만하다.

예컨대, 〈좁쌀 한 알로 정승의 딸을 얻은 사람 이야기〉의 이야기 구성 원리는 아주 단순하다. 어떤 총각이 맡긴 좁쌀을 밤 사이에 쥐가 먹어치우니까, 좁쌀 대신 쥐를 받고, 다시 맡긴 쥐를 고양이가 잡아먹자 쥐 대신 고양이를 받고, 이런 식으로 해서 총각은 개, 말, 소를 받고, 마지막에는 소를 사간 정승의 딸을 받는다는 내용이다. 이야기의 기본 형식이 반복되는 반복담의 성격을 보여주는 이야기이다.

사람의 이름을 부를 때에도 특징적인 점을 잡아 이를 호칭으로 반복하여 부름으로써 인물에 대한 성격을 두드러지게 하는 효과가 있다. 〈내 이름은 신재복〉에서 아내를 빼앗긴 사람의 작중 호칭은 그냥 "아내를 빼앗긴 사람"이다. 그 사람을 지칭하는데, "아내를 빼앗긴 사람은…"이라는 호칭을 수십 번이고 반복한다.

또한 "방긋방긋" "훌군훌군", "엉엉 엉엉"처럼 의성어나 의태어, 형용어를 쓸 때에도 기본적으로 한 표현을 두 번 이상 반복하여 쓰는 것이 거의 일반화되어 있다.

여섯째, 박영만은 의외의 복잡성을 보여주는 작품 및 장편 동화를 적지 않게 수록하였다.

〈까투리 이야기〉에서 갈등은 까투리를 잡아먹으려는 구렁이 때문에 일어난다. 하지만 지혜로운 까투리 색시가 구렁이를 죽여서 이야기는 행복하게 결말지어진다. 그런데 이것으로 끝나지 않고, 다시 독딸기 화소가 끼어들며 이야기가 반전된다. 이러한 방식을 통하여 끝까지 긴장을 놓을 수 없게 만든다. 이야기와 이야기를 결합시키면서 구조를 복잡화하는 방식이다.

〈황정승의 아가씨〉는 환타지의 성격이 짙은 장편 모험동화이다. 본문의 분량도 20쪽이나 되니, 전래동화로서는 매우 긴 편이다. 이 정도 분량을 과연 제보자가 구연할 수 있었을까 의심이 들 정도다. 게다가 이 이야기는 다른 이야기들에 비해 훨씬 구조가 복잡하다. 주인공인 이정승의 아들은 신비한 섬에 사는 황정승의 딸을 흠모하게 되어 섬에 어렵게 들어가 그녀를 몰래 훔쳐내지만, 알 수 없는 초자연적인 존재와 현상은 그들의 결합과 행복을 위협한다. 황정승의 딸은 눈물을 흘리면 안개가 끼고, 그녀 스스로는 갈매기로 변한다. 까마귀는 사람의 앞일을 예언하고, 이정승의 아랫사람은 까마귀 말을 알아듣고, 앞으로 일어날 재앙을 알고 대비한다. 황정승의 딸은 재앙을 당하여 돌멩이로 변하는데, 아들의 목을 베어 그 피를 돌멩이에 뿌려야 된다고 한다. 이렇듯 예측불허의 일들이 진행되면서 이 동화는 복잡한 구성, 기괴한 분위기에 박진감을 더한다.

〈머리 셋 가진 중과 포수〉는 지하대적퇴치담에 속하는 이야기다. 공주가 괴수에게 잡혀가 포수가 땅 속의 괴수를 죽이고 공주를 구하지만, 이야기는 여기서 끝나지 않는다. 공주는 구해냈지만, 포수는 지하동굴을 빠져나가지 못하고 남겨진다. 다시 포수가 용왕의 아들을 구하여 주면서 새로운 이야기가 시작된다. 지하대적 퇴치담과 변신담의 바탕 위에서 우렁색시담 등의 새로운 이야기들을 결합하면서 구조를 복잡화하는 방식이다.

〈장화 홍련〉은 26쪽의 분량으로 이 작품집에서 가장 긴 작품이다. 〈맷돌, 조롱박, 장구〉, 〈장수 되는 물〉, 〈자글대 이야기〉, 〈요술 쓰는 색시〉도 단순한 전래동화 형식이 아닌, 복잡한 플롯과 적지 않은 분량을 보여주는 작품들이다. 이 정도의 복잡한 플롯과 긴 분량을 가진 전래동화 작품은 흔치 않다.

일곱째, 박영만은 동화를 지을 때, 대체로 민담의 소박함과 낙천성의 정서를 잘 살려내었다. 이로 인하여 그의 작품집은 전체적으로 서정적이고 따뜻한 인상을 준다. 부모로부터 초라한 유물을 물려받고도 감사해하고 사이가 좋은 세 형제 이야기를 그린 〈맷돌, 조롱박, 장구〉는 삶의 희망, 낙천성이 소중하다는 것을 느끼게 해준다.

〈혹 뗀 이야기〉는 우리가 익히 아는 혹부리 영감 이야기인데, 여느 이야기와 좀 다른 것이 있다면 노인이 도깨비를 속이는 이야기가 없고, 도깨비들과 영감이 넉넉한 대화를 나누며, 또 욕심쟁이 혹부리 영감이 등장하지 않으므로 보복 당하는 이야기도 없다는 점이다. 또한 혹부리 영감은 노래 부르기를 즐겨하는데, 그의 "노래 소리가 고요한 산 속에 나무와 풀들을 기뻐서 떨게 하였습니다."(100쪽)라고 표현했듯이, 작품 속에는 인생의 아름다움과 여유를 느끼게 해주는 대목들이 있다.

〈난장이의 범 사냥〉은 호랑이를 잡겠다고 하는 아주 작은 난쟁이 이야기인데, 이야기니까 그렇다고 치더라도 이 난쟁이는 아주 왜소한 몸집을 지녔음에도 불구하고, 누구보다 용감하고 좌절하지 않으며, 긍정적인 세계관을 가지고 있는 인물이다. 그 뱃심 덕분에 호랑이 뱃속에 들어가서도 죽지 않고 오히려 수천 마리의 호랑이를 잡을 수 있었다.

〈불평가 이야기〉는 모든 일에 불평을 하는 주인공이 떨어지는 도토리 열매에 머리를 맞고 나서 도토리가 크지 않은 것이 얼마나 감사한 일인가를 깨닫는 이야기이다. 이러한 반전을 통해 인생에 대한 넉넉한 감사를 느끼게 해주는 작품이다.

물론 모든 이야기가 다 그런 것은 아니다. 한편으론 무척이나 슬프게 느껴지는 이야기도 있다. 〈해와 달 된 이야기〉는 가난의 단면과 어머니가 죽는 과정이 너무나 가슴 아프게 느껴진다. 가난하여 어린 것들을 홀로 두고 고개 너머 일하러 갈 수밖에 없는 어머니의 심정, 그리고 호랑이로부터 위협 당하면서도 자식을 사랑하여 차마 죽지 못하는 마음이 애달프다. 역으로 호랑이는 그만큼 더욱 얄밉고 못되게 느껴진다.

〈연이와 칠성이〉는 슬프고도 아름다운 사랑 이야기다. 둘은 사랑하는 사이이지만, 부모님을 사랑하기에 연이는 부모님이 정해준 혼처를 거역하지 못하고 끝내 둘의 사랑은 이루어지지 못한다. 결국 칠성이는 연이를 그리워하며 쓸쓸히 죽어가고, 연이는 시집가는 날 길가에 있는 칠성이의 무덤이 열리자 그곳으로 뛰어든다. 무덤을 파보니 둘은 합장되었고, 다시 나비가 되어 하늘나라로 올라간다. 너무나 슬픈 이야기가 아닌가! 하지만 마지막엔 옥황상제가 그들의 사랑을 어여삐 여겨 다시 인간세상으로 돌아가게 하고, 둘은 다시 살아나 부모님의 허락 아래 부부의 연을 맺는다. 죽어서도 살아나 해피엔딩으로 끝나는 사랑 이야기, 그만큼 감동적인 이야기다.

여덟째, 〈놀부와 흥부〉, 〈장화와 홍련〉, 〈요술 쓰는 새색시〉 같은 작품들에서 고전소설이 전래동화로 변화한 양상을 볼 수 있다. 〈놀부와 흥부〉는 판소리계 소설이 민담화된 것을 다시 전래동화로 재화한 흔치 않은 사례다. 〈장화 홍련〉은 26쪽의 분량으로 고소설을 축약한 작품인데, 전래동화로서는 흔치 않게 사건, 인물, 갈등의 복잡성이 나타난다. 〈요술 쓰는 새색시〉는 고소설 〈박씨부인전〉과 흡사한 이야기인데, 보기에 따라선 소설보다 더 흥미진진하게 볼 수도 있는 작품이다. 고전소설이 전래동화의 옷으로 갈아입고 등장할 때 어떠한 방식, 어떠한 내용을 보여주는지 살펴볼 수 있는 좋은 사례가 될 것이다.

아홉째, 일반적으로 전래동화의 범주에서 이해하기 곤란한 작품도 있는 것 같다. 특히 성적(性的) 소재를 다루거나, 복수나 살인, 자살을 다룬 작품은 어떻게 보아야 할지 논의가 필요할 것이다. 가장 노골적인 작품인 〈중과 며느리〉는 일반적 동화와는 거리가 있다. 이 작품에는 공부하러 절에 온 어린 남자를 죽이고 그 색시와 성 관계를 맺는 중, 또 그 아내의 욕망, 욕심에 의한 살인, 복수, 자살 등이 직접적으로 그려져 있다.

이외에도 〈꾀많은 김서방〉, 〈요술쟁이의 아내〉는 주인공들의 아내가 노골적으로 다른 남자와 관계를 맺는 것으로 설정되어 주인공들이 이를 복수하여 죽이는 장면까지 나온다. 〈노루 꽁지 없어진 이야기〉에서는 말의 성기를 직접적으로 지칭하는 단어가 나오기도 한다.

박영만이 성적 서사, 잔혹 서사를 과감하게 전래동화 속에 편입한 점은 매우 독특하다. 이러한 점들은 박영만이 현지에서 민담을 채록하였고, 특별히 교육성이나 동심주의(童心主義) 따위를 의식하지 않고 민담의 야성(野性)을 살렸기 때문에 가능한 것이었으리라. 여기에 박영만 전래동화의 개성이 있다.

Ⅴ. 『조선전래동화집』의 문학사적 의의

『조선전래동화집』의 문학사적 의의는 다음과 같은 점에서 찾을 수 있다.

첫째, 1930년대를 전후로 한 시기의 북한 지역의 민담의 원형 및 동화작가 박영만의 작가적 개성을 연구할 수 있다는 점이다.

『조선전래동화집』의 수록 작품들은 주로 1930년대를 전후로 한 시기에 이북 지역을 중심으로 채집한 민담을 바탕으로 재화(再話)한 전래동화이다. 원작인 민담과 재화한 전래동화는 각기 나름대로의 의미를 갖는다. 총 75편 가운데 모집지가 밝혀진 65편 중, 평안남도 42편, 평안북도 6편, 함경남북도 12편 등 이북 지역에서 채록한 것만 60여 편이다. 1930년대 이북 지역의 민담을 연구할 때 이 작품들은 2차 자료로서의 기능을 할 수 있을 것이다. 손진태의 『朝鮮民譚集』[11], 최상수의 『한국민간전설집』[12], 임석재의 『한국구전설화』[13]에 수록된 민담과 함께 1945년도 이전의 이북 지역 민담을 연구할 때 귀중한 자료가 될 것이다.

또한 위 수록작품들은 단순히 민담을 옮겨쓴 것에 그치지 않는다. 작자가 많은 민담 가운데 전래동화로서 적절한 작품을 선집하였고, 또 그것을 어린이들에게 들려줄 아름답고 개성있는 언어 및 형식으로 다듬고 재창작한 것이다. 현재 채록되어 있는 193-40년대 이북 지역의 전설 및 민담을 보면 대체로 분량이 아주 짧고, 문장 표현은 거칠고 정제되지 않은 느낌이 있다. 이에 비해 박영만의 전래동화 작품들은 전체적으로 잘 짜인 이야기로서, 미감과 감동을 주는 주제적 완성도를 보여주며, 또한 분장 면에서 구어체, 대화체를 잘 활용하여 근대 한국 전래동화의 전범(典範)이 되었다고 할 수 있다.

프랑스의 작가 샤를 페로(Charles perrault)는 17세기 프랑스의 지방을 다니며 채록한 전설, 민담을 가공하여 〈신데렐라〉, 〈푸른 수염〉 등의 동화로 남겼다. 독일의 그림(Grimm) 형제는 19세기 초 전래동화를 모집·편찬하여 그 유명한 그림 동화를 남겼다. 박영만도 20세기 초엽 조선의 많은 지역에서 채록한 작품을 자신의 언어로 다듬어서 75편의 작품을 남겼다. 박영만은 독일의 그림 형제와 비견될 만한 동화 채록·재화 활동을 하였고, 우리는 이 동화집을 연구, 분석하면서 20세기 초의 걸출한 전래동화 작가 박영만의 작가적 개성, 동화 창작수법, 세계관 등을 조명할 수 있을 것이다.

둘째, 『조선전래동화집』에는 다른 곳에서는 찾아보기 힘든 독특한 작품이 적지 않게 수록되어 있다. 필자가 과문(寡聞)한 탓도 있겠지

---

11) 손진태, 『朝鮮民譚集』, 東京: 鄕土硏究社, 1930.
12) 최상수, 『한국민간전설집』, 통문관, 1958.
13) 임석재, 『한국구전설화』 전집, 평민사, 1987-1993.

만, 〈계수나무 할아버지〉, 〈좁쌀 한 알로 정승의 사위 된 사람 이야기〉, 〈불평가 이야기〉, 〈칠성이와 연이〉, 〈독수리 된 왕〉, 〈난장이의 범 사냥〉, 〈코 긴 공주〉, 〈장수 되는 물〉, 〈도둑의 이름은 신재복〉, 〈머리 셋 가진 승과 포수〉 등은 다른 민담이나 전래동화집에서는 찾아보기 힘든 작품이다. 〈꿀강아지〉나 〈열두 삼천〉은 『평양전설』[14]에 비슷한 작품이 있긴 하지만, 그것에 있는 작품들은 훨씬 내용도 단조롭고 맥락이 다르기 때문에 같은 작품이라고 취급할 수는 없다.

위 작품들은 새로운 창세신화적 성격을 보여주는 이야기를 비롯하여, 넉넉하고 새로운 감동이 있는 휴먼 동화, 활달하고 특유의 스토리 구조와 색깔이 있는 모험담 등의 세계를 맛볼 수 있을 것이다. 이를 통하여 우리는 좀 더 풍부하고 개성 있는 전래동화의 세계를 확보할 수 있으리라 생각한다.

셋째, 조선총독부에서 편찬한 『조선동화집』(1924년), 나카무라 료헤(中村亮平)의 『朝鮮童話集』(1926년) 등 1920-30년대에 일본어로 출판된 조선전래동화집과 비교하여 연구할 수 있다. 일본인 학자들이 선집하고 편집한 조선의 전래동화와 박영만이 전국에서 채집하여 재화한 전래동화들은 외견상으로나 작품의 미학적인 면에서나 적지 않은 차이가 보인다. 일본인 학자들의 작업이 일본의 제국주의적 세계관을 반영하여 조선의 동화를 대만, 오키나와, 아이누 민족 등의 동화와 함께 '일본동화'에 포괄하는 작업 속에 있었음[15]을 생각할 때, 우리에게는 그 속에서 조선다운 개성과 원형을 변별하여 살려내는 시각과 작

14) 김정설, 『평양 전설』, 평양: 사회과학출판사, 1990; 한국문화사 영인출판, 1996. 44-46쪽, 300-305쪽.

15) 오다케 기요미(大竹聖美), 「1920년대 일본의 아동총서와 『조선동화집』」, 『동화와 번역』 2집, 건국대 동화와 번역 연구소, 2001년, 28쪽.

업이 필요할 것이라고 생각한다. 1920년대 이래 해방 전까지 국문 및 일본어로 전래동화집이 적지 않게 출간되었는데, 박영만의 『조선전래동화집』은 이 시기를 대표할 만큼 질과 편수의 면에서 다른 작품집들을 능가하는 뛰어난 작품성을 보여준다.

넷째, 『조선전래동화집』은 현재 우리 사회에서 주목받고 있는 문화콘텐츠 산업에서 스토리텔링(story-telling)의 새로운 소재 및 원 소스 멀티 유즈(One Source Multi-Use) 전략의 소재로 활용할 수 있을 것이다. 영화, 애니메이션, 게임, 광고, 캐릭터 산업 등 창의문화산업계에서는 독창적 캐릭터와 스토리 컨셉이 부족하며, 또한 창의력과 상상력이 풍부한 작가가 부족하다며 문제시하고 있는데, 『조선전래동화집』은 여기에 매우 새로운 소스를 제공할 수 있다. 특히 〈황정승의 아가씨〉, 〈머리 셋 가진 중과 포수〉, 〈계수나무 할아버지〉 등 환타지 동화나 신화적 성격이 강한 개성있는 작품들은 애니메이션, 어린이책, 게임 등의 매체로 변환 활용할 수 있는 가능성이 매우 크다.

VI. 맺음말

필자는 이 장에서 식민지 시기 3대 전래동화집의 마지막 작품집인 『조선전래동화집』을 발굴 연구하여 작품의 서지와 작품세계 및 문학적 특징, 작가 박영만에 관해 보고하였다. 이 장에서 논점으로 삼은 것은 다음의 세 가지다. 첫째, 『조선전래동화집』의 작가 박영만은 어떠한 사람인가, 둘째 『조선전래동화집』의 작품세계 및 특징, 셋째, 『조선전래동화집』이 전래동화사 및 문학사에서 차지하는 위치에 대해 자리매김하는 일이다. 이상에서 논한 것을 요약하면 다음과 같다.

작가 박영만은 1914년 출생하여 1940년에 『조선전래동화집』을 출간하였다. 그는 1940년대 초에는 주목받는 전래동화 작가로서, 식민지 시기 우리나라 전래동화 수집 및 형성에 큰 공헌을 하였다. 1942년도에는 중국으로 망명하여 임시정부 하의 광복군으로서 적지 않은 군공(軍功)을 세웠으며, 해방 후에는 저술가 및 소설가로서의 전문 영역을 넓히었다. 그는 해방 후에는 특히 역사소설을 집필하면서 광복운동의 실상 및 애국지사의 삶을 소설화하는 데 주력하였다.

『조선전래동화집』에는 75편의 작품이 수록되어 있으며, 채록한 곳은 주로 평안도를 비롯한 이북 지역이다. 이 작품집의 문학적 특징은 다음과 같다. 첫째, 전래동화 특유의 구어체를 잘 활용하여 생생한 현장감을 나타내었다. 둘째, 전래동화 특유의 단순성, 반복성의 원리를 잘 활용하였다. 셋째, 간간이 복잡성을 보여주는 작품, 그리고 장편적 성격을 띤 전래동화 작품들도 있다. 넷째, 수록 작품들은 대체로 소박함과 낙천성의 정서를 바탕으로 한 작품들이 많다. 다섯째, 위 작품집에는 새로운 창세신화 및 초월적 세계가 등장하는 작품들이 많다는 점 등이다.

『조선전래동화집』의 문학사적 의의는, 첫째, 1930년대를 전후로 한 시기에 이북 지역을 중심으로 채집한 민담의 원형 및 동화작가 박영만의 작가적 개성을 연구할 수 있다는 점, 둘째 다른 곳에서는 찾아보기 힘든 개성있는 작품이 적지 않게 수록되었다는 점에 있다. 셋째, 해방 전 시기를 대표할 만큼 『조선전래동화집』은 질과 편수의 면에서 다른 작품집들을 능가하는 뛰어난 작품성을 보여준다. 넷째, 『조선전래동화집』은 현재 우리 사회에서 주목받고 있는 문화콘텐츠 산업에서 스토리 텔링(story-telling)의 새로운 소재 및 원 소스 멀티 유즈(One Source Multi-Use) 전략의 소재로 활용할 수 있을 것이다.

제8장
일제하 <흥부전>의 전래동화화 작업에 대한 고찰

Ⅰ. 머리말

'고전소설의 현재적 계승'이란 주제는 고전소설 연구자 및 교육·출판 문화산업계 등에 종사하는 사람들의 지속적인 관심사 중의 하나다. 근래 들어 1910년대에 왕성하게 쏟아져 나온 활자본 고전소설의 의미와 가치를 새롭게 주목하는 것[1]이나, 1930년대에 김유정의 〈봄봄〉, 채만식의 〈태평천하〉와 같은 소설 작품에서 해학과 풍자의 기법 및 문체 등에서 판소리계 소설기법의 계승을 찾는 것[2], 그리고 1990년대 중반 이후로 활발하게 진행되고 있는 고전소설의 아동·청소년 독서물로의 다시쓰기 작업에 주목하는 것[3] 등이 그 예이다. 이 주제와 연관하여

---

1) 대표적인 연구로, 권순긍, 『활자본 고소설의 편폭과 지향』, 보고사, 2000 ; 이주영, 『구활자본 고전소설 연구』, 월인, 1998 ; 이은숙, 『신작 구소설 연구』, 국학자료원, 2000 등이 있다.

2) 신상철, 「놀부의 현대적 수용과 그 변형-전통계승의 한 방법」, 이상택·성현경 공편, 『한국고전소설연구』, 새문사, 1983 ; 고순자, 「태평천하 구조연구」, 『백록어문』6, 제주대 국어교육과 국어교육연구회, 1989.

3) 1990년대 중반 이후 고전소설 연구자 및 작가들이 중심이 되어 창작과비평사, 현암사, 한겨레아이들, 나랏말 등의 출판사에서 고전문학을 아동·청소년 독서물로 기획·출판하고 있는 것이 그 예이다. 논저로는 권혁래, 「고전동화로 보는 〈춘향전〉-1990년대 이후 출간된 작품을 대상으로」, 『동화와 번역』 제6집, 건국대 동화

1910년대 활자본 고전소설 출판의 뒤를 잇는 것은 1920년대 이래 이루어진 고전소설의 전래동화화 작업일 것이다.

전래동화는 고전문학의 현대적 계승이 가장 성공적으로 이루어진 장르 중 하나다. 이렇게 규정할 수 있는 것은 설화, 야담, 고전소설 등 우리 옛 서사문학 가운데 가장 전통적이고 민족적 정서가 잘 담긴 작품들의 정수가 녹아들어 근대의 새로운 서사문학 장르로 탄생한 것이 전래동화이기 때문이다.

초기 동화집 가운데 『조선동화집』에는 〈놀부와 흥부〉(1)[4](〈흥부전〉), 『조선전래동화집』에는 〈장화 홍련〉(〈장화홍련전〉), 〈요술 쓰는 새색시〉(〈박씨부인전〉), 〈놀부와 흥부〉(2)(〈흥부전〉), 모두 네 편의 고전소설 작품이 수록되어 있다[5]. 많지 않은 작품이지만, 위 작품들에서 우리는 가장 이른 시기에 이루어진 고전소설의 다시쓰기 작업의 전형을 발견할 수 있다.

고전소설을 전래동화로 다시쓰기하는 방식은 두 가지가 있다. 하나는 고전소설 텍스트를 축약·개작하는 방식이며, 다른 하나는 고전소설

와 번역연구소, 2003; 권혁래, 『고전소설의 다시쓰기-'민족고전'에서 '고전 콘텐츠'로』, 박이정, 2012 등이 있다.

4) 아래에서는 편의상 『조선동화집』에 수록된 작품은 〈놀부와 흥부〉(1)로, 『조선전래동화집』에 수록된 작품은 〈놀부와 흥부〉(2)로 구분할 것이다.

5) 이외에도 당시 신문·잡지에 발표된 작품이 있다. 흔치는 않은데, 아동잡지에 수록된 한 종을 발견하였다. 1913년 최남선에 의해 발간된 아동잡지 『아이들보이』 2호, 3호(신문관, 1913년 10월, 11월)에는 최남선이 개작한 〈흥부 놀부〉(一), (二)가 연재되어 있다. 아동을 대상으로 한 7·5조의 동화요(童話謠)인데, 각각 "흥부의 잘됨", "놀부의 못됨"이라는 제목으로 한 절에 4행씩 32절 128행, 모두 64절 256행에 이른다. 내용은 고전소설 〈흥부전〉과 흡사한데 불필요한 사설을 모두 삭제하였으며, 작품 내용 전체를 균형 있게 축약하였고, 7·5조의 리듬 있는 문체로 옮겼다는 사실 등이 특이하다. 이 자료는 춘천교대 조은숙 교수가 제공하여 주었다. 이 지면을 빌어 감사의 마음을 전한다.

이 민담화된 것을 다시 전래동화로 옮겨쓰는 방식이다. 전자의 경우에는 〈놀부와 흥부〉(1) 및 〈장화홍련〉이 해당되며, 후자의 경우에는 〈놀부와 흥부〉(2), 〈요술 쓰는 새색시〉가 해당된다.

〈놀부와 흥부〉(1)은 고전소설 〈흥부전〉을 축약변개한 작품이며, 〈장화 홍련〉은 활자본 소설을 축약한 것인데, 원작의 단순 축약이 아닌, 원작 못지않은 복잡한 플롯, 생동감 있는 인물 묘사 등을 통해 장편 전래동화의 가능성을 보여준다. 〈놀부와 흥부〉(2)는 민간에 전승되는 민담을 전래동화로 다시쓰기한 것이며, 〈요술쓰는 새색시〉는 고전소설 〈박씨부인전〉이 민담화된 것을 역시 전래동화로 만든 것인데, 보기에 따라선 소설보다 더 흥미진진하게 볼 수도 있는 작품이다. 원작의 변신 모티브를 잘 살리면서도 역사적 사건 및 인물들을 단순화한 점이 특징이다. 필자는 위 작품들 중에서 두 작품집에 공통적으로 실린 〈놀부와 흥부〉(1), (2)를 검토하고자 한다.

본격적 논의에 앞서 먼저 〈놀부와 흥부〉(1)보다 선행한 일본어 작품에 대하여 간략히 언급하고자 한다. 고전소설 〈흥부전〉이 최초로 민담 및 전래동화로 다시쓰기된 것은 일본인 학자들에 의해서다. 1910년 일본인 학자 다카하시 도루(高橋亨)는『朝鮮の物語集附俚諺』[6](이하 '조선물어집'으로 약칭)을 편찬하면서, 〈흥부전〉을 그중 열한 번째 이야기로 실었다. 이어서 〈흥부전〉은 1915년 조선총독부에서 펴낸『普通學校 朝鮮語及漢文讀本』권3 제48과, 제49과에 〈흥부전〉(1)·〈흥부전〉(2)의 제목으로 수록된다[7]. 그리고 1919년 미와 다마키(三輪環)는『傳說の朝鮮』[8]을 편찬하면서 제4부 '童話'에 〈다리가 부러진 제비

6) 高橋亨,『朝鮮の物語集附俚諺』, 日韓書房, 1910.
7) 朝鮮總督府,『普通學校 朝鮮語及漢文讀本』권3, 1915.
8) 三輪環,『傳說の朝鮮』, 博文館(日本 東京), 1919.

(足折燕)〉라는 제목으로 〈흥부전〉을 수록한다[9].

이상 세 편의 일본어 〈흥부전〉 및 〈다리가 부러진 제비〉는 다소간의 차이는 있지만, 기본적으로 내용과 성격이 유사한 작품들이다. 그리고 또한 세 작품 모두 경판 25장본 〈흥부전〉을 원 텍스트로 하여 축약 변개하였다는 점에서 공통적이다. 『조선동화집』에 수록된 〈놀부와 흥부〉(1)은 바로 이러한 선행 작품들의 계보를 잇는 작품이다.

필자가 이 장에서 검토·분석할 문제는 다음의 두 가지이다.

첫 번째, 고전소설 〈흥부전〉이 어떠한 변형 과정을 거쳐 전래동화로 만들어지는가 하는 점이다. 이러한 과정을 고찰하기 위하여 『조선동화집』과 『조선전래동화집』에 수록된 〈놀부와 흥부〉(1)·(2)를 각각 원 텍스트와 대비 고찰할 것이다. 그리고 각 작품마다 구성적 특징, 인물의 성격 등을 분석할 것이다. 두 번째로, 고전소설 〈흥부전〉과 비교하여 고전소설이 전래동화로 다시쓰기 된 사회문화적 맥락, 그리고 다시쓰기의 전략, 곧 주제, 인물의 형상화, 구성 면에서 일어난 변모 양상 및 의미는 무엇인가 하는 점이다.

II. 『조선동화집』 수록 〈놀부와 흥부〉(1)의 양상과 의미

1. 경판 25장본 〈흥부전〉의 축약과 변개

고전소설 〈흥부전〉의 전래동화화 과정을 검토할 때 가장 먼저 관심을 끄는 것은 〈놀부와 흥부〉가 원작으로 한 텍스트가 무엇인가 하는

---

9) 미와 다마키(三輪環)는 조선에 있을 때 평양고보 교사를 지냈는데, 이때 평안도 지역을 중심으로 자료를 채록하여 이 책을 편찬하였다고 한다.

점이다. 〈흥부전〉은 필사본 29종[10], 경판본 2종, 활자본 7종, 판소리 창본 17종[11]을 비롯하여 모두 50여 종의 이본이 전한다. 이 가운데 『조선동화집』[12]에 수록된 〈놀부와 흥부〉(1)은 텍스트를 대비하여 본 결과, 경판 25장본 〈흥부전〉[13]을 원 텍스트로 하여 축약변개되었다는 점을 확인하였다. 두 작품을 대비하여 보면 다음과 같다.

〈놀부와 흥부〉(1)의 중심 내용
① 욕심 많고 부자인 놀부와 유순하고 가난한 흥부 형제가 살고 있었다.
② 흥부가 땅에 떨어진 새끼제비를 구하여주다.
③ 흥부가 제비가 물어다 준 박씨를 심어 박을 타서 큰 재산을 얻고 행복하게 살게 되다.
④ 놀부가 새끼제비의 다리를 부러뜨린 뒤 치료하여 주다.
⑤ 놀부가 제비가 물어다 준 박씨를 심어 박에서 나온 사람들에게 재산을 다 잃게 되다.
⑥ 자신의 잘못을 뉘우치는 놀부를 흥부가 받아들여 사이좋게 지내다.

경판 25장본 〈흥부전〉의 중심 내용
① '심술 많고 부자인 놀부와 어질고 가난한 흥부 형제가 살고 있었다.
② '흥부가 놀부네 집에 밥을 빌러 갔다가 매를 맞고 돌아오다.
③ '흥부 내외가 매품을 비롯하여 온갖 품을 팔다.

---

10) 조희웅, 『고전소설 이본목록』, 집문당, 1999, 890-892쪽.
11) 경판본, 활자본, 판소리 창본의 숫자는 김창진의 「흥부전의 이본과 그 계열」(인권환 편저, 『흥부전 연구』, 집문당,1991, 120-160쪽)에서 구하였다.
12) 『조선동화집』은 1924년 9월 경성에서 발행되었으며, 오다 쇼고(小田 省吾)를 중심으로 한 조선총독부 학무국 편집과 관리들이 편저자가 되어 각지에서 수집된 전래동화자료를 편집하여 발간한 책으로, 모두 25편이 작품이 수록되어 있다. 조선총독부 편, 권혁래 역저, 『조선동화집』, 집문당, 2003, 157-158쪽.
13) 경판본은 대체로 1860년 경 만들어진 것으로 추정된다. 김창진, 「흥부전의 이본과 구성 연구」, 경희대 박사학위 논문, 1991, 203쪽.

④ '흥부가 땅에 떨어진 새끼제비를 구하여주다.
⑤ '흥부가 제비가 물어다 준 박씨를 심어 박을 타서 큰 재산을 얻고 행복하게 살게 되다.
⑥ '놀부가 새끼제비의 다리를 부러뜨린 뒤 치료하여 주다.
⑦ '놀부가 제비가 물어다 준 박씨를 심어 박에서 나온 사람들에게 재산을 다 잃게 되다.
⑧ '집이 똥통에 잠기자 놀부가 처자를 이끌고 흥부를 찾아가다.

〈놀부와 흥부〉(1) ①에는 경판본 〈흥부전〉 ①'에 비해 놀부와 흥부의 성격 및 재산에 대한 서사와 묘사가 매우 간략하다. 경판본 〈흥부전〉에서 놀부의 성격을 묘사한 것을 보면 다음과 같다.

> 놀부 심ᄉᆡ 무거ᄒᆞ여 부모 ᄉᆡᆼ젼 분ᄌᆡ젼답을 홀노 ᄎᆞ지ᄒᆞ고 흥부 갓튼 어진 동ᄉᆡᆼ을 구박ᄒᆞ여 건넌산 언덕 밋히 ᄂᆡ쎠리고 나가며 조롱ᄒᆞ고, 드러가며 비양ᄒᆞ니 엇지 아니 무지ᄒᆞ리. 놀부 심ᄉᆞᄅᆞᆯ 볼작시면 초상난 ᄃᆡ 춤츄기, 불붓는 ᄃᆡ 부ᄎᆡ질ᄒᆞ기, ᄒᆡ산ᄒᆞᆫ 듸 ᄀᆡ닭 잡기, 장의 가면 억ᄆᆡ 흥졍ᄒᆞ기, 집의셔 못쓸 노릇ᄒᆞ기, 우는 ᄋᆞᄒᆡ 볼기 치기, 갓난 ᄋᆞᄒᆡ ᄯᅩᆼ 먹이기, 무죄ᄒᆞᆫ 놈 ᄲᅣᆷ 치기, 빗 갑ᄉᆡ 계집 ᄲᅢᆨ기, 늙은 영감 덜믜 집기, ᄋᆞ희 빈 계집 ᄇᆡ ᄎᆞ기, 우물 밋틔 ᄯᅩᆼ 누기, 오려 논의 물 터 놋키, 잣친 밥의 돌 퍼붓기, ᄑᆡ는 곡식 삭 ᄌᆞ르기, 논두렁의 구멍 ᄯᅮᆯ기, 호박의 말ᄯᅮᆨ 밧기(중략) 이놈의 심술은 이러ᄒᆞ되 집은 부ᄌᆡ라, 호의호식ᄒᆞ는고나[14]

놀부의 흉악한 심사를 소개하는데, 할 수 있는 못된 짓은 다 늘어놓았다. 어느 정도는 골계스런 관용적 표현과 과장이 포함된 것이겠지

14) 김태준 역주, 『흥부전·변강쇠가』(한국고전문학전집 14권), 고려대학교 민족문화연구소, 1995, 16쪽.

만, 이토록 심술맞고 못된 놀부에겐 '천하의 잡놈'이라는 욕이 조금도 부족하지 않다. 이러한 내용은 〈놀부와 흥부〉(1)에서는 "놀부는 욕심이 얼마나 많은지 이웃 사람들에게 늘 피해를 주었고, 뿐만 아니라 하나밖에 없는 동생이 가난해서 힘들게 살고 있었지만 조금도 도와주지 않고 자신만 잘 먹고 잘 살았습니다."[15] 한 문장으로 요약 설명되어 있다. 놀부의 이기주의에 대해 간략히 언급한 정도이다.

다음으로 흥부에 대한 묘사를 보면, 경판본 〈흥부전〉에서는,

> 흥부는 집도 업시 집을 지으려고 집 ᄌᆡ목을 ᄂᆡ려가 량이면 만쳡청산 드러가셔 소부동(小不等)·ᄃᆡ부동(大不等)을 와드렁 퉁탕 버혀다가 안방·ᄃᆡ쳥·ᄒᆡᆼ낭·몸ᄎᆡ·ᄂᆡ외 분합 물념퇴의 살미살창 가로다지 입 구ᄌᆞ로 지은 거시 아니라, 이놈은 집 ᄌᆡ목을 ᄂᆡ려ᄒᆞ고 슈슈밧 틈으로 드러가셔 슈슈ᄃᆡ 한 뭇슬 뷔여다가 안방·ᄃᆡ쳥·ᄒᆡᆼ낭·몸ᄎᆡ 두루 지펴 말집을 짝 짓고 도라보니, 슈슈ᄃᆡ 반 뭇시 그져 남앗고나. 방안이 널던지 마던지 양뒤(兩主) 드러누어 기지게 켜면, 발은 마당으로 가고 ᄃᆡ골이는 뒷겻트로 ᄆᆡᆼ자 ᄋᆞᄅᆡ ᄃᆡ문ᄒᆞ고 엉덩이는 울ᄐᆞ리 밧그로 나가니, 동니 ᄉᆞᄅᆞᆷ이 출입ᄒᆞ다가, "이 엉덩이 불러드리소." 하는 소ᄃᆡ, 흥뷔 듯고 깜작 놀나 ᄃᆡ셩통곡 우는 소ᄅᆡ, "ᄋᆡ고 답답 셜운지고(중략)어린 ᄌᆞ식 젓 달ᄂᆞ고, ᄌᆞ란 ᄌᆞ식 밥 달ᄂᆞ니 참ᄋᆞ 셜워 못살깃ᄂᆡ." 가난ᄒᆞᆫ 듕 우엔 ᄌᆞ식은 풀ᄆᆞ다 나하셔 한 셜흔ᄂᆞ믄 되니, 닙힐 길이 젼혀 업셔, ᄒᆞᆫ 방안의 모라너코 멍셕으로 쓰이고 ᄃᆡ강이만 ᄂᆡ여 노흐니 ᄒᆞᆫ 년석이 ᄯᅩᆼ이 마려오면 뭇년셕이 시ᄇᆡ(侍陪)로 ᄯᆞ라간다.(후략)[16]

와 같이 역시 과장된 표현이 많다. 열거·과장을 통해 흥부의 가난함을 골계적으로 묘사하였지만, 진지하게 그 실상을 이해한다면 흥부네 식

15) 『조선동화집』, 141쪽.
16) 『흥부전·변강쇠가』, 16·18쪽.

구는 너무나 많고 가난은 너무나 심각해서 흥부네 부부가 어찌하든 간에 의식주의 문제를 도저히 해결할 수가 없다. 그런데 〈놀부와 흥부〉(1)에서 흥부에 대한 묘사를 보면,

> 흥부네 집은 불쌍하여 이루 말할 수조차 없었습니다. 햇빛도 잘 들어오지 않는 산그늘 속에 초가집을 짓고 수십 명 되는 부모자식이 강아지 떼처럼 엉겨붙어 비바람도 제대로 피하지 못한 채 살고 있었습니다[17].

와 같이 두 문장으로 요약 서술하였다. 원작에서는 흥부네가 얼마나 가난했는지 한껏 열거하면서 과장했는데, 동화에서는 가난의 내용과 실상을 간략하지만 사실적으로 서술한 것이다. 이 과정에서 고전소설 원 텍스트에서 볼 수 있는 골계의 맛이 사라져 버렸다.

다음으로 〈놀부와 흥부〉(1)에는 〈흥부전〉의 ②'·③'번 내용이 생략되어 있다. 〈흥부전〉에는 이 부분에 흥부가 놀부집에 쌀 얻으러 갔다가 매를 맞고 온 사건, 흥부 부부가 온갖 품을 팔며 생계를 이어간 일, 돈 30냥에 매품을 팔러 갔다가 일이 잘못되어 공치고 돌아온 사건 등이 서술되었다. 그런데 이 부분이 모두 생략됨으로써 〈놀부와 흥부〉(1)은 흥부 부부가 겪은 가난이 얼마나 절실한 것인지를 공감할 수 있는 지점이 사라지고 말았다.

다음으로 〈놀부와 흥부〉(1)의 ②-⑤의 사건은 〈흥부전〉의 ④'-⑦'까지의 사건과 중심 내용이 거의 일치한다. 이 부분은 〈흥부전〉의 중심 사건을 이루는 내용이다. 제비는 인격화된 존재다. 흥부 집에 둥지 짓고 살았던 제비는 강남나라에 돌아가서 자신을 구해준 흥부에 대해서 왕에게 보고한다. 제비왕은 흥부의 '친절함'을 고맙게 여기고 '보은(報

---

17) 『조선동화집』, 141쪽.

恩)박'을 주어 흥부를 부자로 만들어준다. 하지만 제비에게 해꼬지하였던 놀부에게는 '보수(報讎)박'을 주어 모든 재산을 빼앗아버린다.

두 작품에서 흥부와 놀부의 박은 그 순서가 조금씩 다를 뿐, 내용물은 거의 같다. 하지만 구체적인 서술 양상을 보면, 〈놀부와 흥부〉(1)에선 〈흥부전〉의 핵심적인 내용은 살리되, 박 타는 사설의 대부분이 생략되거나 축약되었다. 예컨대 〈흥부전〉에는 놀부의 여덟 번째 박에서 나온 왈자패들의 온갖 행패에 대한 사설이 다섯 장(18-23장)에 걸쳐 장황하게 그려져 있는데, 〈놀부와 흥부〉(1)에선 아주 간략히 내용만 서술되어 있을 뿐이다[18].

〈놀부와 흥부〉(1)에서 흥부의 박은 모두 세 개다. 〈흥부전〉의 흥부 박은 모두 네 개다. 그 내용물을 도표화하여 대비하면 다음과 같다.

〈흥부박에서 나온 내용물 대비〉

	첫 번째 박	두 번째 박	세 번째 박	네 번째 박
〈놀부와 흥부〉	청의동자, 선약	각종 가재도구	목수, 남녀종, 집·음식·옷·금은보화	
〈흥부전〉	청의동자, 선약	온갖 세간	집, 오곡, 돈, 비단, 남녀종	양귀비

흥부박의 내용물은 장수와 부를 이루는 물건들이다. 두 작품 모두 흥부박의 내용물은 '양귀비'를 제외한다면 대동소이하다. 〈흥부전〉의 네 번째 박에서 나온 양귀비가 〈놀부와 흥부〉에서 사라진 것은 작가가 전래동화인 점을 감안하여 〈흥부전〉의 성인물적인 요소를 삭제한

18) 이번엔 나온 것은 일만 명의 왈자(曰者) 패거리들이었습니다. 그들은 놀부를 단단한 밧줄로 칭칭 묶어놓고는 귀에 입을 대고 기분 나쁜 목소리로 노래를 부르기도 하고 시끄럽게 떠들기도 하면서 도무지 끝낼 줄을 몰랐습니다. 이번에도 또한 놀부는 호되게 당하고 게다가 큰 돈을 빼앗기고 말았습니다.(『조선동화집』, 149쪽)

것으로 보인다.

다음으로 놀부의 박을 보자. 〈놀부와 흥부〉(1)에서 놀부의 박은 모두 열세 개다. 〈흥부전〉의 놀부의 박은 모두 열두 개다. 그 내용물을 도표화하여 대비하면 다음과 같다.

〈놀부박에서 나온 내용물 대비〉

	박1	박2	박3	박4	박5	박6	박7	박8	박9	박10	박11	박12	박13
놀부와 흥부	가야금 악사	노승	상제	팔도 무녀	등짐꾼·점안경	초란이	양반	사당 거사	왈자패	맹인	장비	맛있는 액	똥
흥부전	거문고 쟁이	노승	팔도 무당	등짐장사·거울	초란이	양반	사당 거사	왈자패	팔도 소경	장비	맛있는 박속	똥	

놀부 박의 내용물은 놀부가 그동안 악착같이 긁어모았던 재산을 삽시간에 앗아가는 것들이다. 두 작품은 박의 개수와 순서가 다소 다를 뿐 내용물은 대동소이하다. 악사, 노승, 상제, 팔도 무당, 점안경(요지경)을 지닌 일만 등짐꾼들, 초란이, 일천 명 양반들, 일만 명의 사당거사들, 일만 명의 왈자 패거리, 수만 명의 맹인들, 각양각색의 사람들인데다가 숫자도 어마어마하여, 각각의 명분으로 놀부를 괴롭히고 돈을 뜯어가 마침내 놀부의 재산을 탕진케 만든다. 빈털터리가 된 놀부에게 나타난 장비는 자신의 거대하고 단단한 몸을 주무르게 하여 놀부의 몸을 녹초로 만든다. 그리고 마지막에는 똥줄기가 쏟아져나와 놀부의 집을 삼켜버리고, 마침내 놀부는 모든 재산을 잃는다. 이 과정은 매우 해학스럽게 그려진다.

⑧'은 결말 부분인데, 두 작품 간에 의미가 다소 차이가 난다. 〈흥부전〉 ⑧'에선 놀부가 자기 집이 똥에 뒤덮이자, "'이런 일도 또 잇는가.

이러ᄒᆞᆯ 듈 아ᄅᆞ시면 동냥ᄒᆞᆯ 박ᄋᆞ지ᄂᆞ 가지고 나오더면 조흘 번ᄒᆞ다.' ᄒᆞ고, 쌘쌘ᄒᆞᆫ 놈이 쳐ᄌᆞ를 잇글고 흥부를 ᄎᆞᄌᆞ가니라."[19]는 서술로 작품을 끝맺고 있다. 이에 대해서 〈놀부와 흥부〉(1)는 원 텍스트보다 분량이 늘어나고, 의미도 변개되었다.

> 놀부는 이제 어찌할 도리가 없었습니다. 정말이지 고집 세고 영문을 알 수 없던 놀부였지만, 이제 와서는 완전히 할 말을 잃었습니다. 놀부는 흥부네 집을 찾아갔습니다. 후회의 눈물을 흘리며 지금까지 흥부에게 했던 나쁜 짓을 사과하고 흥부에게 도움을 청했습니다. 흥부는 놀부가 마음을 바꿔먹은 것을 알고 너무 기뻤습니다. 그리고 놀부의 가족을 자기 집에서 살게 하며 사이좋게 지냈습니다.[20]

〈흥부전〉 ⑧'에서 놀부가 모든 재산을 잃고 집까지 똥에 잠긴 뒤에 살아남기 위해 어쩔 수 없이 흥부네 집으로 도망쳤음을 강조하였다면, 〈놀부와 흥부〉(1) ⑥에서는 놀부가 자신의 악행에 대해 후회의 눈물을 흘리며 뉘우치자, 흥부는 그런 형과 화해하는 쪽으로 방향을 옮겨 의미의 변개를 꾀하였다. 〈흥부전〉의 결말이 놀부의 '징치'에 초점을 두었다면, 〈놀부와 흥부〉(1)의 결말은 놀부가 자신의 잘못을 뉘우쳤으며, 흥부는 그런 형을 끌어안았다는 '뉘우침과 화해'에 강조점이 있다.

이상 구성적 특징에 관한 논의를 요약한다면, 전래동화 〈놀부와 흥부〉(1)는 주로 '제비의 박' 사건을 중심으로 〈흥부전〉의 내용을 축약하고 재구성하는 방식으로 다시쓰기한 작품이다.

이와 관련하여 작품의 미적 효과에 대해 언급하고자 한다. 〈흥부전〉은 판소리계 소설로서 서사의 전개와 다른 축으로 각종 사설을 부가함

---

19) 『흥부전·변강쇠가』, 92쪽.
20) 『조선동화집』, 151-152쪽.

으로써 장면의 효과를 극대화한다. 또한 열거와 과장의 수사법을 사용하여 골계미를 구현한다. 흥부의 가난이, 놀부의 심술과 악행이 골계화됨으로써 웃음이 유발된다. 그런데 이러한 골계는 흥부의 가난이나 놀부의 악행을 사실적으로 각인하는 것보다는, 오히려 선악의 경계를 허물고 대상과 현실을 희화화(戲畵化)하는 미적 효과를 발휘한다. 놀부가 악하다고 했지만, 악행이란 악행은 모두 나열됨으로써 놀부가 악하다는 사실을 넘어 '설마 이렇게 심할 수가 있나.' 하는 반문과 함께 웃음을 유발하게 된다. 또 흥부의 가난함을 묘사할 때 한두 가지로 끝나면 처량하고 불쌍할 뿐이겠지만, 그 집의 협소·궁색함과 자식이 많아 겪는 애환을 열거 과장함으로써 역시 슬픔보다는 웃음을 유발하게 된다. 〈놀부와 흥부〉(1)에서는 놀부 박타기 장면에서 부분적으로 골계미가 재현된다. 하지만 이러한 골계적 표현이 많이 구사되어 있는 〈흥부전〉의 앞부분이 생략됨으로써 골계적 효과가 적지 않게 사라져 버렸다.

이상의 논의에 의하면 〈놀부와 흥부〉(1)의 주제적 이해는 다음과 같다.

① 유순하고 친절한 흥부는 제비에 대한 선행으로 인하여 복을 받는다.
② 욕심 많고 잔혹한 놀부는 박을 타며 모든 재산을 잃는다.
③ 뉘우치는 놀부를 흥부가 받아주며 형제가 화해한다.

2. 인물의 성격

〈놀부와 흥부〉(1)에서 흥부와 놀부, 제비의 성격은 〈흥부전〉의 그것을 대체로 이어받았다. 작가는 흥부의 성격을 다음과 같이 묘사한다. "동생은 형과는 정반대로 정말 유순하고 열심히 일하였지만 운이 따르지 않았는지 가난함을 벗어날 수 없었습니다."(141쪽) 여기서 주목할 점은 '유순(柔順)함'의 덕목이다. 흥부의 성격을 묘사하면서 '유순함'이란 개념어를 사용한 텍스트는 아마도 〈놀부와 흥부〉(1)이 처음이 아닌가 한다. 사전적 의미의 '유순함'이란 "부드럽고 순하다."[21], "어른스럽고 고분고분함. 온순함"[22] 등의 뜻이다. 흥부의 성격을 규정하면서 이렇듯 남에게 피해를 주지 않고 고분고분한 남자로 성격화한 점은 매우 독특하다. 유순함은 우애의 표현이기도 한데, 사실 그는 욕심 많은 형 놀부가 자신을 괴롭게 해도 매우 고분고분하다. 『조선동화집』의 작가는 이러한 성격을 흥부의 선한 점으로 내세워 칭송한다.

다음으로 주목할 점은 '친절함'이다. 이 친절함은 제비와의 관계에서 형상화되는 성격이다. 주지하다시피 흥부는 둥지에서 떨어진 제비새끼를 치료해준다. 이 장면 묘사를 보면 다음과 같다.

> 땅바닥에 떨어진 새끼제비는 몹시 고통스러운 듯 다리끝을 부들부들 떨고 있었습니다. 이것을 보고 크게 놀란 흥부는, '이런, 이렇게 불쌍할 수가…'라고 생각하고, 조용히 제비를 손에 쥐고 약을 가지고 와서 상처 입은 곳에 발라주고 그 위를 끈으로 잘 묶어주고 다시 둥지 안에 넣어주었습니다.[23]

제비와 연관하여 흥부는 매우 친절한 남자로 성격화된다. 초라한 자기 집에 둥지를 트는 제비를 보며 말을 거는 흥부, 또 땅에 떨어진 제비새끼를 보고 불쌍히 여겨 정성껏 치료해주는 흥부의 모습은 '친절함'이란 덕목으로 이름지워진다. 강남의 제비왕이 흥부를 도와주려고 마음 먹은 것도 이 '친절함'[24] 때문이다. '유순함'과 '친절함', 이것이

21) 한글학회, 『우리말큰사전』 7판, 어문각, 1997.
22) 新村 出, 『廣辭苑』 4판, 岩波書店(日本 東京), 1993.
23) 『조선동화집』, 142-143쪽.

흥부가 선한 주인공으로 그려진 덕목이었다. 그간 흥부의 성격이 '우애', '청렴', '인후', '유교적 인간상' 등으로 파악되었음을 고려할 때, 이 점은 전래동화 〈놀부와 흥부〉(1)의 가장 근대적인 특징이라 할 수 있다.

한편 놀부의 성격을 가장 잘 드러낸 문장은 "놀부는 욕심이 얼마나 많은지 이웃 사람들에게 늘 피해를 주었고, 뿐만 아니라 하나밖에 없는 동생이 가난해서 힘들게 살고 있었지만, 조금도 도와주지 않고 자신만 잘 먹고 잘 살았습니다."라는 문장이다. 그리고 놀부를 가장 특징지우는 단어는 "욕심쟁이"이다. '욕심'이란 단어가 쓰인 예를 보면 다음과 같다.

① 놀부는 얼마나 욕심이 많은지…(141쪽)
② 이 욕심선생이 어떻게 가만히 있을 수가 있겠습니까?(145쪽)
③ 그러나 처음부터 욕심남인 놀부인지라 진득하니 기다리지 못하고, 결국에는 불타는 욕심을 참지 못하고…(145쪽)
④ 놀부는 혼이 덜 났는지 욕심을 억누를 수가 없었습니다.(147쪽)
⑤ 욕심의 불꽃은 점점 불타올라서 그칠 수가 없었습니다.(149쪽)
⑥ 놀부의 욕심은 끝이 없어…(150쪽)

위에서 보다시피 놀부는 지속적으로 '욕심쟁이'라는 이름으로 성격화되고 있다. 작가는 끊임없이 자기 이익만 챙기고 이웃에게 피해를 주는 것은 물론, 동생을 조금도 도와주지 않는 점에서 놀부를 비판적이고 부정적 인물로 형상화하였다.

---

24) 이야기를 들은 왕은 흥부의 친절을 마음 속 깊이 고맙게 생각하여 꼭 그 은혜를 갚아주리라 생각하고 '보은박'이라고 하는 박씨를 제비에게 주었습니다.(『조선동화집』, 143쪽)

이외에도 놀부의 성격에 대한 묘사는 “마음씨가 고약함, 불효와 사나움, 고집셈, 잔혹함, 남에게 피해를 줌” 등의 단어로 요약된다. 이 중에서도 제비와 연관해서는 ‘잔혹’한 성격이 두드러진다. 자기 욕심을 채우기 위해 멀쩡한 제비새끼 다리를 분지르는 놀부[25]는 잔혹하기 그지없는 인물이다. 흥부가 친절해서 제비왕에게 상을 받았다면, 놀부는 잔혹하여서 제비왕에게서 큰 벌을 받았다는 점이 대비된다.

Ⅲ. 『조선전래동화집』 수록 〈놀부와 흥부〉(2)의 양상과 의미

1. 민담의 수용과 개작

〈놀부와 흥부〉(2)는 〈놀부와 흥부〉(1)과는 달리 구비문학적 특성을 보여준다. 작품의 주요 내용을 요약하면 다음과 같다.

① "욕심 많고 부자인 놀부와 착하고 가난한 흥부 형제가 살고 있었다.
② "흥부가 땅에 떨어진 새끼제비를 구하여주다.
③ "흥부가 제비가 물어다 준 박씨를 심어 박을 타서 큰 재산을 얻고 행복하게 살게 되다.
④ "놀부가 새끼제비의 다리를 부러뜨린 뒤 치료하여 주다.
⑤ "놀부가 제비가 물어다 준 박씨를 심어 박에서 나온 흉물들에게 괴롭힘을 당하다.
⑥ "놀부가 똥에 파묻혀 죽다.

25) 그러나 처음부터 욕심남인 놀부인지라 진득하니 기다리지 못하고 결국에는 불타는 욕심을 참지 못하고 새끼제비를 잡고 잔혹하게 그 다리를 부러뜨렸습니다.(『조선동화집』, 145쪽)

〈놀부와 흥부〉(2)는 작가 박영만(1914-1981)이 평안도 안주군 입석에서 직접 채록한 민담을 다시쓰기한 전래동화이다[26]. 〈흥부전〉이 민담으로 전이된 작품을 찾아보기 힘들다는 점을 고려할 때[27], 〈흥부전〉 전승사에서 전래동화 〈놀부와 흥부〉(2)는 매우 개성 있는 작품으로 평가될 것이다.

경판 25장본 〈흥부전〉과 대비해 볼 때, 〈놀부와 흥부〉(2)는 사뭇 다른 성격을 보여준다. 구성 면에서는 〈흥부전〉의 ②'③'번에 나타나는 놀부와 흥부의 어린 시절, 흥부 내외의 품 파는 내용 등이 모두 생략되었고, 제비 구하는 사건과 박타는 사건 위주로 서술되었다는 점이 특징이다. 또한 〈놀부와 흥부〉(1)과 비교해 보아도, 초반에 있는 놀부와 흥부의 가세(家勢)에 대한 서술이 〈놀부와 흥부〉(2)에선 거의 나타나지 않는다.

또한 ②"의 흥부가 제비를 구하는 사건에서도 뱀이 제비 둥지를 습격한 일이 나타나 있지 않다. 그저 제비 새끼 한 마리가 둥지 밖으로 떨어진 것을 흥부가 구하여 치료해주었다고 했다. 〈흥부전〉에 형상화된 사건의 구체적 맥락은 거의 사라지고, 흥부가 땅에 떨어진 제비 새끼를 치료해주었다는 사실 자체만 살아남은 것이다.

---

26) 『조선전래동화집』(학예사, 1940)에는 모두 75편의 작품이 수록되어 있으며, 〈놀부와 흥부〉(2)는 스무 번째 수록 작품이다. 작품 본문은 『화계 박영만의 조선전래동화집』(박영만 지음, 권혁래 옮김, 한국국학진흥원, 2006)에서 인용하는 것으로 한다.

27) 임석재의 『한국구전설화』1-12권(평민사, 1987-1993)에는 한 편의 '흥부' 관련 설화도 발견되지 않는다. 『한국구비문학대계』에는 모두 세 편의 흥부놀부 관련 설화가 채록되어 있다. 〈버릇 고친 놀부 심술〉(안성읍 설화 28), 『한국구비문학대계』 1-6권, 경기도 안성군편, 1982, 132-136 ; 〈놀부 형보 이야기〉(현곡면 설화 88), 『한국구비문학대계』 7-1권, 경북 경주·월성편, 1980, 249-254 ; 〈흥부 놀부와 도깨비 방망이〉(강릉시 설화 27), 『한국구비문학대계』 2-1권, 강원도 강릉·명주편, 1980, 133-135쪽. 하지만 이상 작품들은 엄밀히 말해 고전소설 〈흥부전〉의 내용과는 관계가 멀며, 후대적 변이를 보여줄 뿐이다.

③"·⑤"를 ⑤'·⑦'과 대비해보면, 흥부박과 놀부박의 내용물 또한 〈흥부전〉 및 〈놀부와 흥부〉(1)과는 판이하게 달라졌음을 알 수 있다. 〈놀부와 흥부〉(2)에서 흥부박과 놀부박은 모두 네 개씩이다. 그 내용물을 보면 다음과 같다.

〈흥부박과 놀부박의 내용물 대비〉

	첫 번째 박	두 번째 박	세 번째 박	네 번째 박
흥부 박	금덩이	진주	돈	쌀
놀부 박	왕지네	똥	말벌	독사뱀

흥부의 박에서 금덩이, 진주, 돈, 쌀이 차례로 나옴으로써 흥부네가 부자가 된다는 이야기는 앞선 작품들과 맥락이 유사하다. 하지만 그 물건들의 품목은 매우 단출하다. 그리고 쌀을 제외하고는, 의식주와 직접적 연관이 없는 물건들이라는 점에서 특징적이다. 또한 〈흥부전〉과 〈놀부와 흥부〉(1)의 첫 번째 박에서 나왔던 청의동자와 선약이 사라진 것도 큰 변화이다.

놀부 박의 내용물도 앞선 두 작품들과 크게 다르다. 놀부 박은 모두 네 개인데, 왕지네, 똥, 말벌, 독사뱀이 차례로 나온다. 이것들은 모두 놀부의 몸을 괴롭게 하는 것들이다. 이 역시 〈놀부와 흥부〉(1) 및 〈흥부전〉에서 박에서 나온 수천 수만의 사람들이 놀부가 모아놓은 재산을 하나씩 다 뜯어가는 과정을 보여준 점과 크게 대비된다.

⑥"의 결말은 독특하다.

> 그런데 똥 바가지에서 똥이 줄줄 자꾸 자꾸 흘러나와서 똥탕수가 생겨, 놀부의 집이 허물어지는 바람에 놀부는 그만 똥에 묻히어서 죽고 말았다고 합니다.[28]

이렇듯 놀부가 박에서 쏟아져 나온 똥에 파묻혀 죽는다는 결말은 〈흥부전〉⑧'이나 〈놀부와 흥부〉(1)의 ⑥의 결말과 대별된다. 놀부가 스스로의 죄과 때문에 똥에 묻혀 죽는다는 이러한 결말 방식은 〈흥부전〉의 많은 이본 가운데에서도 좀처럼 보기 힘들다.

놀부가 평생 아끼며 중시한 것은 돈이었다. 그리하여 대부분의 이본에서 놀부에 대한 응징의 핵심은 그가 그렇게 아끼고 사랑했던 돈을 그에게서 빼앗는 것이었다. 평소 동생 흥부는 물론이고 주위 사람들로부터 악착같이 긁어모았던 돈을 빼앗기면서 놀부는 다른 무엇과 비교할 수 없는 고통을 느꼈을 것이다. 그런데 작가 박영만은 〈놀부와 흥부〉(2)에서 놀부의 돈따위엔 관심조차 두지 않는다. 대신 놀부의 몸에 직접적인 고통을 가한다. 왕지네의 독, 똥의 독하고 역겨운 냄새, 말벌의 아픈 침, 독사뱀의 맹독은 모두 다 생명을 위협하는 것들이다. 놀부가 그렇게 사랑하여 평생 모았던 돈을 빼앗기는 것도 견딜 수 없는 일이지만, 나아가 작가 박영만은 놀부의 몸을 견딜 수 없게 만들고 마지막에는 똥통에 빠지게 함으로써 생명을 거두어가도록 한다. 자신의 잘못을 뉘우치고 아우와 화해할 겨를도 없이 말이다. 그만큼 〈놀부와 흥부〉(2)는 파격이다.

이상의 논의에 의하면 〈놀부와 흥부〉(2)의 주제적 이해는 다음과 같다.

① 착하고 정직한 흥부는 박을 타서 큰 부자가 된다.
② 욕심 많고 마음씨 나쁜 놀부는 벌레 등에 의해 괴롭힘을 당하다가 똥통에 빠져 죽는다.

---

28) 『조선전래동화집』, 131쪽.

2. 인물의 성격

〈놀부와 흥부〉(2)는 분량도 짧고 전체적으로 인물의 성격이 단순하며, 평면적으로 그려졌다. 작품 서두에 두 사람의 사람됨에 대해 서술하였는데, 명확하게 선악이 대비된다.

> 옛날도 옛날, 놀부라는 형과 흥부라는 아우가 있었답니다. 그런데 놀부는 아주 욕심 많고 미욱하고 마음보 나쁘기로 동네에서도 이름이 났습니다. 그러나 아우 흥부는 마음이 아주 착하고 정직한 게 형과는 딴판이었습니다.[29)]

놀부와 흥부를 소개하는 서술인데, 〈흥부전〉이나 〈놀부와 흥부〉(1)에 비하면 굉장히 간략하다. 그리고 바로 흥부 제비 사건으로 넘어간다. 어떤 구체적인 사건 서술도 없이, 흥부는 마음씨가 착하고 정직하며, 놀부는 욕심 많고 미욱하고 마음씨가 나쁘다며, 서술자가 선악을 판정한다. 〈흥부전〉에서는 가능한 한 현실의 구체적인 배경 속에서 인물을 형상화한다. 하지만 〈놀부와 흥부〉(2)에서는 현실의 구체성, 사건의 개연성, 인물의 입체적 성격을 다 생략하고 이미 형성된 인물의 성격을 대별하여 보여준다. 놀부는 욕심 많고 미욱하고 마음씨가 나쁘므로 마땅히 응징을 받아야 한다. 흥부는 착하고 정직하므로 마땅히 복을 받아야 한다는 것이다. 이런 방식으로 〈놀부와 흥부〉(2)는 동화의 전형적인 인물 소개 방식을 보여준다.

다음으로 제비에 대한 흥부의 태도를 보자.

> ① "아뿔싸, 새끼 제비가 떨어져 우는군. 가엾어라. 아프지?"(125쪽)

---

29) 위의 책, 125쪽.

② 마음씨 착한 흥부는 불쌍하고 애처롭게 생각하면서 헝겊으로 부러진 다리를 싸매고…(125-126쪽)
③ 흥부는 마치 자기 동생이나 애들한테 하듯이 말을 했습니다.(126쪽)
④ 흥부는 서운하기 짝이 없었습니다.(127쪽)

위의 인용문들은 제비에 대한 인정미 있는 흥부의 태도를 보여주는 언술들이다. 흥부의 태도에서 주목되는 것은 가여운 동물을 불쌍히 여기고 돌봐주는 태도이다. 나아가 제비 새끼를 사람처럼, 자신의 자식처럼 대하는 긍휼의 태도가 보인다. 이는 '친절함'으로 표현된 〈놀부와 흥부〉(1)에 비교해 보아도 훨씬 각별해진 태도이다.

놀부는 여전히 욕심 많고 잔인한 성격의 소유자로 그려진다.

그 날부터 밭도 갈지 않고 아무 일도 할 생각을 하지 않고, 제비 새끼가 떨어질 것만 바라고 제비 둥지만 쳐다보고 있습니다. 그러나 하루가 지나고 이틀이 지나 사흘… 엿새가 지났어도 제비 새끼는 떨어지질 않습니다. "요망스러운 제비 새끼 같으니! 왜 떨어질 줄 몰라." 이렇게 놀부는 화를 벌컥 내었습니다.(중략) 마음씨 곱지 못한 놀부는 제비둥지에 팔을 뻗쳐서 제비 새끼를 한 마리 내려다가 새끼 제비의 발을 하나 뚝 꺾어 놓았습니다. 어린 제비 새끼는 빼액빼액 아파서 샛노란 입을 벌리고 울었습니다. 이렇게 병신을 만들어주고는 놀부는 헝겊으로 되는 대로 휘휘 감고 실도 두어서너 번 감아서 둥지에 도로 올려놓았습니다.[30]

위 인용문에는 제비가 물어다 줄 박씨를 기대하며 아무 일도 하지 않고 제비 새끼가 떨어지길 기다리는 놀부, 제비 새끼의 다리를 나뭇가지

30) 위의 책, 128-129쪽.

분지르듯 뚝 꺾어버리는 잔인한 태도, 아파서 우는 제비 새끼의 모습 등이 잘 그려져 있다. 작가는 제비의 고통스런 반응을 매우 감성적으로 표현함으로써 놀부의 행동이 얼마나 잔인하였는지를 나타내었다[31].

Ⅳ. 〈흥부전〉의 전래동화로 다시쓰기의 전략

전래동화 〈놀부와 흥부〉는 고전소설 〈흥부전〉의 다시쓰기 작업의 하나이자 장르 전환의 전형적인 사례다. 고전소설의 경우 작품에 따라 전승과정에서 다양한 성격의 이본들이 파생되는데, 전래동화로 다시 쓰기 된 것은 20세기 들어 새롭게 나타난 현상이다. 그렇다면 고전소설이 전래동화로 다시쓰기 된 사회문화적 맥락은 무엇일까? 그리고 다시쓰기의 전략, 곧 주제, 인물의 형상화, 구성 면에서 일어난 변모 및 의미는 무엇일까?

앞서 언급하였듯이 일제하 시기에서 고전소설이 전래동화로 개작된 경우는 〈흥부전〉을 비롯하여 〈장화홍련전〉, 〈박씨부인전〉, 〈콩쥐팥쥐전〉 등 4-5종에 한정된다. 고전소설이 활자본으로 출간되거나 현대소설로 개작된 것과 비교할 때, 이 숫자는 무척이나 미미한 것이다. 그만큼 일제강점기에 아동독자를 대상으로 고전소설을 다시쓰기한 작업은 흔치 않았다. 그 가운데 〈흥부전〉이 두 차례나 전래동화로 지어진 것은 이례적인 일이다. 이는 〈흥부전〉이 인물의 선악 구도가 명확하고 구성이 비교적 단순하여 전래동화로 개작하기가 용이하였기 때

31) 이에 비해서 흥부네 집의 제비에 대한 묘사는 사뭇 다르다. "어미 제비가 고맙다는 듯이…, 어미 제비는 기뻐서 어찌할 줄을 모르는 것 같습니다. / '지죽 지죽 지이죽 뿌우죽' 하고 웁니다. 슬픈 음성입니다."(위의 책, 126쪽)

문일 것이라고 판단된다.

고전소설 〈흥부전〉의 주제는 그간 크게 두 가지 측면에서 이해되어 왔다. 하나는 우애, 권선징악 등 도덕적 해석을 중시하는 것이고, 다른 하나는 당대 사회현실의 반영을 중시하는 것이다. 전자의 관점에서는 기존 가치관과 새로운 가치관의 대립을 통하여 기존 가치관이 승리해야 한다는 민중의 소망을 담았다는 해석[32], 형제 간의 우애를 강조하였다는 해석[33], 개과천선을 전제로 형제간의 화해를 형상화하였다는 해석[34] 등이 있다. 후자, 곧 사회현실의 반영에서 보는 관점은 작품을 역사주의적으로 해석하는 것으로 좀 더 다양한 해석이 나타난다. 곧 흥부와 놀부의 관계를 계층 갈등의 관계에서 해석하여 피탈계층의 수탈계층에 대한 적대의식과 부에 대한 열망의 극대화를 보여준다는 해석[35], 서민들 자신을 가난하게 한 데 책임이 있고 자신들에게 몰인정한 부자들에 대한 적대의식을 반영하였다는 해석[36], 천부의 대두로 가난해진 양반과 모든 기존관념이 얼마나 심각한 곤경에 처하게 되었는가를 여실히 보여주고 있다는 해석[37], 서민층 내부에서 생산수단을 상실하고 품팔이꾼으로 전락한 영세농민과 악질적 영리방법으로 부를 획득한 경영형 부농과의 갈등으로 보는 해석[38], 생존이 문제시되던 일가의 현실 조건과의 대결을 주축 갈등으로 하여 생을 영위하기 위하

32) 이문규, 「〈흥부전〉의 문학적 특질에 대한 고찰」, 인권환 편, 『〈흥부전〉 연구』, 집문당, 1991, 458쪽.

33) 정병헌, 『신재효 판소리 사설의 연구』, 평민사, 1986, 112쪽.

34) 설중환, 「〈흥부전〉의 상징성과 구조의 의미」, 인권환 편, 『〈흥부전 연구〉』, 487쪽.

35) 이상택, 「고전소설의 사회와 인간」, 『한국고전소설의 탐구』, 중앙출판, 1981, 287쪽.

36) 여운필, 「〈흥부전〉 연구의 주요 쟁점」, 『수련어문론집』 17, 부산여대 국어교육과, 1990, 119쪽.

37) 조동일, 「〈흥부전〉의 양면성」, 인권환 편, 『〈흥부전〉 연구』, 315쪽.

38) 임형택, 「〈흥부전〉의 역사적 현실성」, 『한국문학사의 시각』, 창작과비평사, 1984, 212쪽.

여 물질적 부를 목표로 노력하는 인간의 면모를 보여준다는 해석[39] 등이 있다. 물론 이러한 주제 이해는 대상으로 삼는 텍스트가 무엇인가에 따라 달라지기도 하기 때문에 텍스트 각 편에 대한 변별 및 통합적 이해가 선행되어야 할 것이다.

놀부와 흥부를 계층적 관계에서 이해할 때, 수탈 계층과 피탈 계층의 갈등이 가장 분명하게 나타나는 텍스트는 경판본이다. 그런데 두 계층의 대립 자체는 조금 약화되는 반면, 없는 자의 비참한 상황이 더 강화되어 나타나는 경우는 신재효본을 비롯한 후대의 창본들이다. 이러한 차이들에도 불구하고 〈흥부전〉에서 변치 않는 요소는 한 가난한 집안의 생존 문제이다[40].

〈놀부와 흥부〉(1)은 이러한 이본들 가운데 경판본을 텍스트로 삼았다. 그리고 1910년부터 일본어로 쓰인 〈흥부전〉의 계보를 이으면서 전래동화 전승의 주축으로 자리를 공고히 하였다. 다시쓰기의 방식에서는 박 타는 사건을 중심으로 원작을 축약 서술하였다는 점이 특징이다. 인물의 형상화에선 놀부에게서 욕심 많고 잔혹한 부정적 성격을 부각시켰고, 흥부에게서는 '유순과 친절'이라는 성격을 새롭게 부각시켰다. 흥부가 제비에게 받은 보은박을 통해 부자가 되는 것은 바로 못된 형에 대한 유순함과 불쌍한 제비에 대해 친절에 대한 보상이다. 반대로 놀부는 가난하고 불쌍한 동생을 돌아보지 않고 욕심부린 것, 자신의 욕심을 채우기 위해 제비의 다리를 부러뜨린 것에 대한 응징으로 모든 돈을 빼앗기게 된다. 고전소설 〈흥부전〉의 앞부분에 길게 서술되었던, 흥부가 겪어야 했던 가난의 고통 및 흥부가 가난을 이겨내려고 무진 노력하는 모습이 전래동화에서는 거의 나타나지 않거나 아주

39) 서대석, 「〈흥부전〉의 민담적 고찰」, 인권환 편, 『〈흥부전〉 연구』, 68-71쪽.
40) 정충권, 『〈흥부전〉 연구』, 월인, 2003, 127-129쪽.

간략히 서술된다[41]. 하지만 박 타는 이야기에서는 흥부가 소망하던 부를 얻게 되고, 놀부는 서서히 자신의 재산을 빼앗기는 이야기를 통하여 흥부와 놀부는 희비가 교차하게 된다. 요컨대 〈놀부와 흥부〉(1)에선 흥부에겐 부를 안겨주어 부자가 되게 하고, 놀부에게는 모든 돈을 빼앗음으로써 그의 욕심과 악행을 징치하는 것이 핵심이라고 할 수 있다.

일본인 학자 다카하시 도루(高橋亨)가 1910년 『조선물어집』에서 〈흥부전〉을 개작하여 수록한 이래 〈놀부와 흥부〉(1)에 이르기까지, 〈흥부전〉은 '식민지의 민속자료 집성'이라는 목적으로 일제하 일본어 텍스트에 지속적으로 수록되었다. 〈흥부전〉을 비롯하여 1910년 이래 일제강점기 일본어로 쓰인 조선의 민담·전래동화들에는 기본적으로 내선일체의 시각이 전제되었다는 견해가 있다. 김용의는 〈혹부리 영감〉을 비롯하여 〈흥부전〉, 〈말하는 남생이〉 등이 『朝鮮語及漢文讀本』에 수록된 것은 일제 식민지 시대에 내선일체의 이념을 구현하기 위한 것이라고 주장하였다[42]. 이 작품이 수록된 것은 일본에도 〈허리 부러진 참새(腰折れ雀)〉, 〈은혜를 갚은 참새(雀恩を報ゆること)〉[43] 등의 〈흥부전〉과 유사한 이야기가 전승되기 있기 때문이며, 바로 이

---

41) 최남선이 동화요(童話謠)로 개작한 〈흥부 놀부〉에는 가난한 흥부의 사정이 9절 36행에 걸쳐 서술된다. "내어쫓긴후흥부ᄂᆞᆫ ᄒᆞᆯ일업스매 올이나무몃가지 간신히얽어 집이라고그속에 들어서사니 그동안고생이야 말ᄒᆞ야무엇 어린ᄌᆞ식다리고 치운겨울에 여러끼니굶어서 칩고곯흐니 견ᄃᆡ다못ᄒᆞ야서 언니집으로 무릅쓰고도음을 어드라갈새 (중략) 문에서고ᄃᆡᄒᆞ던 흥부의안히 '왜 그저옵나'ᄒᆞ고 울고무르되 흥부의어진마음 바로말못히 '안계셔못뵈엿다' ᄒᆞᆯᄲᆞᆫ이로다."(〈흥부 놀부〉(1), 23-24쪽.) 최남선의 〈흥부 놀부〉는 가난한 흥부의 실태에 대한 서술을 포함하여, 〈흥부전〉의 전 내용을 균형있게 축약하고 다시쓰기한 점이 특징이다.

42) 김용의, 「민담의 이데올로기적 성격-일제 식민지 시대의 교과서에 수록된 민담을 중심으로-」, 『일본연구』 제14집, 중앙대 일본연구소, 1999, 323-324쪽.

43) 〈은혜를 갚은 참새(雀恩を報ゆること)〉는 『宇治拾遺物語』 제48화로 수록되어 있다.

러한 한일 간에 존재하는 유사한 민담·동화들이 내선동조론(內鮮同祖論)의 근거가 되기 때문이라는 것이다.

일찍이 최남선은 일본의 〈舌切雀〉이 조선의 대표적 동화 〈흥부전〉 그대로라고 하면서, 조선과 일본의 동화가 서로 연락된다는 점을 흥미롭게 보았다. 그리고 문학의 세계에서 조선과 일본이 수천 년에 걸쳐 심밀한 관계를 갖게 된 것은 문화적 원천을 한 가지로 하기 때문이라고 하였다. 원시의 일본은 모든 문화를 반도에서 얻어갔기 때문에 생기는 현상이라는 것이다[44]. 일본의 유명한 신화학자 다카키 토시오(高木敏雄) 또한 〈腰折れ雀)〉, 〈雀恩を報ゆること〉 등이 한국의 〈흥부전〉을 번안한 것임을 인정하였다[45]. 이러한 논의는 내선동조론을 내세우되, 적어도 표면적으로는 일본이 아닌 조선의 주도권을 인정하는 쪽으로 방향이 모아진다. 따라서 작품 선집과정에 정치적 시각이 개입되었다는 혐의가 있음에도 불구하고, 〈흥부전〉에서만큼은 일본의 논리가 실상을 왜곡할 만큼 과도하게 작용하였다는 우려는 접을 수 있지 않을까 한다. 그리고 설사 위의 논리를 인정한다고 하더라도, 전래동화 〈놀부와 흥부〉(1)의 작품 내재적 가치는 이와는 별도로 평가되어야 할 것이다. 곧 그러한 의도가 작품의 다시쓰기에 구체적으로 어떠한 영향을 미쳤는가 하는 점을 분명하게 파악해야 한다는 것이다.

위에서 분석한 결과를 토대로 볼 때, 〈놀부와 흥부〉(1)에서 흥부의 성격을 '유순'과 '친절'이라는 다소 이질적인 성격으로 재해석한 것은 일본적 색깔을 덧입혔다는 혐의가 있다. 나아가 흥부의 '유순'과 '친절'

44) 최남선, 「일본문학에 있어서의 조선의 모습」(1931년 2월 2일), 고려대 아세아문제연구소 편, 『육당최남선전집』 9권, 현암사, 1974, 424-428쪽.

45) 高木敏雄, 「日韓共通の民間說話」, 『日本神話傳說の研究』, 荻原星文館, 1943, 420-421쪽.

을 바람직한 성격으로 규정하고 아동독자들에게 이러한 품성을 권장하려는 했을 가능성을 배제할 수 없다. 이 점에 대해서는 분명히 지적·비판하고, 원형을 복원해야 할 필요가 있다. 그런데 그 외의 부분에서는 〈흥부전〉의 작품성이 왜곡된 흔적을 딱히 지적하기 힘들다. 오히려 제비박 사건을 중심으로 원작을 묘미 있게 축약 서술하고, 원작의 권선징악적 주제를 어그러짐 없이 재현하였다는 점은 긍정적으로 평가할 만하다. 이 점에서 필자는 〈놀부와 흥부〉(1)이 전체적으로 고전소설의 전래동화로 다시쓰기의 전형적인 사례를 보여주었다고 판단한다. 그리고 20세기 후반에 이루어진 〈흥부전〉의 전래동화 작품들이 대부분, 일제강점기에 이뤄진 〈놀부와 흥부〉(1)의 성격을 크게 벗어나지 않는다는 점을 유념해서 보아야 할 듯하다.

〈놀부와 흥부〉(2)는 고전소설 텍스트를 원작으로 하지 않고 민담을 바탕으로 한 작품이다. 작가 박영만은 고전소설 〈흥부전〉 및 〈놀부와 흥부〉(1)과는 다른 맥락에서 〈흥부전〉의 이야기를 재구성하여 전래동화로 만들었다. 〈놀부와 흥부〉(1)보다 훨씬 간략한 이야기로, 흥부와 놀부의 관계에서 일어난 악행 사건은 모두 생략되었다. 작품에서 놀부와 흥부의 운명이 엇갈리게 되는 것은 제비를 대하는 태도에서다. 여기에서 놀부와 흥부가 어떻게 선하고 악한지가 구별이 되고, 이 사건을 통하여 두 주인공의 행·불행이 엇갈리게 된다. 흥부는 불쌍한 제비를 자식 대하듯, 동생 대하듯 사랑으로 대했기 때문에 그 보은으로 부의 선물을 받게 된다. 하지만 놀부는 자신의 이익을 얻기 위해서 제비의 다리를 잔혹하게 분지르는 악행을 저질렀기 때문에, **결국 그 대가로 자신도 몸에 고통을 받고 죽음에 이르게 된다.** 작품에선 놀부의 재욕(財慾)에 대해선 구체적으로 언급하지 않는다. 이는 이 작품이 〈흥부전〉 및 〈놀부와 흥부〉(1)과 대별되는 지점이다. 놀부는 결국 수백 마리 독사에게 물려 "꼼짝도 못하고 딩굴딩굴 구르면서 엉엉 앓"다가 똥에 묻히어 죽고 만다. 이 역시 〈흥부전〉 및 〈놀부와 흥부〉(1)과는 전혀 다른 양상이다. 놀부가 자신의 잘못을 뉘우치고 흥부와 화해하는 결말도 없다. 자신의 악행, 곧 잔혹한 심성 및 남을 괴롭혔던 행위 때문에 고통받다가 악행의 결과로 죽음에 이른 것이다. 이는 계층적 갈등 및 부로 인한 갈등의 문제가 아니라, 못된 심성을 지닌 사람은 이에 마땅한 대가를 치른다는 주제의식으로 이어진다.

〈흥부전〉의 일반적 구조는 선량한 사람은 복을 받고 불량한 사람은 화를 당한다는 것이다. 그러나 불량한 사람일지라도 '개과(改過)'만 하면 다시 복을 누릴 수 있다[46]. 그래서 〈흥부전〉은 놀부의 개과천선을 전제로 한 '형제 간 화해'가 주제로 되는 것이다. 그런데 〈놀부와 흥부〉(2)는 놀부에게 개과의 기회를 전혀 주지 않고 '응징' 자체에 초점을 두고 이야기를 재구성하였다. 놀부의 죽음으로 끝맺는 박영만의 작가의식은 매우 흥미롭다. 이것이 〈놀부와 흥부〉(2)의 비범성이다.

박영만은 전래동화의 수집과 정리에 대해 매우 각별한 애정과 관심을 보여준 작가이다. 그는 전래동화에 대해서, "수 천백 년 동안 우리의 할아버지 할머니들이 말씀하시고 들으시고 생각하시고 한 흙의 哲學이고, 흙의 詩고, 거룩한 꽃"[47]이라 하면서, 전래동화 수집은 적당한 때를 놓치면 사라져 버리거나, 또는 외국의 문학 작품과 섞여버려서 그 순연함을 놓치게 된다고 하였다. 그래서 근대 서구 문명이 밀어닥쳐 오는 와중에서 구하고 원형 그대로 살려놓는 것의 필요성을 절감하고, 소학교 시절부터 전래동화를 수집하여 원형을 충실히 재현하였다고 했다[48]. 이 점에서 〈놀부와 흥부〉(2)는 민중들 사이에서 전승되어 오던

46) 설중환, 앞의 글, 488쪽.
47) 박영만, 「자서」, 앞의 책.

민담의 단순소박함을 잘 살린 개성 있는 작품이라 평가할 수 있다.

Ⅴ. 맺음말

필자는 이 장에서 해방 이전 시기에 이루어진 〈흥부전〉의 전래동화화 작업을 대상으로 '고전소설의 현재적 계승'이란 주제를 고찰하였다. 본론에서 검토한 문제는 크게 두 가지였다. 첫째, 고전소설 〈흥부전〉이 어떠한 변형 과정을 거쳐 전래동화로 만들어지는가 하는 점이다. 이러한 과정을 고찰하기 위하여 『조선동화집』과 『조선전래동화집』에 수록된 〈놀부와 흥부〉(1)·(2)를 각각 원 텍스트와 대비 고찰하였다. 그리고 각 작품마다 구성적 특징, 인물의 성격 등을 분석하였다. 둘째, 고전소설 〈흥부전〉과 비교하여 다시쓰기의 주제, 인물의 형상화, 구성의 변모양상 및 의미가 무엇인가 하는 점이었다. 이상에서 논의한 내용은 다음과 같이 요약정리할 수 있다.

『조선동화집』(1924) 수록 〈놀부와 흥부〉(1)은 경판 25장본 〈흥부전〉을 원 텍스트로 하여 축약변개하면서 이루어진 작품이다. 그리고 1910년부터 일본어로 쓰인 〈흥부전〉의 계보를 이으면서 전래동화 전승의 주축으로 자리를 공고히 하였다. 다시쓰기의 방식에서는 박타는 사건을 중심으로 원작을 축약 서술하였다는 점이 특징적이다. 인물의 형상화에선 놀부에게서 욕심 많고 잔혹한 부정적 성격을 부각시켰고, 흥부에게서는 '유순과 친절'이라는 성격을 새롭게 부각시켰다. 박 타는 이야기에서는 흥부가 소망하던 부를 얻게 되고, 놀부는 서서히 자

48) 위의 글

신의 재산을 빼앗기는 이야기를 통하여 흥부와 놀부는 희비가 교차하게 된다. 요컨대 〈놀부와 흥부〉(1)에선 흥부에겐 부를 안겨주어 부자가 되게 하고, 놀부에게는 모든 돈을 빼앗음으로써 그의 욕심과 악행을 징치하는 것이 핵심이다.

〈놀부와 흥부〉(2)는 고전소설 텍스트를 원작으로 하지 않고 민담의 성격을 보여준다. 작가 박영만은 고전소설 〈흥부전〉 및 〈놀부와 흥부〉(1)과는 다른 맥락에서 〈흥부전〉의 이야기를 재구성하여 전래동화로 만들었다. 또한 박영만은 흥부와 놀부의 관계에서 일어난 악행 사건은 모두 생략하고, 제비박 사건만을 중심 사건으로 부각시켰다. 작품에서 놀부와 흥부의 운명이 엇갈리게 되는 것은 제비를 대하는 태도에서이다. 여기에서 놀부와 흥부가 어떻게 선하고 악한지가 구별이 되고, 이 사건을 통하여 두 주인공의 행·불행이 엇갈리게 된다. 〈놀부와 흥부〉(2)는 놀부에게 개과의 기회를 전혀 주지 않고 '응징' 자체에 초점을 두고 이야기를 재구성하였다. 놀부의 죽음으로 끝맺는 박영만의 작가의식은 매우 흥미롭다. 이것이 〈놀부와 흥부〉(2)의 비범성이다.

이상에서 필자는 〈흥부와 놀부〉를 대상으로 일제강점기에 이뤄진 최초의 고전소설의 전래동화화 작업에 대해 고찰해봄으로써 고전의 다시쓰기 작업이 어떻게 이루어져야 하는가에 대해 방향성을 고찰해보았다. 1990년대 중반 이후로 출판계에서는 아동·청소년들을 대상으로 고전소설을 전래동화 및 독서물로 다시쓰기하는 작업을 활발하게 진행하고 있다. 최근 이 작업에 적지 않은 고전문학 연구자들과 작가들도 동참하고 있다. 이러한 작업들은 '고전의 대중화 및 현재화'라는 측면에서 주목할 만한 현상이다. 학계에서도 이러한 현상을 학적 연구 대상으로 삼아 작업의 방향과 의미에 대해 좀 더 진지하게 논의할 것을 제안하는 바이다.

제9장
옛이야기 형제담의 양상과 의미

Ⅰ. 머리말

일반적으로 사람들은 가족이란 울타리 안에서 태어나고 성장하고, 생활한다. 그러므로 가족은 사람들에게 가장 원초적이고 친밀한 집단이다. 가족은, "경제적 협동 혹은 일상생활의 공유를 지속적으로 영위하여 정서적 만족을 얻는 사회생활의 단위"[1]라고 정의될 만큼, 구성원들 간의 정서적 교류가 핵심이라고 할 수 있다. 가족은 부자관계, 부부관계, 형제관계 등으로 구성되어 있으며, 이 관계들은 서로 영향을 주고받으며 전체 가족의 삶을 형성한다. 이중에서 형제관계의 의미는 무엇일까? 형제가 함께 성장한다는 것은 무엇을 의미하는 것일까? 형제란 이 세상 그 무엇과도 바꿀 수 없는 소중한 관계로 평생을 함께 하는 동반자이기도 하지만, 생래적으로 사소한 문제로 크고 작은 갈등을 겪기도 하는 관계이다. 이런 형제와 함께 살아간다는 것은 우리에게 어떤 의미이고 어떤 영향을 주는 것일까?

형제란 일반적으로 생물학적 혈연관계를 맺고 있으면서 서로에게 관심을 갖고 상호작용하는 상호적·호혜적 관련을 맺고 있다. 형제는

1) 조정문·장상희 공저, 『가족사회학』, 아카넷, 2001, 22쪽.

서로 간에 신체적·정서적인 접촉을 통하여 영향을 미치며, 사회화의 대리인으로 서로에게 최초이자 가장 강력한 또래관계를 제공한다. 또한 형제는 사회성 발달의 환경을 제공할 뿐만 아니라, 사회화 기술을 제공하고, 이 사회적 상호작용으로부터 개인은 학습과 성격 발달을 위한 기초를 마련하고 성 역할, 도덕성, 운동 및 언어 발달 등을 습득한다.[2] 이처럼 형제관계는 개인에게 정서적 관계에서부터 사회적 관계에 이르기까지 폭넓은 영향을 미친다. 전통적으로 형제 관계에 대한 윤리의식은 '우애'라는 말로 규정되어 왔다. 그렇다면 실제적으로 우리 민족의 가정 및 삶의 현장에서 '우애'라는 관념은 그동안 어떻게 구체화되어 왔을까? 이를 형제관계를 서사화한 옛이야기 자료를 통해 분석하는 것도 흥미로우리라 생각한다.

필자는 구비설화가 활자로 정착되기 시작한 1910년대부터 1940년대 전반에 이르는 시기의 설화집 및 전래동화집을 대상으로 형제담의 양상을 파악하고, 작품의 구조 및 의미, 형제관계에 대한 선인들의 실제 관념을 고찰하고자 한다. 형제담이란 형제 간의 갈등·우애·경쟁·협력 등의 관계 방식이 주가 된 이야기를 말한다. 이때 형제란 남자 형제만이 아니라, 여자 형제, 오누이 관계 등을 모두 포함한다. 텍스트를 해방 이전 시기의 자료집으로 한정한 것은 여기에 수록된 작품들이 아직 외래 작품들이 들어와 우리 것과 혼효(混淆)되기 이전에 채록된 것들로서, 한국 옛이야기의 원형을 가장 잘 보여주는 작품들로 평가되기 때문이다.

---

2) 전귀연·임주영 공저, 『형제관계』, 신정, 2006, 14-15쪽.

II. 자료집의 성격과 형제담의 존재 형태

1910~1940년대 전반기는 정치적으로는 일제 강점기이며, 문학적으로는 구비전승되던 설화가 문자로 정착되기 시작하는 시기다. 이 시기에 출판된 옛이야기 자료집도 이러한 시대 규정을 받고 있어 일본인 학자가 채록하여 일본어로 기록한 것도 있고, 조선인 연구자가 조사하여 일본어 또는 한글로 기록한 것도 있다. 자료집의 장르적 성격으로는 순수 민담집과 신화·전설·민담이 같이 있는 설화집, 민담을 어린이 독자에 맞게 선별하고 다시쓰기한 전래동화집 등이 있다. 필자가 선택한 『朝鮮物語集』(1910, 일본어), 『朝鮮童話集』(1924, 일본어), 『조선동화대집』(1926), 『朝鮮民譚集』(1930, 일본어), 『조선전래동화집』(1940), 『한국구전설화』 등 6종의 텍스트는 이러한 성격을 각각 보여주는 자료들이다.[3)]

가장 먼저 출판된 옛이야기 자료집은 다카하시 도루(高橋亨)가 1910년에 간행한 『朝鮮物語集』이다. 『朝鮮物語集』은 다카하시 도루가 조선에 건너와 한성중학교 교사 생활을 하면서 수집한 문헌설화·구비설화·고전소설 자료들을 모아 일본어로 출판한 것으로, 근대 초기 한국 설화의 양상을 파악하는 데 긴요하다. 조선총독부가 1924년 간행한 『朝鮮童話集』[4)]은 조선 최초의 전래동화집이다. 조선총독부 학무국 편집과에서 편찬한 조선문화 자료총서 중 하나로서 일본어로 되

3) 이외에도 비슷한 시기에 W.E. Griffis의 *Fairy Tales of Old Korea*(London, 1911), James S. Gale의 *Korean Folk Tales*(London, 1913), 中村亮平의 『朝鮮童話集』(東京, 1926), 鄭寅燮의 『溫突夜話』(東京, 1927) 등 해외에서 출판된 외국어 자료집들이 있으나, 이들 자료집은 아직 번역되지 않은 것이 대부분이라 검토하지 못하였다.

4) 『朝鮮童話集』(京城:日韓書房, 1910)의 번역본으로는 『조선동화집』(권혁래 역저, 집문당, 2003)이 있다.

어 있지만, 전국 각지에서 채록한 전설과 민담을 바탕으로 전래동화로 다시쓴 것이라 자료적 가치가 크다. 심의린이 1926년 출판한 『조선동화대집』[5]은 저자가 경성사범학교 부속 보통학교 교사생활을 하면서 수집한 동화를 출간한 것으로, 한글로 기록된 최초의 전래동화집이라는 의의가 있다. 손진태가 1930년 출판한 『朝鮮民譚集』[6](1930)은 저자가 1920년대 조선 각지를 다니면서 채록한 다양한 설화들을 정리한 자료집이다. 일본에서 일본어로 출간된 자료이긴 하지만, 가장 이른 시기에 채록한 신화·전설·민담을 원형 그대로 기록하였다는 점에서 자료적 가치가 크다. 1940년에 출판된 『조선전래동화집』[7]은 박영만이 1920년대 전반부터 10여 년간 채록한 전래동화를 정리한 자료집이다. 1930년대를 대표하는 동화집으로, 한국전래동화의 전범이 될 만큼 동화의 수준이 높고 독특한 작품이 많다. 임석재의 『한국구전설화』[8]는 1980년대 이후에 출판된 책이지만, 이 책의 수록 자료들이 대부분 편찬자가 1920년대부터 40년대에 걸쳐 수집한 구전설화이기 때문에 자료적 가치는 분명하다. 『한국구전설화』는 방대한 작품 수를 자랑한다. 비슷한 자료라도 중복해서 실었으므로 작품의 빈도수 및 변이 양상을 살필 수 있는 점이 장점이다.

장르적으로 『조선물어집』은 민담집에 가까우며, 『조선민담집』과 『

---

5) 심의린의 『조선동화대집』(한성도서주식회사, 1926)은 그동안 유실되었다가 최근 발견되었는데, 『조선동화대집』(최인학 번안, 민속원, 2009), 『조선동화대집』(신원기 역해, 보고사, 2009)으로 재출간되었다.

6) 『朝鮮民譚集』(東京: 郷土研究社, 1930)의 번역본으로는 『한국민화에 대하여』(김헌선 외 역, 역락, 2000), 『조선설화집』(최인학 역, 민속원, 2009)이 있다.

7) 박영만의 『조선전래동화집』(학예사, 1940)의 번안·영인본으로는 『화계 박영만의 조선전래동화집』(권혁래 옮김, 한국국학진흥원, 2006)이 있다.

8) 『한국구전설화』(전12권, 평민사, 1987-1993)에는 해방 이후에 채집한 작품도 다소 포함되어 있는데, 물론 그러한 자료들은 본고의 대상 자료에서 제외하였다.

한국구전설화』는 설화집이며, 『조선동화집』, 『조선동화대집』, 『조선전래동화집』은 전래동화집이다. 필자는 이를 '옛이야기'라는 명칭으로 통칭(統稱)하였다. 이러한 의도는 "구전 민담과 그 전통을 이어받거나 변용해서 씌어진 모든 옛이야기를 포괄"[9]하는 개념으로 사용하기 위함이다. '옛이야기'라는 용어는 '동화', '요정담', '민담' 등의 개념과 함께 그 내포와 외연을 두고 적지 않은 논쟁이 이어져 왔다. 이지호는 '전래동화'라는 용어를 비판하면서, 전통시대에 전래되어 오던 설화들 중에 '어린이를 위한 설화'라는 뜻으로 '옛이야기'라는 개념을 제시하였다. 설화란 기본적으로 어른, 좀 더 정확하게 말하면 옛어른을 위한 이야기인데, '옛이야기'란 바로 어린이들에게 적절한 교훈과 흥미를 주기에 적합한 설화 문학이라는 것이다.[10] 이에 대해서 김환희는 '동화'나 '옛이야기'라는 용어가 이미 보편적으로 통용되고 있기 때문에 이를 자의적으로 해석하거나 해체하는 것은 불가능하다는 점을 말하면서, '옛이야기'를 민담과 요정담을 포괄하는 용어로 쓰자고 제안하였다.[11] 필자는 이러한 개념에 동의한다. 이뿐 아니라 "어린이 독자를 위해서 동화 작가가 다시 쓴 옛이야기"[12]라는 개념인 전래동화도 옛이야기의 범주에 포함되어야 한다고 생각한다. 어린이들에게 적절한 민담을 선별하고 다시쓰기한 장르인 전래동화는 순수 민담과는 구별된다. 요정담이 주로 서양 작품을 대상으로 한 개념이라는 것을 생각한다면, 결국 한국문학 텍스트에서 옛이야기란 용어는 민담과 전래동

9) 김환희, 『옛이야기의 발견』, 우리교육, 2007, 42쪽.
10) 이지호, 『옛이야기와 어린이문학』, 집문당, 2006, 15-25쪽.
11) 이에 대해선 서정오, 김옥순과 주옥, 김경연, 서미석 등이 대체로 비슷한 견해를 보이고 있다. 이상 옛이야기의 용어를 두고 일어난 논란에 대해서는 김환희의 앞의 책, 15-44쪽의 내용을 참조할 것.
12) 김환희, 위의 책, 43쪽.

화를 포괄하는 개념임을 알 수 있다.

이상의 자료집 6종에서 형제 관계를 소재로 한 작품을 조사한 결과, 60여 편의 옛이야기 자료가 발견되었다. 이 작품들을 형제 관계의 성격을 기준으로 분류한다면, 대개 '우애가 좋은 형제들의 미담'과 '우애가 나쁜 형제들의 갈등담'으로 나눠진다. 이를 '형제 협력담'과 '형제 불화담'으로 각각 명명하였다. 형제 협력담은 서사의 핵심이 우애 좋은 형제가 서로 협력하여 좋은 결과를 이루는 유형이다. 형제 불화담은 우애 나쁜 형제가 불화하여 갈등을 겪는 것이 중심 내용인 유형이다. 그리고 이와는 다른 축에서 검토해야 할 작품군이 형제 중에 바보가 있는 형제를 소재로 한 이야기들이다. 이는 형제 중 지적 장애자로 인해 발생하는 고통을 형상화한 작품군인데, 이를 '바보 형제담'이라 명명하였다.[13)]

60여 편 형제담의 기본 서지사항을 제시하고, 유형 분류하여 도표화하면 다음과 같다.

번호	작품제목	출전	출판(채록) 시기	지역	유형
1	말하는 남생이	조선물어집	1910		형제 불화담
2	흥부전	조선물어집	1910		형제 불화담
3	검은 옥과 붉은 옥	조선동화집	1924		형제 불화담
4	말을 하는 거북이	조선동화집	1924		형제 불화담
5	금방망이 은방망이	조선동화집	1924		형제 불화담
6	세 개의 보물	조선동화집	1924		형제 불화담
7	놀부와 흥부	조선동화집	1924		형제 불화담
8	물 속의 구슬	조선동화집	1924		형제 협력담
9	똑같은 재주	조선동화대집	1926		형제 협력담

13) '바보 형제담'의 형제는 둘다 바보가 아니며, 일반적으로 어리석은 형과 지혜로운 (또는 정상적인) 동생으로 구성된 형제 관계이다.

10	두 개의 구슬	조선동화대집	1926		형제 협력담
11	금방망이 은방망이	조선동화대집	1926		형제 불화담
12	착한 아우	조선동화대집	1926		형제 불화담
13	놀부와 흥부	조선동화대집	1926		형제 불화담
14	말하는 남생이	조선동화대집	1926		형제 불화담
15	두 형의 회개	조선동화대집	1926		형제 불화담
16	푸른 구슬과 빨간 구슬	조선동화대집	1926		형제 불화담
17	칠형제의 선행	조선민담집	1930	함남 함흥	형제 협력담
18	삼형제	조선민담집	1930	나의 기억	형제 협력담
19	특재 있는 8형제	한국구전설화1	1935[14)]	평북 용천	형제 협력담
20	특재 있는 6형제	한국구전설화1	1938	평북 철산	형제 협력담
21	특재 있는 3형제	한국구전설화1	1934	평북 철산	형제 협력담
22	3형제	한국구전설화1	1937	평북 철산	형제 협력담
23	3형제	한국구전설화1	1936	평북 정주	형제 협력담
24	바보 형	한국구전설화1	1936	평북 용천	바보 형제담
25	바보 형	한국구전설화1	1933	평북 용천	바보 형제담
26	현형우제	한국구전설화1	1934	평북 철산	바보 형제담
27	바보 형	한국구전설화1	1934	평북 용천	바보 형제담
28	바보 형	한국구전설화1	1934	평북 의주	바보 형제담
29	바보 형	한국구전설화1	1935	평북 선천	바보 형제담
30	쌍동 형제 무용담	한국구전설화2	1936	평북 강계	형제 협력담
31	역사 전강동과 그 누이	한국구전설화2	1936	평북 정주	형제 협력담
32	동생에게 속은 형	한국구전설화2	1935	평북 철산	형제 불화담
33	악형	한국구전설화3	1932	평북 정주	형제 불화담
34	악형	한국구전설화3	1932	평북 정주	형제 불화담
35	악형	한국구전설화3	1927	평북 초산	형제 불화담
36	악형	한국구전설화3	1932	평북 용천	형제 불화담
37	악형	한국구전설화3	1933	평북 신의주	형제 불화담
38	악형	한국구전설화3	1937	평북 정주	형제 불화담
39	악형	한국구전설화3	1933	평북 의주	형제 불화담
40	악형	한국구전설화3	1933	평북 박천	형제 불화담
41	악형	한국구전설화3	1934	평북 창성	형제 불화담

42	악형	한국구전설화3	1934	평북 정주	형제 불화담
43	우형	한국구전설화3	1935	평북 선천	바보 형제담
44	동생 흉내내다 망한 형	한국구전설화3	1936	평북 선천	형제 불화담
45	착한 아우와 악한 형	한국구전설화3	1943	황해도 평산	형제 불화담
46	우형	한국구전설화3	1936	황해도 신천	바보 형제담
47	오누이 힘 경합	한국구전설화4	1932	함북 혜산진	형제 불화담
48	착한 아우의 효심	한국구전설화5	1927	경기도 연천	형제 불화담
49	바보 형	한국구전설화6	1943	충남 예산	바보 형제담
50	어떤 삼형제	한국구전설화6	1943	충남 논산	바보 형제담
51	나쁜 형과 착한 아우	한국구전설화8	1927	전북 김제	형제 불화담
52	악형선제	한국구전설화8	1940	전북 고창	형제 불화담
53	나쁜 형과 착한 아우와 개	한국구전설화8	1930	전북 고창	형제 불화담
54	두 형제의 훌륭한 재주	한국구전설화8	1927	전북 김제	형제 협력담
55	특재 있는 육형제	한국구전설화9	1942	전남 장성	형제 협력담
56	미련한 형	한국구전설화9	1927	전남 목포	바보 형제담
57	효성있는 아우와 나쁜 형	한국구전설화12	1927	경북 청도	형제 불화담
58	맷돌 조롱박 장구	조선전래동화집	1940	평남 덕천	형제 협력담
59	놀부와 흥부	조선전래동화집	1940	평남 안주	형제 불화담
60	효자 이야기	조선전래동화집	1940	평남 평원	형제 불화담
61	쿨떡이 이야기	조선전래동화집	1940	평남 안주	바보 형제담

형제담은 모두 61편으로, 『조선물어집』에 2편, 『조선동화집』에 6편, 『조선동화대집』에 8편, 『조선민담집』에 2편, 『조선전래동화집』에 4편, 『한국구전설화』(12권)에 39편이 전한다.[15] 이중에서 형제 불화담

14) 이하 『한국구전설화』 소재 작품의 연도는 채록 시기를 기록한 것이다.

15) 『한국구전설화』에 형제담의 수가 상대적으로 많은 것은 전체 수록 작품수가 많은 이유도 있지만, 비슷한 성격의 이야기라도 채록된 것은 모두 수록하였기 때문이다. 이에 비해 『조선동화집』 등 다른 작품집들은 전체 수록 작품수가 제한되어 있고, 비슷한 성격의 작품들은 중복해서 싣지 않았다. 따라서 각각의 작품은 전형성을 지녔다고 할 수 있다.

은 34편으로 전체의 절반이 넘으며, 형제 협력담은 그 반이 못 되는 15편이다. 형제 간의 미담(美談)보다는 갈등이 더 화제가 된 것인데, 형제간 갈등의 주된 내용이 무엇인지 분석할 필요가 있다. 바보 형제담은 12편으로, 그 수가 적지 않은 것의 의미가 무엇인지도 고찰해볼 필요가 있다. 채록 지역이 확인된 작품은 모두 44편이며, 지역적으로는 평안도, 함경도 지방이 많다. 성별 면에서 대부분 남자 형제간의 관계를 다루었다는 점이 특징이며, 여자 형제(1편), 오누이 관계(2편)를 소재로 한 것은 매우 소수이다.

III. 형제담의 유형과 성격

1. 형제 불화담과 '탐욕'의 문제

형제 불화담 34편은 〈착한 아우와 악한 형〉 17편, 〈금방망이 은방망이〉 4편, 〈놀부와 흥부〉 4편, 〈말하는 남생이〉 3편, 〈효성 있는 아우와 나쁜 형〉 3편, 〈푸른 구슬 붉은 구슬〉 2편, 〈비렁뱅이 형제의 불화〉 2편 순으로 반복횟수를 보인다. 그리고 대부분의 작품(총27편)에서 '동생 따라하다 망한 형'의 구조가 발견된다.

이 유형의 가장 대표적인 작품 〈착한 아우와 악한 형〉(6,12,33~42,44,45,51,52,53)은 아우를 미워하는 형과 마음 착한 동생의 이야기다. 밥 한 끼 얻어먹으러 갔다가 형에게 눈을 찔리고 쫓겨난 동생은 산에서 죽으려다가 호랑이(승냥이)의 도움을 얻어 신기한 샘물로 눈을 고치고, 또 금은 항아리를 얻고 부자가 된다. 하지만 욕심 많은 형은 동생을 따라했다가 눈도 못 고치고, 호랑이에게 잡아먹히거나, 가까스로 살아남는다. 〈놀부와 흥부〉(2,7,13,59)는 고소설로도 전하지만, 구비문학의 현장에서도 폭넓게 전승되고 있음을 알 수 있다. 못되고 욕심 많은 형의 대명사로 꼽히는 놀부는 착한 동생 흥부를 박대하고 부모의 유산을 독차지한다. 착한 흥부는 다리 부러진 제비를 도왔다가 박씨를 얻어 부자가 되고, 놀부는 제비의 다리를 꺾어 고쳐주었으나 제비박씨 때문에 재산을 잃는다. 〈금방망이 은방망이〉(5,11,40,41)에서 형은 악하고 욕심 많을 뿐 아니라 불효를 한다. 이에 반해 동생은 정직하고 온순하며, 효성스럽다. 동생은 형에게 쫓겨나고 고생을 하였지만, 마음이 착해 도깨비 방망이를 얻어 부자가 되었고, 욕심 많은 형은 동생을 따라하였지만 도깨비 방망이에 맞아 징벌을 받는다.

〈푸른 구슬과 빨간 구슬〉(3,16)에서 형은 재산이 넉넉하나, 아우는 형에게 재산을 다 뺏기고 곤궁하게 살았다. 형에게 양식을 빌러 갔다가 매를 맞고 쫓겨난 동생은 돌아오는 길에 불쌍한 노파를 도왔다가, 노파가 산에 있는 푸른 구슬에 대해 알려주어 황소를 얻고 부자가 되었다. 그런데 이 말을 들은 욕심 많은 형은 푸른 구슬에 붉은 구슬까지 던져, 붉은 구슬에서 나온 호랑이에게 잡아먹혔다. 어진 아우를 박대한 형이 욕심이 넘쳐 금기를 깨 천벌을 받아 죽기까지 한 드문 경우이다. 푸른 색은 상서로운 의미이고, 붉은 색은 불길한 의미를 나타내었다.

이외에 마음씨 착한 동생이 말하는 남생이를 얻어 부자가 된 반면, 이를 따라한 못된 형은 벌을 받아 똥물에 빠져죽는다는 결말의 〈말하는 남생이〉(1,4,14), 못된 형의 박해를 이기고 막내가 불사약과 보물을 구해 노모의 병을 고친다는 〈효성 있는 아우와 나쁜 형〉(48,57,60), 노승을 도와준 동생은 부자가 되고 욕심 많은 형은 망한다는 내용의 〈세 개의 보물〉(6), 〈두 형의 회개〉(15) 등이 있다. 이중에서 〈두 형의 회개〉를 좀 더 살펴보자. 심의린의 동화 〈두 형의 회개〉는 3형제 이야기이다. 두 형은 성질이 괴팍하고 욕심 많았고, 막내는 마음이 착하고 정직하였다. 부모가 죽자 두 형은 부모의 유산을 자기들이 독식하고, 아우는 빈손으로 내쫓았다. 쫓겨난 막내는 길에서 다친 노승을 만나 구해주고 '자리 한 닙, 바가지 한 짝, 젓가락 한 매'를 얻었는데, 이것을 가지고 부자가 되었다. 뒤에 두 형이 뉘우치고 아우에게 용서를 빌자, 아우는 좋은 말로 우애와 도덕에 대하여 일일이 말하고, 형들이 반성하고 회개한 후, 한집에서 화목한 가족을 이루게 되었다. 이 작품은 윤리적 교훈이 강화된 동화로서의 특성을 보이는 작품이다.

한편 〈오누이 힘 경합〉(47)은 장사인 오누이가 힘을 겨루는 이야기인데, 남동생과의 경합에서 동생에게 진 누이는 자살한다. 오누이 간의 불화와 누이의 패배를 그린, 흔치 않은 오누이의 이야기이다. 〈동생에게 속은 형〉(32)은 자매 간 경합을 그린, 유일한 자매 이야기이다. 며느리는 시집간 시댁이 너무 가난하여 언니에게 양식을 빌리러 갔다. 그런데 인색한 언니가 몇 년 묵은 피섬을 주자, 아우는 꾀를 내어 피섬에 복구렁이가 들어 있다는 거짓말을 한다. 언니는 동생의 말에 속아 재산 절반을 주고 피섬을 돌려받았지만 속았다는 이야기로, 언니의 인색함과 동생의 꾀를 그렸다.

이상 형제 불화담의 구성 방식에는 두세 작품을 제외하고는, '동생 따라하다 망하기'라는 일정한 유형성이 보인다. 이를 중심으로 형제 불화담의 공통된 성격 및 구조를 살피면 다음과 같다.

첫째, 못되고 욕심 많은 쪽은 대부분 형이다. 그리고 동생은 늘 착하고 가난하고 성실하다. 왜 옛이야기에서 악인은 늘 형으로 그려지는 걸까? 가정에서의 형은 아버지로부터 가산과 지위를 상속받는 자이므로, 보편적으로 권력자요 강자를 상징한다. 이에 비해 동생은 피지배

자요 약자를 상징한다. 현실에는 장자 중심의 질서관이 있지만, "대부분의 설화에서는 서자나 아우를 부각(영웅·출세·성공·선인·현명)"[16] 시키고 있다. 형과 동생의 대결 구도에서 가난하며 약자인 동생이 동정받고 성공함으로써 이야기의 반전 효과가 커져 흥미를 끌 수 있기 때문이다. 따라서 가장 약하거나, 가장 열악하거나, 가장 어린 동생, 즉 막내가 설화의 주인공으로 자주 등장하는 것이다.[17]

둘째, 형제 간 불화는 부모로부터 물려받은 재산으로부터 생겨난다. 처음부터 타고난 심성이 달랐던 점도 원인이었겠지만, 그들의 불화가 분명해진 것은 부모로부터 유산을 물려받고서부터이다. 형은 유산을 모두 차지하고도 부모를 돌보지 않았으며, 동생은 아무 것도 물려받지 못한 채 쫓겨난다. 옛이야기 향유층들이 재산 상속 문제를 형제간 불화의 가장 직접적 원인으로 인식하였음을 알 수 있다.

셋째, 형의 무정(無情)한 태도이다. 동생을 쫓아낸 형은 더욱 동생을 미워한다. 워낙 무정한 형은 밥 한 끼나 얻어먹을까 찾아온 동생을 부지깽이로 찔러 눈을 멀게 하는 행동을 서슴없이 하기도 한다. 하지만 그런 상황에서도 동생은 형을 원망하지 않으며, 그와 대립하지도 않는다.

넷째, 쫓겨난 동생이 복을 받게 되는 계기다. 주인공들은 어려운 상황에서도 부모에게 효행을 하거나 약한 사람들에게 선행을 함으로써 노승, 용왕, 호랑이, 승냥이, 제비, 남생이, 도깨비, 노파 등 구원자 및 조력자의 도움을 얻어 재산을 얻게 된다. 이때 주인공들의 선행은 눈물겨울 정도로 자기희생적이다. 예컨대, 〈푸른 구슬과 빨간 구슬〉

---

16) 강재철, 「한국 〈형제투금설화〉의 연구」, 최인학 외, 『비교연구를 통한 한국민속과 동아시아』, 민속원, 2004, 802쪽.

17) 위의 논문, 801쪽.

(심의린)에서 양식을 빌러 갔다가 형한테 맞고 쫓겨난 아우는 길에서 수수 이삭 몇 개를 줍고는 그것으로 떡을 만들어 팔러 간다. 그 수수떡 한 개는 굶주린 아우에겐 식량의 전부요, 가족의 생계를 이을 수 있는 유일한 상품인데, 길에서 만난 노파가 애걸하는 바람에 그만 그 떡을 건네주고 만다. 이에 감동하여 노파는 재물을 얻는 푸른 구슬, 붉은 구슬 정보를 알려준 것이다. 〈놀부와 흥부〉에서는 흥부가 제비를 불쌍히 여겨 부러진 다리를 고쳐준 것이 계기가 되어 복을 받게 되었다.

다섯째, 형들이 망하는 계기이다. 욕심 많은 형들은 자신의 과다한 욕심으로 인하여 스스로 몰락한다. 대부분 형들은 이미 재산이 풍족함에도 불구하고, **동생에게 찾아온 행운을 질시하여 동생의 행동을 따라 했다가 망한다**(재산을 몽땅 잃거나, 신체와 생명에 심각한 해를 입는다). 형들의 징벌자로는 노승, 호랑이, 승냥이, 도깨비 등이 등장한다. 이들은 선한 인물에게는 구원자이자 조력자였다. 형들의 '동생 따라하기'가 실패로 끝난 것은 그들의 행위에는 **'진정성'이 결여**되어 있기 때문이다. 이 점에서 '흉내내기-실패'의 구조는 '행위의 진정성'을 강조하는 윤리 관념을 나타낸다.

여섯째, 두 가지 결말 방식이다. 전래동화 작품들에서 못된 형들은 재산을 다 잃고 몸에 큰 고통을 입은 후에야 자신의 잘못을 뉘우친다. 그리고 동생에게 빌어, 마지막엔 동생의 도움을 얻어 살게 된다. 이른바, 개과천선(改過遷善) 형 결말이다. 예컨대, 〈금방망이 은방망이〉의 결말에서 도깨비에게 맞은 형은 몸(다른 작품에서는 코나 성기)이 '뱀장어 사람'처럼 길게 늘어나 동생에게 평생 얻어먹다가 죽었다고 하였다. '뱀장어 사람'이라는 형상은 동화적 특성을 잘 보여준다. 도깨비 방망이에 맞아 죽은 것이 아니라, 뱀장어처럼 길고 가늘게 사람 형상이 변했다는 것은 어린이 독자들의 상상력에 기댄 결과이다. 어린이 독자들에게는 악인에 대한 벌이 목숨을 빼앗는 것이 아닌, 몸에 심각한 고통을 주는 것만으로도 충분하고 효과적이기 때문이다. 이 이야기의 관심은 다름아닌 못된 형에 주는 통렬한 고통과, 이를 통한 뉘우침에 있는 것이다.

하지만 대부분의 민담 작품과 〈놀부와 흥부〉(59), 〈검은 옥과 붉은 옥〉(3)에서는 못된 형들이 자신의 과욕과 악행을 뉘우칠 기회를 갖지 못한 채 급속히 죽음의 지경에 이른다. 그 죽음의 방식은 방망이에 맞아 죽거나, 똥물에 빠져 죽는 등 매우 고통스러운 것이었다. 이는 악인에 대한 현실적 응징을 표현한 것이다. 이 점에서 같은 옛이야기라도 전래동화와 민담 간에 적지 않은 차이가 존재함을 알 수 있다.

2. 형제 협력담과 '우애'의 형상화

형제 협력담에 속하는 이야기로는 〈특재 있는 8형제〉(19), 〈특재 있는 6형제〉(20), 〈특재 있는 3형제〉(21), 〈3형제〉(22,23), 〈똑같은 재주〉(9), 〈쌍동형제 무용담〉(30), 〈물 속의 구슬〉(8), 〈두 개의 구슬〉(10), 〈맷돌 조롱박 장구〉(58), 〈칠형제의 선행〉(17) 등 15편이 있는데, 이 작품들은 성격상 민담형 작품과 전래동화형 작품으로 대별된다.

민담형 작품에서 가장 대표적인 작품은 임석재의 『한국구전설화』에 수록되어 있는, '특재 있는 형제' 이야기(19~23)이다. 이 이야기들은 다음과 같은 점에서 공통적이다. 어느 가난한 집에 형제들이(3명, 또는 6명, 8명) 있었다. 주요 사건은 남의 신부 가로채기, 부자집(왕, 사또)의 창고에서 금은보화 지고 오기, 감옥에 갇힌 형제들이 자신들의 재주를 이용해 사형 면하기 등이다. 재산을 잃은 왕, 사또, 부자 등은 형제 중 한 명을 옥에 가두고, 형제들은 각자의 재주를 발휘하고 협력하여 매번 감옥을 벗어나고 처형을 피한다. 결국 왕, 사또, 부자 등은 이들을 더 이상 괴롭히지 않고, 형제들은 행복하게 잘 살았다는 이야기이다.

〈역사 전강동과 그 누이〉는 역사(力士) 전강동과 그 누이가 경합하면서도 서로 협력하여 성공을 거두는 이야기이다. 전강동이 자신의 힘을 과신하여 다른 역사들과의 팔씨름에서 이기고 자만하자, 그 누이가 남자옷으로 변복하고 나서 동생을 꺾은 후 자숙하라고 한다.

이들 이야기는 형제들의 재주와 협력을 강조하는 신이담(神異譚)의 성격을 드러낸다. 이러한 민담형 작품들은 형제들의 행위나 지향점에 선악 관념이 작용하지 않는다는 점이 특징이다. 〈특재 있는 8형제〉에서 맏형은 장가가는 것이 소원인데, 다른 집에 시집가는 남의 신부를 가로챔으로써 자신의 목적을 이룬다. 그런데 납치 당한 신부의 입장에 대해선 아무도 관심을 나타내지 않는다. 그리고 다른 형제들은 금은보화를 얻는 것이 목적인데, 그들은 조금의 망설임도 없이 왕의 창고나 사또, 부자의 창고를 터는 방식으로 그 목적을 이룬다. 작품에는 왕·사또·부자가 악한으로 설정된 것도 아닌데, 형제들은 그들의 창고를 터는 것에 대해 아무런 도덕적 갈등이나 책임을 느끼지 않는다. 그리고 창고를 턴 죄로 형제 중 한 명이 감옥에 갇히고 사형에 처해지는데, 형제들은 범법에 대한 죄책감도 느끼지 않고 각자의 재주를 이용하여 번갈아가며 감옥 자물쇠를 열고, 형제 중 다른 사람을 바꿔치는 형식으로 살아남는다. 이처럼 선악 관념이 작동하지 않는 것은 이들 이야기가 '윤리'보다 '신성성'을 강조하는 신화의 잔존 형태이기 때문이다.

또 형제들의 이름이 독특하다는 점도 특징이다. 가령, 특재 있는 8형제의 이름은, 첫째가 '만리보기천리보기', 둘째가 '진둥만둥', 그리고 그 밑으로 '자른둥만둥', '여니딸깍', '줄었다늘었다', '기프니야트니', '더우니차니', '울리티기내리티기'와 같다. 특재 있는 6형제의 이름은 '먼말듣기', '빼엄도리', '무거우니가부니', '기푸니야트니', '자부니열새', '더우니차니', 특재 있는 3형제의 이름은 '먼말듣기', '야드기', '따깍열쇠'와 같다. 이 이름들은 모두 각자의 재능과 연관된 것인데, 형제들은 형제가 감옥에 갇혔을 때 모두 자신의 이름대로 재주를 발휘하여 목숨을 구하였다. 민담의 주인공들은 대부분 이름이 없는데, 위와 같이 특출한 사람에게는 재능과 이름을 연결시켜서 이야기의 흥미를 돋우었다.

전래동화형 작품들은 비교적 명확한 윤리 관념을 보여준다는 점이 특징이다. 전래동화로 재화되거나 이와 유사한 성격을 지닌 〈물속의 구슬〉, 〈두 개의 구슬〉, 〈맷돌, 조롱박, 장구〉, 〈삼형제〉(18), 〈똑같은 재주〉와 같은 작품들에서 이러한 양상을 확인할 수 있다. 심의린의 동화 〈똑같은 재주〉(9)에서 주인공인 가난한 4형제는 아버지가 돌아가신 뒤 집을 떠나 재주를 배워 몇 년 뒤 모이기로 한다. 그들이 다시 만나게 되었을 때, 마침 도적에게 공주가 잡혀가자 각기 배운 재주로 잡혀간 공주를 구하여 임금으로부터 큰 상을 받았다. 작가는 작품 끝에 "항상 더도 말고 덜도 않고 앞도 뒤도 없이 화목하게 서로 도와 잘 살았다 합니다."라고 덧붙여 '형제 화목'을 강조하였다.

손진태의 〈삼형제〉(18)도 이와 내용이 유사한데, 가난한 삼형제가 집을 떠나 재주를 익혀 10년 후 만나기로 하였는데, 셋이 합력하여 공을 세워 상을 받는다는 이야기이다. 〈물속의 구슬〉, 〈두 개의 구슬〉은 『고려사』에 실린 〈兄弟投金〉과 유사한 성격의 작품으로, 재물보다는 형제 간 우애를 강조하는 미담이다. 〈칠형제의 선행〉(17)은 이른바 '효·불효교 이야기'로서 추운 겨울밤, 밤마다 강 건너 영감을 만나러 가는 어머니를 위해 맏형이 주도하여 7형제가 돌다리를 놓아준다는 이야기로서, 이렇게 어머니를 도왔던 7형제가 북두칠성이 되었다는,

형제들의 효심과 일심(一心)을 높이는 이야기다.

이상의 전래동화형 작품들은 대체로 다음과 같은 공통적인 성격 및 구성방식을 보여주고 있다. 그것은,

첫째, 형제가 모두 처음부터 똑같이 가난했다는 점이다. 이들은 모두 부모로부터 물려받은 재산도 없었고, 특별한 재주도 없었다. 하지만 그들은 특별히 그것 때문에 삶을 비관하지 않았다.

둘째, 형제가 모두 선한 품성을 갖고 있었다는 점이다. 그들은 착한 마음과 행실, 그리고 우애심을 갖고 있었다. 이것은 그들이 복을 받은 바탕이 되었다. 심의린의 〈두 개의 구슬〉(10)은 우애 좋은 형제의 모습을 잘 그린 작품이다. 한 형제가 어릴 적 부모가 돌아가시고 의탁할 곳도 없었지만 이들은 서로 사이가 좋았다. "형은 아우를 사랑하고 아우는 더 먹이려 하"였고, 이뿐 아니라 그들은 정직하고 성근(誠勤)하였다. 어느 날 보물이 쏟아져 나오는 구슬을 얻어 우애가 상할 것 같자 다시 원 자리에 갖다 놓았다가 하나 더 얻고 돌아왔다는 이야기는 우애가 좋으면 하늘이 상을 준다는 교훈성을 드러낸다.

셋째, 삶에 대한 태도 및 형제 간에 서로를 대하는 태도가 공통적이다. 그들이 뒤에 부자가 되는 결정적 비결은 '감사하는 마음'과 '협력'이다. 그들은 하찮은 유산을 소중히 여겨 복을 받는다. 또는 고향을 떠나 멀리 타향으로 가 재주를 배워와, 그 재주로 서로 협력하여 공을 세워 큰 상을 얻고 서로 사이좋게 지낸다. 예를 들어, 박영만의 〈맷돌, 조롱박, 장구〉(58)는 삼형제가 유산으로 물려받은 초라한 물건으로 성공하여 만난다는 이야기이다. 위 물건들은 유산이라고 하기에는 너무나 하찮은 물건들로, 주술적 능력을 발휘하는 도구도 아니다. 그럼에도 불구하고 그들은 아버지로부터 물려받은 물건이라는 이유만으로 그것을 소중히 여겼다. 그리고 위기의 순간에서 서로 협력하고 유산을

활용하여 부자가 될 수 있었다.

3. 바보 형제담과 '고통'의 공유

바보 형제담은 바보인 형과 정상인 동생 간의 갈등을 중심으로 하는 이야기이다. 이강엽은 175편 바보 민담을 바보 행운담, 바보 우행담, 바보 사위담, 바보 양반담, 바보 음담 등 다섯 가지로 유형 분류하였는데, 이 분류에서 바보 형제담은 바보 우행담(愚行譚)으로 분류하였다.[18] 이 유형은 12편이 전하고 있다. 〈바보 형〉(24,25,27~29,43,46,49), 〈미련한 형〉(56) 등은 바보인 형으로 인하여 겪는 고통을 서사화한 작품들로, 모두 같은 구조의 작품들이다. 〈쿨떡이 이야기〉(61)와 〈현형우제〉(26)는 정상인이 형, 바보가 동생으로 바뀌었을 뿐, 구성과 성격은 다른 이야기들과 다를 바 없다. 위 이야기들에서 바보 형은 사리분별을 제대로 하지 못하며 재산을 잃고 어머니를 해치는 등 극도로 위험한 사태를 촉발하였다. 어리석은 자가 욕심 많고 악하기까지 한 드문 사례를 보여준 이야기이다. 〈어떤 삼형제〉(50)는 세 명 다 바보인 경우다. 12편의 이야기 가운데, 〈쿨떡이 이야기〉를 제외한 11편은 모두 임석재의 『한국구전설화』에 전하는 민담으로, 내용은 거의 유사하다.

바보 형제담의 공통된 성격 및 구조에 대해 말하자면,

첫째, 바보로 그려진 인물은 거의 모두 형이다. 그리고 그 형의 형상은 지적 장애자에 가깝고, 동생은 정상인이다. 예외적으로 〈쿨떡이 이야기〉, 〈현형우제〉에서는 동생이 바보이다.

---

18) 이강엽, 『바보설화의 웃음과 의미 탐색』, 박이정, 2011, 67쪽. 이강엽은 〈미련한 동생〉을 예를 들어, 실제로는 바보이면서 바보가 아닌 듯이 행동해서 웃음을 자아내는 부류의 우행담(愚行譚)이라고 하였는데, 미련한 동생이 바보짓으로 어미를 죽게 만든다는 이야기를 '웃음을 자아내는' 유형으로 볼 수 있을지는 의문이다.

둘째, 한 가정이 바보 형으로 인해 심각한 피해를 입는다. 형제의 생업은 사냥이다. 그런데 바보 형은 동생을 돕는다는 마음으로 동생이 설치한 덫을 둘러보다가, 덫에 걸린 꿩을 이웃집 닭으로 알고 풀어주었다. 그 다음날엔 노루를 옆집 송아지로 여기고 풀어주었다. 뒤에 동생에게 질책을 당한 형은 덫에 걸린 것이 있으면 무엇이든 끌고 오라는 동생의 말에, 잘못하여 덫에 걸린 어머니를 사슴이니 노루로 여기고, 무작정 끌고오는 바람에 어머니가 죽고 만다. 바보를 묘사하는 화자(또는 작가)의 초점은 희화화가 아니다. 핵심은 가족 구성원들에게 심각한 고통을 준다는 점이다. 그는 사물을 분별하고, 일을 제대로 수행할 능력이 없다.

셋째, 바보 형에 대한 다른 인물들의 태도 문제이다. 바보 형에 대해 동생은 당연히 우호적이지 않다. 하지만 대부분의 민담 작품에서 정상인 형제는 바보 형을 그저 지켜볼 뿐이지 화를 내거나 징계하지 않는다. 심지어 바보 형이 어머니를 죽였을 때에도 그들의 감정 변화는 작품 속에 전혀 나타나지 않는다. 그런데 전래동화 〈쿨떡이 이야기〉에서는 바보에 대한 분노와 징계가 나타난다. 물론 작중 주인공인 정상인 형은 분노하지 않지만, 설화 제보자나 동화 작가에 의해 바보 쿨떡이는 징계를 받는다. 형의 신기한 개를 탐내 빌려온 쿨떡이는 나중에 개를 죽인 뒤 똥벼락을 맞아 죽는다. 민담 작품에는 없는 사건이 부가되어 있는 것이다. 이는 어리석을 뿐 아니라 탐욕스럽기도 한 바보 동생에 대해 제보자 또는 동화 작가의 분노와 징계의식이 직접적으로 나타난 경우이다.

바보 형제담의 쟁점은 바보 형제의 어이없는 행동에 대한 이해이다. 작품에는 바보 형(동생)이 어이없는 행위를 반복하고 있음을 보여준다. 바보 형은 무지함으로 인해 덫에 걸린 동물들을 놓아 주었고, 어머니를 죽게 만들었다. 그리고 어머니 제사를 지내는데 양식이 없자 부잣집을 털기로 하는데, 이번엔 바보 형이 떠드는 바람에 주인에게 들킨다. 주인은 동생의 설명을 듣고 그들의 사정을 불쌍히 여겨 쌀을 준다. 이 쌀로 죽을 끓이는데, 이번엔 바보 형이 죽이 끓으며 자기 이름을 부르며 놀린다며 죽솥을 엎어버리거나, 손님들 머리 위에 죽을 쏟아붓는다. 또 형제는 어머니를 장사지내기 위해 산으로 시신을 끌고 올라가지만, 바보 형은 갈대밭에 놓아둔 어머니의 시신이 어디 있는지를 몰라 갈대밭을 태워버린다. 이로 인해 어머니의 시신이 불에 타버리는데, 바보는 어머니의 해골을 보고도 어머니가 이를 드러내고 웃는다며 좋아한다. 이것을 본 동생은 망연자실할 뿐이다. 이러한 이야기는 해석에 난맥을 준다. 바보 형의 어리석음이 초래한 어머니의 죽음 및 시신 훼손 사건을 어떻게 해석할 것인가?

신연우는 이러한 바보 형제담을 천지 재창조에 관한 신화의 잔상으로 해석하였다. 그는 먼 옛날 천신(天神)과 대지신(大地神)의 결합을 그린 신화가, 조금 후대에 새로운 입사자(入社者) 형제가 대지신인 어머니를 없애고 부자(富者)라는 새로운 대지 신격과의 결합으로 새로운 세계를 만들어내는 신화적 이야기가 되었고, 이것이 다시 민담의 형식으로 약화되었다고 보았다.[19] 이는 옛이야기의 신화비평으로, 신화에 등장하는 아버지, 어머니의 기능과 의미, 입사의식, 신화적 부모 살해, 천지 재창조 신화 등의 요소를 가지고 바보 형제담을 검토한 것이다. 이러한 시각에서 바보 형의 어머니 살해는 고대 왕국에서의 왕권 교체와 비교될 수 있으며, 또 아들이 새로운 대지신이 도래할 수 있도록 과거의 대지신을 물러나게 한 것이라고 하였다.

---

19) 신연우, 「바보 형제 이야기의 신화적 해명」, 『고전문학연구』 12집, 한국고전문학회, 1997, 348쪽.

한편 차배 옥덕은 바보 형제담을 원시 모계 사회에서 모친 살해와 여권 배제의 메시지가 담긴 신화의 잔상으로 보았다. 이 설화는 가부장제가 심화되는 과정에서 바보로 설정된 아들에 의해서 어머니를 살해했기에 윤리적인 논란을 피할 수 있었지만, 하지만 실질적으로 모권(여권)을 배제하고 남성 중심적 사회로 옮아가는 양상을 잘 보여주는 작품이라는 것이다.[20)]

이러한 해석들은 바보 형제담을 신화적 맥락에서 그 원형적 구조 및 의미를 추출했다는 점에서 의미 있고 흥미롭다. 하지만 이러한 해석은 한편으로 생각하면 1900년대 전반의 상황에서도 이 황당한 이야기가 여전히 전승되고 있는 사회적·문학적 요인을 설명하는 데 별다른 도움이 되지 못한다. 따라서 작품의 현재적 의미는 원형적 구조 및 의미가 아니라, 작품이 전승될 수 있었던 사회적 맥락 및 '오늘날의 가족 관계'라는 맥락에서 해석되어야 할 것이다. 그런 점에서 태초의 신화적 상황이 인간 상황으로 비유된 후, 언젠가부터 문자적으로 받아들여지며 '비극'과 '패륜'으로 인식되게 되었다[21)]는 신연우의 사족 같은 서술이 오히려 눈에 들어온다.

이에 대해 김복순은 바보 자식에 의해 어머니가 죽임을 당하는 바보 형제담에는 장자에게만 모든 재산이나 권리를 상속하는 부모에 대한 원망의 심리가 투영되었다고 하였다. 이는 형제간 갈등의 빌미를 제공한 사람은 바로 공정하지 못하게 재산을 상속한 부모라는 민담 향유층의 의식이 반영된 결과라는 것이다.[22)]

20) 차배 옥덕, 「'바보형제의 모(母)살해' 이야기 연구」, 『애산학보』 28집, 애산학회, 2003, 112-127쪽.

21) 신연우, 앞의 책, 339쪽.

22) 김복순, 『바보 이야기와 웃음』, 한국학술정보, 2009, 241쪽.

한편 특수교육 분야의 연구에 의하면, 장애자를 형제로 둔 사람들은 살면서 우울증을 겪은 적이 있다고 한다. 우울증은 분노가 표출되지 않거나 다른 감정들이 억눌려 있을 때 종종 나타난다. 우울증의 정의 중 하나가 '내면으로 향하는 분노'인 것을 보면, 장애인 형제들이 우울증과 낮은 자존감을 경험하는 것은 놀랄 일이 아니다.[23] 또 그들은 자신이 장애가 있는 형제자매에게 느끼는 감정을 이야기하면 안된다고 생각한다. 분노, 당황스러움, 두려움, 죄책감 같은 감정들은 표현하지 않으면 점점 쌓이게 되고, 불안과 수치심, 낮은 자존감, 우울증을 일으킬 수도 있다고 한다.[24]

바보 형제담의 바보 형은 지적 장애자이다. 신화적 맥락을 지닌 바보 형제담은 오늘날의 가족관계라는 맥락에서 해석할 때, 선악 관념이 부재할 뿐 아니라 지적 장애를 겪는 형제 및 그 동거 가족이 겪는 극심한 고통을 서사화하는 행위 자체에서 의미가 발견된다. 장애인 복지 내지 치료 개념이 부재한 전통 사회에서 지적 장애자의 형제 및 동거 가족의 고통은 이루 말할 수 없을 정도로 컸을 것이다. 사냥이라는 생업을 망쳐놓고, 심지어 자신의 모친을 살해하고도 그 행위의 심각성을 전혀 깨닫지 못하는 바보 형의 모습은 정상인 동생에게 이루 말할 수 없는 고통을 주었을 것이다. 형제의 장애와 그 고통에 대해 누군가와 소통하기 힘든 상황에서, 바보 형제담의 서사화와 유통은 지적 장애인의 형제, 가족들이 겪는 우울증·분노·정신적 고통을 털어놓고 아픔을 공유하는 행위가 될 수 있었고, 그 자체로 '치유'의 기능을 발휘할 수 있었다. 바로 이러한 '소통'과 '치유'라는 점에서 바보 형제담의 의미를 적극적으로 해석할 수 있다.

---

23) 케이트 스트롬 저, 전혜인·정평강 역, 『장애아의 형제자매』, 한울림스페셜, 2002, 86쪽.
24) 위의 책, 77쪽.

Ⅳ. 형제의 공존 방식: 형제우애와 욕심 다스리기, 소통

가족 관계를 그린 한국의 옛이야기 중에서 가장 큰 비중을 차지하는 것은 효행담과 형제담이다. 구비전승에서 효행담은 대체로 유교적 윤리의 영향을 매우 강하게 받아 이념적 지향을 나타낸다.[25] 이에 비해 형제담은 그 양상이 비교적 다양하고, 유교적 윤리에 침륜되지 않아 형제 관계의 갈등과 실상을 좀 더 깊이 있게 파악할 수 있다.

부모자녀 관계가 수직적 관계라면, 형제 관계는 비교적 수평적 관계라고 할 수 있다. 하지만 형제는 동시에 부모의 사랑과 관심, 그리고 재산이나 권리, 지위와 같은 가정의 한정된 자원을 공유하는, 그래서 종종 경쟁도 해야 하는 상대다.

옛이야기는 작품의 소재와 교훈적 의미가 옛 어른뿐 아니라, 오늘날의 성인, 어린이들에게도 적절한 흥미와 교훈을 준다. 우리는 옛이야기 형제담에서 학문적으로, 윤리적으로 엄격히 규정된 것은 아니지만, 단순하지만 비교적 명확한 형태의 형제 관계의 윤리의식을 고찰할 수 있다. 특히 형제 협력담과 형제 불화담에서는 좀 더 분명한 선악관을 발견할 수 있었다. 그것은 다음과 같다.

먼저, 형제 협력담에서 형제들은 품성 면에서 두드러진 특징이 있으니 착하고, 효성스러우며, 성실하며, 공손하며, 형제 간에 서로 아우를 보살피고 형을 섬기는 태도를 보여준다. 그리고 돈과 재산 문제에 초연한 태도를 보인다. 돈을 싫어하는 사람이 어디 있겠는가만은, 이

---

25) 모친의 병을 고치기 위해 자신의 자식을 삶아 먹인다는 효자의 이야기를 그린 〈동자삼(童子蔘)〉이 대표적인 경우이다. 이에 대해서는 신동흔의 「구비설화에 담긴 효 관념의 층위 연구」(김현룡 외, 『한국문학과 윤리의식』, 박이정, 2000), 324-330쪽을 참조할 것.

들은 삶에 대한 감사와 우애를 우선시한다. 〈두 개의 구슬〉 이야기에서처럼 그들은 돈과 보물을 낳는 구슬을 발견하였음에도 불구하고, 형제의 우애를 해친다는 이유로 구슬을 갖다버린다. 이 점에서 그들은 '욕심 다스리기'에 성공한 사람들이다. 또한 우애 좋은 형제들은 서로 협력함으로써 복을 받고 상을 얻게 된다. 이것이 옛이야기 속에 그려진 '우애'의 실질적 양상이다. 선인들은 이러한 우애 있는 형제들에게는 좋은 상이 있음을 여러 이야기를 통해 보여주었다.

반면 형제 불화담에서 '형'들은 품성 면에서 '욕심 다스리기'에 실패한 사람들이다. 그들은 장자라는 권위를 갖고 태어났는데, 그들은 그 권위를 이용하여 부모의 유산을 독점하고 동생을 빈털터리로 쫓아내었다. 형의 탐욕은 형제 불화의 가장 큰 원인이었다. 이처럼 우리 옛이야기 속에서 '재산'은 형제간 불화의 가장 직접적인 원인이 되며, 재물에 대한 탐욕은 곧 우애를 모르는 것과 동일시된다.

장자는 조선 후기의 가족제도에서는 대단한 위치였고 그에 따르는 많은 권리를 누릴 수 있었다. 그들은 또 선조의 봉제사(奉祭祀)를 비롯한 재산 상속에서 상당한 권한을 가졌다.[26] 왕조의 왕위도 장자 위주로 세습되었던 점을 생각한다면, 확실히 장자의 권한은 대단한 것이었다. 옛이야기들에서 놀부를 비롯한 대부분의 형들은 장자의 권한을 이용하여 부모의 유산을 독차지하고 아우들에게는 한푼도 주지 않았다. 그러나 조선 중기까지만 해도 가산의 전계(傳繼)는 분할 상속주의를 원칙으로 하였다.[27] 호주 상속 또는 제사 상속을 한 사람일지라도 가산의 독점 상속이라는 것은 없었다. 공동 상속제를 취하여 마땅히 아우들에게도 재산을 나누어 주어야 했다.

26) 김두헌, 『한국가족제도연구』, 서울대출판부, 1985, 239쪽.
27) 최재석, 『한국의 가족과 사회』, 경인문화사, 2009.

이러한 분할 상속주의가 장자 위주의 상속으로 바뀐 시점이 바로 18세기 무렵이다. 이를 통해 볼 때, 장자가 유산을 독점하는 형제 불화담은 태고적(太古的) 이야기가 아니라, 현재로부터 그리 멀지 않은 조선 후기의 상황을 배경으로 한 이야기임을 알 수 있다. 위 작품들에서 형들은 부모에게서 받은 재산을 모두 독점하는 탐욕스러운 인물로 묘사된다. 작품의 후반부에 가면 모든 재산을 잃은 형들은 그제서야 개과천선(改過遷善)하게 되고, 비로소 잃었던 우애를 회복하게 된다. 특이한 점은 형제 우애담은 거의 대부분 남자 형제들만의 이야기로만 구성되어 있다는 점이다. 여자 형제 또는 오누이 간의 이야기는 찾아보기가 쉽지 않다.[28)]

이야기를 좀 확대하면, 흥부로 대표되는 아우들은 가난하고 힘없는 백성을 대표한다. 이들의 가난은 형들의 탐욕에 기인한다. 놀부로 대표되는 형들은 사회의 권력층, 기득권층을 상징한다. 옛이야기는 일반적으로 구체적인 사회 문제 및 갈등을 분명하게 드러내지 않는다. 형제담 역시 가난과 재산 문제가 형제 간 문제로 단순화되어 있다. 하지만 사람들은 그 속에서 형제관계 윤리뿐 아니라, 사회의 빈부 갈등까지 읽어낸다. 그리하여 흥부, 또는 숱한 힘없는 아우들의 가난은 많은 설화 향유층에게 공감이 되었고, 그들의 물질적 성공은 또한 향유층 공동의 기쁨이 되었다. 놀부 또는 욕심 많은 형들의 재산 독점은 많은 사람들의 분노를 사게 되었고, 그들의 몰락은 마땅한 것으로 치부된다. 형들은 몰락하고 나서야 자신들의 잘못을 뉘우치고 동생에게

28) 오누이 간 이야기는 대개 〈달래나 보지〉 형 이야기처럼, 근친상간 형 모티브를 지닌 금기로 대개 나타난다. 여자 형제 이야기는 본고에서 살핀 〈동생에게 속은 형〉(32번 자료) 한 편만 찾을 수 있었다. 역시 가난과 재산을 두고 일어난 갈등을 그린 작품이다. 〈해와 달이 된 오누이〉 유형은 형제 관계가 주요 소재가 아니므로 형제담에 귀속되지 않는다.

와서 용서를 빌고, 동생들에게 평생 얻어먹고 산다. 형과 동생의 관계가 전복되는 것이다. 형제 불화담의 정서적 쾌감은 바로 이러한 '관계의 전복'에 의해 발생한다. 형제담이 옛이야기로 향유되는 기반 또한 여기에 있다. 결국 형제담의 주제는 '형제우애'와 '욕심 다스리기'다. 형제담은 가정 내에서 우애에 바탕한 올바른 형제 관계를 인식시키는 것을 주 목적으로 한다. 하지만 놀부로 대표되는 불량한 형들의 악행은 사회적 의미를 내포하면서 그들을 강하게 징치할 뿐 아니라, 불량한 사람을 개과시켜 선을 실현하는 사람으로 만드는 데 형제 불화담의 전승 목적이 있었다. 재산을 다 잃고, 뱀장어 사람같이 흠씬 몽둥이로 얻어맞은 형은 반죽음 상태가 되어서야 자신의 잘못을 깨닫고 동생에게 머리를 숙인다. 하지만 설화층의 일부는 악인의 악행을 미워하여 그들에게 천선(遷善)의 기회를 주지 않고 죽는 것으로 결말지어 형제간의 탐욕을 강하게 경계하기도 하였다.

한편 이와는 성격을 좀 달리하지만, 지적 장애자와 함께 사는 정상인 형제의 고통과 분노, 슬픔을 보여주는 바보 형제담은 고통의 공유를 통한 '소통'의 의미를 강조하는 작품군이다.

존재의 복잡함을 간단명료하게 보여주는 것이 옛이야기의 특징이다. 옛이야기는 어린이에게 가장 핵심적인 형태로 문제를 파악할 수 있게 해준다.[29] 우리는 형제담이라는 옛이야기 속에 '형제우애'가 모든 선행의 기본이 되어, 선행은 복을 부르고 악행은 화를 부른다는 의식구조를 갖고 있음을 알 수 있다.[30] 뿐만 아니라, 재산에 대한 욕심

---

29) 브루노 베텔하임 지음, 김옥순, 주옥 옮김, 『옛이야기의 매력1』, 시공주니어, 1998, 20-21쪽.

30) 신향숙, 「판소리 사설에 나타난 가정 윤리의식」, 김현룡 외, 『한국문학과 윤리의식』, 박이정, 2000, 441쪽.

이 가정 및 사회에서 악행의 근본원인이 되기에, 그것을 미워하고 경계하는 마음이 형제담을 산출하는 동인이 되었음을 알 수 있다.

Ⅴ. 맺음말

필자는 이 장에서 구비설화가 활자로 정착되기 시작한 1910년대부터 1940년대 전반에 이르는 시기의 설화집 및 전래동화집을 대상으로 형제담의 양상을 파악하고, 작품의 구조 및 의미, 형제관계에 대한 선인들의 실제 관념을 고찰하고자 하였다. 총 61편의 형제담은 형제 불화담 34편, 형제 협력담 15편, 바보 형제담 12편으로 분류되는데, 이상에서 고찰한 결과를 요약하면 다음과 같다.

형제 불화담의 대표적인 작품은 〈착한 아우와 악한 형〉, 〈금방망이 은방망이〉, 〈놀부와 흥부〉 등이다. 이 작품들에는 대체로 '동생 따라하다 망한 형'의 구조가 나타난다. 또한 이 유형에서 못되고 욕심 많은 쪽은 대부분 형이며, 형제 간의 불화는 유산 때문에 시작되며, 쫓겨난 주인공들은 어려운 상황에서도 효행·선행을 함으로써 재산을 얻게 된다. 욕심 많은 형들은 동생의 행운을 질시하여 동생의 행동을 따라했다가 망한다. 그들이 망한 이유는 행위의 진정성이 결여되었기 때문이다. 마지막으로 못된 형들은 재산을 다 잃고 몸에 큰 고통을 입거나 죽음에 이르게 된다.

형제 협력담에는 〈특재 있는 8형제〉와 같은 민담형 작품과, 〈맷돌, 조롱박, 장구〉와 같은 전래동화형 작품이 있다. 민담형 작품은 선악관념이 약하며, 형제들의 특출난 재주와 협력을 강조하는 신이담의 성격을 드러낸다. 이에 비해 전래동화형 작품들은 형제가 모두 가난하지만 선한 품성이 있으며 이것이 그들이 복을 받은 바탕이 되었다는 점을 공유한다. 그리고 형제들이 뒤에 부자가 되는 결정적 비결은 '감사하는 마음'과 '협력'이었다.

바보 형제담은 〈바보형〉, 〈쿨떡이 이야기〉 등이 대표적 작품이다. 이 유형 작품들에서 대체로 바보는 형이며 동생은 정상인이다. 바보 형으로 인해 정상인 동생은 심각한 피해를 입는다. 그런데 민담형 작품에서 정상인 동생은 바보 형을 그저 지켜볼 뿐, 분노나 슬픔의 감정을 나타내지는 않는다. 심지어 바보 형이 어머니를 죽였을 때에도 마찬가지이다. 그런데 전래동화 〈쿨떡이 이야기〉에서는 바보에 대한 분노와 징계가 나타난다. 바보 형제담의 바보 형은 지적 장애자이다. 형제의 장애와 그 고통에 대해 누군가와 소통하기 힘든 전근대 사회에서, 바보 형제담의 서사화와 유통은 장애인의 형제 및 가족들이 겪는 우울증·분노·정신적 고통을 털어놓고 아픔을 공유하는 행위가 될 수 있었고, 그 자체로 '치유'의 기능을 발휘할 수 있었다.

옛이야기 속에서 '재산'은 형제간 불화의 가장 직접적인 원인으로 그려지며, 재물에 대한 탐욕은 곧 우애를 모르는 것과 동일시되었다. 형제담의 주제적 의미는 '형제우애'와 '욕심 다스리기'에 있다. 우애 좋은 형제들은 서로 협력함으로써 복을 받고 상을 얻게 된다. 선인들은 이러한 우애 있는 형제들에게는 좋은 상이 있음을 여러 이야기를 통해 보여주었다. 한편 옛이야기에서 많은 '형'들은 품성 면에서 '욕심 다스리기'에 실패한 사람들이다. 그들은 장자라는 특권을 이용하여 부모의 유산을 독점하였다. 옛이야기 속에서 형의 탐욕은 형제 불화의 가장 큰 원인으로 인식되었으며, 탐욕을 부리는 형제는 반드시 징계를 받았다.

이상의 고찰을 통하여 우애의 권장과 탐욕에 대한 경계가 옛이야기 형제담을 산출하는 동인이 되었음을 알 수 있었다. 또한 옛이야기에서도 민담과 전래동화는 흥미성이나 윤리의식 면에서 성격을 달리한다는 점을 알 수 있었다. 형제담 각 유형의 심화 연구, 『한국구비문학대계』 및 해방 이후 자료집에 대한 대비 연구는 후속 작업으로 남긴다.

제10장
호랑이·토끼 서사의 양상과 문학교육

Ⅰ. 머리말

필자는 이 장에서 일제 강점기에 출간된 주요 설화집과 전래동화집에 수록된 호랑이 서사, 토끼 서사의 양상을 고찰하고, 이의 문학교육적인 측면을 살펴보고자 한다. 설화와 전래동화는 민족 구성원들이 낯익은 서사문학의 즐거움을 느끼면서, 인간의 내면세계를 인식하고 삶의 난관을 해결하는 데 가장 단순하고 직관적인 깨우침을 얻는다는 점에서 어떤 문학 장르보다 교육적으로 큰 효용성을 지니고 있다. 특히 전래동화는 고전서사문학, 그중에서도 대개 민담에서 적절한 작품을 선별하여 쉽게 고쳐쓰기한 것이기 때문에 민족문학의 형식과 정서를 손쉽게 학습할 수 있다는 점에서 청소년 독자들에게 교육적 효과가 크다.

한국의 설화와 전래동화에 가장 많이 나타나는 동물은 호랑이와 토끼다. 초등학교 국어 교재에 수록된 21편의 설화 작품들 중 7편이 동물 설화인데, 이들 작품에는 호랑이, 토끼를 비롯하여 꿩, 개구리 등이 주인공으로 등장한다. 조희웅의 '동물담 연구 자료 목록'에 의하면, 한국의 동물담에 가장 많이 등장하는 주인공은 호랑이와 토끼다. 총

133회 가운데 호랑이는 30회, 토끼는 28회를 차지하여 두 동물의 빈도수가 단연 높다.[1] 그중에서도 호랑이 이야기는 고조선의 〈단군신화〉, 『삼국유사』의 〈김현감호(金現感虎)〉 설화, 고려 왕건의 5대조인 호경(虎景)에 관한 신화에도 나타나듯이 연원이 깊다. 또한 일찍이 최남선이, "범이 많기로 조선만한 데가 없을 뿐만 아니라, 그 이야기 듣기 좋아한들 조선만한 데가 없으니 범 이야기만 모아서 『천일야화』나 『태평광기』, 『데카메론』 류의 책을 꾸밀 나라는 세계가 넓다 해도 오직 조선이 있을 뿐"[2]이라고 할 정도로 우리 선조들은 호랑이 이야기를 좋아하였다. 박혜숙 등이 구전과 문헌 속에 전승되고 있는 호랑이 이야기를 조사한 바에 의하면, 그 수가 963건에 달한다 하니 호랑이 이야기가 얼마나 많고 다양한지 알 수 있다.[3] 문헌 속에 최초로 발견되는 토끼 이야기는 『삼국사기』 〈김유신전〉에 등장하는 '구토지설(龜兎之說)'이다. 우리 문학사에서 가장 유명한 토끼 이야기는 이 구토지설을 근원설화로 한 조선 후기 판소리계 소설 〈토끼전〉일 것이다. 토끼 이야기는 호랑이 이야기보다는 편수가 적지만, 일찍부터 꾀 많고 재치 있는 동물로 명확히 성격화되었다는 점이 특징이다.

청소년들에게 동물 설화는 더 높은 인격으로 나아가기 위한 발달 모델이 된다는 점에서 교육적 가치가 크다. 동물 설화는 아동의 내적 갈등을 자극 및 조장하며, 이를 통해 다음 단계의 발달을 성취하도록 해주기 때문이다.[4] 호랑이와 토끼는 한국을 대표하는 동물일 뿐만 아니

1) 조희웅, 『한국 설화의 유형적 연구』, 한국연구원, 1983, 49쪽.
2) 최남선, 「조선역사 及 民俗史上의 虎」, 『육당최남선전집』2, 현암사, 1973, 476쪽.
3) 박혜숙 · 허원기 · 김상엽, 『한국호랑이 디지털 콘텐츠개발 결과 보고서』, 건국대학교 동화와 번역 연구소, 2005, 35쪽.
4) 김기호, 「성숙의 매개자인 설화 내 동물 형상-호랑이를 중심으로-」, 『한국고전연구』 18집, 한국고전연구학회, 2008, 79쪽.

라, 문화 상징으로서의 의미도 있다. 따라서 새롭게 구비설화가 기록으로 정착되고, 동물의 문화적 상징성이 의식되기 시작하는 근대 초기를 주목할 필요가 있다.

고전문학교육에서 '문화원리'에 의거한 문학교육은 1990년대 이래 주목받고 있는 연구의 한 흐름이다. 이러한 문학교육관은 "당대 인간의 삶을 작품이 어떠한 언어형상으로 표현해내고 있는가"를 문학 본질의 차원에서 집중하고, "문학의 체험을 통해 삶과 문화에 대한 이해의 폭을 넓힌다."는 것이 핵심 개념이다.[5] 이러한 문학교육관에 근거한다면, 일제 강점기 호랑이·토끼 서사의 문화적 특질을 규명하고, 교육의 현장에서 어떻게 이를 활용할 것인지가 관건이 된다. 이 장에서는 다카하시 도루(高橋亨)의 『조선물어집(朝鮮物語集)』(1910), 조선총독부가 편찬한 『조선동화집』(1924), 심의린의 『조선동화대집』(1926), 박영만의 『조선전래동화집』(1940) 등 일제 강점기에 출간된 주요 설화집과 전래동화집에 수록된 작품들의 양상을 고찰하고, 이를 바탕으로 호랑이 서사, 토끼 서사를 활용한 문학교육의 방식을 논의하고자 한다.

---

5) 박경주는 1990년대 고전문학교육 연구 현황을 검토하면서 '문화원리'에 의거한 문학교육을 지향하는 흐름이 이 방면의 주축이 되는 방법론이라고 하였다. 그리고 앞으로의 연구 핵심과제를 문화원리의 정체를 규명하고 적용하는 것이라고 하였다. 또한 그는 언어활동은 일상적인 것만으로 이루어지지는 않으며 삶의 다양한 언어활동을 미의식을 동반하여 형상화시켰다는 의미에서 문학을 통한 국어교육의 중요성을 강조하였다. 그런 차원에서 앞으로의 문학교육이 언어교육과의 공통 영역을 찾기 위해 부심하기보다는 당대 인간의 삶을 작품이 어떠한 언어형상으로 표현해내고 있는가 하는 문학 본질의 차원에 더욱 집중함으로써 독자적으로 언어교육과의 협력 관계를 모색해야 한다고 하였다.(박경주, 「고전문학 교육의 연구 현황과 전망」, 청관고전문학회, 『고전문학과 교육』 1집, 태학사, 1999, 27-35쪽.)

II. 일제 강점기 설화 및 동화집 소재 - 호랑이 서사 · 토끼 서사의 양상

1. 자료집의 성격과 호랑이 · 토끼 서사의 수록 양상

네 권의 자료집은 모두 조선에서 발행되었지만, 『조선물어집』과 『조선동화집』은 일본인 관리 및 학자들이 일본어로 기록한 설화집·동화집이고, 『조선동화대집』과 『조선전래동화집』은 조선인이 한글로 지은 동화집이다. 위 네 편의 자료집에서 호랑이 서사, 토끼 서사 작품을 조사한 결과, 『조선물어집』 2편, 『조선동화집』 6편, 『조선동화대집』 19편, 『조선전래동화집』 8편, 총 35편의 작품이 수록되어 있음을 알 수 있었다. 이를 도표화하면 다음과 같다.

구분	호랑이 서사	토끼 서사	호랑이 · 토끼 공동 서사	계
『조선물어집』	〈사람과 호랑이의 다툼〉, 〈신호〉	×	×	2
『조선동화집』	〈검은 옥과 붉은 옥〉, 〈은혜를 모르는 호랑이〉, 〈천벌 받은 호랑이〉	〈심부름꾼 거북이〉	〈겁쟁이 호랑이〉, 〈교활한 토끼〉	6
『조선동화대집』	〈호랑이를 잡은 도적〉, 〈착한 아우〉, 〈악독한 범〉, 〈호랑이 모집〉9편, 〈꾀 있는 여우〉, 〈푸른 구슬과 붉은 구슬〉, 〈개와 범〉	〈별주부〉, 〈토끼의 지혜〉, 〈자리다툼〉	〈은혜 모르는 호랑이〉	19
『조선전래동화집』	〈해와 달이 된 이야기〉, 〈범과 효자〉, 〈곶감 이야기〉, 〈난장이의 범 사냥〉, 〈노루 꽁지 없어진 이야기〉, 〈범이 개 된 이야기〉, 〈십년간 지팡이를 두른 사람〉	〈토끼와 사슴이와 두꺼비〉	×	8
계	27	5	3	35

총 35편 중 호랑이 서사는 30편, 토끼 서사는 8편이며, 이중에서 호랑이와 토끼가 함께 등장하는 작품은 3편이다. 호랑이 서사와 토끼 서사 중에서 단연 호랑이 서사의 비중이 큼을 알 수 있다. 작품집 별로 양상을 분석하면 다음과 같다.

『조선물어집』에는 전체 28편 중, 호랑이 서사가 2편이며, 토끼 서사는 없다. 호랑이의 모습은 어리석은 호랑이, 사람을 해치는 사나운 호랑이이다.

『조선동화집』에는 전체 25편 중, 호랑이 서사 3편, 토끼 서사 1편이 수록되어 있으며, 이와 별도로 호랑이·토끼가 함께 등장하는 작품은 두 편이다. 호랑이 서사의 절대 편수는 많지 않지만, 어리석은 호랑이, 악인을 응징하는 호랑이, 악독한 호랑이, 마음씨 좋은 호랑이 등 비교적 다양한 양상으로 그려진다. 세 편의 작품에 그려진 토끼는 몹쓸 악한 및 분별력 있고 기지(機智)에 찬 토끼의 모습으로 대별된다.

『조선동화대집』은 전체 83편[6] 중, 호랑이 서사는 15편, 토끼 서사는 3편이며, 이와는 별도로 호랑이와 토끼가 함께 등장하는 작품이 한 편이다. 『조선동화대집』은 표지에도 호랑이 그림이 그려져 있고, 호랑이 서사가 전체의 19%나 차지할 만큼 수도 많고 비중이 크다. 그리고 토끼도 다른 어떤 작품집보다 가장 많이 등장하고 비중 있게 그려져 있다. 호랑이 서사에서는 어리석은 호랑이, 사람을 해치는 사나운 호랑이, 악인을 응징하는 호랑이, 악독한 호랑이 등으로 다양하게 그려졌다. 한편 토끼 서사에서는 기지(機智) 있는 토끼 상이 주요하다.

『조선전래동화집』은 전체 75편 중, 호랑이 서사 7편, 토끼 서사 1편으로, 토끼 서사의 비중이 약한 편이다. 호랑이 서사는 어리석은 호랑

6) 『조선동화대집』의 표제 작품은 66편인데, 바보 모집에 10편, 호랑이 모집에 9편의 독립된 작품이 각각 부속되어 있어, 이를 합산하여 83편으로 계산했다.

이 상, 사람을 해치는 사나운 호랑이, 악독한 호랑이 상 등이 그려졌고, 작품이 좀 더 장편화된 것이 특징이다. 토끼 서사는 경쟁담에서 나이 자랑하는 토끼의 이야기가 그려져 있다.

다음으로 작품의 빈도수를 살펴보면, 〈해와 달이 된 오누이〉, 〈은혜 모르는 호랑이〉, 〈호랑이와 곶감〉이 각각 3회씩, 〈푸른 구슬과 붉은 구슬〉, 〈토끼와 자라〉, 〈나이 자랑〉이 각각 2회씩 수록되었다. 나머지 1회의 빈도 작품이 모두 20편이다.7)

2. 호랑이 서사의 양상

이 항에서는 호랑이 서사를 유형화하고, 호랑이의 성격과 작품의 주제적 의미를 분석하고자 한다. 기존에 호랑이 설화에 대한 유형 분류

7) 표 참조.

작품표제\수록작품집	조선물어집	조선동화집	조선동화대집	조선전래동화집
해와 달이 된 오누이		○	○	○
은혜 모르는 호랑이	○	○	○	
호랑이와 곶감		○	○	○
푸른 구슬과 붉은 구슬		○	○	
토끼와 자라		○	○	
나이 자랑			○	○
신호	○			
교활한 토끼		○		
착한 아우			○	
호랑이 모집			○(9편)	
꾀 있는 여우			○	
개와 범			○	
범과 효자				○
난장이의 범 사냥				○
노루꽁지 없어진 이야기				○
범이 개 된 이야기				○
십년간 지팡이를 두른 사람				○
토끼의 지혜			○	

에 대해서는 라인정과 허원기의 선행 업적이 있다. 라인정은 설화 속 호랑이의 성격을 크게, 보은적 성격, 감효적 성격, 치우적 성격, 가해적 성격, 피해적 성격, 다섯 유형으로 분류하고, 감효형와 치우형을 다시 하위 분류하였다.[8] 허원기는 문헌설화와 구비설화 및 소설, 기타 산문 속에 나타난 호랑이를 대상으로, 신령스러운 호랑이, 어리석은 호랑이, 인정 많은 호랑이, 은혜 갚은 호랑이, 변신과 관련된 호랑이, 사나운 호랑이, 여섯 유형으로 분류하였다.[9] 두 분류안은 나름의 기준과 특장이 있는 것인데, 필자는 좀 더 폭넓은 자료를 대상으로 호랑이의 성격을 분명하게 명명한 허원기의 분류안을 취택하여 일제 강점기 호랑이 서사의 유형을 분류하기로 한다.

(1) 어리석은 호랑이

호랑이 형상 가운데 가장 큰 비중을 차지하는 것은 '어리석은 호랑이' 유형으로, 모두 20편의 작품이 이 유형에 해당된다. 〈은혜 모르는 호랑이〉는 각 편에서 〈사람과 호랑이의 다툼〉(『물어집』), 〈은혜를 모르는 호랑이〉(『동화집』), 〈은혜 모르는 호랑이〉(『대집』)의 제목으로 나타난다. 〈사람과 호랑이의 다툼〉은 함정에 빠진 호랑이가 자신을 구해준 사람을 잡아먹으려 하자 소나무, 소, 여우에게 재판을 구하였다가, 여우가 사람 편을 들어 구해준 이야기다. 〈은혜를 모르는 호랑이〉 역시 유사한 양상이나, 『대집』 수록본은 등장인물과 지명이 구체화되며, 재판하는 상대가 달라진다는 점에서 앞의 두 작품과 적지 않

8) 라인정, 「구비설화에 나타난 호랑이의 성격 고찰」, 『어문연구』 18집, 어문연구학회, 1988, 373-396쪽.
9) 허원기, 「한국 호랑이 이야기의 현황과 유형」, 『동화와 번역』 5집, 건국대 동화와 번역 연구소, 2003, 106-114쪽.

은 차이가 난다. 백두산 호랑이가 강원도 금강산 지역에서 덫에 빠졌다가 자신을 구해준 노승을 잡아먹으려고 칡넝쿨과 토끼에게 재판을 구하였다가 토끼에게 속아 다시 덫에 갇힌다는 내용이다. 하지만 세 편 모두 호랑이가 은혜를 원수로 갚으려 했으며, 여우(토끼)의 꾀에 넘어간 어리석은 호랑이 상으로 그려졌다는 점에서 공통적이다.

〈사람과 호랑이의 다툼〉(『물어집』)에는 토끼 대신에 여우가 등장하여 지혜롭고 인간에 우호적인 동물로 그려진다. 이 설화에 토끼 대신 여우가 등장하는 것은 그러한 텍스트가 우리나라에서 채록되었기 때문일 수도 있겠지만, 편집 과정에서 일본 설화의 요소가 개입되었을 가능성 또한 높다.[10] 미와 다마끼(三輪環)의 『傳說の朝鮮』(1919), 조선총독부의 『조선동화집』(1924), 나까무라 료헤(中村亮平)의 『朝鮮童話集』(1926)에 등장하는 동물들도 토끼가 아니라 여우다. 반면에 정인섭의 『溫突夜話』(1927)와 손진태의 『朝鮮民譚集』(1930)에서는 원숭이 또는 두꺼비가 지혜로운 동물로 등장한다. 1장에서도 논하였지만, 이렇듯 일본 학자들이 수집한 조선설화들에서 토끼 대신에 여우가 일관되게 등장하는 것은 『조선물어집』의 영향 때문이 아닐까 생각한다.

〈호랑이와 곶감〉은 각 편에서 〈겁쟁이 호랑이〉(『동화집』), 〈호랑이를 잡은 도적〉(『대집』), 〈곶감 이야기〉(『전래동화집』)의 제목으로 나타난다. 〈겁쟁이 호랑이〉는 배고픈 호랑이가 민가에 내려갔다가 곶감에 놀라고, 소도둑이 곶감인 줄 알고 정신없이 도망치는 이야기로, 중간에 토끼가 등장한다는 점이 특징적이다. 〈호랑이를 잡은 도적〉은 호랑이가 민가에 내려왔다가 '꽉쥐'(곽재우)에 놀라고, 소도둑을 태우

10) 일본에서는 토끼보다 여우가 훨씬 지혜로운 동물로 여겨지며, 일본 설화에서는 여우와 원숭이가 자주 등장하는 것이 특징이다.(高木敏雄, 『日本說話傳說の研究』, 日本:平凡社, 1974, 264-265쪽)

고 도망치다 불알을 맞아 죽는 점이 특징적이다. 〈곶감 이야기〉는 백수의 왕이라고 뽐내던 호랑이가 민가에 내려갔다가 어린아이가 자신보다 곶감을 더 무서워한다고 생각하고 곶감을 피해 도망치다가 소뿔에 눈알이 걸려 뽑혀 죽는 것으로 결말지어진다.[11] 이처럼 〈호랑이와 곶감〉 유형은 각 편의 변이가 심하나, 세 편 모두, 있지도 않은 강자에 지레 놀라 도망친 어리석은 호랑이로 희화화되었다는 점에서 공통적이다.

〈꾀 있는 여우〉(『대집』)는 굶주린 호랑이가 여우를 잡아먹으려다 여우의 꾀에 넘어가 도망치며, 〈개와 범〉(『대집』)은 호랑이가 개를 잡아먹으려다 오히려 개에게 속아 꼬리를 얼음 구멍에 넣었다가 사람에게 잡힌다는 이야기인데, 모두 어리석은 호랑이 상으로 그려진 경우다.

〈교활한 토끼〉(『동화집』)에 그려진 호랑이는 마음씨 좋고 정직하며 두부를 먹는 동물이다. 그런데 교활한 토끼에게 속아 얼음구멍에 꼬리를 넣었다가 꼼짝 못하고 토끼에 의해 불타 죽고 잡혀먹는다. 여러 화소가 결합된 이야기인데, 토끼에게 잡혀먹는다는 설정은 다른 설화 및 동화에서는 거의 찾아보기 힘든 경우라 주목을 요한다.

〈노루 꽁지 없어진 이야기〉는 호랑이를 매개로 노루 꽁지 없어진 유래담을 소개하였다. 소금장수가 말을 끌고 산골을 가다 호랑이를 만나자 꾀를 써서 물리치는데, 말방울을 호랑이 잡아먹는 '오르릉 새'라고 하면서 호랑이 꼬리에 단다. 말방울 소리가 나자 호랑이는 몹시 두려워하며 도망쳤는데, 노루가 이를 비웃었다. 호랑이는 노루꼬리를 물

11) 박영만은 작품의 결말을 매우 희극적으로 묘사하였다. "이렇게 지랄을 하여 무서운 곶감한테 잡혀 죽을까 봐 범이 뺑소니를 치다가, 그만 소뿔에 눈알이 걸려 죽고 말았더랍니다."(박영만 지음, 권혁래 옮김, 『화계 박영만의 조선전래동화집』, 한국국학진흥원, 2006, 235쪽.) 박영만은 이 작품을 평안남도 안주군 문전동에서 채록하였다고 하였다.

고 말방울 있는 곳까지 갔다가, 다시 도망치면서 노루 꼬리를 자르고 말았다. 이 작품에서도 호랑이는 사리분별을 제대로 하지 못하는 어리석은 호랑이로 희화화되었다.

〈난장이의 범 사냥〉은 아주 작은 난장이가 용감하게 범 사냥에 나서 수천 마리 범을 잡는다는 이야기이다. 왕범이 난장이를 삼켰는데, 난장이는 범의 뱃속에서 칼로 내장을 베어 먹었고, 왕범은 고통스러운 나머지 동료 범 수천 마리를 다 죽이는 일이 생겼다. 덕분에 난장이는 범 수천 마리를 잡게 되었다.

〈십년간 지팡이를 두른 사람〉은 산속을 가던 사람이 호랑이를 막으려고 오도 가도 못하고 십년간 지팡이를 휘두르고 있었다는 소담(笑譚)인데, 그렇다고 십년 동안 이도 저도 못하고 지키고만 있던 호랑이 역시 바보스런 상이다.

〈호랑이 모집〉 9편(『대집』)은 사람들에게 호랑이 설화를 모집하여 지은 단편 동화들인데, 당시 민간에 호랑이가 얼마나 많았는지, 그리고 그로 인해 사람들이 많은 피해를 입은 사정을 보여준다. 〈호랑이 모집〉(2),(3),(5),(6)은 사람들이 얼떨결에 호랑이를 포획하는 이야기이며, 〈호랑이 모집〉(4),(7),(8),(9)은 호랑이에게 잡혀 먹힐 뻔했던 사람들이 지혜를 써서 호랑이를 잡는다는 이야기로, 이 이야기들에서 호랑이는 어처구니없게 사람들에게 붙잡히는 어리석은 호랑이로 희화화되었다.

이처럼 30편의 호랑이 서사 가운데 2/3가 호랑이를 희화화한, 어리석은 호랑이 유형이라는 점은 일제 강점기 호랑이 서사의 가장 명확한 특징이다. 최남선은 조선을 호랑이 이야기의 나라라고 했는데, 일제 강점기에 출간된 주요 설화집 및 동화집에는 대개 어리석은 호랑이 유형이 주요함을 알 수 있다.

(2) 사나운 호랑이

모두 다섯 편의 작품이 '사나운 호랑이' 유형이다. 〈해와 달이 된 오누이〉 유형은 각 편에서 〈천벌 받은 호랑이〉(『동화집』), 〈악독한 범〉(『대집』), 〈해와 달이 된 이야기〉(『전래동화집』)의 제목으로 나타난다. 이 작품에서 호랑이는 맹수성이 살아 있는 사나운 호랑이 상으로 묘사된다. 호랑이는 가난한 집의 어머니를 잡아먹고 어머니의 옷으로 갈아입고 그 자식들까지 잡아먹으려 하지만, 하나님이 오누이를 구해줘 해와 달이 되고 호랑이는 천벌을 받아 죽는다. 세 작품 모두 큰 변이 없이 유사하며, 호랑이는 약자를 괴롭히는 악독한 호랑이, 또는 '반사회적 호랑이'[12]로 그려졌다.

사나운 호랑이 유형의 가장 대표적인 작품이라 할 수 있는 이 이야기에는 우리 민족의 생활과 감정, 특히 가난한 사람들의 사랑과 아픔, 소망이 잘 표현되어 있다. 자식에 대한 어머니의 사랑은 이 작품의 가장 감동적인 부분이다. 아침 일찍 남의 집으로 일 나가는 모습, 호랑이에게 죽어가면서도 아이들을 걱정하는 홀어머니의 모습은 가슴 찡한 우리들의 어머니 상이다. 품팔이 간 어머니가 호랑이에게 목숨을 빼앗기는 장면은 우리 민족과 민중들의 수난사를 상징한다. 권력과 폭력을 대변하는 호랑이에 맞서 나약하기 그지없는 어린 아이들이 위험에서 벗어나는 부분에서는 하늘의 도움이 강조된다. 이야기의 결말은 인간의 힘으로 어쩔 수 없는 극한 상황에 이르더라도 착한 사람은 복을 받고, 악한 사람은 벌을 받는다는 민중의 소박한 믿음과 소망을 담았다. 호랑이는 백성들을 못살게 굴고 재물을 빼앗는 못된 벼슬아치를 상징한다. 그래서 천벌을 받아 떨어져 죽는 호랑이의 모습은 사람들에

---

12) 김기호, 앞의 논문, 87쪽.

게 통쾌함을 안겨준다. 이러한 결말을 통해 〈해와 달이 된 오누이〉는 명확하게 권선징악의 주제의식을 환기시킨다.

〈신호(神虎)〉(『물어집』)는 고려 인종조 서경덕이 호랑이가 처녀를 잡아먹으려 하자 불경을 읽어 호랑이를 물리쳤다는 이야기다. 이 호랑이는 노승으로 변신도 하고 신이한 능력이 있지만 사람을 해치는 무서운 호랑이인데, 이인 서경덕에게 굴복하였다.

〈범이 개 된 이야기〉[13]는 포수인 아비를 범에게 잃은 소년이 원수를 갚기 위해 호랑이를 잡으러 나선다는 설정이 〈범과 효자〉와 유사하다. 이 작품의 조력자는 영감이다. 소년이 산에서 하룻밤 묵으려고 한 집을 찾아갔는데, 그 집에는 식구들이 다 호랑이에게 물려죽고 처녀만 혼자 남아 있었다. 그리고 범을 잡기 위해 궁리를 하고 있는데, 산신령이 호랑이가 독수리, 짚검불, 고양이로 변신하여 소년을 해치러 온다는 사실을 알려준다. 소년은 산신령의 말대로 변신한 호랑이를 차례로 활로 쏘아 죽이고 처녀를 구한다. 그러자 남은 2-30마리의 범들이 몰려와 잘못을 빌고, 이후로 개가 되어서 사람의 집을 지켰다고 하였다.

이 유형에서의 호랑이는 강한 힘이 있고 변신도 하는 신이한 능력으로 인간을 괴롭히지만, 인간을 돕는 초월자에 패배한다는 점에서 공통적이다.

---

13) 〈신호〉와 〈범이 개 된 이야기〉는 허원기의 분류에 따르면, '변신과 관련된 호랑이' 유형이다. 그런데 이 유형은 호랑이의 성격을 특정하게 보여주는 항목이 아니기 때문에 분류의 일관성에 위배된다. 이러한 이유로 본고에서는 '변신과 관련된 호랑이' 유형을 따로 설정하지 않고, 호랑이의 성격에 따라 '사나운 호랑이' 유형에 귀속하였다.

(3) 신령한 호랑이

〈푸른 구슬과 붉은 구슬〉은 두 편이 전하는데, 제목이 다소 변이가 있다. 〈검은 옥과 붉은 옥〉(『동화집』)은 착한 동생이 노파를 도와주었다가 검은 옥을 얻어 부자가 되지만, 욕심 많은 형은 붉은 옥까지 탐내다가 딸과 함께 호랑이에게 물려죽는다. 〈푸른 구슬과 붉은 구슬〉(『대집』)도 이와 유사한 내용인데, 구슬의 색이 다르고, 형 혼자만 죽는다는 점에서 다소 차이가 있다. 두 작품 모두 호랑이는 짧게 등장하지만, 공통적으로 호랑이는 산신령의 사자로 욕심 많은 사람을 응징하는 역할을 한다. 〈착한 아우〉(『대집』)에서 호랑이는 착한 동생에게 신비한 샘과 보물 나오는 곳을 가르쳐주지만, 욕심 많은 형은 잡아먹는다. 이렇듯 〈푸른 구슬과 붉은 구슬〉, 〈착한 아우〉에서 호랑이는 악인을 응징하는 신령한 호랑이로 그려진다.

(4) 인정 많은 호랑이

호랑이 서사 중 〈범과 효자〉, 〈범이 개 된 이야기〉는 『조선전래동화집』에 와서 처음 발견되는 유형으로, 효자가 조력자의 도움을 받아 아버지를 해친 호랑이를 활로 쏘아 죽인다는 플롯을 공통적으로 가지고 있다. 〈범과 효자〉에는 사람을 해치는 사나운 호랑이와 효자를 도운 인정 많은 호랑이, 두 유형이 그려진다. 어느 포수의 아들이 호환(虎患) 당한 아버지 원수를 갚으려고 범을 사냥하러 나섰다. 효자는 도중에 선한 범을 만나 도움의 받아 백호를 쏘아 죽였다. 효자는 범과 의형제를 맺었는데, 범은 산에 집을 지어 효자와 그 어머니를 모시고 살며, 여인을 물어와 효자와 결혼시키고, 나중엔 자기가 서울 장안에 호환을 일으킨다며 그때 자신을 쏘아 공을 세우라고 부탁한다. 효자는 범을 잡아 임금에게 바치고 상을 받고 뒤에 큰 장군이 되었다. 범은 목숨을 걸고 아버지의 원수를 갚으려고 나선 포수의 아들에 감동받아 효자를 돕고 보호한 유형이다. 이러한 호랑이의 모습에서 유교 윤리의 수호자와 같은 구실을 하고 있는 호랑이를 발견한다. 자연적 대상이지만 사회윤리가 투사되어 문명화된 호랑이의 모습이 잘 나타난다.[14]

〈호랑이 모집〉(1)은 시골 여자가 새끼 호랑이를 귀여워하다가 어미 호랑이를 보고 놀라 도망가자, 그녀가 놀라 두고 간 나물 바구니를 집까지 가져다 준 인정 있는 호랑이 상이 그려져 있다.

3. 토끼 서사의 양상

토끼 서사에서 토끼는 다소간의 차이는 있지만, '교활자(trickster)'로서의 성격이 공통적이다. 작품으로는 〈토끼와 자라〉와 〈나이 자랑〉이 두 편씩 전승되었다. 〈토끼와 자라〉는 각 편 제목이 〈심부름꾼 거북이〉(『동화집』), 〈별주부〉(『대집』)로 나타난다. 〈심부름꾼 거북이〉는 용왕 딸의 병을 고치기 위해 거북이가 토끼를 데리고 왔으나 토끼가 꾀를 부려 육지로 나간 뒤 숲속으로 사라지는 것으로 결말지어진다. 토끼는 발랄하고 기지(機智)에 찬, '성공한 교활자'의 모습으로 그려진다. 〈별주부〉에선 광덕용왕이 병에 걸려 별주부가 토끼를 꾀어 와 고치려 하였으나, 토끼가 꾀를 내어 도망친 이야기를 서술하였다. 별주부의 형상화에서 흥미로운 부분이 있는데 일부 인용해보도록 한다.

> 좌우에 있던 여러 신하들이 물끄럼 물끄럼 서로 보기만 하고 아모 응답이 없으니, 기중 말석에 있던 별주부가 출반주하여 장담하되, "대왕께서 이처럼 간절히 말씀을 하시는데, 평일에 녹봉만 많이 먹고 권리

14) 허원기, 앞의 논문, 111쪽.

> 다툼만 하던, 소위 국가의 책임을 가진 대관들이 이렇다 말 한 마디가 없은 즉, 참 가통할 일이올시다. 소신이 비록 미관말직이나 저에게다 책임을 명령하시면, 죽을 힘을 다하여 대륙에 가서 토끼를 얻어 대왕께 바치겠습니다." 하고 아뢰었습니다.[15](필자 교정)

토끼 간을 구해오라는 용왕의 명령에 조정대신들이 미동도 하지 않자 미관말직의 별주부가 조정 대신의 무능과 무책임을 질타하는 대목인데, 마치 조선 조정의 국정 운영에 대해 풍자하는 듯하다. 결말 부분에는 토끼가 거북의 뺨을 때려 그때부터 거북의 목이 들락날락하게 되었다는 유래담이 붙었다.

〈나이 자랑〉의 각 편 제목은 〈자리 다툼〉(『대집』), 〈토끼와 사슴이와 두꺼비〉(『전래동화집』)로 나타난다. 〈자리 다툼〉은 토끼, 거북이, 두꺼비가 자리다툼하다가 두꺼비가 상좌를 차지한다는 이야기로, 의뭉스런 두꺼비에게 패배하는 토끼의 모습을 보여준다. 〈토끼와 사슴이와 두꺼비〉는 점심상을 누가 먼저 받아먹는가를 놓고 토끼, 사슴, 두꺼비가 나이 자랑을 하는 이야기다. 토끼는 천지가 만들어질 때 자신이 하늘에 별을 박았다며 나이 자랑을 하지만, 두꺼비가 능청을 부려 제일 먼저 밥상을 받는다. 토끼가 꾀 많은 동물이지만, 더 의뭉스런 상대가 있어 경쟁에서 진 '패배한 교활자'의 모습을 보여주는 작품들이다.

〈교활한 토끼〉(『동화집』)는 교활한 토끼가 마음씨 좋고 정직한 호랑이를 속여 두부를 뺏어 먹고, 호랑이가 사온 항아리를 깨고, 나중에 호랑이를 꾀어 불태워 죽인다. 해당 장면을 보자.

---

15) 심의린, 『조선동화대집』, 한성도서주식회사, 1926, 81-82쪽.

> 하지만 이미 꼬리는 물에 얼어붙어 빼낼 수가 없게 되었습니다. 끝까지 성질이 좋지 않은 토끼는 호랑이가 움직일 수 없는 상태가 된 것을 확인하고는 이번에는 호랑이의 몸에 불을 붙여 마침내 태워 죽이고 말았습니다. 호랑이를 불태워 죽인 토끼는 그 고기를 먹어버리려고 가까운 여관에서 식칼을 빌려 그 고기를 잘라 배불리 먹었습니다.[16)]

꼬리가 얼어붙어 호랑이가 움직일 수 없는 것을 확인한 뒤 토끼가 호랑이를 불태워 죽였다는 것이나, 식칼을 빌려와서 살을 다 발라 먹었다는 서술은 괴기스럽기 짝이 없다. 이 작품에서 토끼는 '꾀 많은 교활자'의 수준을 넘어서 '몹쓸 악한'으로 그려졌다. 〈교활한 토끼〉는 전체적으로 이야기의 맥락이 터무니 없고, 장면 묘사가 잔인하여 과연 '동화'스러운 작품일까 의문을 갖게 된다.

〈겁쟁이 호랑이〉(『동화집』)에선 작품 중간에 토끼가 등장하여 곶감을 무서워하는 호랑이를 놀리다 도둑에게 꼬리를 짤리는 사건이 일어나는데, 토끼는 어리석은 호랑이에 비해 분별력이 분명한 동물로 그려진다. 〈은혜 모르는 호랑이〉에선 토끼가 꾀를 내어 호랑이를 다시 덫에 가두고 사람을 도와주는 이야기를, 〈토끼의 지혜〉(『대집』)에서는 덫에 걸린 토끼가 왕파리를 자신의 몸에 잔뜩 붙여 살아난 이야기를 통해, 꾀 있고 순발력 있는 토끼 상을 부각시킨다. 토끼는 〈교활한 토끼〉를 제외하고는, 전체적으로 재치 있는 토끼 상이 주요하다.

우리 설화에서 토끼가 서구에서의 여우의 역할, 즉 '교활자'로서의 역할을 하고 있다는 점은 매우 흥미롭다. 토끼는 〈나이 자랑〉과 같은 경쟁담의 경우를 제외한 모든 유형에서 성공한 교활자로 묘사되고 있다.[17)] 이는 동북 아시아 지역이 설화의 권역에서 여우 권(圈)이 아니라

16) 조선총독부 편, 권혁래 역저, 『조선동화집』, 집문당, 2003, 47쪽.

토끼 권(圈)이며, 월신화(月神話) 형성계에 속한다는 점을 반증한다.[18]

III. 호랑이 · 토끼 서사의 문화적 특질과 문학교육

한국 동물담의 주인공은 호랑이와 토끼로서, 토끼는 호랑이와 거의 비슷한 비중으로, 그리고 여우보다 월등히 많이 나타나고 있다. 하지만 이 장에서 고찰한 일제 강점기 자료에선 호랑이 서사가 30편, 토끼 서사가 8편으로 호랑이 서사의 비중이 훨씬 크다. 근대 초기 일본인들이 편찬한 『조선물어집』이나 『조선동화집』에서 호랑이는 주요하게 어리석은 동물, 사람을 해치는 사나운 동물로 그려진다. 이러한 양상은 『조선동화대집』에서도 여전하여 〈은혜 모르는 호랑이〉, 〈악독한 호랑이〉, 〈호랑이 모집〉 등 10여 종의 작품에 등장하는 호랑이는 음흉하고 포악하지만, 한편으론 어리석기 짝이 없어 인간과 토끼, 여우, 개 등에게 늘 조롱당하는 캐릭터다. 이 점은 일제 강제 강점기 호랑이 서사의 명확한 특색이다.

그런데 일본인들이 편찬한 설화집과 동화집이라고 해서 호랑이가 부정적 형상 일색이라고 평가하는 것은 실상과 다른 점이 있다. 백민정은 『조선동화집』의 호랑이 서사의 특징이 부정적 형상 일색이라고 하면서, 이는 조선 민간문화의 근간으로서 기능하는 호랑이 상을 폄하하고 훼손하려는 조선총독부의 의도적 정책에 기인한다고 하였다.[19] 그런데 이러한 판단에는 『조선동화집』에 대한 선입견이 과도하게 개

17) 조희웅, 앞의 책, 49쪽.

18) 大林太良, 『神話と神話學』, 東京:大和書房, 1975, 65-66쪽.

19) 백민정, 「『조선동화집』 수록 동화의 부정적 호랑이상 편재, 현황과 원인」, 『어문연구』 58집, 어문연구학회, 2008, 270-277쪽.

입되어 있는 듯하다. 그렇다면 심의린의 『조선동화대집』에서도 어리석고, 사납고 은혜 모르는 호랑이 형상이 여전하다는 점을 어떻게 설명할 것인가? 박영만의 『조선전래동화집』도 이러한 양상은 크게 다르지 않다. 신령한 호랑이, 인격화된 호랑이 상은 전대 문헌설화나 좀 더 후대의 설화·동화집에서 비중이 커지는 것이 아닌가 한다. 이는 각 호랑이 상의 분포 수치를 파악해보는 실증적 연구결과 위에서 엄밀한 평가가 가능하리라 판단된다.

일반적으로 설화나 동화에서 토끼는 '슬기로운 자', 호랑이는 '어리석은 자'로서 대비된다[20]는 점을 생각할 때 호랑이에게 부정적 형상이 많다는 것은 이상한 일이 아니다. 『조선동화대집』에 형상화된 호랑이 서사, 토끼 서사의 내적 구조를 분석해보면, 작가는 호랑이의 캐릭터를 단순히 두려움의 대상이 아닌, 약자가 이길 수 있는 대상으로 표현하고, 토끼 같은 약자가 호랑이 같은 강자를 물리치는 서사를 통하여 어린이들이 공포와 절망감을 극복하는 방법, 분별력, 웃음, 용기를 심미적으로 체험할 수 있도록 형상화하였다.

박혜숙은 많은 한국 호랑이 이야기들에서 호랑이가 바보스럽게 묘사된 점에 대해서 다음과 같이 해석하였다.

> 이와 같은 이야기의 바탕에는 강자에 대한 약자의 생존원리가 숨겨져 있는 것과 동시에 무서운 호랑이를 바보스럽게 만들고자 하는 주술성이 담겨 있다. 다시 말해서 '유사(類似)는 유사를 낳는다'는 동종주술의 공감 원리를 통해서 강자를 이기고 골탕 먹이는 지혜로움이 조롱거리의 우둔한 호랑이를 통해서 나타난 것이며, 그 내면에는 호랑이가 그렇게 되기를 바라는 (유사성) 심리가 들어 있다. 즉, 수없이 많은 이

---

20) 조희웅, 앞의 책, 49쪽.

> 런 호랑이 이야기를 통해서 강한 적대자를 물리칠 수 있다는 주술적 신념들이 어리석은 호랑이를 만들어낸 호랑이 이야기의 아이러니라고 할 수 있다.[21]

오랜 세월 동안 한반도의 거주민들은 수많은 호환(虎患)을 당하였다. 그리고 호랑이는 악독한 지배자를 상징하기도 하였다.[22] 그렇기 때문에 민중들은 자연의 강자이자 악독한 지배자의 상징인 호랑이를 어리석은 모습으로 약화시켜 통쾌한 기쁨을 느끼는 동시에, 실제로 주술성을 발휘하여 호랑이를 약화시키고자 하였다는 것이다. 이러한 해석은 한국 호랑이 이야기의 심층적 의미를 적절하게 해석해낸 것이라 할 수 있다.

그리고 한 가지 더 주목할 점은 호랑이 서사는 호랑이를 조롱하는 약자들, 특히 토끼와 결합하여 새로운 문화적 의미를 생성한다는 점이다. 토끼는 바로 교활자, 약한 듯하지만 꾀 많고 재치 있는 민중을 상징한다. 특히 심의린의 『조선동화대집』 수록 작품인 〈은혜 모르는 호랑이〉, 〈별주부〉, 〈토의 지혜〉 등에 등장하는 토끼는 연약한 듯하지만, 눈치 빠르고 꾀가 많으며, 현재의 삶을 즐기는 문화적 영웅이다. 토끼는 대개 주인공으로 등장하지만, 약하다고 해서 반드시 도덕적이며 선한 존재임을 의미하지는 않는다.

심의린은 경성사범학교 부속 보통학교에서 교사를 하면서 한글 연구를 하던 중, 1926년 『조선동화대집』을 편찬하였다. 그는 식민지 청소년들에게 동화가 큰 영향력을 미친다는 사실을 인식하고, 제대로 된

---

21) 박혜숙, 「한국 호랑이 이야기의 아이러니」, 『동화와 번역』 12집, 건국대학교 동화와 번역 연구소, 2006, 122-123쪽.

22) 장덕순 외, 『구비문학개설』, 일조각, 1984, 72-73쪽.

모국어 동화집을 편찬하여 그들이 자신의 생활에 적합한 사상과 감정을 수양하고 문학에 취미를 기를 수 있도록 하였다.[23] 이러한 점을 생각할 때, 일제 강점기의 교육 현장, 또는 구연 현장에서 토끼의 캐릭터를 어린이 또는 청소년 세대의 역할 모델로 삼아 현재를 즐기며, 강자 앞에서 좌절하지 않고 세상을 헤쳐 나가는 약자의 지혜에 대해 토의하는 방식은 매우 유용하였을 것이다. 심의린은 민간에서 구비전승된 이야기를 조사채록하면서 토끼라는 캐릭터를 발견하였다. 그리고 토끼 캐릭터를 통하여 어린이 독자들에게 힘세고 나이 많은 권력자들이 횡포 부리는 험한 세상에서 분별력과 지혜, 꾀를 가지고 대처할 것을 이야기하였다.

3장에서도 고찰하였지만, 『조선동화집』의 〈교활한 토끼〉는 문제적 작품이다. 이 작품은 호랑이와 토끼가 전형적 성격에서 벗어나 있고, 특히 토끼란 캐릭터는 전형적 '교활자'의 범위를 넘어 '살인, 식육, 사기' 등의 악행을 범하는 제대로 된 '악한(惡漢)'의 모습을 보여준다. 김기호는 〈교활한 토끼〉의 변이형인 〈토끼와 호랑이와 할머니〉[24]를 분석한 결과, 이 토끼의 캐릭터를 "인간세계에서 탈사회화된 인물이며 그들과의 유대를 끊어버린 자기중심적 형상"이라고 하였다.[25] 또 토

---

23) 이러한 점은 『조선동화대집』 서문에 잘 나타나 있다. "나이 어렸을 때에, 어른에게나 동무들에게 재미 있게 듣고 옳게 여겼던 훈화나 동화 같은 것은 지금까지라도 그대로 귓속에 남아 있고 마음에 머금어 있습니다. 이와 같이 마음이 정직하고 정신이 총명한 때에는 그 생활에 적합한 사상과 감정을 수양하여 상식을 풍부하게 하며, 문장을 감상하여 문예의 취미를 얻게 함이 무엇보다 필요합니다. 그러면 소년시대에 훈화 동화가 여하한 힘이 있으며, 여하한 영향을 미침은 묻지 아니하여도 알 것입니다."(맞춤법과 띄어쓰기는 필자 교정)

24) 임석재, 『한국구전설화』 1, 평민사, 1987, 97-99쪽. 이 작품은 토끼가 호랑이를 속여 잡아먹을 뿐만 아니라, 할머니를 속여 그 손자까지 삶아 먹는 엽기적인 이야기이다. 이 유형의 이야기는 이외에도 〈호랑이 골려준 소금장수와 토끼〉, 〈까마귀와 범과 토끼〉, 〈호랑이와 토끼〉 등이 있다.

끼의 이미지가 "전형적 트릭스터로서 우리 문화 내에서 인정·수용되지 못하고 억압된 반사회화 관념"[26]이라고 하였다. 확실히 〈교활한 토끼〉, 〈토끼와 호랑이와 할머니〉 속의 토끼는 탈사회적·반사회적 캐릭터다. 하지만 설화의 주인공 토끼가 행한 '살인, 식육, 사기' 등과 같은 행위를 행한 토끼를 "반사회적 관념을 억압에서 해방시키고, 역설의 경험을 가능하게 하며, 그리고 새로운 사회의 성숙 혹은 균형의 세계를 열어주는 인물"[27]이라고까지 한 것은 논의가 과도하게 추상화되었다는 혐의를 피할 수 없다. 토끼의 악행이 열어주었다는 "새로운 사회의 성숙 혹은 균형의 세계"가 무엇인지 우리는 알 수 없을뿐더러, 그것을 객관적으로 규명하기도 어렵다. 냉정하게 말하면, 이 작품에서 토끼의 성격 및 주제는 제대로 된 방향을 잡지 못하고 파행으로 치달았을 뿐이다.

나아가 문학 교육의 측면에서 이 같은 작품은 혼란을 주기 십상이다. 마음씨 좋은 호랑이가 교활한 토끼의 악한 의도를 간파하지 못하고 하자는 대로 다 하다가 결국은 속아 자신의 재산과 권리, 심지어 생명까지 다 잃는 일은 결코 선하지 않다. 그리고 앞서도 언급하였지만, 호랑이를 불태워죽이고 칼을 빌려 와 호랑이의 고기를 남김없이 먹어치우는 토끼의 캐릭터도 혼란스러울 뿐이다. 이는 3장에서도 언급하였듯이, 편찬자 또는 화자가 토끼 서사에 담긴 '해학'의 정서와 미학을 제대로 이해하지 못한 까닭에 생긴 일이다. 약자인 토끼가 강자인 호랑이를 조롱하고 희화화할 때 발생하는 해학과 풍자를 이해하지

25) 김기호, 「〈토끼 설화〉의 역설적 경험」, 『민족문화논총』 38집, 영남대 민족문화연구소, 2008, 38쪽.
26) 위의 논문, 43-44쪽.
27) 위의 논문, 50쪽.

못한다면, '교활자' 토끼는 더 이상 전래동화의 주인공으로 적절하지 않다는 게 필자의 생각이다.

Ⅳ. 맺음말

필자는 이 장에서 일제 강점기에 출간된 주요 설화집과 전래동화집에 수록된 호랑이 서사, 토끼 서사의 양상을 고찰하고, 이의 문학교육적인 측면을 살펴보고자 하였다. 다카하시 도루의 『조선물어집』(1910), 조선총독부가 편찬한 『조선동화집』(1926), 심의린이 편찬한 『조선동화대집』(1926), 박영만의 『조선전래동화집』에 수록된 작품을 대상으로 고찰한 결과는 다음과 같다.

위 작품집에는 총 35편의 해당 작품이 수록되어 있으며, 이중에서 호랑이 서사는 총 30편, 토끼 서사는 8편이며, 이 중에서 호랑이와 토끼가 함께 등장하는 작품은 3편이다. 작품의 빈도수를 살펴보면, 〈해와 달이 된 오누이〉, 〈은혜 모르는 호랑이〉, 〈호랑이와 곶감〉이 각각 3회, 〈푸른 구슬과 붉은 구슬〉, 〈토끼와 자라〉, 〈나이 자랑〉이 각각 2회, 나머지 20편의 작품이 각각 1회씩이었다.

호랑이 서사는 어리석은 호랑이 유형이 20편, 사나운 호랑이 유형이 5편, 신령한 호랑이 유형과 인정 많은 호랑이 유형이 각각 3편, 2편 순이었다. 이처럼 전체의 2/3 작품이 호랑이를 희화화하는, 어리석은 호랑이 유형이라는 점이 일제 강점기 호랑이 서사의 가장 명확한 특징이었다. 토끼 서사는 전체적으로 다소간의 차이는 있지만, 전체적으로 '교활자'로서의 토끼로 성격화된 점이 특징이다.

작품들에서 호랑이는 대체로 '어리석은 자', 토끼는 '슬기로운 자'로 인식된다. 호랑이 서사는 호랑이를 조롱하는 약자들, 특히 토끼와 결합하여 새로운 문화적 의미를 생성한다. 토끼는 약한 듯하지만 꾀 많고 재치 있는 민중을 상징한다. 작품의 구조와 당대적 상황을 연관시켜 볼 때, 호랑이 서사 및 토끼 서사는 호랑이의 캐릭터를 단순히 두려움의 대상이 아닌, 약자가 이길 수 있는 대상으로 인식하고, 토끼 같은 약자가 호랑이 같은 강자를 물리치는 서사를 통하여 어린이들이 공포와 절망감을 극복하는 방법, 분별력, 웃음, 용기를 심미적으로 체험할 수 있도록 하는 데 문학교육적 의미가 있다. 특히 일제 강점기의 교육 현장, 또는 구연 현장에서 토끼의 캐릭터를 어린이 또는 청소년 세대의 역할 모델로 삼아 현재를 즐기며, 강자 앞에서 좌절하지 않고 세상을 헤쳐가는 약자의 지혜에 대해 토의하는 방식은 매우 유용하였을 것이다.

오늘의 시점에서도 문학교육의 현장에서 호랑이 서사, 토끼 서사에 담긴 문화적 특질을 이해하고, 설화 및 전래동화가 담지하고 있는 또 다른 현재적 의미를 발견하는 것이 필요하다.

第11장
전래동화의 애니메이션 시나리오 각색

일제 강점기의 설화와 동화가 지니는 가치는 크게 두 가지다. 그 하나는 연구 대상으로서의 가치이며, 다른 하나는 이야기 콘텐츠로서의 가치다. 앞의 10장까지는 그 중 연구 대상으로서의 가치를 찾는 작업이었다. 나아가 이들 설화 및 동화는 다시쓰기를 거쳐 현대적 동화로 만들어질 수도 있고, 방송이나 영화의 애니메이션으로 제작될 수도 있다. 박영만의 『조선전래동화집』은 〈해님 달님〉을 첫권으로 하는, 그림책 "방방곡곡 구석구석 옛이야기" 시리즈(사파리, 2009, 전15권)로 출간되었고, 최근에는 네이버 웹툰으로도 기획되고 있다. 여기에 우리가 직접 각색한 애니메이션 시나리오를 통해 옛이야기 다시쓰기의 구체적 방향을 제시해 보고자 한다. 대상으로 삼은 작품은 박영만의 『조선전래동화집』에 수록된 〈머리 셋 달린 중과 포수〉다. 이 이야기는 예로부터 이 땅에 널리 퍼진 지하국 대적(大賊) 퇴치담에 용왕의 아들을 구하고 연적을 선물로 받는 이야기가 결합된 형태이다. 시리즈로 연속되는 방송 애니메이션을 상정하고 그 중의 한 회에 해당하는 내용으로 만들어 보았다. 이야기의 주인공인 잠보라는 꼬마는 조선시대에 세상의 악을 물리쳐야 할 사명을 받고 태어난 영웅이었으나 그때도 워낙 잠꾸러기여서 변신술을 제대로 배우지 못했다가 지금 세상에 다시

태어나 자신의 사명을 완수해 나가는 인물이다. 여전히 변신술이 서툰 탓에 연극배우인 엄마, 아빠의 분장 도구를 슬쩍하곤 하는데 엄마, 아빠가 분장 도구가 사라져 무대에서 곤란해 할 때 극적으로 잠보가 나타나 가까스로 위기를 모면하곤 한다. 이런 상황이 매회 반복되도록 하고 본서에서 다룬 일제 강점기의 설화·동화 등을 활용해 내부 이야기를 바꾸어 가며 시리즈를 계속 이어나갈 수 있을 것이다.

제목: 잠보의 모험 - '머리 셋 달린 괴물과 사냥꾼' 편

원작: 〈머리 셋 가진 僧과 砲手〉[1]

각색: 박상석[2]·권혁래

- 등장인물 :

  잠보(사냥꾼) - 열두어 살

  잠보의 엄마, 아빠 - 40대 초반

  공주 - 열서너 살

  임금 - 60대

  마을사내들 - 4,50대

  마을 노인 - 70대

  임금의 군졸들

  괴물

  괴물의 부하 도깨비들

  용궁 왕자 - 17세

  용왕 - 90대

---

1) 박영만, 『조선전래동화집』, 학예사, 1940.

2) 동아대학교 교양교육원 교수

- 때 : 조선시대
- 곳 :
  지상세계 - 산속, 마을 장터, 굴 입구가 있는 언덕
  지하세계 - 굴 입구, 괴물의 집, 산속, 강가

- 전체 SITUATION :

주인공은 열 살 쯤 된 남자아이. 얘는 굉장한 잠보(잠꾸러기)이고, 엄마와 아빠는 연극배우이다. 이 가족은 지하는 연극 공연장이고 이층은 살림집인 건물에서 살고 있다.

이 아이는 원래 전생에 조선시대에 살았던 아이로, 영웅이 되어 세상의 악을 물리쳐야 할 사명을 받고 태어난 아이였다. 그래서 스승 도사가 도술을 가르쳤는데, 그때도 워낙 잠꾸러기여서 변신술 등을 제대로 못 배우고, 악을 물리치는 사명도 다하지 못하고 말았다.

스승은 현재 세상에 악이 만연한 것은 이 아이가 과거에 자신의 책임을 다하지 못했기 때문임을 일깨우며, 잠보를 당시의 과거 세상으로 돌려보내 당시 해결 못한 문제들을 해결하도록 지시한다.

그런데 잠보는 옛날에 게을러서 변신술을 제대로 배우지 못한 탓에 종종 엄마, 아빠의 연극 분장 도구를 슬쩍하곤 한다. 엄마, 아빠는 공연 시간이 가까워 분장 도구가 없어져 쩔쩔매곤 하는데, 그때마다 아슬아슬하게 아이가 과거에서 돌아와 위기를 모면하곤 한다.

#1.

잠보네 집 안방.

잠보, 대자로 누워 잠을 자고 있다.

엄마 : (방문을 홱 열며) 잠보야, 빨리 일어나! 벌써 10시다. 오늘 엄마, 아빠 연극 공연 있는 날이란 거 몰라!

잠보 : 5분만…… 5분만……

엄마 : 5분만이 벌써 열 번도 넘었어! 으이구, 하여간 이 잠꾸러기……

엄마, 방문을 쾅 닫고 나간다.

잠시 후, 잠보의 스승 도사가 뿅 하고 나타난다. 그는 눈썹까지 모두 희고, 수염이 땅에 끌리고, 키보다 큰 지팡이를 쥐고 있다.

그 지팡이로 잠보의 머리를 딱딱 때린다.

잠보, 스승을 알아보고 겨우 일어나 무릎을 꿇고 앉는다.

스승 : 쯧쯧, 아직도 그 잠꾸러기 습성을 못 버렸으니…… 그렇게 게으르니 악을 물리치고 이 세상을 구하라는 전생의 책임을 다하지 못하고 아직도……

잠보 : (말을 가로막으며, 스승의 목소리를 흉내 내어) 밀린 숙제를 하고 있지.

스승 : 그래, 오늘도 그 밀린 숙제를 하러 가야겠다.

잠보 : 오늘은 또 뭔가요?

스승 : 어느 나라 공주님이 괴물한테 잡혀가셨다. 머리가 셋 달린 괴물한테 말이야.

잠보 : 아유, 머리가 셋씩이나요? 하나만 있어도 골치 아픈데……

스승 : 그놈은 좀 둔한 게 약점이니까 오늘은 활 잘 쏘는 사냥꾼으로 변신하도록 해라.

잠보 : (눈을 부릅뜨고) 옛! 알겠습니다!

잠보, 주문을 외우면서 변신을 시도한다.

그러나 자꾸 엉뚱한 모습으로 변한다. 요술사, 광대, 사또, 기생 등등……

스승 : 으이구! 전생에 맨날 잠만 자느라 수련을 게을리 하더니 아직도 그 모양 그 꼴이지!

잠보 : (쑥스러운 표정으로) 스승님, 잠깐만요~

잠보, 후다닥 나가더니, 잠시 후 사냥꾼의 복장으로 돌아온다.

그러나 옷이 굉장히 커서 헐랭이 모습이다.

스승 : 너 또 엄마, 아빠의 공연 의상을 입고 왔구나!

잠보, 머리를 긁적인다.

스승 : 하지만, 할 수 없다. 시간이 없으니 그대로 따라 오너라.

스승, 주문을 외우자 사방에서 연기가 뭉개 뭉개 피어오른다.
그때 하얀 삽살이 한 마리가 마루에서 방으로 뛰어 들어온다. 선글라스를 끼고 치장을 하여 한껏 멋을 부렸다.

잠보 : 넌 어떻게 연기만 나면 알고 쫓아 오냐? 지가 무슨 스타인 줄 알아……

곧 환상적인 배경이 펼쳐지며, 스승과 잠보, 강아지가 과거로 시간 여행을 한다.
이내 방안의 연기 사라지고 엄마가, 방문을 열며

엄마 : 잠보야! 빨리 안 일어나!

잠보가 사라진 것을 보고

엄마 : 그새 또 어딜 갔어? 하여간 희한한 녀석이야……

#2.
어느 숲속. 전체 배경은 조선 시대를 연상시킨다.
잠보와 삽살이만 있다.

잠보 : 스승님은 또 나만 두고 어디로 사라지셨군. 맨날 중요한 건 나 혼자 하래. 에라, 잠이나 한숨 자 둬야겠다.

잠보, 나무 둥치에 머리를 대고 잠이 들려고 한다.

잠보 : 음냐, 음냐…… 햇볕 참 좋다……

그런데, 갑자기 잠보의 얼굴에 짙은 그늘이 드리운다.

잠보 : 누구야, 감히 잠보님한테 햇볕을 가리는 게?

잠보, 하늘을 바라보자, 하늘에는 흡사 거대한 독수리 같은 것이 해를 가리며 날아가고 있다.

잠보 : 뭐야, 저 닭 같이 생긴 건? 감히 이 잠보님의 잠을 방해하다니, 어디 맛 좀 봐라!

잠보, 활에 살을 매겨 하늘을 향해 수직으로 쏘아 올린다.
괴물이 꽤액— 귀를 찌르는 비명과 함께, 검붉은 피가 비 오듯 후두둑 떨어져 잠보의 이마에 떨어진다.

잠보 : (이마를 쓱 문지르며) 에이, 뭐야, 더럽게……

괴물의 비명 소리, 산 너머로 멀어진다.

#3.
시간의 경과.
잠보, 여전히 졸린 눈으로 마을 장터를 지나간다. 옆에 삽살이가 따른다.
그런데 어느 담벼락 앞에 사람들이 구름처럼 모여 웅성거리고 있다.
잠보, 호기심에 사람들 사이를 비집고 들어가 본다.

잠보 : (구경꾼 하나를 붙들고) 아저씨, 저게 뭐라고 쓴 거예요?

구경꾼 1 : 넌 서당도 안 댕기냐?

"짐의 어여쁜 공주가 며칠 전 하늘로부터 내려온 커다란 괴물에게 붙잡혀 갔으니, 혹 공주를 구해오는 자가 있다면 그에게 공주를 주겠노라."

이렇게 써 있잖아.

구경꾼 2 : 저도 딴 사람이 읽어줘서 알아 놓구선……

무언가를 회상하는 잠보의 눈이 클로즈업되며, 잠보가 하늘의 괴물을 활로 쏘아 맞히던 장면이 삽입(Ins.)된다.

잠보 : (입을 앙다물고, 독백으로) 오라, 내가 쏘아 맞혔던 그 놈이 바로 공주를 붙잡아간 괴물이로구나!

#4.

다음 날. #2와 같은 산길.

잠보, 삽살개를 앞세우고 땅바닥에 떨어진 괴물의 피 자국을 따라 가고 있다.

그렇게 고개를 넘고 강을 건너는 모습이, 신비스러운 분위기의 음악과 함께 몽타주로 펼쳐진다.

이윽고 어느 황량한 언덕. 음산한 안개가 가득하다.

안개 사이로 터덜터덜 지쳐서 걷고 있는 잠보와 개의 모습 나타난다.

그러다 혀를 빼고 걷던 삽살개, 갑자기 우뚝 멈추어 서서 컹컹 짖으며 잠보를 올려다본다.

안개가 걷히면서 그들 앞에 커다란 웅덩이가 나타난다.

웅덩이 가운데에는 집채만한 바위가 놓여 있다.

잠보 : 찾았다! 여기가 그 괴물이 드나드는 곳이로구나! 잘 했다 삽살아!

우쭐거리는 삽살이.

잠보, 바위 앞으로 달려가 힘껏 바위를 밀어낸다.

바위가 있던 곳에 깊이를 헤아릴 수 없는 커다란 굴이 나타난다.

잠보, 엎드려 굴속을 들여다본다.

굴속에서 올려다본 각도로 잠보의 얼굴 클로즈업.

#5.

얼마 후. #4와 같은 장소.

웅덩이 주위에 잠보와 삽살개, 그리고 그 마을의 남정네 네댓 명이 모여 있다.

잠보 : (마을사람들을 둘러보며) 여러분들, 다들 제 말씀을 알아들으셨어요?

마을사내 1 : (긴 밧줄을 들어 보이며) 그러니까 네가 공주를 구하러 이 굴속을 내려갈 것이니 우리더러 이 밧줄을 꽉 잡고 있으라, 그 말 아니냐?

마을사내 2 : 그리고 여기서 기다리고 있다가는 네가 저 밑에서 밧줄을 잡아 흔들면 밧줄을 당겨서 끌어올리라, 그 말이구?

잠보 : 그래요. 그렇게만 해 주면 내가 아저씨들한테 큰 보답을 할께요.

마을사내 1 : 아, 좋아. 까짓것 뭐 어려운 일이라구.

잠보 : 자, 그럼 나는 이제 내려가요.

마을사내들이 밧줄을 잡아 주고, 잠보는 굴속으로 내려간다.

삽살개도 잠보에게 매달려 함께 내려간다.

#6.

잠시 후. 캄캄한 굴속.

잠보, 밧줄을 붙잡고서 어두운 굴속을 한참 내려가고 있다.

발을 디딘 곳에서 돌멩이가 떨어져 내려가는데, 한참 만에야 바닥에 부딪치는 소리가 울린다.

잠보, 이마의 식은땀을 닦아내며 더욱 조심스럽게 내려간다.

#7.

얼마 후. 계속 굴속.

밧줄을 붙잡고 내려오던 잠보의 발끝이 드디어 땅바닥에 닿는다.

바람이 불어와 잠보의 머리카락이 날린다.

바람이 불어오는 쪽을 바라보니, 저만큼 앞에 빛이 보인다.

잠보는 이제 수평으로 난 길을 따라 빛을 향해 기어간다.

굴은 갈수록 차차 넓어진다.

#8.

얼마 후. 지하세계의 굴 밖.

굴을 빠져나오는 잠보.

갑작스런 햇빛에 눈을 찡그리다가, 언덕 아래를 내려다본다.

잠보, 놀라 입이 벌어진다.

그의 시선을 따라 가면, 높은 돌담으로 둘러쳐진 고래 등 같은 기와집이 내려다보인다.

잠보 : 아니, 이런 땅속에 저렇게 으리으리한 집이라니!

#9.

잠시 후. 괴물의 집 주변.

잠보, 키보다 높은 돌담을 돌며 주변을 살핀다.

순찰을 도는 도깨비 모양의 보초병들을 피해 몸을 숨긴다.

그러다 가지가 담장 안으로 뻗은, 큰 버드나무 한 그루를 보고 그리로 기어 올라간다.

잠보의 시선으로 집 마당이 아래로 내려다보인다.

곧 젊고 아름다운 여인 하나가 마당으로 나와, 우물에서 물을 길어 대접에 담아 놓고 합장한다.

공주 : (입술을 들썩이며 기도하다가, 한숨 쉬며) 아— 어젯밤 꿈에 이르기를, 어떤 사람이 날 구하러 온다 하였는데……. 하지만, 깊고 깊은 땅속에 있는 이곳을 누가 무슨 수로 찾아온단 말인가? (눈물을 훔친다.)

잠보 : 와, 이쁘다~ 저 분이 바로 공주님이시구나.

잠보, 버드나무 잎을 훑어 공주의 머리위로 뿌린다.

공주, 나뭇잎을 가만히 털어 내고 다시 기도한다.

잠보, 또다시 나뭇잎을 뿌린다.

공주 : 원, 바람도 없는 날에 웬 잎이 이리도 날린담.

잠보, 세 번째로 나뭇잎을 뿌린다.

공주, 그제야 고개를 들어 위를 본다.

그리고 나무 위에 사람이 있는 것을 보고 흠칫 놀라 물러선다.

잠보 : (브이 자를 해 보이며) 공주님, 전 당신을 구하러 온 사람이에요~

잠보, 나무에서 훌쩍 뛰어내린다.

공주의 손목을 끌고 우물 뒤로 몸을 숨긴다.

잠보 : 공주님, 이 집 주인은 대체 누구이며, 무엇하는 사람이죠?

공주 : 이 집 주인은 머리가 셋 달린 무시무시한 괴물이에요. 괴물은 이따금씩 세상으로 나가서 재물을 빼앗아 오거나, 사람들을 붙

잡아다 놓고 하나씩 잡아먹죠. 그놈은 하늘을 날아다닐 줄 아는데, 저를 납치해 날아올 때 누가 쏘았는지, 화살에 날갯죽지를 맞아 큰 상처를 입고는 지금 안에서 앓아 누워 있어요.

공주의 설명을 따라 괴물이 약탈하는 모습, 사람을 물고 하늘을 나는 모습, 잠보의 화살을 맞는 모습 등이 차례로 지나간다.

잠보 : 아, 그건 제가 쏜 화살이랍니다. 잘 했죠? (호주머니에서 종이에 싼 것을 꺼내 건네며) 공주님, 이걸 신통한 약이라며 적당한 때에 괴물의 상처에다 발라 주세요. 그럼 괴물은 몹시 괴로워하며 곧 죽을 겁니다요.

공주, 약봉지를 보며 결연한 표정으로 고개 끄덕인다.

#10.
같은 날 밤. 괴물의 집.
희미한 달빛 속에 부엉이 울음소리.
잠보, 담장 밖에 몸을 숨기고 안의 동정에 귀를 기울이고 있다.
드디어 괴물의 날카로운 비명ㅡ.
잠보, 담장을 훌쩍 넘어 안으로 들어간다.
방안에서 머리 셋 달린 괴물이 몸부림치며 죽어가는 모습.
공주가 방에서 마당으로 뛰어나온다.

공주 : 방금 괴물이 죽었어요!

주위가 소란스러워진다.

병사들 : (소리로만) 주인님이 돌아가셨다! 범인을 잡아라!

잠보, 공주를 우물 뒤에 숨기고, 자신은 버드나무 위로 올라가서 마당으로 쏟아져 나오는 병사들을 백발백중 맞춘다.

잠보 : 이놈들아! 내가 변신술은 잘 못해도 활 하나는 기가 막히게 쏘거든!

#11.

얼마 후. 괴물의 집 마당.
병사들의 시신이 즐비하다.

잠보 : 공주님, 괴물의 열쇠를 갖고 오셨나요?
공주 : 네, 여기. (건넨다.)

잠보와 공주, 집안을 돌아다니며 이 방, 저 방의 문을 열어 준다.

방마다 해쓱한 모습의 사람들이 그득그득 들어 있어 살려 달라고 아우성친다.

잠보와 공주, 그들을 치료하고 먹을 것을 마련해 주는 모습이 따뜻한 분위기의 음악과 함께 몽타주로 처리된다.

#12.

다음날 아침. 괴물의 집.
잠보, 마당에 사람들을 모아 놓고 말한다.
공주는 잠보의 곁에 서 있다.

잠보 : 여러분, 이제 우리는 이곳을 벗어나 땅위의 세상으로 다시 나갈 거에요! 괴물이 훔쳐온 재물들을 필요한 만큼만 조금씩 가져가도록 합시다. 욕심 내지 말구요. 우리 스승님이
지나치면 나쁘댔어요~ (작은 소리로) 잠만 빼구~

사람들, 손뼉 치며 좋아한다.

#13.

잠시 후.

집 대문으로부터 굴 입구가 있는 언덕까지 사람들의 행렬이 이어지고 있다.

#14.

잠시 후. 지하세계의 굴 입구.

노인, 아이, 여자부터 차례로 굴로 들어가,

한 사람씩 밧줄에 몸을 묶고 위로 올라간다.

#15.

잠시 후. 같은 장소.

공주와 잠보만 남았다.

잠보 : 공주님, 이젠 공주님 차례에요. 어서 가세요.

공주 : 전 당신과 함께 가겠어요.

잠보 : 한 사람씩만 가야 해요. 안 그러면 밧줄이 끊어질지도 모른다구요.

공주, 마지못해 먼저 굴속으로 들어간다.

#16.

상당한 시간이 지난 후. 굴속. 잠보와 삽살이만 남았다.

잠보 : (위를 쳐다보며) 야, 이 바보들아! 왜 빨리 밧줄을 안 내려 보내냐?

#17.

같은 시간. 땅위의 굴 입구.

굴을 빠져 나온 사람들은 다 자신의 집으로 돌아갔고,
굴 입구 근처에 마을 사내 하나와 공주가 서 있다.

공주 : 어째서 잠보님이 나오지 않는 거죠?
마을사내 1 : 그러게 말입니다. 저렇게 종일 밧줄을 늘이고 있는데도 어째 올라오지를 않습니다요.

굴 입구에서 줄을 붙잡고 있는 마을사내들, 저희끼리 음흉한 웃음을 주고받는다.
굴속에서 올려다본 각도로 보면, 그들이 붙잡고 있는 밧줄은 짧게 잘려 있다.

#18.
같은 시간. 지하세계의 굴.
잠보가 헛되이 밧줄을 기다리는 모습이 몽타주로 처리된다.
잠보가 굴속에서 하염없이 위를 쳐다보는 모습.
산 너머로 차차 해가 지는 모습.
깜깜한 밤이 되어 잠보가 굴 입구에 지쳐 주저앉은 모습.

잠보 : (눈물을 흘리며) 아, 공주님….

#19.
다음 날. 지상세계의 산길.
마을 사내들이 가마를 지고 간다.

마을사내 1 : (낮은 목소리로) 우리가 공주님을 모셔 가면 임금님이 어떤 상을 내려주실까?
마을사내 2 : (역시 낮은 목소리로) 아마도 엄청난 상을 주시겠지. 우린 이제 팔자가 활짝 핀 게야.

마을사내 1 : 혹시 우리를 의심하면 어쩌지?

마을사내 2 : 염려할 거 없어. 아무리 기다려도 그 놈이 올라오지 않았다고 하면, 괴물의 부하들한테 죽었다고 생각하겠지, 뭐.

가마 안, 공주는 눈물을 흘리고 있다.

공주 : 아, 잠보님, 대체 어떻게 된 일인가요? 나를 구하려다 그만 이렇게 되셨으니……. 제발 무사하셔야 해요.

#20.

같은 시간. 지하 세계 굴 입구.

굴 입구에 쭈그려 잠이 들어있는 잠보의 얼굴에 햇빛이 내리쬐인다. 잠보, 눈을 부스스 뜨고, 그만 단념하고 활 통을 고쳐 메며 자리에서 일어선다.

잠보 : 멍청한 놈들! 나중에 혼날 줄 알아!

#21.

얼마 후. 지하세계 산길.

잠보, 걸어가다가 이마에 물방울 하나를 맞고 하늘을 쳐다본다.

하늘에 학이 한 마리 날아간다.

그 입에는 물고기 한 마리가 물려 있다.

물고기의 눈물 맺힌 눈이 클로즈업된다.

잠보, 잽싸게 화살에 살을 매겨 학을 겨누어 쏜다.

화살이 학의 목을 살짝 스쳐 지나간다.

놀란 학, 입에 물었던 물고기를 떨어뜨리고, 잠보 손으로 물고기를 받는다.

물고기, 고마움과 슬픔이 섞인 눈망울로 잠보를 쳐다본다.

잠보 : 알겠다. 너도 얼마나 졸립겠니? 빨리 물에다 놓아서 자게 해 달라는 거지?

#22.

잠시 후. 지하세계 강가.

잠보, 강물에다 물고기를 놓아 주고, 헤엄쳐 가는 물고기를 보며 흐뭇해한다.

#23.

다음 날. 지하세계.

다시 해 뜨는 모습.

잠보, 어제의 강가에서 세수를 한다.

잠보, 얼굴을 들고 보니 우뚝 서 있는 사람의 다리가 보인다.

잠보, 올려다보니 늠름한 청년(왕자)이 잠보를 향하여 정중히 절한다.

왕자 : 안녕하세요? 저는 물속나라 용왕의 아들입니다. 어제는 날도 화창하고 하여 모처럼 소풍을 나왔다가 그만 학에게 잡혀 죽을 뻔했지 뭡니까? 그런데 당신께서 저를 구해 주셨던 겁니다. 정말로 고맙습니다.

잠보 : (쑥스럽게 머리를 긁적이며) 헤헤……

왕자 : 제가 조금이나마 은혜를 갚고자 당신을 용궁으로 모셔가려고 하니, 꼭 저와 함께 가 주셨으면 합니다.

곧바로 강물에 커다란 거북의 등이 떠오른다.

왕자의 도움을 받으며 잠보와 삽살이, 왕자와 함께 조심스레 거북의 등에 오른다.

거북, 셋을 태우고 물속으로 들어간다.

#24.

잠시 후. 물속.

잠보와 왕자, 거북의 등에 실려 바다 속을 헤엄쳐 가고 있다.

바다 속의 아름다운 풍경이 펼쳐진다.

신기해하고 즐거워하는 잠보와 삽살이.

#25.

잠시 후. 용궁.

커다란 대궐 문이 열리고, 임금 앞으로 나아가는 길에 주단이 깔려 있다.

잠보와 왕자가 가는 길 좌우로 남녀 신하들이 즐비하게 늘어서서 정중히 몸을 숙인다.

화려한 옥좌에 앉은 용왕 앞에 나아가자

용왕 : 하나뿐인 내 아들의 목숨을 살려 주시다니, 뭐라 감사의 말씀을 드려야 할지 모르겠소. 부디 오래 오래 머물면서 즐거이 지내시기를 바라오.

잠보, 허리를 숙인다.

#26.

용궁 잔치.

아름다운 남녀가 화려한 옷을 입고 줄지어 춤추고, 악기를 연주하는 모습, 그 속에서 잠보 와 삽살이, 왕자가 맛있는 음식을 먹고 마신다.

잠보, 차차 졸다가 어느새 잠이 들어 버린다.

#27.

며칠 후. 용궁의 누각. 조용한 밤.

뒤에 시녀 몇 사람을 두고 잠보와, 왕자가 나란히 앉아있다.

잠보 : 저 내일은 그만 돌아가야 하겠어요.

왕자 : (매우 서운한 표정으로) 아니, 왜요? 뭐 서운한 점이라도 있으셨나요?

잠보 : 아뇨, 그게 아니라 저는 원래 이 세상 사람이…… (그러다 스스로 입을 쿡 틀어막고) 하여간 좀 가야 될 일이 있어요.

왕자 : 예, 그러시군요. (잠시 생각하다) 그런데 이곳을 떠날 때면 아버님께서 반드시, 꼭 갖고 싶은 선물을 하나만 말해 보라고 하실 겁니다. 그럼 다른 건 다 그만두고, 구멍이 여덟 개 난 연적을 달라고 하십시오.

잠보 : 여덟 구멍 난 연적이요?

왕자 : 예, 그 물건이 당신에게 꼭 필요할 겁니다.

#28.

다음 날 아침. 용궁, 용왕 앞.

용왕 : 정녕 떠나시겠단 말씀이오?

잠보 : 예. 그간 고마웠습니다요.

용왕 : 그럼, 헤어지는 마당에 내 고마움의 표시로 선물을 한 가지 드리고 싶은데, 꼭 갖고 싶은 것을 하나만 말씀해 보시오.

잠보 : (잠시 왕자의 말을 떠올리는 듯) 저 구멍이 여덟 난…… 뭐였더라, 아, 연적! 연적을 주세요!

용왕 : (난처한 표정이 되어) 여, 연적을 말이오? (고민하다가) 혹시 다른 것으론 안 되겠소?

왕자 : 아버님, 행여 그 연적이 저보다 소중하단 말씀이신가요? 이 분이 제 목숨을 구해 주셨으니, 그 연적을 이분께 내어 드리는 것이 마땅할 줄 압니다.

용왕 : (망설임 끝에) 오냐, 알겠다. 여봐라, 이 분께 그 구멍 여덟 난 연적을 가져다 드려라.

잠보, 연적을 소중히 받아든다. 신비스럽게 생긴 연적이 클로즈업된다.

#29.

잠시 후. 용궁의 이별 장면.
용왕, 왕자, 여러 신하들이 손을 흔드는 것을 뒤로 하고
잠보와 삽살이 거북이의 등에 올라타 바다를 헤엄쳐 간다.

#30.

같은 날 밤, 지하세계 굴 입구.
잠보, 연적을 한 손에 들고 쓸쓸히 굴 입구를 바라보며,

잠보 : 아이, 정말 이 굴을 어떻게 빠져나가지…… 나가고 싶은데~

그 말이 떨어지자 연적의 여덟 구멍에서 연기가 솔솔 새어나오더니, 여덟 갈래의 연기가 돌돌 말려 튼튼한 밧줄이 되면서 굴속으로 뻗어간다.
잠보가 놀란 표정으로 그 밧줄을 쥐자, 밧줄이 잠보를 굴속으로 이끌어 간다.

#31.

잠시 후. 지상의 굴 밖. 깜깜한 밤.
잠보가 거기 서 있고, 밧줄은 다시 연기로 흩어져 여덟 구멍 속으로 빨려 들어간다.

잠보 : 와~ 정말 신기하다. (주변을 둘러보며, 무서워서 몸을 웅크리며) 근데 이렇게 날이 어두웠으니, 어디서 잠을 잔다? 아, 따뜻한 이불에서 빨랑 자고 싶은데~

그 말이 떨어지자 다시 여덟 구멍으로부터 연기가 솔솔 새어나오더니, 이번에는 여덟 명의 건장한 목수가 된다.

그들은 빛처럼 빠른 속도로 움직이며 순식간에 고래등 같은 기와집을 지어놓고는, 다시 연기가 되어 연적의 구멍 속으로 들어간다.

잠보, 매우 놀라운 얼굴로 삽살이와 함께 집안으로 들어간다.

#32.

몇 달 후. 화창한 봄날.

잠보, 자기 집의 마루에서 한 바탕 잠을 자다가 눈을 부스스 뜨고, 버드나무로부터 버들개지 날리는 모습을 보며,

잠보 : 아, 잠을 실컷 자서 좋기는 하지만 심심해서 죽겠네. 공주님은 무사하실까?

이때, 대문이 벌컥 열리며 의심 많게 생긴 한 노인이 군졸들을 데리고 들어온다.

잠보, 놀라서 일어선다.

노인 : 바로 이 집입니다요. 여기가 본래 아무것도 없는 허허벌판이었는데, 글쎄 이 자가 하룻밤 새에 이런 으리으리한 집을 지어 놓았지 뭡니까요?

군졸 : 과연 요상한 일이로군. (잠보에게) 임금님께서 이 소문을 듣고 당신을 잡아 오라 하였으니, 당장 대궐로 가자.

군졸들 잠보를 붙잡아 끌고 간다.

잠보 : 놔요! 내가 뭘 잘못했다구요?

#33.

궁궐.

군졸들, 잠보를 임금 앞에 꿇린다.

임금 : (고개 숙인 잠보의 모습이 보이는 가운데, 목소리로만) 당신이 바로 그 신비한 소문의 주인인가? 내 무언가 짚이는 바가 있어 당신을 불러온 것이니, 자 고개를 들어 보라.

잠보, 조심스럽게 얼굴을 들고, 임금 옆에 있던 공주와 눈이 마주친다. 서로 깜짝 놀란다.

공주 : (달려와 손을 잡으며) 잠보님! 역시 당신이셨군요!
잠보 : 아, 공주님!
임금 : 우리 공주를 구해주었다던 젊은이가 맞는 게로군! 그런데 자네는 어찌하여 그때 굴속에서 바로 나오지를 않았던고?
잠보 : 그건, 약속대로 밧줄이 내려오지 않았기 때문이에요.
공주 : 역시 그랬었군요. 그 마을 사람들이 일부러 줄을 내려 보내지 않았던 거로군요.
임금 : 자, 약속대로 자네에게는 우리 공주를 주겠네. 그리고 여봐라! 공주를 모셔왔던 그 놈들은 당장 잡아다 감옥에 가두도록 하라.

#34.

궁전에서 쿨쿨 잠자고 있는 잠보의 모습. 삽살이는 경대에다 자신의 모습을 비춰 보며 멋을 내고 있다.
이때 스승이 뿅 나타나서 지팡이로 잠보의 머리를 콩콩 때린다.

잠보 : 아유~ 스승님~
스승 : 예서 뭘 하고 있느냐? 할 일을 다 했으면 빨리 가야지.
잠보 : (놀라서) 예? 안 돼요. 전 여기가 좋아요. 임금님이 공주님이랑 함께 살라고 하셨단 말이에요.
스승 : 늘 말했지? 보답을 바라고 착한 일을 해선 안 된다구. 그리구 넌 엄마, 아빠도 안 보고 싶냐?
잠보 : 여기선 실컷 늦잠을 자도 엄마, 아빠가 깨우지도 않는다구요.

스승 : 으이구, 너희 엄마, 아빠가 불쌍하다. 잔말 말고 빨랑 따라 와!

스승, 잠보의 귀를 잡고 주문을 외자, 다시 연기가 뭉게뭉게 피어오른다.

#35.
잠보네 집의 연극 공연장.
엄마, 무대 위에 노루로 분장하여 서 있다.

엄마 : (관객들을 향해) 여러분, 저기 사냥꾼이 와요! 누가 날 좀 구해 주세요~!

그러나 사냥꾼이 얼른 나오지 않는다.

#36.
한편 무대 뒤에서

아빠 : (땀을 뻘뻘 흘리며) 아니, 이 포수 옷이 대체 어딜 간 거야?

잠보 : (계단을 우당탕 뛰어내려오며) 이 옷을 빨리 갖다 드려야 하는데. 안 그러면 또 엄청 혼날 거야.

잠보, 공연장의 문을 확 열자 다급했던 엄마, 잠보를 보며 관객들을 향해

엄마 : 저기 봐요! 저기 사냥꾼이 나타났어요.

관객들의 시선이 다 자기에게 쏠리자 잠보, 얼떨결에 무대에 올라간다.

엄마 : (은근히 잠보의 옆구리를 찌르며) 여러분, 이 못된 사냥꾼으로부터 절 구해 주세요.

잠보 : 어허~ 그런 말을 하면 못 써요. 내가 얼마나 착하고 멋진 일을 하고 왔는데!

엄마 : (당황하여) 당신이 무슨 착한 일을 했다는 말이죠?

잠보 : 한 번 들어볼래요?

잠보가 관객들을 향해 자기가 겪고 온 일을 자랑삼아 이야기하는 모습과, 잠보가 겪었던 모험의 장면들이 섞여 파노라마처럼 펼쳐진다.

어린이 관객들, 이야기를 들으며 박수 치며 좋아한다.

#37.

저녁 식사 시간.

잠보네 집 거실의 식탁에서

아빠 : 잠보 때문에 당황하긴 했지만, 이 녀석 얘기에 관객들이 아주 재밌어 했지.

엄마 : 잠보가 한 얘기를 다음에 연극으로 만들어 공연해야겠어요. 얘가 잠은 좀 많아도 상상력이 참 풍부해요.

아빠 : 그게 날 닮아서 그런 거겠지, 뭐.

엄마 : 아유, 어딜 봐서 당신을 닮았어요? 얜 날 닮았다구요.

아빠 : 뭐야? 봐, 당신은 콧구멍이 세모인데, 얜 나처럼 콧구멍이 동그랗다고!

엄마, 아빠 티격태격 싸우는데, 잠보는 어느새 의자에 기대어 세상 모르고 잠이 들어 있다.

잠든 잠보의 얼굴 클로즈업되며

END.

참고문헌

제1장. 근대 초기 설화고전소설집 『조선물어집』(1910)의 성격과 문학사적 의의

1. 자료

高橋亨, 『朝鮮の物語集附俚諺』, 日韓書房, 1910; 이시준·장경남·김광식 공편, 『조선이야기집과 속담』(숭실대 동아시아언어문화연구소 식민지시기 일본어 조선설화집자료총서 2권), 제이앤씨, 2002.

______, 『朝鮮の俚諺集附物語』, 日韓書房, 1914.

「高橋亨先生年譜略」, 『朝鮮學報』제14집(1959.10), 제48집(1968.7)

박영만, 『조선전래동화집』, 학예사, 1940; 권혁래 옮김, 『조선전래동화집』, 한국국학진흥원, 2006.

三輪環, 『傳說の朝鮮』, 東京: 博文館, 1919.

손진태, 『조선민담집』, 東京: 鄕土硏究社, 1930; 김헌선 외 옮김, 『한국 민화에 대하여』, 역락, 2000.

______, 『한국민족설화의 연구』, 을유문화사, 1947.

임동권, 『한국의 민담』, 서문당, 1972.

임석재, 『한국구전설화』 전집, 평민사, 1987-1993.

정인섭, 『溫突夜話』, 東京: 日本書院, 1927.

조선총독부, 『조선동화집』, 1924; 권혁래 역저, 『조선동화집』, 집문당, 2003.

中村亮平, 『朝鮮童話集』, 東京: 富山房, 1926.

Zeong In-Seob, Folk Tales from Korea, London, 1952.

2. 연구논저

가린-미하일로프스키 저, 안상훈 역, 『조선설화』, 한국학술정보(주), 2006, 259-262쪽.

高橋亨 지음, 조남호 역, 『조선의 유학』, 소나무, 1999, 5-7쪽.

高木敏雄, 「日韓共通の民間說話」, 『日本神話傳說の硏究』, 東京: 岡書院, 1931.

________, 『日本說話傳說の硏究』, 東京: 平凡社, 1974, 264-265면

권혁래, 「다카하시 본 〈춘향전〉의 특징과 의의」, 『고소설연구』 24집, 한국고소설학회, 2007, 385-386쪽.

김기창, 『한국 구비문학 연구사』, 집문당, 1992, 160쪽.

김봉희, 「게일(James Ssarth Gale, 奇一)의 한국학 저술활동에 관한 연구」, 『서지학연구』 3, 서지학회, 1988, 145-146쪽.

김용의, 「일제시대 한국 민담의 개작과 수용양상-〈보통학교조선어독본〉권4의 '혹부리 영감'담을 중심으로」, 『남도민속연구』 6집, 남도민속학회, 2000, 14쪽.

김일렬, 『조선조소설의 구조와 의미』, 형설출판사, 1984, 181쪽.

김환희, 「〈나무꾼과 선녀〉와 일본 〈날개옷〉 설화의 비교연구가 안고 있는 문제점과 가능성」, 『열상고전문학』 26집, 열상고전연구회, 2007. 109-110쪽.

박영만, 〈혹 뗀 이야기〉, 『조선전래동화집』, 학예사, 1940, 99-104쪽.

배원룡, 『나무꾼과 선녀 설화 연구』, 집문당, 1993, 43쪽.

西岡健治, 「高橋仏焉/高橋亨の<春香傳>について」, 『福岡県立大學 人間社會學部紀要』 14권제1호, 日本 福岡県立大學 人間社會學部, 2005.

조희웅, 「일본어로 쓰여진 한국설화/한국설화론(1)」, 『어문학논총』 24집, 국민대학교 어문학연구소, 2005, 19쪽.

川瀬 貴也, 「植民地期朝鮮における朝鮮仏教観－高橋亨を中心に」

(http://homepage1.nifty.com/tkawase/osigoto/takahashitoru.htm)

최인학, 『옛날이야기꾸러미』, 집문당, 2003.

코뱌코바 울리아나, 「애스톤 문고 소장 『Corean Tales』에 대한 고찰」, 『서지학보』 32, 서지학회, 2008.

허경진·유춘동, 「애스톤(Aston)의 조선어 학습서 『Corean Tales』의 성격과 특성」, 열상고전연구회 제61차 정례 학술발표회 자료집, 2013. 7. 18.

제2장. 다카하시(高橋) 본 〈춘향전〉의 특징과 의의

1. 자료

高橋亨, 『朝鮮の物語集附俚諺』, 京城: 日韓書房, 1910.

최남선, 〈고본 춘향전〉, 『육당 최남선 전집』, 현암사, 1974.

〈춘향전〉 경판 16·17·30·35장본, 완판 26·29·33·84장본, 김진영 외 편, 『춘향전 전집』 4, 박이정, 1997.

2. 연구논저

「高橋亨先生年譜略」, 『朝鮮學報』 제14집, 朝鮮學會, 1959.10, 1-13쪽 ; 『朝鮮學報』 제 48집, 1968.7, 1-15쪽.

강진모, 「〈고본 춘향전〉의 성립과 그에 따른 고소설의 위상 변화」, 연세대 석사학위 논문, 2003, 39-40쪽.

高橋亨 지음, 조남호 역, 『조선의 유학』, 소나무, 1999, 5-7쪽.

권혁래, 「일제하 〈흥부전〉의 전래동화화 작업에 대한 고찰」, 『동화와 번역』 13, 건국대 동화와 번역 연구소, 2007, 29-34쪽.

______, 「조선조 한문소설 국역본의 존재 양상과 번역문학적 성격에 대한 시론」, 『동양학』 36집, 단국대 동양학연구소, 2004, 15쪽.

김신중·김용의·신해진, 「나카라이 도스이(半井桃水) 역 『鷄林情話 春香傳』 연구」, 『일본어문학』 17집, 2003, 287-306쪽.

김일렬, 『조선조 소설의 구조와 의미』, 형설출판사, 1984, 181쪽.

西岡健治, 「〈鷄林情話 春香傳〉 해제」, 『고소설연구』 17집, 한국고소설학회, 2004, 299-304쪽.

______, 「高橋仏焉/高橋亨の<春香傳>について」, 『福岡県立大學 人間社會學部紀要』 14卷 第1號, 2005, 44-45쪽.

______, 「일본에서의 〈춘향전〉 번역의 초기양상-桃水野史 譯 〈鷄林情話 春香傳〉을 대상으로-」, 『어문론총』 41호, 한국문학언어학회, 2004, 217-252쪽.

설성경, 『춘향전의 통시적 연구』, 서광학술자료사, 1994, 211-212, 244쪽.

성현경 옮김, 『옛그림과 함께 읽는 이고본 춘향전』, 열림원, 2001, 42-43쪽.

이주영, 『구활자본 고전소설 연구』, 월인, 1998, 36-40쪽.

전상욱, 「방각본 춘향전의 성립과 변모에 대한 연구」, 연세대 박사논문, 2006, 128-130쪽.

최영성, 「다카하시 도루의 한국 유학관 연구」, 高橋亨 지음, 이형성 편역, 『다카하시 도루의 조선유학사』, 예문서원, 2001, 13-37쪽.

최재우, 「이광수 〈일설 춘향전〉의 특성 연구」, 설성경 편, 『춘향전 연구의 과제와 방향』, 국학자료원, 2004, 449쪽.

제3장. 조선총독부 편『조선동화집』(1924)의 성격과 의의

1. 자료

三輪環,『傳說の朝鮮』, 東京:博文館, 1919. 연세대학교 중앙도서관 소장본.
澁澤青花,『朝鮮民話集』, 東京: 社會思想社, 1980.
송금선,『お日さまとお月さま-韓國童話選』, 東京: 新教出版社, 1979.
______,『조선동화집』, 덕성여대 출판부, 1978.
松村武雄,『世界童話大系』16권『日本編』,〈朝鮮の部〉, 東京: 世界童話體系刊行會, 1924. 復刻; 東京: 名著普及會, 1989.
임석재,『한국구전설화』전집, 평민사, 1987-1993.
田中梅吉,『日本昔話集 下』, 東京: アルス, 1929.
朝鮮總督府 編,『朝鮮の謎』, 京城: 朝鮮總督府, 1919. 국립중앙도서관 소장본.
__________ 編,『朝鮮童話集』, 京城: 朝鮮總督府, 1924. 국립중앙도서관 소장본.
中村 亮平,『朝鮮童話集』, 東京: 富山房, 1926.
최하림 엮음,〈약은 토끼에게 내린 벌〉,『효도하는 법을 알아야 효자』, 풀빛, 1999.
『개벽』, 영인본.
『어린이』영인본.
『한국구비문학대계』, 한국정신문화연구원, 1981.

2. 연구논저

권순긍,「〈콩쥐팟쥐젼〉과 고소설의 동화화 경향」,『활자본고소설의 편폭과 지향』, 보고사, 2000.
金廣植,「近代における朝鮮說話集の刊行とその研究-田中梅吉の研究を手がかりにして」, 徐禎完·增尾伸一郎 外,『植民地朝鮮と帝國日本-民族·都市·文化』, 東京; 勉誠出版, 2010.
손동인,『한국전래동화연구』, 정음문화사, 1984.
______,「한국전래동화사연구」, 한국아동문학연구회 편,『한국아동문학연구』창간호, 1990.
손진태,『朝鮮民譚集』, 東京: 鄕土研究社, 1930.
______,『조선민족설화의 연구』, 을유문화사, 1947.
안경식,『소파 방정환의 아동교육운동과 사상』, 학지사, 1999.

염희경, 「설화의 전래동화적 변용에 따른 문제점-〈해와 달이 된 오누이〉의 개작 과정을 중심으로」, 『인하어문』 5집, 인하대 국어국문학과, 2001.

______, 「한국 근대 동화극의 초석-방정환의 동화극 두 편」, 『어린이문학』 34권, 한국어린이문학협의회, 2002.

______, 「해와 달이 된 오누이〉 에 나타난 호랑이상 -설화와 전래동화 비교를 중심으로-」, 『동화와 번역』 5집, 건국대학교 동화와 번역 연구소, 2003.

오타케 기요미(大竹聖美), 「1920년대 일본의 아동총서와 『조선동화집』」, 『동화와 번역』 2집, 건국대 동화와 번역 연구소, 2001.

이기훈, 「1920년대 '어린이'의 형성과 동화」, 『역사문제연구』 8호, 역사비평사, 2002.

이명화, 「조선총독부 학무국의 기구변천과 기능」, 『한국독립운동사연구』 6집, 독립기념관 한국독립운동사연구소, 1992.

이재철, 『세계아동문학사전』, 계몽사, 1989.

이지원, 「1920-30년대 일제의 문화지배정책」, 『역사교육』 75호, 역사교육연구회, 2000.9.

금요 그림책 모임, 「방정환 전래동화와 그림책」, 어린이도서연구회, http://childbook.org/spc/bjh/bang5-10.htm. 2쪽.

충주MBC 제작, 다큐멘터리 〈고려장은 있었는가〉, 1999년 4월 28일 방영.

제4장. 『조선동화집』의 이데올로기와 주인공 형상

1. 자료

『普通學校 國語讀本 卷二 編纂趣意書』, 朝鮮總督府, 1925.

『普通學校 國語讀本 卷五 編纂趣意書』, 朝鮮總督府, 1925.

『朝鮮教育研究會雜誌』 19-27號, 朝鮮教育研究會, 1917-1918.

『朝鮮童話集』, 조선총독부, 1924.

沈宜麟, 『朝鮮童話大集』, 한성도서 주식회사, 1926.

2. 연구논저

권혁래, 「조선총독부편 『조선동화집』(1924년)의 성격과 의의」, 『동화와 번역』 5집, 건국대 동화와번역 연구소, 2003.

______, 「1920년대 민담의 동화화와 심의린의 『조선동화대집』」, 『민족문학사연구』 39집, 민족문학사연구소, 2009.

______, 「『조선동화집』(1924)의 인물형상과 이데올로기」, 『퇴계학논총』 20, 사단법인 퇴계학부산연구원, 2012.

金廣植, 「近代における朝鮮說話集の刊行とその研究－田中梅吉の研究を手がかりにして」, 徐禎完·增尾伸一郎 外, 『植民地朝鮮と帝國日本－民族·都市·文化』, 東京; 勉誠出版, 2010.

박미경, 「일제강점기 일본어 교과서 연구－조선총독부편 『普通學校國語讀本』에 수록된 한국설화를 중심으로」, 『일본언어문화』 18집, 한국일본언어문화학회, 2011.

오다케 기요미(大竹 聖美), 「1920년대 일본의 아동총서와 『조선동화집』」, 『동화와 번역』 2집, 건국대 동화와번역연구소, 2001.

______________, 『근대 한일 아동문화와 문학 관계사』, 청운, 2005.

조희웅, 『한국설화의 유형적 연구』, 한국연구원, 1983.

Fredric Jameson, The Political Unconscious: Narrative as a Socially Symbolic Act, Ithaca: Cornell University Press, 1981.

Jack Zipes, Fairy Tales and the Art of Subversion(2nd edition), New York: Routledge Inc., part of Taylor & Francis Group, 2006; 잭 자이프스 저, 김정아 역, 『동화의 정체』, 문학동네, 2008.

제5장. 1920년대 민담의 동화화와 심의린의 『조선동화대집』(1926)

1. 자료

다카하시 도루(高橋亨), 『朝鮮の物語集附俚諺』, 日韓書房, 1910.

박영만 저, 권혁래 옮김, 『화계 박영만의 조선전래동화집』, 한국국학진흥원, 2006.

심의린, 『조선동화대집』, 한성도서주식회사, 1926.

2. 연구논저

조선총독부 편, 권혁래 역저, 「『조선동화집』의 성격과 의의」, 『조선동화집－우리나라 최초 전래동화집(1924년)의 번역 · 연구』, 집문당, 2003, 167－181쪽.

권혁래, 「근대 초기 설화 · 고전소설집 『조선물어집』의 성격과 문학사적 의의」, 『한국언어문학』 64집, 한국언어문학회, 2008, 228－229쪽.

김경희, 「『조선동화대집』의 성격과 의의」, 『겨레어문학』 41집, 겨레어문학회, 2008, 232－242쪽.

박형익, 『심의린 편찬 『보통학교 조선어사전』』, 태학사, 2005, 11－12쪽.

방정환, 「새로 개척되는 동화에 관하야」, 『개벽』 31호, 1923.1.
브루노 베텔하임 지음, 김옥순 · 주옥 옮김, 『옛이야기의 매력1』, 시공주니어, 1998, 16-17쪽.
손동인, 「한국전래동화사연구」, 『한국아동문학연구』 창간호, 한국아동문학학회, 1990. 7, 26쪽.
심의린 저, 최인학 번안, 『조선동화대집』, 민속원, 2009.
______ 저, 신원기 역해, 『조선동화대집』, 보고사, 2009.
장덕순, 『한국설화문학연구』, 서울대학교 출판부, 1970, 11-41쪽.
조동일 외, 『한국 설화유형 분류집:한국 구비문학대계 별책 부록(1)』, 한국정신문화연구원, 1989, 12-18쪽.
조희웅, 『한국설화의 유형적 연구』, 한국연구원, 1983, 17-26쪽.
최운식, 『한국 서사의 전통과 설화문학』, 민속원, 2002, 107-111쪽, 489쪽.
최운식·김기창, 『전래동화 교육의 이론과 실제』, 집문당, 1998, 350쪽, 416-454쪽.
崔仁鶴, 『韓國昔話の研究』, 日本 東京: 弘文堂, 1970, 64-69쪽.
______, 『한국설화론』, 형설출판사, 1982, 95-96쪽, 117-118쪽.
「漢圖·以文·博文·永昌等書市에 나타난 書籍市場調査記」, 『삼천리』 제7권 9호, 1935년 10월 1일, 136-137쪽.

第6장. 1920년대 민간설화의 집성, 손진태 『조선민담집』(1930)의 성격과 분류체계

손진태 저, 김헌선·강혜정·이경애 역, 『한국 민화에 대하여』, 역락, 2000; 손진태 지음, 최인학 역편, 『조선설화집』, 민속원, 2009.
권혁래, 「1920년대 민담의 동화화와 심의린의 『조선동화대집』」, 『민족문학사연구』 39호, 민족문학사학회, 2009, 101쪽.
______, 「근대초기 설화·고전소설집 『조선물어집』의 성격과 문학사적 의의」, 『한국언어문학』 54집, 한국언어문학회, 2008, 222-227쪽.
______, 「손진태의 『조선민담집』 연구-설화의 성격과 분류체계를 중심으로-」, 『한국문학논총』 63, 한국문학회, 2013.
김광식, 「손진태의 비교설화론 고찰-신자료 발굴과 저작목록을 중심으로」, 『근대서지』 5호, 근대서지학회, 2012, 47-52쪽.
남근우, 『조선민속학과 식민주의』, 동국대 출판부, 2008.

다카하시 도루 저, 조남호 역, 『조선의 유학』, 소나무, 1995, 7쪽.
방정환, 「새로 개척되는 동화에 대하여」, 『개벽』, 개벽사, 1923.1.
손진태, 『조선민담집』, 東京: 鄕土硏究社, 1930.
______, 「조선민간설화의 연구–민간설화의 문화사적 고찰」 1-15, 『신민』 27-48집, 1927-29.
______, 김헌선·강혜정·이경애 역, 『한국 민화에 대하여』, 역락, 2000.
______, 최인학 역편, 『조선설화집』, 민속원, 2009.
이수자, 「구비문학 연구의 성격과 의의」, 한국역사민속학회 편, 『남창 손진태의 역사민속학연구』, 민속원, 2003, 223쪽.
전경수, 『손진태의 문화인류학–제국과 식민지 사이에서』, 민속원, 2010, 25-66쪽, 175-183쪽.
조희웅, 「일본어로 쓰여진 한국설화/한국설화론(1)」, 『어문학논총』 24집, 국민대학교 어문학연구소, 2005, 19쪽.
______, 『한국설화의 유형적 연구』, 한국연구원, 1983, 21-23쪽.
최광식, 「손진태의 생애와 학문 활동」, 한국역사민속학회 편, 『남창 손진태의 역사민속학연구』, 민속원, 2003, 26-27쪽.
황인덕, 「손진태의 구비문학 연구」, 『구비문학연구』 2집, 한국구비문학회, 1995, 301-304쪽.

제7장. 동화작가 박영만의 발견과 『조선전래동화집』(1940)의 세계

1. 자료

권택무, 『백두산 옛전설』 1, 평양:문학예술종합출판사, 1994; 한국문화사 영인 출판, 1996.
김정설, 『평양 전설』, 평양 : 사회과학출판사, 1990; 한국문화사 영인 출판, 1996.
박영만, 『조선전래동화집』, 학예사, 1940.
______, 「조선어학회 여러 동무님 앞!: 편지」, 『한글』 제11권 제3호, 조선어학회, 1946년 6・7월호.
______, 『새로운 城』 상권, 학예사, 1948.
______, 『새로운 城』 하권, 金龍圖書, 1949.
______, 「重慶에서의 감격: 異域에서 맞은 8・15」, 『새한민보』 제3권 제17호, 새한민보사, 1949. 8.

______, 『傳記小說 주춧돌 : 男坡 朴贊翊先生의 生涯』, 신태양사 출판국, 1963.
______, 『논픽션 소설 光復軍 : 運命篇』 상・하, 협동출판사, 1967.
______, 『實錄小說 光復軍 : 黎明篇』, 협동출판사, 1969.
손진태, 『조선민담집』, 日本 東京 : 鄕土硏究社, 1930.
임석재, 『한국구전설화』 전집, 평민사, 1987-1993.
최상수, 『한국민간전설집』, 통문관, 1958.

2. 연구논저

국사편찬위원회, 『일제침략하 한국 36년사』 13권, 국사편찬위원회, 1978.
권혁래, 『조선동화집-우리나라 최초 전래동화집(1924년)의 번역・연구』, 집문당, 2003.
김승학, 『한국독립사』 하권, 독립문화사, 1970.
방정환, 「새로 개척되는 동화에 관하여」, 『개벽』 31호, 개벽사, 1923.1.
손동인, 「한국전래동화사연구」, 『한국아동문학연구』 창간호, 1990.
______, 『한국전래동화연구』, 정음문화사, 1984.
오다케 기요미(大竹 聖美), 「1920년대 일본의 아동총서와 『조선동화집』」, 『동화와 번역』 2집, 건국대 동화와 번역 연구소, 2001.

제8장. 일제하 〈흥부전〉의 전래동화화 작업에 대한 고찰

1. 자료

高橋亨, 『朝鮮の物語集附俚諺』, 日韓書房, 1910.
김선풍 편, 〈흥부 놀부와 도깨비 방망이〉(강릉시 설화 27), 『한국구비문학대계』 2-1, 한국정신문화연구원, 1980,
김태준 역주, 『흥부전/변강쇠가』(한국고전문학전집 14권), 고려대 민족문화연구소, 1995.
박영만 지음, 권혁래 옮김, 『화계 박영만의 조선전래동화집』, 한국국학진흥원, 2006.
三輪環, 『傳說の朝鮮』, 東京: 博文館, 1919.
조동일 편, 〈놀부 형보 이야기〉(현곡면 설화 88), 『한국구비문학대계』 7-1권, 한국정신문화연구원, 1980.
조선총독부 편, 권혁래 역저, 『조선동화집』, 집문당, 2003.
조희웅 편, 〈버릇 고친 놀부 심술〉(안성읍 설화 28), 『한국구비문학대계』 1-6권, 한국정신문화연구원, 1982.

朝鮮總督府, 『普通學校 朝鮮語及漢文讀本』 권3, 1915.
최남선, 〈흥부 놀부〉(一), 『아이들보이』 2호, 신문관, 1913년 10월.
______, 〈흥부 놀부〉(二), 『아이들보이』 3호, 신문관, 1913년 11월.

2. 연구논저

高木敏雄, 「日韓共通の民間說話」, 『日本神話傳說の硏究』, 東京: 荻原星文館, 1943, 420-421쪽.
권순긍, 『활자본 고소설의 편폭과 지향』, 보고사, 2000.
권혁래, 「고전동화로 보는 〈춘향전〉-1990년대 이후 출간된 작품을 대상으로」, 『동화와 번역』 제6집, 건국대 동화와 번역연구소, 2003.
______, 「고전소설의 현재적 독자와 다시쓰기의 문제-〈춘향전〉을 중심으로-」, 『동화와 번역』 제9집, 건국대 동화와 번역연구소, 2005.
______, 『고전소설의 다시쓰기-'민족고전'에서 '고전 콘텐츠'로』, 박이정, 2012.
김용의, 「민담의 이데올로기적 성격-일제 식민지 시대의 교과서에 수록된 민담을 중심으로-」, 『일본연구』 제14집, 중앙대 일본연구소, 1999, 323-324쪽.
김창진, 「흥부전의 이본과 구성 연구」, 경희대 박사학위 논문, 1991, 203쪽.
______, 「흥부전의 이본과 그 계열」, 인권환 편저, 『흥부전 연구』, 집문당, 1991, 120-160쪽.
서대석, 「흥부전의 민담적 고찰」, 인권환 편, 『흥부전 연구』, 집문당, 1991, 68-71쪽.
설중환, 「흥부전의 상징성과 구조의 의미」, 인권환 편, 『흥부전 연구』, 집문당, 1991, 487-488쪽.
신상철, 「놀부의 현대적 수용과 그 변형-전통계승의 한 방법」, 이상택·성현경 공편, 『한국고전소설연구』, 새문사, 1983.
新村 出, 『廣辭苑』 4판, 東京: 岩波書店, 1993.
여운필, 「흥부전 연구의 주요 쟁점」, 『수련어문론집』 17, 부산여대 국어교육과, 1990, 119쪽.
이문규, 「흥부전의 문학적 특질에 대한 고찰」, 인권환 편, 『흥부전 연구』, 집문당, 1991, 458쪽.
이상택, 「고전소설의 사회와 인간」, 『한국고전소설의 탐구』, 중앙출판, 1981, 287쪽.
이은숙, 『신작 구소설 연구』, 국학자료원, 2000.
이주영, 『구활자본 고전소설 연구』, 월인, 1998.
임형택, 「흥부전의 역사적 현실성」, 『한국문학사의 시각』, 창작과비평사, 1984, 212쪽.

정병헌, 『신재효 판소리 사설의 연구』, 평민사, 1986, 112쪽.
정충권, 『흥부전 연구』, 월인, 2003, 127-129쪽.
조동일, 「〈흥부전의 양면성」, 인권환 편, 『흥부전 연구』, 집문당, 1991, 315쪽.
조희웅, 『고전소설 이본목록』, 집문당, 1999, 890-892쪽.
한글학회, 『우리말큰사전』 7판, 어문각, 1997.
최남선, 「일본문학에 있어서의 조선의 모습」(1931년 2월 2일), 『육당최남선전집』 9권, 고려대 아세아문제연구소 편, 현암사, 1974, 424-428쪽.

제9장. 옛이야기 형제담의 양상과 의미

1. 자료

高橋亨, 『朝鮮の物語集附俚諺』, 京城:日韓書房, 1910.
박영만, 『조선전래동화집』, 학예사, 1940; 권혁래 옮김, 『화계 박영만의 조선전래동화집』, 한국국학진흥원, 2006.
손진태, 『朝鮮民譚集』, 東京:鄕土硏究社, 1930; 김헌선 외 역, 『한국민화에 대하여』, 역락, 2000; 최인학 역, 『조선설화집』, 민속원, 2009.
심의린, 『조선동화대집』, 한성도서주식회사, 1926; 최인학 번안, 『조선동화대집』, 민속원, 2009; 신원기, 『조선동화대집』, 보고사, 2009.
임석재, 『한국구전설화』 전집, 평민사, 1987-1993.
朝鮮總督府, 『朝鮮童話集』, 京城:日韓書房, 1910; 권혁래 역저, 『조선동화집』, 집문당, 2003.

2. 연구논저

강재철, 「한국 〈형제투금설화〉의 연구」, 최인학 외, 『비교연구를 통한 한국민속과 동아시아』, 민속원, 2004, 801-802쪽.
______, 「조선총독부의 1913년에 전국적으로 실시한 조선설화조사 자료의 발굴과 그에 따른 해제 및 설화학적 검토」, 『비교민속학』48, 비교민속학회, 2012.8, 288쪽;
______ 편역, 『조선전설동화』 상·하, 단국대 출판부, 2012.
권혁래, 「근대 초기 설화·고전소설집 『조선물어집』의 성격과 문학사적 의의」, 『한국언어문학』 64집, 한국언어문학회, 2008.
______, 「옛이야기 형제담의 양상과 의미-1910~1945년 설화·전래동화집을 대상으

로-」, 『동화와 번역』 19, 건국대 동화와번역 연구소, 2010.
김광식·이시준 공편, 『전설동화조사사항』(숭실대 식민지시기 일본어 조선설화집 자료총서 제4권), 제이앤씨, 2012, 5-9쪽.
김두헌, 『한국가족제도연구』, 서울대출판부, 1985, 239쪽.
김복순, 『바보 이야기와 웃음』, 한국학술정보, 2009, 241쪽.
김환희, 『옛이야기의 발견』, 우리교육, 2007, 15-44쪽.
브루노 베텔하임 지음, 김옥순·주옥 옮김, 『옛이야기의 매력1』, 시공주니어, 1998, 20-21쪽.
신동흔, 「구비설화에 담긴 효 관념의 층위 연구」, 김현룡 외, 『한국문학과 윤리의식』, 박이정, 2000, 324-330쪽.
신연우, 「바보 형제 이야기의 신화적 해명」, 『고전문학연구』 12집, 한국고전문학연구회, 1997, 339-348쪽.
신향숙, 「판소리 사설에 나타난 가정 윤리의식」, 김현룡 외, 『한국문학과 윤리의식』, 박이정, 2000, 441쪽.
이강엽, 「바보 이야기의 유형과 그 의미」, 김태곤 외 21명, 『민속문학과 전통문화』, 박이정, 1997, 602-619쪽.
이강엽, 『바보설화의 웃음과 의미 탐색』, 박이정, 2011, 67쪽
이지호, 『옛이야기와 어린이문학』, 집문당, 2006, 15-25쪽.
전귀연·임주영 공저, 『형제관계』, 신정, 2006, 14-15쪽.
조정문·장상희 공저, 『가족사회학』, 아카넷, 2001, 22쪽.
차배 옥덕, 「'바보형제의 모(母)살해' 이야기 연구」, 『애산학보』 28집, 애산학회, 2003, 112-127쪽.
최재석, 『한국의 가족과 사회』, 경인문화사, 2009.
케이트 스트롬 저, 전혜인·정평강 역, 『장애아의 형제자매』, 한울림스페셜, 2002, 77-86쪽.

제10장. 호랑이 · 토끼 서사의 양상과 문학교육

1. 자료

高橋亨, 『朝鮮の物語集附俚諺』, 京城:日韓書房, 1910.
박영만 지음, 권혁래 옮김, 『화계 박영만의 조선전래동화집』, 한국국학진흥원, 2006.
심의린, 『조선동화대집』, 한성도서주식회사, 1926.

임석재, 『한국구전설화』 1, 평민사, 1987.

조선총독부 편, 권혁래 역저, 『조선동화집』, 집문당, 2003.

2. 연구논저

高木敏雄, 『日本說話傳說の硏究』, 東京: 平凡社, 1974, 264-265쪽.

권혁래, 「근대 초기 설화・고전소설집 『조선물어집』의 성격과 문학사적 의의」, 『한국언어문학』 64집, 한국언어문학회, 2008, 230쪽.

______, 「1920년대 민담의 동화화와 심의린의 『조선동화대집』」, 『민족문학사연구』 39호, 민족문학사학회, 2009, 109쪽.

______, 「일제강점기 호랑이, 토끼 서사의 양상과 문학교육」, 『온지논총』 22, 온지학회, 2009.

김기호, 「성숙의 매개자인 설화 내 동물 형상-호랑이를 중심으로-」, 『한국고전연구』 18집, 한국고전연구학회, 2008, 79-87쪽.

______, 「토끼 설화의 역설적 경험」, 『민족문화논총』 38집, 영남대 민족문화연구소, 2008, 38-50쪽.

大林太良, 『神話と神話學』, 東京: 大和書房, 1975, 65-66쪽.

라인정, 「구비설화에 나타난 호랑이의 성격 고찰」, 『어문연구』 18집, 어문연구학회, 1988, 373-396쪽.

박경주, 「고전문학 교육의 연구 현황과 전망」, 청관고전문학회, 『고전문학과 교육』 1집, 1999, 27-35쪽.

박혜숙, 「한국 호랑이 이야기의 아이러니」, 『동화와 번역』 12집, 건국대 동화와 번역 연구소, 2006, 122-123쪽.

박혜숙·허원기·김상엽, 『한국 호랑이 디지털 콘텐츠 개발 결과 보고서』, 건국대 동화와 번역 연구소, 2005, 35쪽

백민정, 「『조선동화집』 수록 동화의 부정적 호랑이상 편재, 현황과 원인」, 『어문연구』 58집, 어문연구학회, 2008, 270-277쪽.

손동인, 「한국전래동화사연구」, 『한국아동문학연구』 창간호, 한국아동문학학회, 1990, 26쪽.

장덕순 외, 『구비문학개설』, 일조각, 1984, 72-73쪽.

조희웅, 『한국 설화의 유형적 연구』, 한국연구원, 1983, 40-49쪽.

허원기, 「한국 호랑이 이야기의 현황과 유형」, 『동화와 번역』 5집, 건국대 동화와 번역 연구소, 2003, 106-114쪽.

찾아보기

ㄱ

가난 291
가린-미하일로프스키 33
가족 267
가족애 131
거울을 처음 본 사람들 14
거인설화 199
검은 구슬과 붉은 구슬 129
겁쟁이 호랑이 312
결핍인 27
경성일보 116
경판본 〈홍부전〉 242
계림정화 춘향전(鷄林情話 春香傳) 68
계수나무 할아버지 223, 234
고래동화 113, 190
고려장설화(高麗葬說話) 109
고본 춘향전 37, 46, 53, 68
고양이 162
고전소설 다시쓰기 38
고전소설류 25
고전소설의 전래동화화 작업 238
고한승 189
골계미 102, 248
공존공영 138
광복군 210, 211
교쿠테 바킹(曲亭馬琴) 31
교활자 310, 312
교활한 토끼 103, 104, 305, 316
교훈담(教訓譚) 163
구토지설 298
그리피스 33
그림 동화 232
그림(Grimm) 형제 232
금방망이 은방망이 115, 132, 275
기로설화(棄老說話) 109
기로전설(棄老傳說) 110, 201
기원담 160
기지(機智) 있는 토끼 301
김량하 188
김현감호 298
까투리 이야기 227
꾀 있는 여우 305

ㄴ

나무꾼과 선녀 36
나카라이 도스이(半井桃水) 68
나카무라 료헤이(中村亮平) 115
난장이의 범 사냥 229, 306
내 이름은 신재복 227
내선동조론 261
내선융화 138
내선일체 260
노루 꽁지 없어진 이야기 305
놀부와 흥부 115, 133, 239

니시무라 신지(西村眞次) 182
니시오카 켄지(西岡健治) 63

ㄷ

다나카 우메키치(田中梅吉) 92, 94, 116, 127
다리가 부러진 제비 240
다카키 토시오(高木敏雄) 15, 127
다카하시 도루(高橋亨) 13, 16, 45, 201, 239
대홍수설화 199
도깨비 28, 30
도깨비 방망이 14, 36, 175
돈지설화 193, 194
동물담(動物譚) 25, 100, 131, 153
동심주의(童心主義) 135
동화 149, 164
童話集 바다색시 119
童話集 황금새 119
두꺼비 304
두꺼비의 보은 129

ㅁ

마쓰무라 다케오(松村武雄) 115
마해송 189
말을 하는 거북이 132
말하는 남생이 14, 29, 175, 275
맷돌, 조롱박, 장구 229
머리 셋 가진 중과 포수 228, 234
머리 셋 달린 괴물과 사냥꾼 322
명주영 188
모범적 국민상 134, 140
문명화 과정 126, 137
문화원리 299
미련한 형 284
미와 다마키(三輪環) 94
민간설화 180, 183, 200
민담 152, 271
민담의 동화화 164
민족동화(民族同化) 124
민족설화 183, 200

ㅂ

바보 형 284
바보 형제담 272, 287
바보담 157
박씨부인전 239
박영만 171, 207, 252
반쪽이 175
방정환 89, 113, 117, 123, 189, 190
범과 효자 308, 309
범이 개 된 이야기 308, 309
변신담 159
별주부 315
보통학교 국어독본 129
보통학교 조선어사전 146
불쌍한 아이 132

ㅅ

사나운 호랑이 307
사람과 호랑이의 다툼 14
사랑의 선물 89

사회관찰자 25
상징 작용 124
새로운 城 212
선녀와 나무꾼 29
선녀의 날개옷 14, 18, 100
선행 131
설화 183
세 개의 보물 133
세책본 51, 68
소담(笑譚) 24, 100, 131, 139, 152, 199, 201
소화 194
손진태 34, 118, 182, 202
송금선(宋今璇) 116
송석하 209, 217
순종적이고 수동적 신민상 138
시바이(芝居) 30
식민지 이데올로기 138
식민지의 민속자료 집성 260
신격 223
신들의 공간 223
신령한 호랑이 309
신비주의 135
신이담(新異譚) 24, 100, 131, 153, 199, 281
심부름꾼 거북이 115
심의린(沈宜麟) 34, 119, 139, 143, 145, 146, 174, 315
십년간 지팡이를 두른 사람 306

ㅇ

아동문학 183
아비를 버린 남자 115
악독한 호랑이 301, 307
악동(惡童) 139
알렌 33
압록강 행진곡 210
야나기타 쿠니오(柳田國南) 127
어리석은 호랑이 306
어린이 118
어머니를 버린 남자 109, 115
여우 162, 304, 312
역사동화 118
연애소설 68
연이와 칠성이 229
옛이야기 268, 271
오니 30
오다 쇼고(小田省吾) 127
오쿠라 신페이(小倉進平) 90
옥중화 37, 46, 68
온돌야화 29, 34
와세다대학(早稻田大學) 208
요괴 28, 30
요마 30
요술쓰는 새색시 239
요정담 271
욕심 250
욕심 다스리기 290, 292
욕심쟁이 250
우스다 잔운(薄田斬雲) 179
우애 268
우화 194

원숭이 162, 304
유순 135, 136, 261
유순함 249
은혜 갚은 까치 175
은혜 갚은 두꺼비 175
은혜 모르는 호랑이 176, 302, 315
응보담 158
이광수 209
이범석 211
이솝 우언 144
이윤재 209
이은상 188
일반담(一般譚) 25, 100, 131, 154, 163, 201
일본동화 233
일본적 가치 135
일선동조론 138, 179
일설 춘향전 37, 46, 68
임석재 34

ㅈ

잔혹 251
잠보의 모험 322
장화 홍련 239
장화홍련전 14, 23, 32
재생연(숙영낭자전) 14, 23, 32
잭 자이프스(Jack Zipes) 125
전래동화 117, 148, 152, 195, 201, 238, 271, 297
傳說の朝鮮 29, 91, 94, 110, 187, 200
정인섭 34
조루리(淨琉璃) 30
朝鮮の謎 91
朝鮮童話 114
조선동화관 129
조선동화대집(朝鮮童話大集) 34, 114, 119, 139, 143, 174, 195, 299
조선동화집(朝鮮童話集) 29, 89, 116, 124, 187, 195, 299
조선물어집(朝鮮物語集) 13, 46, 124, 187, 201, 299
조선민간설화의 연구 183
조선민담 33
조선민담집(朝鮮民譚集) 29, 110, 144, 176, 179, 180
조선설화 33
조선어독본 35
조선어연구회 146
조선전래동화집 171, 174, 195, 207, 299
조선총독부 89
朝鮮叢話 179
조재호 189
조희웅 14, 152
주보담 160
중과 며느리 230
지략담 157, 162
지적 장애자 288

ㅊ

착한 아우 309
착한 아우와 악한 형 275
창세신화 199
천벌 받은 호랑이 307

초월적 세계 223
초인담 160
최남선 261, 298
최재서 209
춘향전 14, 23, 30, 32, 46, 163
치유 294
친절 135, 136, 261
친절함 249, 256

ㅋ

쿨떡이 이야기 284

ㅌ

탐욕 290, 291
토끼 162, 165, 297
토끼와 자라 302, 310
토끼와 호랑이와 할머니 316
토끼의 꾀 175
토의 지혜 315
트릭스터(trickster) 유형 26
특재 있는 8형제 281
특재 있는 형제 280

ㅍ

판소리계 소설 171
푸른 구슬과 붉은 구슬 275, 302, 309
풍자와 해학의 정신 201
프레드릭 제임슨(Fredric Jameson) 124

ㅎ

하기노 요시유키 19
학무국 편집과 94
한국구전설화 270, 280
한국의 민담 35
한글 146
해와 달 118
해와 달 된 이야기 229
해와 달이 된 오누이 118, 175, 302, 307, 308
해학의 미학 57, 166, 168
해학적 요소 102
현형우제 284
형제 267
형제 불화담 272, 290, 292
형제 협력담 272, 289
형제관계 267
형제담 268, 289
형제우애 292
호랑이 161, 165, 297
호랑이 모집 306
호랑이와 곶감 175, 302, 304
호랑이와 나그네 175
혹 뗀 이야기 229
혹부리 영감 14, 29, 35, 36, 175
환상성 100
황정승의 아가씨 227, 234
효성 있는 아우와 나쁜 형 275
효행담 289
훈화 149
흥부전 14, 23, 29, 240
희화화(戱畵化) 248

권혁래

학력 및 경력

연세대학교 문과대학 국어국문과 졸업(학사)
연세대학교 대학원 국어국문학과 졸업(석사·박사)
건국대학교 동화와 번역 연구소 전임연구원 역임
숭실대학교 베어드학부대학 교수 역임
용인대학교 교육대학원 교수(현)

저서

조선후기 역사소설의 성격(2000), 조선후기 역사소설의 탐구(2001)
조선동화집(2003), 화계 박영만의 조선전래동화집(2006)
손에서 손으로 전하는 고전문학(2007)
구한말 피난자의 해학적 형상, 서진사전 연구(2011)
내가 왜 대학에 왔지?(2012), 고전소설의 다시쓰기(2012)
세계화시대의 국어국문학(공저, 2012) 등

民族文化研究叢書 138

일제 강점기 설화·동화집 연구
-우리 옛이야기의 정체성 찾기

2013년 8월 31일 초판 1쇄 펴냄

저　자 권혁래
발행인 최용철
발행처 高麗大學校 民族文化研究院

등록 1964년 9월 28일 제6-18호
주소 서울특별시 성북구 안암동
전화 02-3290-1610~3
팩스 02-926-8385
http://riks.korea.ac.kr

정가 18,000원